新时代新理念高等教育教材

新编普通话学习与水平测试教程

（第2版修订本）

主　编　曲明鑫

副主编　王旭东　李　默　应燕平

北京交通大学出版社

·北京·

内容简介

本书按照普通话水平测试的能力元素和题型组织内容，突出“精讲多练，学以致用”的编写原则，使知识传授与普通话水平测试实战演练紧密结合。

全书共分5章，首先对普通话学习、普通话水平测试及计算机辅助普通话水平测试进行总体介绍，然后针对普通话水平测试题型进行专题训练：单音节字词发声训练、多音节词语发声训练、朗读训练、命题说话训练。在专题训练部分，每一章都先介绍普通话测试的具体要求，然后再讲授相关基础知识，随讲随练，并对常见问题进行重点剖析和指导。

本书集普通话学习和水平测试于一体，实用性、针对性俱强，无论对高校普通话课程教学，还是对普通读者自学普通话，都会有事半功倍的效果。

图书在版编目（CIP）数据

新编普通话学习与水平测试教程 / 曲明鑫主编. — 2版. — 北京：北京交通大学出版社，2014.7（2022.1修订）

ISBN 978-7-5121-1991-8

Ⅰ.①新…　Ⅱ.①曲…　Ⅲ.①普通话-水平考试-教材　Ⅳ.①H102

中国版本图书馆CIP数据核字（2014）第150427号

策划编辑：陈跃琴
责任编辑：陈跃琴
出版发行：北京交通大学出版社　　电话：010-51686414
　　　　　北京市海淀区高梁桥斜街44号　　邮编：100044
印 刷 者：北京时代华都印刷有限公司
经　　销：全国新华书店
开　　本：185 mm×260 mm　印张：19.75　字数：493千字
版 印 次：2014年8月第2版　2022年1月第2次修订　2022年1月第9次印刷
定　　价：49.80元

本书如有质量问题，请向北京交通大学出版社质监组反映。对您的意见和批评，我们表示欢迎和感谢。
投诉电话：010-51686043，51686008；传真：010-62225406；E-mail：press@bjtu.edu.cn。

序

普通话是全国通用的语言。大力推广、积极普及普通话，是新时期语言文字工作的重要内容。普通话水平测试是推广普通话的一个重要环节。1994 年，国家语委、原国家教委和原广电部联合发布了《关于开展普通话水平测试工作的决定》，并颁布了《普通话水平测试等级标准(试行)》。1998 年国家语委再次审订普通话水平测试标准，并作为部级标准予以正式颁布，同时还制定了《普通话水平测试大纲》。2000 年审议通过的《中华人民共和国国家通用语言文字法》的第十九条明确规定："以普通话作为工作语言的播音员、节目主持人和影视话剧演员、教师、国家机关工作人员的普通话水平，应当分别达到国家规定的等级标准；对尚未达到国家规定的普通话等级标准的，分别情况进行培训。"因此，学说一口标准流利的普通话，既是提高自身素质的要求，也是适应社会发展的需要。普通话也是高校师范类学生必修的公共课程。

子曰："工欲善其事，必先利其器。"一本好教材是帮助教师完成教学任务、帮助学习者实现学习目标的"利器"。曲明鑫主编的《新编普通话学习与水平测试教程》便是普通话学习及教学的一件"利器"。编撰本书的曲明鑫、王旭东、李默、应燕平四位同志均为高校语言类课程的教师，既有扎实的专业基础，又有丰富的教学经验，同时还多次参与了普通话水平测试工作，这有力地保证了教材具有很强的针对性和实用性。

一、编排上突出测试特色。关于普通话学习的教材林林总总，但大多按照普通话的知识体系编排，突出的是知识体系的完备性。本书则按照普通话水平测试的能力元素和题型来构建课程板块，分绪论、单音节字词发音训练、多音节词语发声训练、朗读训练、命题说话训练五大部分。每一部分先明确普通话测试的具体要求，在讲授相关知识的基础上，针对普通话学习及测试中的常见偏误进行重点剖析及指导。普通话水平测试需要有一本内容完备、体系分明、针对性强的教材来给予帮助，本书的编排满足了这样的需求。

二、教学指导思想上体现"精讲多练，学以致用"的原则。理论上做到既浓缩精华又深入浅出，知识讲解更为通俗，让学习者更容易接受、理解和掌握。强化实践教学环节，注重能力训练，把知识传授与普通话水平测试实战演练紧密结合，随讲随练。每个知识单元之后，还布置多样性的练习，保证普通话学习的效果。

三、增加了与"计算机辅助普通话水平测试"相关的指导训练。自 2008 年开始，我国很多地方试用"国家普通话水平考试智能测试系统"，由计算机录音并评分（"命题说话"一项为计算机录音、人工评分)，即所谓的"机考"，且评分标准也略有调整。本书适时增加了"机考"相关内容，帮助学习者掌握普通话水平测试的实用、有效的应对方法，增强了参加普通话水平测试人员的考前认知及心理上的准备。

《新编普通话学习与水平测试教程》是四位年轻教师教学实践、科学探索的心血结晶。我相信这样一本集普通话学习与测试于一体的，实用性、针对性很强的教材，无论是对高校普通话课程的教学，还是对普通读者自学普通话，都会有事半功倍的效果。

杨兹举
2012 年 2 月于琼州学院

修订说明

在21世纪的今天，我国在科技、文化、经济上所取得的成就令世人瞩目，在世界上所发挥的作用也越来越受到人们的关注。而作为中国的官方语言——汉语，在日益扩大的国际交往中也发挥着越来越重要的作用。作为现代汉语共同语的普通话，已成为我国许多待业人员从业的必备技能，普通话的等级考试也逐年升温。如何在短暂的时间内提高普通话水平，如何提高普通话测试成绩，成为很多人关心的问题。2012年3月，我们编写出版了《新编普通话学习及水平测试教程》，旨在为学习普通话和准备参加普通话水平测试的人们提供全方位的指导和服务。

本书以国家语言文字工作委员会颁布的《普通话水平测试实施纲要》和语言学知识为依据，由高校从事普通话教学的一线教师编写而成。本书吸收了编者在教学研究中的新成果，在编写过程中遵循由浅入深、循序渐进的原则，根据普通话课程教学的特点和普通话水平测试的实际要求进行编写，注重实际技能的培养，突出实践性和应用性。

本书出版后，得到了师生们的充分肯定，他们也提出了许多宝贵意见及建议，我们根据教学改革和教学实际的需要，于2014年对该书进行了一次修订。修订版由王旭东拟定大纲，全体编写者讨论确定，分工如下：曲明鑫负责编写第1章的1.1、1.6节，第4章的4.1～4.5节（测试用朗读篇目分析与提示第一、二、三部分）；王旭东负责编写第2章；李默负责编写第1章的1.2～1.5节、第4章的4.5节（测试用朗读篇目分析与提示第四、五部分）、第5章；应燕平负责编写第3章、第4章的4.5节（测试用朗读篇目分析与提示第六部分）。在修订过程中，编者对原书各部分内容做了认真的审读，修正了一些疏误，增强了实训内容。

2017年，国家语言文字工作委员会普通话培训测试中心对《普通话水平测试实施纲要》中的部分测试内容进行了调整。据此，我们对本书的第4章和第5章的部分内容进行了再次增补修订。

本书编写参考了兄弟院校教材的一些观点，在此一并致谢。本书的编写得到了海南热带海洋学院领导的亲切关怀与支持，副校长杨兹举教授拨冗作序，谨致谢忱。

由于我们学术水平有限，教材中难免有疏漏和不当之处，恳请读者批评指正，以便进一步修改和完善。

编者

2022年1月

目　录

第 1 章

绪　论

1.1　普通话与方言

语言是人们进行一切社会活动的交际工具，在日常生活中，人们通过语言传递信息、交流思想、表达感情。我国地域辽阔，在社会发展过程中不同地域产生了不同的汉语分支——方言。方言众多，给生活在不同地域的人们进行交流造成了诸多的不便。所以，一个国家为了交际就需要一种民族共同语。普通话作为现代汉民族共同语，在中国现代社会的交际中起着不可忽视的作用。

1.1.1　现代汉语方言的形成及现状

方言是某一种语言的地域变体，是语言随着社会的分化、发展而逐渐分化、发展形成的。汉语方言的存在不是现在才有的，《孟子》记载：

> 孟子谓戴不胜曰："子欲子之王善与？我明告子。有楚大夫于此，欲其子之齐语也，则使齐人傅诸？使楚人傅诸？"曰："使齐人傅之。"曰："一齐人傅之，众楚人咻之，虽日挞而求其齐也，不可得矣。引而置之庄岳之间数年，虽日挞而求其楚，亦不可得矣。"

这段话的思是说：

> 孟子对戴不胜说："你希望你的君王贤明吗？我明白告诉你。这里有位楚国官员，希望他的儿子会说齐国话，那么，找齐国人来教呢，还是找楚国人来教呢？"戴不胜回答道："找齐国人来教。"孟子说："一个齐国人来教他，很多楚国人干扰他，即使每天鞭打他要他说齐国话，也是不可能的。假如带他在庄、岳闹市区住上几年，即使每天鞭打他要他说楚国话，也是不可能的。"

可见，在春秋战国时期汉语就已经有方言的存在了。汉语在历史的长河中没有分化为不同的语言，但由于各种原因、各种条件也形成了多种方言。汉语方言到底该分为几大类，至今学术界意见不一，以下七大类是大家都公认的。

①北方方言。北方方言区包括长江以北地区，长江以南的镇江以西、九江以东的沿江地带，云、贵、川三省，湖北省大部（西南角除外），湖南省西北角及广西壮族自治区北部。使用人口约占汉族总人口的71.2%。

②吴方言。吴方言区包括长江以南、镇江以东地区（镇江不包括在内），浙江省大部。使用人口约占汉族总人口的8.3%。

③湘方言。湘方言区就是湖南省（西北部除外）。使用人口约占汉族总人口的4.8%。

④赣方言。赣方言区包括江西省大部（东北沿江地带和南部一部分除外）。使用人口约占汉族总人口的2.4%。

⑤客家方言。客家方言区包括广东省东部和北部，广西壮族自治区东南部，福建省西部，江西省南部，以及湖南、四川少部分地区。使用人口约占汉族总人口的3.7%。

⑥闽方言。闽方言区包括福建省，台湾省，海南省一部分，以及广东省潮安、汕头一带。使用人口约占汉族总人口的4.1%。

⑦粤方言。粤方言区包括广东省大部分地区，香港、澳门特区，以及广西壮族自治区的东南部。使用人口约占汉族总人口的5.5%。

不同方言之间的差别有大有小，总的说，语音上的差别比较大，其次是词汇，语法方面的差异最小。

1.1.2 普通话的定义、内涵及形成过程

方言的存在，给全民族的自由交际带来了不便，甚至造成不必要的麻烦。为了使社会能有效地协调与运作，促进社会的政治、经济、文化、科技等各方面能飞速发展，方言分歧较为严重的民族都会有一种民族共同语。普通话便是现代汉民族的共同语。

普通话就是“以北京语音为标准音，以北方话为基础方言，以典范的现代白话文著作为语法规范的现代汉民族的共同语”。普通话的这个定义从语音、词汇、语法三个方面阐述了普通话的内涵。

“普通话以北京语音为标准音”，这是普通话在语音方面的标准。选择北京语音为标准音，主要有三方面的原因。一是因为北京是我国的首都；二是因为使用人数多，在全国分布范围广、影响大；三是因为北京语音系统结构简明，规律严整，音节悦耳动听。

需要注意的是，“以北京语音为标准音”，不能理解为说北京话就是普通话。首先，语言包括语音、词汇、语法多个要素。这句话只是界定了普通话语音的标准。再者说，所谓的标准音也是就北京话的语音系统来说的。北京话语音内部有很多分歧，譬如说，北京一部分人对某些字有误读的情况，如北京话里的大量儿化词（如“今儿”“明儿”等）和轻音节词（如把“明天”“古怪”“主张”“重要”等词里的“天”“怪”“张”“要”都读成轻音），也不能照搬不误，都吸收到普通话里来。再说，普通话也还要不断从其他方言中吸

收富有表现力的成分。我们之所以要强调这一点，一方面有助于方言区的人们增强学习普通话的信心，另一方面也可以消除误解，以免把北京土话当普通话来学习。

“以北方话为基础方言”说的是普通话的词汇标准。为什么语音是以北京语音为标准而词汇不说以北京话的词汇为标准呢？现代汉语书面语是白话文，因为北京话在民族共同语中的重要地位，所以现代白话文更多地汲取了北京话的语汇，但同时也继承了旧白话文。随着四大古典名著等许多优秀的白话文学作品的传播，旧白话文主要的词汇基础是北方话，因此今天我们确定书面语的基础词汇时不可能无视这样的历史和现实基础，不可能也不应该把它限制在北京话的范围内。

再说词汇就其自身性质来说，是随社会的发展而变化的，它不能也无法限制在某个地点或地区的方言内。因此，根据历史和现实的情况定出一个宽泛的大致的范围，然后随语言的发展随时加以规范调整。

舍弃北京话里地方色彩太重的方言词语，还要吸收方言中能丰富普通话词汇的新鲜词语，以及古代的和外来的富于表现力的词语。

“以典范的现代白话文著作为语法规范”是普通话在语法方面的标准。“著作”就是文章和文学作品，是经过字斟句酌、反复修改的作品。著作的作者一般应具有较好的语言功底和表达能力。“典范”的含义指经典和规范。即使是“名人名作”，如果不是经典或规范的，也不在此例。这就排除了“以人划线”和简单化，例如，即使像鲁迅、郭沫若这样的语言大师，也有非典范的作品。另一方面，“典范”的著作必然经得住推敲，脍炙人口，广为流传。凡是经过多人反复推敲，社会权威机构发布的文章作品，都具有语法规范的价值。例如政府公文、教材、报刊重要文章、影视传媒中的严肃作品等。

总之，普通话的上述标准，不是少数人主观规定的，而是有它的客观基础的。这里所说的客观基础主要是指政治、经济、文化的因素。从上古到近代，中国的经济中心一直在北方；八百年来，北京一直是中国的政治中心；唐宋以来，有影响的白话文学，都是以北方方言写成的。可见，今天规定普通话以北方方言为基础方言，以北京语音为标准音，以典范的现代白话文著作为语法规范，这是完全符合汉语发展规律的。

“普通话”的名称及其含义是 1956 年 2 月 6 日国务院发布的《关于推广普通话的指示》里明确规定的。但汉民族这一共同语的形成却经历了很长时间。

汉语共同语在春秋时代叫做“雅言”。《论语·述而篇》说：“子所雅言，《诗》、《书》、执礼，皆雅言也。”孔子是鲁国陬邑（今山东曲阜）人，他平时大概说山东方言，但在读《诗》、读《书》、行礼的时候，则用当时的共同语“雅言”。汉语共同语往后发展，至汉代扬雄在《方言》里称之为“通语”，元代周德清在《中原音韵》里称之为“天下通语”，明代张位在《问奇集》里称之为“官话”，辛亥革命以后称之为“国语”，现在称之为“普通话”。由“雅言”“通语”“天下通语”到后来的“官话”“国语”，以至现在的“普通话”，其发展过程是一脉相承的，反映了汉语共同语在两千几百年间发展的大体过程。

1.1.3 普通话和方言之间的关系

共同语是一个民族全体成员通用的语言，方言是民族语言的分支，是局部地区人们使用的语言。共同语是在某一方言基础上形成的，共同语也吸收基础方言以外方言的有用成分来丰富自己。两者是兄弟姐妹的关系，不是父子关系。例如“的士”“尴尬”等原来根本没有的其他方言中的词也进入了普通话。

汉语方言为各方言区居民服务，并为保存地域文化发挥作用。虽然方言是处于从属地位的一方之言，但它并不是低级的语言、落后的语言。语言没有优劣之分，有些人把方言看成是“县以下的人才说的”低级的、落后的语言，这是错误的。普通话不断地从方言中吸取营养，丰富自己，同时也对方言产生着巨大影响，对方言起制约作用，吸引方言向自己靠拢。

推广普通话不是消灭方言，不会妨碍方言的发展。推广普通话是现代汉语规范化的重要内容。规范化限制剔除的只是那些不合语言发展规律的东西，只是为了克服语言的内部分歧和混乱，恰恰是促进语言向更加健康、精密、适应时代要求的方向发展。

1.2　普通话的推广

1.2.1　推广普通话的意义

我国是汉语方言差异较为严重的国家。大力推广、积极普及全国通用的普通话，有利于克服语言隔阂、促进社会交往、增进各民族、各地区的交流、维护国家统一、增强中华民族凝聚力，对社会主义经济、政治、文化建设具有重要意义。

随着改革开放和社会主义市场经济的发展，我国在科技、文化、经济上所取得的成就令世人瞩目，在世界上所发挥的作用也越来越受到人们的关注。而作为中国的官方语言——汉语，在日益扩大的国际交往中也发挥着愈来愈重要的作用。在全社会大力推广和深入普及普通话已势在必行。目前，普通话已成为我国许多待业、从业人员的要求，普通话的等级考试也逐年升温。因此，学说一口标准流利的普通话，既是提高自身素质的要求，也是适应社会发展的需要。

1.2.2　国家推广普通话的方针和政策

首先，推广普通话不是消灭方言。各民族语言平等共存，各民族都有使用和发展自己语言的自由。国家鼓励各民族互相学习语言。使用少数民族语言进行教学的学校开设汉语课程，应当教学普通话。民族自治地方和少数民族自治地方等需要使用汉语的场合，要推广和使用普通话。

在处理普通话与汉语方言的关系上，应坚持社会语言生活主体化和多样化相结合的原则。一方面，使公民普遍具备普通话应用能力，并在一定场合自觉使用普通话；另一方面，承认方言在一定场合具有其自身的使用价值，推广普通话不是消灭方言。

但不同历史时期，国家推广普通话的方针是不同的：20世纪50年代，我国推广普通话的工作方针是“大力提倡，重点推行，逐步普及”。这个方针符合当时的社会实际，对于普通话的推广起到重要的促进作用。

进入社会主义建设新时期以来，推广普通话工作进入一个新的阶段。1982年修订的《中华人民共和国宪法》规定“国家推广全国通用的普通话”，第一次在根本大法中明确了普通话的通用语言地位。随后，推广和使用普通话陆续写进民族区域自治法、义务教育法、教育法等多种法律、法规。这样，推广普通话不再是一般的“提倡”“号召”的事情，而是应当大力推行的执法行为。改革开放和社会主义市场经济及中文信息处理技术的迅速发展使得推广普通话成为日益紧迫的任务，对扩大普通话的普及范围和提高全民普通话应用水平提出了更高的要求。同时，随着教育的逐步普及和教育手段现代化程度的提高，广播电视等有声传媒的迅速普及，以及范围越来越广的人员流动，掌握普通话的人越来越多，在全民范围内普及普通话和提高普通话应用水平已经具备了现实基础。

1986年，全国语言文字工作会议把推广普通话列为新时期语言文字工作的首要任务，并指出形势变化了，推广普通话工作要有新的进展，工作重点要放在推行和普及方面，在普及方面应当更加积极一些。1992年，国家语委把推广普通话的工作方针调整为“大力推行，积极普及，逐步提高”。1997年，全国语言文字工作会议要求继续贯彻这个方针，在普及的基础上提高，在提高的指导下普及，并且提出中心城市和经济发达地区率先普及普通话的要求。现在，推广普通话的实践证明，这个工作方针符合现实需要，在全国推广普通话工作中发挥了重要的指导作用。

1.2.3 推广普通话的法律依据

《中华人民共和国宪法》第十九条规定：“国家推广全国通用的普通话。”

《中华人民共和国国家通用语言文字法》第三条规定：“国家推广普通话，推行规范汉字。”第四条规定：“公民有学习和使用国家通用语言文字的权利。国家为公民学习和使用国家通用语言文字提供条件。地方各级人民政府及其有关部门应当采取措施，推广普通话和推行规范汉字。”第五条规定：“国家通用语言文字的使用应当有利于维护国家主权和民族尊严，有利于国家统一和民族团结，有利于社会主义物质文明和精神文明建设。”第九条规定：“国家机关以普通话和规范汉字为公务用语用字。”第十条规定：“学校及其他教育机构以普通话和规范汉字为基本的教育教学用语用字。”第十二条规定：“广播电台、电视台以普通话为基本的播音用语。”第十三条规定：“提倡公共服务行业以普通话为服务用语。”第十九条规定：“凡以普通话作为工作语言的岗位，其工作人员应当具备说普通话的能力。以普通话作为工作语言的播音员、节目主持人和影视话剧演员、教师、国家机关工作人员的普通话水平，应当分别达到国家规定的等级标准；对尚未达到国家规定的普通话等级标准的，分别情况进行培训。”第二十条规定：“对外汉语教学应当教授普通话和规范汉字。”

《中华人民共和国民族区域自治法》第三十七条规定：“招收少数民族学生为主的学校（班级）和其他教育机构，有条件的应当采用少数民族文字的课本，并用少数民族语言讲课；根据情况从小学低年级或者高年级起开设汉语文课程，推广全国通用的普通话和规范认定。”第四十九条规定：“民族自治地方的自治机关教育和鼓励各民族的干部互相学习语言文字。汉族干部要学习当地少数民族的语言文字，少数民族干部在学习、使用本民族语言文字的同时，也要学习全国通用的普通话和规范认字。”

《中华人民共和国义务教育法实施细则》第二十四条规定：“实施义务教育的学校在教育教学和各种活动中，应当推广使用全国通用的普通话。师范院校的教育教学和各种活动应当使用普通话。”

《扫除文盲工作条例》第六条规定：“扫除文盲教学应当使用全国通用的普通话。”

《幼儿园管理条例》第十五条规定：“幼儿园应当使用全国通用的普通话。”

《民族乡行政工作条例》第十四条规定：“民族乡的中小学可以使用当地少数民族通用的语言文字教学，同时推广全国通用的普通话。”

《广播电视管理条例》第三十六条规定：“广播电台、电视台应当使用规范的语言文字。广播电台、电视台应当推广全国通用的普通话。”

1.2.4 普通话的推广情况

新中国成立之后，我国政府对现代汉民族共同语——普通话的使用和推广工作予以了高度的重视。在毛泽东、刘少奇、周恩来等老一辈革命家的直接关怀下，推广普通话作为一项重要工作列入政府日程。1956 年国务院发出《关于推广普通话的指示》，陈毅出任中央推广普通话工作委员会主任，各地相继建立“推普”机构，全国掀起学习普通话的热潮。

“文革”期间，推广普通话工作虽受到严重影响，然而空前规模的“大串联”“上山下乡”“五七干校”等活动却把普通话带到全国各地，反倒使普通话得到广泛传播。

20 世纪 80 年代以后，推广普通话成为新时期语言文字工作的首要任务。1992 年国家语委正式将新时期推广普通话工作的方针调整为“大力推行、积极普及、逐步提高”。在调整后的推广普通话方针指导下，推普的范围更加广泛，由重点在南方方言区推行发展到在全国范围内推广；由重点抓学校发展到既抓学校又抓社会；由重点纠正语音发展到对词汇等方面提出规范要求。推普的要求更加明确具体。

1994 年起，主要面向教师、师范生和播音员、节目主持人的普通话水平测试陆续在全国开展起来，按照《〈教师资格条例〉实施办法》的规定，普通话达标是教师资格认定的必要条件之一；按原国家广电总局规定，播音员和节目主持人均需接受普通话水平测试，并持普通话等级证书上岗。1994 年公布的《普通话水平等级标准》，使普通话的水平有了较为科学的、可以操作的量化手段和衡量尺度。这些举措说明，推广普通话工作已经迈上了一个新台阶。

1997年全国语言文字工作会议确定建立新世纪推广普通话基本目标：2010年以前全国范围内初步普及普通话，21世纪中叶全国普及普通话。为了实现这个目标，国家以“目标管理、量化评估”“普通话水平测试”“推广普通话宣传周”为基本措施，努力构建以大中城市为重点，以学校为基础，以党政机关为龙头，以新闻媒体为榜样，以公共服务行业为窗口，带动全社会推广普通话的工作格局，并要求直辖市、省会、自治区首府和计划单列市等一类城市在2003年左右率先达到普通话初步普及和社会用字基本规范的目标。

1.2.5　推广普通话的工作目标和基本措施

推广普通话工作要紧紧围绕社会需求，从社会主义初级阶段的国情出发，遵循语言自身发展规律，强化政府行为，要以直辖市、省会、自治区首府等中心城市为重点，以学校为基础，以党政机关为龙头，以广播电视等新闻媒体为榜样，以公共服务行业为窗口，带动全社会推广普及普通话。

当前推广普通话的工作目标是：本世纪中叶以前，普通话在全国范围内普及，交际中没有方言隔阂。经过未来四五十年的不懈努力，我国国民语言素质将大幅度提高，普通话的社会应用更加适应社会主义经济、政治、文化建设需要，形成与中等发达国家水平相适应的良好语言环境。

推广普通话工作以目标管理、量化评估、普通话水平测试和开展以推广普通话宣传周为中心的宣传教育为基本措施，不断加大行政管理力度，逐步走上制度化、规范化、科学化的轨道。现代社会科技高度发达，计算机和互联网在我国的普及率较高，为顺应时代的发展，经国家教育部语用司批准，于2006年开始，在部分省市开展普通话水平测试进行计算机辅助测试试点工作，并从2009年开始逐步在全国范围内推广计算机辅助普通话水平测试。与传统的人工测试相比，管理手段更加规范、科学，测评结果也更加准确、公平，极大地促进了普通话的推广工作。

1.3　普通话语音概说

语言是有声的，语音是语言的物质外壳。有声的语言是人类交流思想的重要工具，口头语言的表达离不开语音。语音是人类发出来的、具有一定意义的、用来进行社会交际的声音。

1.3.1 语音的性质

语音是语言的意义的载体，它是人类发出的、用于表示意义进行交际的声音。它具有物理属性、生理属性和社会属性。

语音不同于自然界的风声、雨声等声音。这些自然界的声音不是由生理器官发出的，也不能表示意义，它们只有物理属性，而没有生理属性和社会属性；语音也不同于其他动物发出的叫声。动物的叫声虽然具有物理属性和生理属性，但没有社会属性；语音也不同于人类发出的咳嗽声、鼾声等声音。咳嗽声和鼾声虽然是由人类的发音器官发出的，但不能表达意义、进行交际。

语音的社会属性是它区别于其他声音的本质属性。

1. 语音的物理属性

语音属于一种物理的运动，所以具有物理属性。发音体振动，作用于空气或其他介质，形成音波，通过耳膜的接收、听觉神经的传导，到达人的大脑，就形成了声音的感觉。

任何一个声音都具有 4 个方面的基本特征：音高、音强、音长、音质，称为语音的四要素。

1）音高

音高指声音的高低，它取决于发音体振动的频率。振动得快，音高就高，反之音高就低。发音体振动频率的高低与发音体的大小、长短、粗细、张力等因素有关。发音体长的、大的、松的、厚的一类，振动慢，频率低，发出的声音就低，反之则高。语音的高低，则跟声带的长短、厚薄、松紧有关。人的声带是不完全相同的。一般成年男子声带长而厚，成年女子声带短而薄，因而听起来男性比女性声音略低。此外，同一个人发音时声带的松紧不同，声音也有高低之别。汉语的声调，如普通话里的“mā（妈）、má（麻）、mǎ（马）、mà（骂）”，主要是由不同的音高构成的。

2）音强

音强指声音的强弱，取决于发音体发音时振幅的大小。振幅是指发音时物体振动的幅度，其单位是分贝。振幅越大，声音越强，反之则越弱。

同一个发音体，用大小不同的力量去敲击，则使得发音的振幅不一样。因此，声音的强弱由发音时用力大小所决定：用力大，则振幅大，音强就强；用力小，则振幅小，音强就弱。语音的强弱是由发音时气流冲击声带力量的强弱来决定的。

音强有时可以用来区别意义。汉语中的轻重音就是以音强作为其主要特征来区别意义的，例如：“孙子”重音在前，轻声在后，则表示是“儿子的儿子”；而前后都读重音，则指古代的军事家孙武（或孙膑）。

3）音长

音长是指声音的长短，由发音时物体振动持续时间的长短所决定。发音体振动时间长，音长就长，否则就短。语音也不例外。

汉语中一般不用音长作为主要的区别意义的手段，但音长作为发音中的一个自然属性，经常以伴随性的特征出现，比如重读音节以音强作为主要特征，音强较强，音长也比较长，而轻声音节音强较弱，音长也比较短。例如：

“不辨东西”中“西”的发音音长较长，而“不是东西”中“西”的发音音长较短。

汉语中的音长也与音高有着一定的联系。普通话的声调以音高为主要特征，音长只作为伴随性特征出现。上声调值为214，音长较长，去声调值为51，音长较短。

4）音质

音质也叫音色，指声音的本质特征，是一个音与其他音互相区别的最根本的特征。

音质取决于发音时的音波形式，音波形式不同，音质就不同；而音波形式取决于以下三个方面：发音体、发音方法和共鸣器形状。

形成振动的物体叫发音体。不同的物体振动时，形成的音波形式不同，音质就不同。敲门声与风吹动树叶的声音不同，是由于它们的发音体一个是门，一个是树叶。小提琴与笛子的声音也不同，是由于它们的发音体一个是琴弦，一个是笛膜。每个人的声音听起来不同，就是因为他们的发音体——声带不同。

发音方法是指外力作用于发音体使之振动的方式。发音的过程，就是外部力量通过一定的方式使发音体产生振动的过程，而方式的不同就产生出不同的音。比如小提琴演奏中，使用拉的方式和使用拨的方式，虽然发音体相同，但音质不同，就是由于发音方法不同造成的。语音中的［k］和［x］，一个是使用爆破的方式发音，而另一个是使用摩擦的方式发音，其音质也不同。

共鸣器指能够与发音体的振动产生共振的空间，如胡琴的琴筒、小提琴的音箱。共鸣器可以放大发音体发出的声音。人类发音的共鸣器就是口腔、鼻腔等。共鸣器形状不同，发出的音就不同。人们可以通过调整舌位、口形等改变共鸣器形状，从而发出不同的音。如［ɑ］和［u］，发音体都是声带，但是发音时舌位的前后高低及嘴唇的圆展不同，就形成了不同的音。

任何声音都是音高、音强、音质的统一体，语音也不例外。但是，在各种语言中，语音四要素被利用的情况并不完全相同。在任何语言中，音质无疑都是用来区别意义的最重要的要素。其他要素在不同语言中区别意义的作用却不尽相同。在汉语中，除音质外，音高的作用十分重要，声调主要是由音高构成的，声调能区别意义。音强和音长在语调和轻声里也起重要作用。

2. 语音的生理属性

语音的生理属性表现在它由生理器官发出。人类的发音器官可以分成三个部分：提供发音原动力的肺和气管、作为发音体的喉头和声带，以及作为共鸣器的口腔、鼻腔和咽腔。

1）肺和气管

肺是重要的呼吸器官，同时也作为发音器官，通过呼出和吸入气流为发音提供原动力。气管和支气管是气流经过的通道，起着输送气流的作用。人类发出的声音一般是通过呼出气流完成的，也有极少的语言中有吸气音，通过吸入气流发音，汉语中没有吸气音。

2）喉头和声带

这是发音体，当气流从肺和气管呼出时，就振动声带来产生声音。喉头由甲状软骨、环状软骨和两块杓状软骨组成，呈圆筒形，下接气管，上通咽腔。声带是两片富有弹性的薄膜，长约13～17mm，前后两端黏附在软骨上，中间的通路叫声门。由于肌肉和软骨的活动，声带可以放松或拉紧，声门可以打开或闭拢。当人们呼吸时，或发清音（不带音，如h、f、sh等）时，声门大开，气流自由流出，声带不颤动；而发声音响亮的元音（如a、u）和浊辅音（如m、n、l）时，声门先闭拢，气流由肺部呼出，冲击声门，使声门打开一条缝隙，气流从中流出，同时声带发生颤动。声带在气流通过时，可以开，可以闭；可以振动，也可以不振动，还可以调节松紧，来发出清浊不同、高低有异的声音。

3）口腔、鼻腔和咽腔

这是发音体的共鸣器，声带发的音都是单一的，于是人就通过调整口腔的形状来控制声音的特点。发音的气流从肺部呼出，进入口腔、鼻腔和咽腔，形成共鸣，然后经由口腔或鼻腔逸出。

喉头上面是咽腔。咽腔是个三岔口，下连喉头，前通口腔，上连鼻腔。呼出的气流由喉头经过咽腔到达口腔和鼻腔。口腔、鼻腔、咽腔都是共鸣器，对发音来说口腔最重要。构成口腔的组织，上面的叫上腭，下面的叫下腭。上腭包括上唇、上齿、齿龈、硬腭、软腭和小舌，硬腭在前，是固定的，软腭在后，可以上下升降，软腭后面是小舌。下腭包括下唇和下齿，舌头也附着在下腭上。舌头是口腔中最灵活的器官。舌头又分为舌尖、舌身和舌根。舌头的前端是舌尖，自然平伸时，相对着牙齿的部分是舌叶，舌叶后面的部分是舌身，舌面后面的部分是舌根。上腭上面的空腔是鼻腔，软腭和小舌处在鼻腔和口腔的通道上。软腭上升时，鼻腔关闭，气流从口腔通过，这时发出的声音叫口音。软腭下垂时，口腔中的某一部位关闭，气流从鼻腔通过，这时发出的声音叫鼻音或纯鼻音。如果口腔内无阻碍，气流从鼻腔和口腔同时呼出，这时发出的音同时在口腔和鼻腔中共鸣，叫鼻化音（也叫半鼻音或口鼻音）。图1-1中给出了发音器官示意图。

3. 语音的社会属性

因为语言是人类社会特有的社会现象，而作为语言物质外壳的语音具有其他声音所不具备的社会属性。语音的社会属性是它的本质属性。

语音的社会属性主要表现在以下两个方面。

①语音语义相结合的约定俗成性。指什么样的意义与什么样的语音相结合，不是个人决定的，而是由使用该语言的社会全体成员约定组成的。如：都是表示“用木头或玻璃等制成的可以在上面用粉笔写字的黑色平板”，汉语用“hēi bǎn”，英语中却用“book”，这是不同民族约定俗成的结果。

②系统性。不同民族的语言或方言都有各自不同的语音系统。不同的语音系统所包含

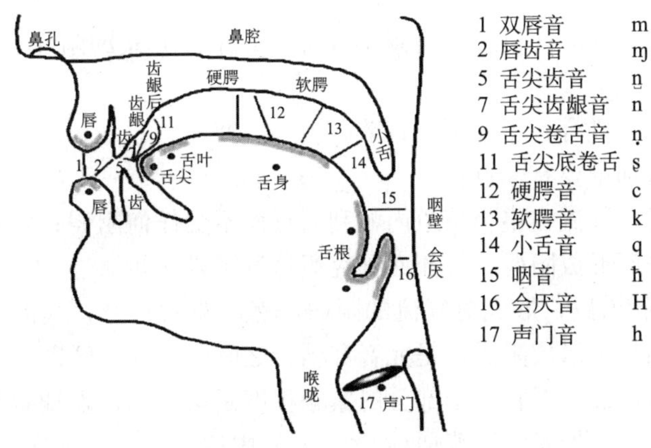

图 1-1 发音器官示意图

的音素及其数目都是各不相同的。例如，普通话里有舌尖元音［ɿ］、［ʅ］，而英语和俄语里就没有。英语、俄语里有与清音相对立浊辅音，英语和汉语广州话里有舌叶音［ʃ］，这些音普通话里都没有。不同民族的人对同一个音的敏感程度和发音能力也有很大差异。人们对母语中没有的音就常常发不准或分不清，如俄语的舌尖颤音［r］，法语的小舌颤音［R］，中国人学起来就很困难。同样，外国人学汉语语音也会遇到种种困难，其实人类发音器官的构造基本上是相同的，为什么不同的人对同一个音的敏感程度和发音能力会有差异呢？其原因只能归结为不同民族不同地域人们的语言习惯不同。由于自幼受特定语音系统的熏陶，一个人往往对母语中具有的语音特征，听觉上比较敏感，发音也容易，对母语中所没有的语音特征，则不易听出，也不容易发出。如西方人对汉语的四声和汉族人对西方语言的颤音、浊塞音，都是不易分辨和难以准确发音的。但是，经过训练，一个人可以掌握各种语音系统。这说明语音系统与生理和地理等非社会因素无关，而只是社会的习惯的产物。

语音以人的发音器官为其必不可缺的生理基础，又同其他声音一样，具有物理属性，但最根本的是它具有社会属性。它与意义紧密结合，成为语言的物质存在形式。

1.3.2 语音单位

1. 音素

音素是按照音质的不同划分出的最小的语音单位。音素与音高、音长和音强没有关系。音素是最小的语音单位。它是从音节中析出的。语音，分析到音素，不能再分了，所以它是最小的。“绿”可以分析出 l 和 ü，“红”可以分析出 h、o、ng 来。当然，这种分析，必须具备一定的语音知识才能做到，不过，如果我们把声音拖长念，是完全可以体会得到的。

音素按发音特点成两大类：元音和辅音。

元音发音时，振动声带，声音响亮，气流在口腔不受到阻碍，如 a、o、e。

辅音发音时，不一定振动声带（有的颤动声带，如 m、n、l；有的不振动声带，如 s、sh、x），声音不响亮，气流在口腔要受到不同部位、不同方式的阻碍，如：b、d、g、c、ch、q、f。

辅音一般要跟元音拼合，才能构成音节。

元音和辅音的区别主要有 4 点：

①发元音的时候，气流在整个声道内顺利通行而不受任何阻碍；发辅音的时候，声道的某一部位封闭起来而形成阻碍，气流必须克服这种阻碍才能通过。比如发汉语普通话 ba（八）中的 b 时，双唇闭拢，形成对气流的阻碍，然后双唇打开，气流才能冲出口腔发出音来。发音时声道内是否形成阻碍，是元音和辅音之间最主要的区别。

②发元音的时候，发音器官各个部分的紧张程度是均衡的；发辅音的时候，形成阻碍的部位就会特别紧张。比如发汉语普通话 ba（八）中的 b 时，双唇这个部位特别紧张。

③发元音的时候，呼出的气流畅通无阻，因而气流较弱；发辅音的时候，呼出的气流必须冲破阻碍才能通过，因而气流较强。

④发元音的时候，声带都要振动；发辅音的时候，浊辅音需要振动声带，清辅音则不需要振动声带。

2. 音节

音节是自然的语音单位。人们说话，总是一个音节一个音节发出来的。在汉语里，一个音节写下来就是一个汉字。“我是中国人”五个音节写下来就是五个汉字。有极少的情况例外，“一下儿”这三个字念实际上是两个音节，“下儿”是一个音节，念“xiàr”。

3. 声母、韵母、声调

传统的语音学研究把汉语的一个音节分成声母、韵母和声调 3 个部分。

1）*声母*

声母，是使用在韵母前面的辅音，跟韵母一起构成一个完整的音节，如果音节开头没有辅音，则称为零声母。其他汉藏语系语言也有类似的结构。声母一般由辅音充当，即首辅音。辅音的主要特点是发音时气流在口腔中要分别受到各种阻碍，因此可以说，声母发音的过程也就是气流受阻和克服阻碍的过程。声母通常响度较低，不可任意延长，而且不用于押韵。

如汉语的“洗涤”（xi di），其声母分别是“x”和“d”，而“阿”（a）则没有开头辅音，即为零声母。辅音和声母是从不同的角度分析出来的，是不同的两个概念。辅音经常充当声母，它也可以充当韵尾，如“难”（nán）中的两个辅音“n”，在音节开头的是声母，在音节结尾的是韵尾。有的辅音不作声母，只作韵尾，如“当”（dang）中的“ng”。

2）*韵母*

中国汉语音韵学术语，指的是汉字音节中声母后面的成分。它可以是一个元音，也可以是元音的组合，还可以是元音和辅音的组合，如：“巴”（ba）的韵母是“a”，是单元音；“条”（tiao）的韵母是“iao”，是元音的组合；“行”（hang）的韵母是“ang”，元音和辅音的组合。

3）声调

声调指音节中能区别意义的音高变化。声调的变化，附着于整个音节。普通话中“闪”（shǎn）是上声调，调值是214，即先降后升，由2降到1，再上升到4。

4）音位

音位（phoneme）是语言中能表示语义的单位。根据国际语音学协会的定义，音位是“某个语言里不加分别的一族相关的声音”。它是具体语言或方言中能够区别意义的最小的语音单位。近年来出版的北京大学叶蜚声、徐通锵著的《语言学纲要》则指出“音位是具体语言中有区别词的语音形式作用的最小语音单位”。例如，北京话里的“文”有人念“wen”，有人念“ven”北京人听了都一样，其中“w”和“v”的读音差别没有造成意义的不同，所以，这两个音在北京话里就可以归纳到一个音位中。

然而，d和t的情况就不同了，如果把“dan”（胆）念成“tan”（袒），意思就变了，所以“d”和“t”在北京话里可以区别意义，应该归纳为两个语音单位，实际上它们每一个单位又都各成一类，就是一个音位。

1.3.3 记音符号

记音符号是记录语音的符号。因为汉字不是拼音文字，不能从字形中看出读音来，所以需要记音符号给汉字注音。为了给汉字注音，人们采用过多种记音方法，主要可分为以下三大类：

第一类是用汉字注音，有直音法和反切法两种方法。直音法为最古老的注音法，即用一个汉字给另一个汉字注音，如“难，音南”。反切法是使用两个汉字给一个汉字注音。反切法的规则是：反切上字与被切字同声母，反切下字与被切字同韵母和声调。如：“唐，徒郎切”。反切上字“徒”与被切字“唐”同为t声母（古代同为“定”母）；反切下字“郎”与被切字“唐”同为ang韵母阳平（古代同为“唐”韵平声）。

第二类是用注音字母注音，它使用专门设计的表音字母来给汉字注音，创制于“五四”运动前后（后来改称注音符号），它对给汉字注音和推广“国语”起过很好的作用。

第三类是用拼音字母来给汉字注音和记录汉语，有威妥玛式方案、国际罗马字拼音法式（简称“国罗”）、北京话拉丁化新文字（简称“北拉”）和《汉语拼音方案》等。

此外还有用国际音标来记录语音的。

我们现在最常用的记音符号系统主要有：《汉语拼音方案》和国际音标，下面就这两种记音符号系统进行介绍。

1. 汉语拼音方案

《汉语拼音方案》是在20世纪50年代制订出来的。新中国成立以后，中国文字改革委员会普遍征求和广泛收集各方面对拼音方案的意见，进行分析和研究，于1956年2月拟定出《汉语拼音方案》（草案）。这个方案（草案）经过全国政协和各界人士广泛讨论，又经国务院成立的汉语拼音方案审订委员会反复审议和多次修订，再由中国文字改革委员会提交政协全国委员会常委扩大会议讨论，报请国务院全体会议通过，最后在1958年2

月第一届全国人民代表大会第五次会议批准作为正式方案推行。

1)《汉语拼音方案》的主要作用

(1) 给汉字注音。

汉字不是拼音文字，为了标记汉字的读音，人们曾采用过直音法、反切法或注音字母(注音符号)。但是，这些注音法都有缺点。前两种要以认识大量的汉字为基础，如果没有音同或音近的字就难以注音。注音符号曾起过一定的作用，但它不完全是音素字母，注音不够准确，书写也不够方便。《汉语拼音方案》基本上克服了上述缺点，能够准确地给汉字注音。它采用国际上流行的拉丁字母，既容易为广大群众掌握，又便于国际间的文化交流。

(2) 用于推广普通话。

推广普通话，是我国社会主义革命和社会主义建设的需要，是国家统一和人民团结的需要。学习普通话光靠口耳是不够的，必须有一套记音符号，以帮助教学，矫正读音。事实证明，《汉语拼音方案》正是推广普通话的有效工具。

此外，《汉语拼音方案》还可以用来作为我国各少数民族创制和改革文字的共同基础，帮助外国人学汉语，用来音译人名、地名、科学术语，用来编制索引和代码等。

2)《汉语拼音方案》的主要内容

《汉语拼音方案》主要包括 5 部分内容：字母表、声母表、韵母表、声调符号、隔音符号，详见附录 A。

3)《汉语拼音方案》的特点

《汉语拼音方案》特点如下：

①基本符号 26 个，数量较少，便于使用。

②采用拉丁字母，利于国际通行。

③字母记录汉语音位，简洁而实用。

2. 国际音标

国际音标是国际语音协会制定的一套记音符号，是用来记录各民族语言的语音的。国际语音学会 1886 年成立于英国伦敦，主要参加者是欧洲的一些语音学者。国际音标遵循“一个音素一个符号，一个符号一个音素”的原则，符号与音素之间呈一对一的关系，不会出现混淆，是一套比较科学的记音工具，能记录世界上任何语言的语音。国际音标采用拉丁字母符号及其各种变化形式记录各种音素，可根据需要，用变形或增加符号等方式进行扩充，形成严整缜密的记音符号系统。国际音标制定出来以后，曾经多次修订。许多国家的语言学者都用它来记录和研究语音。我国开展少数民族语言和汉语方言的调查，也都采用国际音标记音。掌握国际音标对语言教学和语言研究都很有帮助，语言文字工作者应该努力学会国际音标。

1.3.4 普通话的语音特征

与印欧语系相比，普通话语音有以下鲜明的特点：

①每一音节都有声调。声、韵、调是汉语音节的三要素，其中，声调是音节的标志。外语的音节通常以元音为标志，两个元音就是两个音节。汉语的复韵母即使两个元音（好 hǎo）或三个元音（教 jiào）也是一个音节。

②辅音以清辅音为主。浊辅音只有 m、l、r，没有复辅音。英语等外语有浊辅音和复辅音；古代汉语也曾存在过复辅音；现代汉语没有复辅音。

③元音是汉语音节结构的核心。任一音节必有韵母，任一韵母必有一个或一个以上的元音。元音属于乐音，辅音属于噪声。现代汉语以清辅音为主，清辅音声带不振动，所以音节中噪声少而乐音多。

④有“阴、阳、上、去”四个声调，没有“入”声。古代汉语和近代汉语都有“入”声，即“平、上、去、入”。古代入声音节在现代汉语中分别归并到“平、上、去”三个声调中。有些方言仍然保留“入”声声调。

1.4 普通话的学习

普通话是汉民族的共同语，是我国各民族互相交流不可或缺的语言工具，也是中国与世界联系的重要纽带。长期以来我国各地区人际交流存在着严重的障碍，很多人在普通话的学习上仍存在认识不足、要求不严和应付测试等问题。所以，学习普通话要在思想上强化认识，树立正确的学习观念，掌握科学的学习方法。在建设中国特色社会主义现代化的历史进程中，大力推广、积极普及全国通用的普通话，对社会主义经济、政治、文化建设都具有重要意义。

1.4.1 了解普通话学习中语音偏误现象的原因

年轻人一般喜欢接受新鲜事物，喜欢港台、国外的一些娱乐内容和文化，追求个性，以显与众不同，尤其是对于“港台腔”的模仿上，这只是因为我国东南沿海及港、澳、台地区的经济比较发达。而发达的地区的经济、文化有一定的辐射和影响，包括了对发音的影响。然而，模仿“港台腔”，虽然是某些年轻人的审美取向，但对于日常交流和普通话的推广仍然有不利的一面。所以，2005 年 9 月，国家广电总局批转了中国广播电视协会播音主持研委会制定的《中国广播电视播音员主持人自律公约》。

《中国广播电视播音员主持人自律公约》第十条规定：除特殊需要外，一律使用普通话，不模仿地域音及其表达方式，不使用对规范语言有损害的口音、语调、粗俗语言、俚语、行话，不在普通话中夹杂不必要的外语。国家广电总局推出《广播影视加强和改进未成年人思想道德建设的实施方案》，在谈到要广泛开展广播影视的“净化工程”时，提出了十条具体方案，并特别强调“不要以追求时尚为由……模仿港台语的表达方式和发音。”台湾地区和香港地区的人所说的普通话在语音上有很多问题，例如，将 j、q、x 发成尖音的现象很明显。但是，港台地区有自身的特殊性，很多居民不会说普通话，只会说粤语、英语或是日语和台湾普通话，这些语言中，并没有普通话中的舌面音。在某些人看来，模仿港台腔是一种“美”的体现，这与自身的审美取向有关。另外，语音偏误还表现在，我们有些人因为周围没有形成说普通话的风气，有些大都市的人，由于自己所处的城市经济建设、科学文化等诸多方面都处于全国领先地位，因此产生了一种优越感，觉得自己高人一等，所以他们在与外地人交际时不说普通话，用说方言来表现这种优越感。所以，主观上我们要能区分什么是正确的发音，而不是舍弃正确、追求错误。

1.4.2 查阅相关的指导书籍，掌握一定的普通话语音理论知识

有针对性地学习实用的普通话语音、词汇、语法知识，比方说普通话中的音变现象，以正确的理论指导训练，以免学习低效和走弯路。要熟悉声母、韵母、声调的发音和音变规律，知道某个音应该怎样发，过好“发音关”，即看见用汉语拼音拼写的字、词能准确地念出。同时需要使用一些教材，经过一定的学习，理论和实践紧密结合，互相支持，是学习普通话必须遵循的原则。

1.4.3 联系方言实际，研究对应规律，思想上加以重视

在我国普通话是高校学生的一门基础技能课程，它重在培养学生的语言表达能力。但是由于地域、兴趣、年龄等因素的影响，在普通话学习中许多学生出现了不良心态，尤其是方言地区高校学生的问题尤为突出。有些人因为周围没有形成说普通话的风气，害怕说普通话不能被别人理解，会招来讽刺、打击，就采取随大流的态度；有些干部担心说普通话会被人看成打官腔，让人失去亲切感，使自己脱离群众；有的教师在课堂上能说流利的普通话，下课及其他交际场合却都说方言，生怕说普通话被人认为出风头，难以合群。这就导致许多人进行社会交际时不愿意说普通话。这些都是落后的封闭意识、狭隘的地方观念的反映。矫正方音，并不是要学习者抛弃自己的方言，而是做到了解自己的方音音系，同时知道普通话语音音系。这样，比较自己方言和普通话的语音差异，了解方言和普通话之间的对应规律，掌握一些纠正差异的方法，在学习普通话时就可以起到举一反三、触类旁通、以简驭繁的作用，从而较快而有效地排除方言的干扰，逐步向普通话靠拢。学习普通话及朗诵文章不是一朝一夕的事，必须及早着手，持续努力才能真正进步。在全面联系方言实际的基础上，加强方言区学生的口语训练，是普通话教学不可忽视的一项工作。

1.4.4 正确模仿，多查字典，勤记忆

开始学习普通话时最好用专业教材，同时做到一边听，一边跟读模仿。学习普通话，

应该在生活中处处留心，随时随地地注意学习，例如模仿中央电视台、中央人民广播电台中新闻联播节目播音员的口音；可以到书店购买相关的录音资料和学习资料；也可以向身边普通话说得好的人学习。同时，还可以到一些专业的语音学习和训练网站上进行互动学习。

学习普通话，记忆的功夫不可少。在平时阅读过程中，养成查字典的习惯，不要因为意思读懂就忽略不计。其实，普通话除了一些人们熟悉的字词外，还有一些模棱两可的字、词。学习者应该通过查字典确定字音并牢记，日积月累，逐渐提高；还可以通过阅读“注音读物”学习记忆。

1.4.5 为自身创造实践环境，加强口语训练

有些人因为平时不经常说普通话，所以不能用普通话流畅地表达思想感情，他们总觉得说普通话很别扭、不习惯，影响表情达意，于是就不大愿意说普通话，有时开头说的是普通话，说了几句觉得不方便又改说方言。也有一些人因为普通话说得不好，害怕出丑，害怕被人笑话，干脆就不说普通话。解决这个问题的唯一办法就是大胆说、坚持说。不说就永远不会说，永远说不好；只要开口说，就能越说越熟练，越说越好。

1.5 普通话水平测试简介与应试指导

1.5.1 普通话水平测试的目的、性质、对象

1994年10月31日国家语言文字工作委员会、国家教育委员会和广播电影电视部联合发出《关于开展普通话水平测试工作的决定》，文件明确规定：从1995年起，对播音员、节目主持人、教师等岗位的人员，逐步实行持普通话等级证书上岗制度。在这一节里，我们简单介绍普通话水平测试的目的、性质和对象。

1. 普通话水平测试的目的

普通话水平测试是推广普通话工作的重要组成部分，是使推广普通话工作逐步走上科学化、规范化、制度化的重要举措。

我国社会主义现代化事业的不断发展，对语言文字工作提出了更高的要求。为了适应新的形势和任务，国家语委把推广普通话的方针调整为“大力推行，积极普及，逐步提高”。根据这个新方针，推广普通话的工作重心转移到普及、提高上来，只有使群众普遍能听会说普通话，才能满足一般社会交往的需要。但要做好普及工作，就必须有一批会说标准的或比较标准的普通话、能够带动和指导群众学习普通话的业务骨干，才能使普

通话普及工作顺利开展；同时，只有重视了提高的问题，在提高的指导下进行普及，才能事半功倍，减轻学习者的负担，激发起学习热情和信心，较快地学好普通话，使普及得以尽快实现。

另外，推广普通话初期，为了消除思想顾虑，鼓励人们开口能说就行，但是，如果不继续下工夫，让普通话一直停留在较低的水平上，普及的工作就不能巩固，普及的水准也就无法满足信息化、现代化社会的需求。总之，普及本身就包含着一定的质的因素，在普及的过程中，必然会出现逐步提高的要求。

国务院在 1992 年发出的 63 号文件中指出："广播、电视、电影、话剧以及音像制品等在语言使用上具有很强的示范作用，必须使用标准的普通话。"国家教委、国家语委和广播电影电视部的有关文件也指出：掌握并使用一定水平的普通话，是进行现代化建设的各行各业人员，特别是教师、播音员、节目主持人、演员等专业人员必备的职业素质，因此有必要在一定范围内对某些岗位的人员进行普通话水平测试，并逐步实行持等级证书上岗制度。这样，开展科学的普通话水平测试，制定合理的评定普通话水平的等级标准，就被提上了工作日程。因为只有开展测试，进行考核，才能真正提高普通话水平，而普通话水平的提高，又能大大促进普通话的普及。根据 1986 年全国语言文字工作会议提出的将普通话分为三级的设想，国家语委组织了《普通话水平测试等级标准》课题组，研究制定了三级六等的等级标准，并规定了与等级标准相适应的量化评分办法，于 1994 年 10 月 30 日正式公布实施。所以说，普通话水平测试是推广普通话工作的重要组成部分，是推广普通话工作具备一定基础后，必须适时推动、使之进一步走向科学化、规范化、制度化的重大举措。开展普通话水平测试工作，将大大加强推广普通话工作的力度，加快速度，使"大力推行、积极普及、逐步提高"的方针落到实处，极大地提高全社会的普通话水平和汉语规范化水平。

2. 普通话水平测试的性质

普通话水平测试不是普通话系统知识的考试，不是文化水平的考核，也不是口才的评估，是应试人运用普通话所达到的规范程度、熟练程度的检测和评定，是应试人的汉语标准语测试。应试人在运用普通话口语进行表达过程中所表现的语音、词汇、语法规范程度，是评定其所达到的水平等级的重要依据。

3. 普通话水平测试的对象

1994 年 10 月 30 日起开始实施的，由国家语委普通话培训测试中心根据国家语言文字工作委员会、国家教育委员会、广播电影电视部《关于开展普通话水平测试工作的决定》制定的《普通话水平测试实施办法（试行）》明确规定了普通话测试的对象：1946 年 1 月 1 日以后出生至现年满 18 岁（个别可放宽到 16 岁）之间的下列人员应接受普通话水平测试：

①中小学教师。

②中等师范学校教师和高等院校文科教师。

③师范院校毕业生（高等师范里，首先是文科类毕业生）。

④广播、电视、电影、戏剧，以及外语、旅游等高等院校和中等职业学校相关专业的

教师和毕业生。

⑤各级广播电台、电视台的播音员、节目主持人。

⑥从事电影、电视剧、话剧表演和影视配音的专业人员。

⑦其他应当接受普通话水平测试的人员和自愿接受普通话水平测试的人员。

1.5.2 普通话水平测试的内容及评分办法

普通话水平测试的内容包括普通话语音、词汇和语法，以及在交际中运用普通话的能力。普通话水平测试的范围是国家测试机构编制的，现编入《普通话水平测试实施纲要》的《普通话水平测试用普通话词语表》《普通话水平测试用普通话与方言词语对照表》《普通话水平测试用普通话与方言常见语法差异对照表》《普通话水平测试用朗读作品》《普通话水平测试用话题》。

普通话水平测试共包含5个测试项，总分100分。

1. 读单音节字词（100个音节，不含轻声、儿化音节，限时3.5分钟，共10分）

100个音节中，70%选自《普通话水平测试用普通话词语表》“表一”，30%选自“表二”。其目的是测查应试人声母、韵母、声调读音的标准程度。其评分标准如下：

①语音错误，每个音节扣0.1分。

②语音缺陷，每个音节扣0.05分。

③超时1分钟以内，扣0.5分；超时1分钟以上（含1分钟），扣1分。

[例1] 读单音节字词（100个音节，共10分，限时3.5分钟）

霸 内 构 陈 尚 开 脾 滋 别 则 察 颇 发 扯 剖 然 忙 蹬 割 贾
踏 铁 交 硫 扣 往 采 辞 肾 织 匠 墨 缝 得 闷 横 晒 丝 遮 贯
费 绕 云 散 部 密 票 恋 翁 替 爹 免 薪 评 巨 琼 女 桦 衰 锁
婴 窘 富 托 脆 训 幸 谎 选 峦 劝 略 堆 旷 轮 桂 灌 宾 草 祥
读 掘 却 取 吃 溶 北 胆 敲 救 拈 而 总 式 峡 抓 洛 踹 夹 棍

[例2] 读单音节字词（100个音节，共10分，限时3.5分钟）

捺 卡 擦 波 佛 涡 割 赦 惹 测 紫 刺 丝 翅 拾 尔 派 改 崽 美
非 贼 昭 拢 凿 否 扣 抽 凑 版 氮 蘸 染 苯 愤 刃 棒 党 涨 耕
呈 圣 憎 统 脓 供 融 戚 当 什 夹 下 瞥 选 列 漂 鞘 扭 六 修
免 舔 乾 民 磷 明 令 酿 享 穷 兄 堡 簇 粟 母 挂 跨 划 拓 挪
块 怀 灰 催 绥 断 缓 转 囤 唇 吮 笋 矿 矩 诀 却 倦 均 群 畜

2. 读多音节词语（100个音节，限时2.5分钟，共20分）

词语的70%选自《普通话水平测试用普通话词语表》“表一”，30%选自“表二”。其目的是测查应试人声母、韵母、声调和变调、轻声、儿化读音的标准程度。其中，上声与上声相连的词语不少于3个，上声与非上声相连的词语不少于4个，轻声不少于3个，儿化不少于 4 个（应为不同的儿化韵母）。其评分标准如下：

①语音错误，每个音节扣 0.2 分。

②语音缺陷，每个音节扣 0.1 分。

③超时 1 分钟以内，扣 0.5 分；超时 1 分钟以上（含 1 分钟），扣 1 分。

［例 3］　**读多音节词语**（100 个音节，共 20 分，限时 2.5 分钟）

举止　鼻子　冷落　选取　答应　水平　厂房　创伤　品德　包干儿
君权　累积　勋章　多么　迫害　剥削　群体　两栖　五谷　差点儿
同样　恰似　深化　蝌蚪　揣摩　才能　参观　操作　逃走　嗓门儿
台风　溶解　刷新　扭转　慨然　矛盾　描绘　民国　崩溃　饭馆儿
雄伟　率领　流传　非常　增强　部分　辩证法　望远镜　周而复始

［例 4］　**读多音节词语**（100 个音节，共 20 分，限时 2.5 分钟）

虽说　把柄　损耗　凶残　羞愧　群落　恰当　欢乐　光荣　加塞儿
强烈　早饭　花草　贫穷　血管　掠夺　传达　女人　总称　戏法儿
预备　丢掉　寡妇　明亮　仍然　双方　掌权　平坦　征文　纳闷儿
村庄　顿时　唱歌　垮台　深思　那么　簸箕　怀念　怠工　走味儿
丫头　层次　婆家　教条　嘴脸　禁不住　紫外线　后顾之忧

3. 选择判断（限时 3 分钟，共 10 分）

1）词语判断（10 组）

根据《普通话水平测试用普通话与方言词语对照表》，列举 10 组普通话与方言意义相对应但说法不同的词语，由应试人判断并读出普通话的词语。其目的是测查应试人掌握普通话词语的规范程度。判断错误，每组扣 0.25 分。

2）量词、名词搭配（10 组）

根据《普通话水平测试用普通话与方言常见语法差异对照表》，列举 10 个名词和若干量词，由应试人搭配并读出符合普通话规范的 10 组名量短语。其目的是测查应试人掌握普通话量词和名词搭配的规范程度。搭配错误，每组扣 0.5 分。

3）语序或表达形式判断（5 组）

根据《普通话水平测试用普通话与方言常见语法差异对照表》，列举 5 组普通话和方言意义相对应，但语序或表达习惯不同的短语或短句，由应试者判断并读出符合普通话语法规范的表达形式。其目的是测查应试人掌握普通话语法的规范程度。判断错误，每组扣 0.5 分。

选择判断合计超时 1 分钟以内，扣 0.5 分；超时 1 分钟以上（含 1 分钟），扣 1 分。答题时语音错误，每个音节扣 0.1 分，如判断错误已经扣分，不重复扣分。

4. 朗读短文（1 篇，400 个音节，限时 4 分钟，共 30 分）

短文从《普通话水平测试用朗读作品》中选取。其目的是测查应试者使用普通话朗读书面作品的水平。在测查声母、韵母、声调读音标准程度的同时，重点测查连读音变、停连、语调及流畅程度。评分以朗读作品的前400个音节（不含标点符号和括注的音节）为限。其评分标准如下：

①每错1个音节，扣0.1分；漏读或增读1个音节，扣0.1分。

②声母或韵母的系统性语音缺陷，视程度扣0.5分、1分。

③语调偏误，视程度扣0.5分、1分、2分。

④停连不当，视程度扣0.5分、1分、2分。

⑤朗读不流畅（包括回读），视程度扣0.5分、1分、2分。

⑥超时扣1分。

［例5］ 朗读短文（400个音节，共30分，限时4分钟）

夕阳落山不久，西方的天空，还燃烧着一片橘红色的晚霞。大海，也被这霞光染成了红色，而且比天空的景色更要壮观。因为它是活动的，每当一排排波浪涌起的时候，那映照在浪峰上的霞光，又红又亮，简直就像一片片霍霍燃烧着的火焰，闪烁着，消失了。而后面的一排，又闪烁着，滚动着，涌了过来。

天空的霞光渐渐地淡下去了，深红的颜色变成了绯红，绯红又变为浅红。最后，当这一切红光都消失了的时候，那突然显得高而远了的天空，则呈现出一片肃穆的神色。最早出现的启明星，在这蓝色的天幕上闪烁起来了。它是那么大，那么亮，整个广漠的天幕上只有它在那里放射着令人注目的光辉，活像一盏悬挂在高空的明灯。

夜色加浓，苍空中的“明灯”越来越多了。而城市各处的真的灯火也次第亮了起来，尤其是围绕在海港周围山坡上的那一片灯光，从半空倒映在乌蓝的海面上，随着波浪，晃动着，闪烁着，像一串流动着的珍珠，和那一片片密布在苍穹里的星斗互相辉映，煞是好看。

在这幽美的夜色中，我踏着软绵绵的沙滩，沿着海边，慢慢地向前走去。海水，轻轻地抚摸着细软的沙滩，发出温柔的//刷刷声……

［例6］ 朗读短文（400个音节，共30分，限时4分钟）

我爱月夜，但我也爱星天。从前在家乡七八月的夜晚在庭院里纳凉的时候，我最爱看天上密密麻麻的繁星。望着星天，我就会忘记一切，仿佛回到了母亲的怀里似的。

三年前在南京我住的地方有一道后门，每晚我打开后门，便看见一个静寂的夜。下面是一片菜园，上面是星群密布的蓝天。星光在我们的肉眼里虽然微小，然而它使我们觉得光明无处不在。那时候我正在读一些天文学的书，也认得一些星星，好像它们就是我的朋友，它们常常在和我谈话一样。

如今在海上，每晚和繁星相对，我把它们认得很熟了。我躺在舱面上，仰望天空。深蓝色的天空里悬着无数半明半昧的星。船在动，星也在动，它们是这样低，真是摇摇欲坠呢！渐渐地我的眼睛模糊了，我好像看见无数萤火虫在我的周围飞舞。海上的夜是柔和的，是静寂的，是梦幻的。我望着许多认识的星，我仿佛看见它们在对我眨眼，我仿佛听见它们在小声说话。这时我忘记了一切。在星的怀抱中我微笑着，我沉睡着。我觉得自己是一个小孩子，现在睡在母亲的怀里了。有一夜，那个在哥伦波上船的英国人指给我看天上的巨人。他用手指着：……

5. **命题说话**（限时3分钟，共30分）

应试人单向说话。说话话题从《普通话水平测试用话题》中选取，由应试人从给定的两个话题中选定1个话题，连续说一段话。其目的是测查应试人在无文字凭借的情况下说普通话的水平，重点测查语音标准程度、词汇语法规范程度和自然流畅程度。如发现应试人有明显背稿、离题、说话难以继续等表现时，主试人应及时提示或引导。其评分标准如下。

1）语音标准程度（共20分，分六档）

一档：语音标准，或极少有失误。扣0分、0.5分、1分。

二档：语音错误在10次以下，有方音但不明显。扣1.5分、2分。

三档：语音错误在10次以下，但方音比较明显；或语音错误在10～15次之间，有方音但不明显。扣3分、4分。

四档：语音错误在10～15次之间，方音比较明显。扣5分、6分。

五档：语音错误超过15次，方音明显。扣7分、8分、9分。

六档：语音错误多，方音重。扣10分、11分、12分。

2）词汇语法规范程度（共5分，分三档）

一档：词汇、语法规范。扣0分。

二档：词汇、语法偶有不规范的情况。扣0.5分、1分。

三档：词汇、语法屡有不规范的情况。扣2分、3分。

3）自然流畅程度（共5分，分三档）

一档：语言自然流畅。扣0分。

二档：语言基本流畅，口语化较差，有背稿子的表现。扣0.5分、1分。

三档：语言不连贯，语调生硬。扣2分、3分。

说话不足3分钟，酌情扣分：缺时1分钟以内（含1分钟），扣1分、2分、3分；缺时1分钟以上，扣4分、5分、6分；说话不满30秒（含30秒），本测试项成绩计为0分。

补充说明

各省、自治区、直辖市语言文字工作部门可以根据测试对象或本地区的实际情况，决定是否免测“选择判断”测试项。如免测此项，“命题说话”测试项的分值由30分调整为40分。评分档次不变，具体分值调整如下。

(1) 语音标准程度的分值，由20分调整为25分。

一档：扣0分、1分、2分。

二档：扣3分、4分。

三档：扣5分、6分。
四档：扣7分、8分。
五档：扣9分、10分、11分。
六档：扣12分、13分、14分。
(2) 词汇语法规范程度的分值，由5分调整为10分。
一档：扣0分。
二档：扣1分、2分。
三档：扣3分、4分。
(3) 自然流畅程度，仍为5分，各档分值不变。

[例7]　命题说话

请在下列话题中任选一个，共40分，限时3分钟。
①童年的记忆。
②谈谈卫生与健康。

[例8]　命题说话

请在下列话题中任选一个，共40分，限时3分钟。
①我的朋友。
②难忘的旅行。

1.5.3 普通话水平测试的等级标准及行业标准

1. 普通话水平测试等级标准

为适应新时期推广普通话工作的需要，1986年全国语言文字工作会议提出制定“普通话水平测试等级标准”的设想。根据会议精神，国家语委于1988年成立由国家社会科学基金会资助的“普通话水平测试等级标准”课题组，该课题组历时三年深入调查研究，广泛征求意见，并在若干省市对学校师生和“窗口”行业职工进行试测，在此基础上拟订了《普通话水平测试等级标准》，于1991年通过专家论证。1992年由国家语委原普通话推广司印发给各省、自治区、直辖市试行该《标准》，把普通话水平划为三个级别（一级可称为标准的普通话，二级可称为比较标准的普通话，三级可称为一般水平的普通话），每个级别内划分甲、乙两个等次。1994年，国家语委普通话水平测试课题组对该《标准》做了文字修订。国家语委、国家教委、广播电影电视部联合发出的《关于开展普通话水平测试工作的决定》将修订后的《标准》作为附件印发给各省市继续试行。实践说明，该《标准》已为广大群众所熟悉，各地测试实施机构也积累了一定经验。实践证明，该《标准》具有科学性和可行性。为使该《标准》在推广普通话工作中发挥更大的作用，该《标准》经国家语言文字工作委员会再次审订，作为部级标准于1997年12月予以正式颁布。

普通话水平测试等级标准

1. 一级

①甲等：朗读和自由交谈时，语音标准，词语、语法正确无误，语调自然，表达流畅。测试总失分率在3%以内。

②乙等：朗读和自由交谈时，语音标准，词语、语法正确无误，语调自然，表达流畅。偶然有字音、字调失误。测试总失分率在8%以内。

2. 二级

①甲等：朗读和自由交谈时，声韵调发音基本标准，语调自然，表达流畅。少数难点音（平翘舌音、前后鼻尾音、边鼻音等）有时出现失误。词语、语法极少有误。测试总失分率在13%以内。

②乙等：朗读和自由交谈时，个别调值不准，声韵母发音有不到位现象。难点音(平翘舌音、前后鼻尾音、边鼻音、fu-hu、z-zh-j、送气不送气、i-和-i 不分、保留浊塞音和浊塞擦音、丢介音、复韵母单音化等）失误较多。方言语调不明显。有使用方言词、方言语法的情况。测试总失分率在20%以内。

3. 三级

①甲等：朗读和自由交谈时，声韵母发音失误较多，难点音超出常见范围，声调调值多不准。方言语调较明显。词语、语法有失误。测试总失分率在30%以内。

②乙等：朗读和自由交谈时，声韵调发音失误多，方音特征突出。方言语调明显。词语、语法失误较多。外地人听其谈话有听不懂的情况。测试总失分率在40%以内。

2. 普通话水平测试行业标准

根据各行业的规定，有关从业人员的普通话水平达标要求如下：

①中小学及幼儿园、校外教育单位的教师，普通话水平不低于二级，其中语文教师不低于二级甲等，普通话语音教师不低于一级；高等学校的教师，普通话水平不低于三级甲等，其中现代汉语教师不低于二级甲等，普通话语音教师不低于一级；对外汉语教学教师，普通话水平不低于二级甲等。

②报考中小学、幼儿园教师资格的人员，普通话水平不低于二级。

③师范类专业以及各级职业学校的与口语表达密切相关专业的学生，普通话水平不低于二级。

④国家公务员，普通话水平不低于三级甲等。

⑤国家级和省级广播电台、电视台的播音员、节目主持人，普通话水平应达到一级甲等，其他广播电台、电视台的播音员、节目主持人的普通话达标要求按国家广播电影电视总局的规定执行。

⑥话剧、电影、电视剧、广播剧等表演、配音演员，播音、主持专业和影视表演专业的教师、学生，普通话水平不低于一级。

⑦公共服务行业的特定岗位人员（如广播员、解说员、话务员等），普通话水平不低于二级甲等。

⑧普通话水平应达标人员的年龄上限以有关行业的文件为准。

1.5.4 普通话水平测试等级评定及等级证书的发放

1. 普通话水平测试成绩的认定

应试人的测试成绩由执行测试的测试机构认定。

普通话水平测试工作必须按统一的测试标准和要求独立进行。等级测试必须有 2～3 名测试员协同工作（分别测试，综合评议）方可有效。评定意见不一致时，以多数人的意见为准。人员不足时，可用加强上级复审的办法过渡。如同组测试员对同一应试人的评定成绩出现等差时由该测试组复议，出现级差时由考场负责人主持再议。

任何测试员均需在测试实施机构的组织下进行测试工作，非测试机构组织的测试结果一概无效。

应试人违反测试规定的，取消其测试成绩，情节严重的提请其所在单位给予行政处分。

应试人对测试程序和测试结果有异议，可向执行测试的测试机构或上级测试机构提出申诉。

2. 普通话水平测试等级的确定

国家语言文字工作部门发布的《普通话水平测试等级标准》是确定应试人普通话水平等级的依据。普通话水平划分为三个级别，每个级别内划分两个等次。其中：

①97 分及其以上，为一级甲等。

②92 分及其以上但不足 97 分，为一级乙等。

③87 分及其以上但不足 92 分，为二级甲等。

④80 分及其以上但不足 87 分，为二级乙等。

⑤70 分及其以上但不足 80 分，为三级甲等。

⑥60 分及其以上但不足 70 分，为三级乙等。

测试机构根据应试人的测试成绩确定其普通话水平等级，由省（自治区、直辖市）培训测试中心或部委直属单位普通话水平测试委员会颁发相应的普通话水平测试等级证书。

测试评定的一级甲等，需分批报国家语委普通话培训测试中心复审。复审比例为：10 名以内复审 1/3，11 名～50 名以内复审 1/5，51 名以上复审 1/10。复审后，在国家语委普通话培训测试中心备案，各省（自治区、直辖市）培训测试中心注册。证书由国家语委普通话培训测试中心盖章后，由省（自治区、直辖市）培训测试中心颁发。

测试评定的一级乙等，在省（自治区、直辖市）培训测试中心注册，在国家语委普通话培训测试中心备案，必要时得由国家语委普通话培训测试中心抽查，然后由省（自治区、直辖市）培训测试中心颁发证书。

测试评定的二级甲、乙等，报省（自治区、直辖市）培训测试中心备案并发证书。

测试工作的重点是工作和学习需要普通话水平达到一级或二级的人员。普通话三级水平测试由各地按照测试标准和大纲的要求，根据各地的情况和工作的需要组织进行。

未进入规定等级或要求晋升等级的人员，需在前次测试 3 个月之后方能提出受试申请。

3. 普通话水平测试等级证书的发放

普通话等级证书由国家语言文字工作部门统一印制，全国统一格式，由各省（自治区、直辖市）分别编号并加盖印章后颁发。证书内将记录应试者的测试成绩和相应的等级。

普通话水平测试等级证书全国通用，有效期为5年。有效期满后，需经测试后取得新的等级证书。

等级证书遗失，可向原发证单位申请补发。伪造或变造的普通话水平测试等级证书无效。

1.5.5 普通话水平测试管理

1. 相关规定

国家语委普通话培训测试中心颁布了一系列的普通话水平测试管理规定，包括《普通话水平测试实施办法（试行）》、《普通话水平测试管理规定》、《普通话水平测试规程》等，具体内容如下：

①国家语言文字工作部门颁布测试等级标准、测试大纲、测试规程和测试工作评估办法。

②国家语言文字工作部门对测试工作进行宏观管理，制订测试的政策、规划，对测试工作进行组织协调、指导监督和检查评估。

③国家测试机构（国家普通话水平培训测试委员会和国家普通话水平培训测试中心）在国家语言文字工作部门的领导下组织实施测试，对测试业务工作进行指导，对测试质量进行监督和检查，开展测试科学研究和业务培训。

④省、自治区、直辖市语言文字工作部门（以下简称省级语言文字工作部门）对本辖区测试工作进行宏观管理，制订测试工作规划、计划，对测试工作进行组织协调、指导监督和检查评估。

⑤省级语言文字工作部门可根据需要设立地方测试机构，组建省级普通话水平测试委员会和普通话培训测试中心。省、自治区、直辖市测试机构（以下简称省级测试机构）接受省级语言文字工作部门及其办事机构的行政管理和国家测试机构的业务指导，对本地区测试业务工作进行指导，组织实施测试，对测试质量进行监督和检查，开展测试科学研究和业务培训。

⑥中央人民广播电台、中央电视台及具备条件的国家部委直属师范、广播、电影、戏剧等高等院校、经国家普通话水平测试委员会批准，可以成立本单位的普通话水平测试委员会，负责本单位的普通话水平测试工作，部委直属单位的测试委员会接受国家普通话水平测试委员会的领导。

⑦测试工作原则上实行属地管理，国家部委直属单位的测试工作，原则上由所在地区

省级语言文字工作部门组织实施。

⑧省级测试机构可根据需要在市（县）及所属高校内设立测试站（点），负责各市（县）的普通话水平测试工作。

⑨省级测试机构应对下级测试机构测试过程进行巡视，检查测试质量；主要采取抽查复听测试录音的方式，抽查比例由省级测试机构确定，测试的一级甲等成绩由国家测试机构复审，一级乙等成绩由省级测试机构复审。

⑩各省（自治区、直辖市）在普通话水平测试委员会和培训测试中心成立前，其省（自治区、直辖市）内的测试工作在省（自治区、直辖市）语委、教委和广播电视厅的统一领导下进行。

2. 相关要求

普通话水平测试对考场、测试员、试卷及应试人档案的要求如下。

1）考场

测试机构负责安排考场。考场一般具备测试室、备测室、候测室，以及必要的工作条件。应整洁肃静，标志明显，在醒目处张贴应试须知事项。每间测试室安排1个测试组进行测试，每个测试组配备测试员2～3人，每组日测试量约30人次左右。

2）测试员

测试员分省级测试员和国家级测试员。测试员须取得相应的测试员证书。

申请省级测试员证书者，应具有大专以上学历，熟悉推广普通话工作方针政策和普通语言学理论，熟悉方言与普通话的一般对应规律，熟练掌握《汉语拼音方案》和常用国际音标，有较强的听辨音能力，普通话水平达到一级，且身体健康，作风正派，有高度的事业心、责任感和工作热情。申请人员通过省级测试机构的培训考核后，由省级语言文字工作部门颁发省级测试员证书。

申请国家级测试员证书者，一般应具有中级以上专业技术职称和两年以上省级测试员资历，具有一定的测试科研能力和较强的普通话教学能力。经省级语言文字工作部门推荐的申请国家级测试员证书者，通过国家测试机构的培训考核后，由国家语言文字工作部门颁发国家级测试员证书。

国家级测试员最低上岗年龄为25岁，省级测试员最低上岗年龄为24岁。

测试机构根据工作需要聘任测试员并颁发有一定期限的聘书。

测试员应努力学习国家语言文字工作的法律、法规、方针、政策，不断提高业务水平，接受省（自治区、直辖市）对测试员的再培训；认真学习并严格执行国家有关普通话水平测试的规定和国家语委颁布的《普通话水平测试等级标准》和《普通话水平测试（PSC）大纲》，严格遵守本地测试实施机构有关测试工作的制度和规定；严格遵守“认真负责、团结协作、公正廉洁”的测试工作纪律，保证测试的质量和权威性；经本省（自治区、直辖市）语委办公室同意，国家级测试员可跨省（自治区、直辖市）应聘，参与省级测试员培训和测试工作检查；任何测试员均需在测试实施机构的组织下进行测试工作，非组织的测试结果一概无效。

测试员不能正确掌握测试标准或在工作中有徇私舞弊行为时，省（自治区、直辖市）或部委直属单位的普通话水平测试委员会应在一定时间内（半年至一年）停止其测试工作，错误性质严重的应撤销其测试员资格，对国家级测试员的处分和撤销处分的决定应通过国家语委普通话培训测试中心。

3）试卷

试卷为一次性使用，由国家语言文字工作部门指定的测试题库提供。试卷由专人负责，各环节经手人均应签字。当日测试结束后，测试员回收和清点试卷，统一封存或销毁。

4）应试人档案

应试人档案包括：测试申请表、试题、测试录音、测试员评分记录、复审记录、成绩单等。应试人档案保存期不少于两年。

1.5.6 普通话水平测试报名与应试指导

1. 报名

申请接受普通话水平测试（以下简称测试）的人员，持有效身份证件在指定测试机构报名（亦可由所在单位集体报名）。接受报名的测试机构负责安排测试的时间和地点。

测试人员对测试机构的选择可咨询所在省（自治区、直辖市）或部委直属单位的普通话水平测试中心。通常情况下，报名要求如下：

①报名时须出示身份证或社保卡（十八岁以下出示学生证）。

②报名时须携带1寸报名照2张。报名照将贴在《普通话水平等级证书》上，要求为近期正面免冠证件照，不能有污损或有印章痕迹。

③报名时应阅读《普通话水平测试个人报名须知》，并按要求填写报名单上的各项内容，不得有遗漏。因内容填写不正确而造成的后果由报名者负责。

④报名时，应按物价部门的规定交纳测试费、证书工本费，同时可自愿选购测试相关资料。

⑤应试者领取准考证后，应重点核对以下内容：姓名（与身份证保持一致）、身份证编号、测试日期、应试报到时间。若有差错，应试人须及时与发证单位联系，申请更正，否则，因准考证信息有误而引起的后果，由应试者本人承担。

⑥报名一经确认（开具发票），不得更改应试时间。在规定的应试时间未参加测试的，视作自动放弃，测试费不予退还。因特殊原因不能在规定的应试时间接受测试的，需凭医院或单位证明提前与报名点联系。

⑦应试者不能在省（自治区、直辖市）普通话测试中心和省（自治区、直辖市）普通话测试中心指定的市（区、县）、高校等测试站（点）重复报名。发现重复报名的，则取消一处报名份额，测试费不予退还。

⑧再次要求接受测试的，必须与前一次接受测试的时间间隔满3个月以上。否则，一经查出，取消本次测试资格，并不予退还测试费。

2. 测试流程及要求

普通话水平测试流程及要求如下：

①应试者应试时，应携带相关指定证件。未带准考证和身份证或社保卡（18 岁以下凭学生证），或准考证上照片不符合近期免冠证件照要求的，不予测试。

②应试者应按照准考证上指定的报到时间报到。一般情况下迟到 30 分钟以上者，将被取消测试资格，测试费不予退还。

③应试者须听从安排，应在考务人员的引导下进入候测室，并配合工作人员对准考证、身份证件和照片进行核对，同时正确填写有关个人信息。

④应试者按顺序抽取考题进入备测室备测。应试人备测时间应不少于 10 分钟。

⑤测试员对应试人身份核对无误后，引导应试人进入测试程序，按照测试要求完成测试，整个过程约需要 15 分钟。

⑥执行测试时，测试室内只允许 1 名应试人在场。

⑦测试全程录音。完整的测试录音包括：姓名、考号、单位及全部测试内容。

⑧应试者测试完毕，应及时离开考区。

⑨测试成绩等审定无误后，可领取普通话水平测试等级证书。应试者凭身份证件并在《证书签收单》上签名后，方可领取证书。

⑩应试者不得请他人代考，也不得替代他人应试，一经发现，即取消本次测试成绩及一年内的应试资格。同时，当地测试中心将把情况向应试者所在单位进行通报。

3. 应试指导

1）平时注意普通话学习与训练，避免考试前“临阵磨枪”

应试者要想在普通话水平测试中取得好成绩，平时的学习与训练是必不可少的。这一点是在普通话水平测试中消除紧张、不自信等一系列消极心理因素的前提与根本。不论应试者的心态在考试中如何调节，考试前的一系列准备都是为取得最佳成绩的确证。除了特殊情况不得不用方言与其他人进行沟通外，平时要坚持说普通话。在训练的过程中，要对常用字表上出现的字词都能认得对、念得清、咬得准。注意语音知识，比方说轻声、儿化的发音技巧。注意朗读技巧，比方说文章中长句的断句，哪些词语需重读等。轻声字、儿化音的准备除了发音方面，还要注意大纲对试卷覆盖面与数量的要求。一般说来，测试试卷里读多音节词语一题中轻声词语不少于 3 个，儿化词语不少于 4 个。

2）形成良好的测试状态，考前做好准备

应试者考试前要积极调整自己的心态，要对测试时可能出现的困难和挫折作充分的物质准备与心理准备。准备充分，不仅能减少不必要的烦恼，也能营造出一种良好的考试心境。测试前还应认真阅读测试须知，并做好相应准备，不要因为某个环节与预想的情况不一致时使自己手忙脚乱无所适从。如提前到达考场，这样可提前熟悉考试环境，缓解心理压力。考前头一天晚上，准备好身份证、准考证、笔、饮用水等，避免第二天考试因迟到或证件遗漏带来的惊慌失措。考试前要预防感冒，切忌暴饮暴食。最后，考生要保证睡眠时间。

3）了解普通话水平测试程序流程，利用规则减少失误

普通话水平测试的一般程序是：应试者进入试场后，出示准考证，然后抽取试卷，准备10分钟。进入考场后，报自己所在单位名称、姓名、试题编号，按试卷内容逐一进行测试。在这10分钟准备过程中，应试人应确定试卷中的重点和难点，对于大多数应试者来说，从分值的分布来看，朗读短文和命题说话尤为重要，分别占全卷30%与40%分值，要想取得高分，要对这两部分予以重视。考试准备阶段须把抽到的作品从头至尾放声朗读一遍，把握作品的整体基调，处理好停连、语速、语调等朗读技巧即可。抽到的两个说话题要加以选择，要果断选一个构思过且准备充分的话题，快速列出提纲。另外，在字词的准备阶段不可长时间纠结在不认识或生僻的字词上，实在没把握就猜测一个读音，个别字词的发音不会对普通话等级产生质的影响。在整个测试中，每一项测试内容都有相应的测试规则，应试者在测试前应该充分掌握这些规则，避免不必要的失误。读字词时，如发现错读误读，不要轻易放弃，按规则是可以更正的。读双音词时，如果其中有一个字不认识，不要整个词都不读。双音词的每个音节独立计分，读对哪个字都能得到一半分。读文章时，发现某字错读或漏读，按规则，不能回读整个句子。说话要说自己熟悉的事情，不必刻意追求句子是否优美，故事是否生动有趣；不要时时看手表，担心三分钟到了没有；不要询问考官到时间没有，等到考官要求自己停止才停。

4）应试过程中，自觉调控自我心态

与其他笔试考试相比，普通话水平测试采取口试形式，应试者有一定的心理压力，会出现紧张、焦虑、怯场等临场反应，这就是人们通常说的考试焦虑。在心理学中，理论上焦虑可分为两种，特质焦虑与状态焦虑。大多数应试者的考试焦虑属于状态性的，即人们在特定情境下所产生的专门反应状态，是指一个人在何种场合会产生焦虑。从焦虑的程度上划分，考试焦虑有适度焦虑和过度焦虑。适度的紧张焦虑有利于应试者集中精力、提高效率、顺利完成考试；而过度焦虑就会影响应试人考试水平，使人情绪不稳定，出现血压上升、手心出汗、呼吸急促、声音颤抖、心跳加速、口干舌燥、语速过快、调值不够准确、说话时语无伦次等现象，应试者无法集中精力准备考试和完成考试，考试成绩比实际水平相差很多。解除过度焦虑的方法，在上述三点的基础上，考试的过程中，可通过自我暗示，对自己有信心，相信自己一定能够顺利通过考试。另外，可以通过深呼吸，放松自己的身体，缓解紧张状态，稳定自己的情绪。

1.6 计算机辅助普通话水平测试简介与应试指导

计算机辅助普通话水平测试（简称“机考”）是指利用计算机作为测试工具辅助开展国家普通话的测试和管理工作。2006年国家教育部语用司批准在13个省市开展计算机辅

助测试普通话的试点工作。2009 年在全国范围内推广计算机辅助测试普通话。机测使用的是国家普通话水平智能测试系统。与传统人工测试不同，应试中“朗读单音节字词”“朗读多音节词语”“朗读文章”这三个项目，由普通话水平智能测试系统自动评分；第四项“命题说话”部分则由省普通话测试中心统一调配测试员，通过网络进行在线评分。近几年，很多考点实现了全部机器评分，极大地提高了测试工作的效率。

国家普通话水平智能测试系统，除了可以准确地对考生命题说话之外的所有测试题型进行自动评测外，还可以自动检测发音者存在的语音错误和缺陷，对使用者提升普通口语水平具有积极的指导意义。

对于受试者来说，普通话水平机考的最大好处是不需要面对考官，比较放松，有利于发挥出最佳水平。但很多人对机测比较陌生，担心操作出现失误，担心考试时出了问题没人提醒。其实，机测过程中同人工测试一样，都会有考务人员负责处理问题。并且，普通话隔音测试室内，设有监控摄像头，能够实时监控，及时为测试者提供帮助，解决问题。只要了解普通话水平测试机考的特点、基本的操作过程和一些常见的问题，加以注意，就能够顺利地完成机测。

1.6.1 计算机辅助普通话测试的评分标准

根据《普通话水平测试大纲》(教语用〔2003〕2 号)，结合计算机辅助普通话水平测试实际，国家语委普通话培训测试中心制定了计算机辅助普通话测试的评分标准。考试内容包括以下几大项：

(1) 读单音节字词、读多音节词语、朗读短文三项，由国家语言文字工作部门认定的计算机辅助普通话水平测试系统评定分数。

(2) 命题说话项由测试员评定分数，细则如下。

①语音标准程度（共 25 分，分六档)。

一档：语音标准，或极少有失误。扣 0 分、1 分、2 分。

二档：语音错误在 10 次以下，有方音但不明显。扣 3 分、4 分。

三档：语音错误在 10 次以下，但方音比较明显；或语音错误在 10～15 次之间，有方音但不明显。扣 5 分、6 分。

四档：语音错误在 10～15 次之间，方音比较明显。扣 7 分、8 分。

五档：语音错误超过 15 次，方音明显。扣 9 分、10 分、11 分。

六档：语音错误多，方音重。扣 12 分、13 分、14 分。

②词汇语法规范程度（共 10 分，分三档)。

一档：词汇、语法规范。扣 0 分。

二档：词汇、语法偶有不规范的情况。扣 1 分、2 分。

三档：词汇、语法屡有不规范的情况。扣 3 分、4 分。

③自然流畅程度（共 5 分，分三档)。

一档：语言自然流畅，扣 0 分。

二档：语言基本流畅，口语化较差，有背稿子的表现。扣 0.5 分、1 分。

三档：语言不连贯，语调生硬。扣 2 分、3 分。

④说话不足 3 分钟，酌情扣分。

缺时 1 分钟以内（含 1 分钟），扣 1 分、2 分、3 分；缺时 1 分钟以上，扣 4 分、5 分、6 分；说话不满 30 秒（含 30 秒），本测试项成绩计为 0 分。

⑤离题、内容雷同。

视程度扣 4 分、5 分、6 分。

⑥无效话语，累计占时酌情扣分。

累计占时 1 分钟以内（含 1 分钟），扣 1 分、2 分、3 分；累计占时 1 分钟以上，扣 4 分、5 分、6 分；有效话语不满 30 秒（含 30 秒），本测试项成绩计为 0 分。

1.6.2 计算机辅助普通话测试上机考试流程介绍

计算机辅助测试普通话使用的是国家普通话水平智能测试系统，其考试流程如下。

1. 登录机测页面

机测页面是由考试主机直接分发给应试考生的。考生只要带好耳机，等待主机分发试题。智能测试软件启动之后，系统弹出佩带耳机的提示（见图 1-2），单击“下一步”按钮继续，便会进入考生的登录页面。

图 1-2 提示配带耳机

2. 输入并核对考生信息

进入考生登录页面（见图 1-3）：在屏幕上的登录页面中，输入准考证号。然后，单击“进入”按钮。这时，计算机上会弹出您的个人信息（见图 1-4），请认真核对！确认无误后，单击“确认”按钮。如果弹出的不是您的个人信息，单击“返回”按钮，重新登录。接下来单击“确认”按钮继续，开始测试。

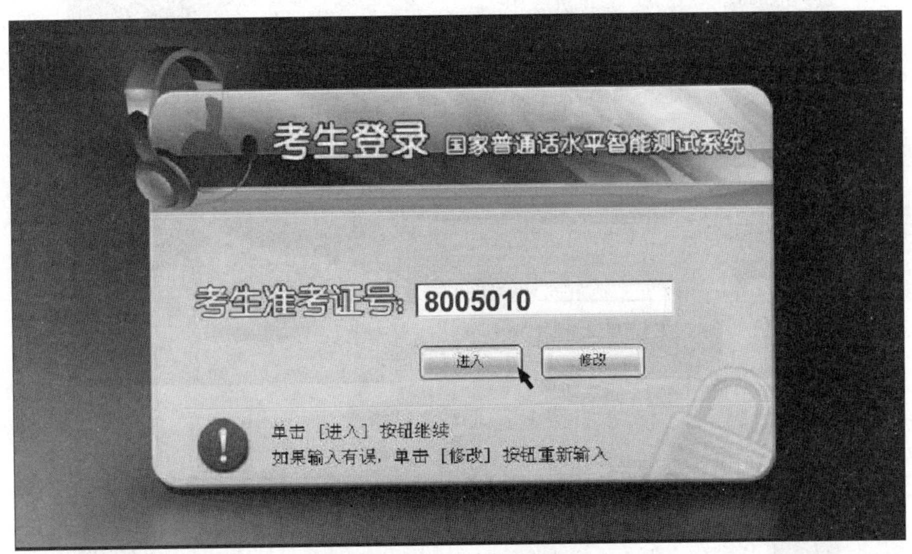

图 1-3　考生登录页面

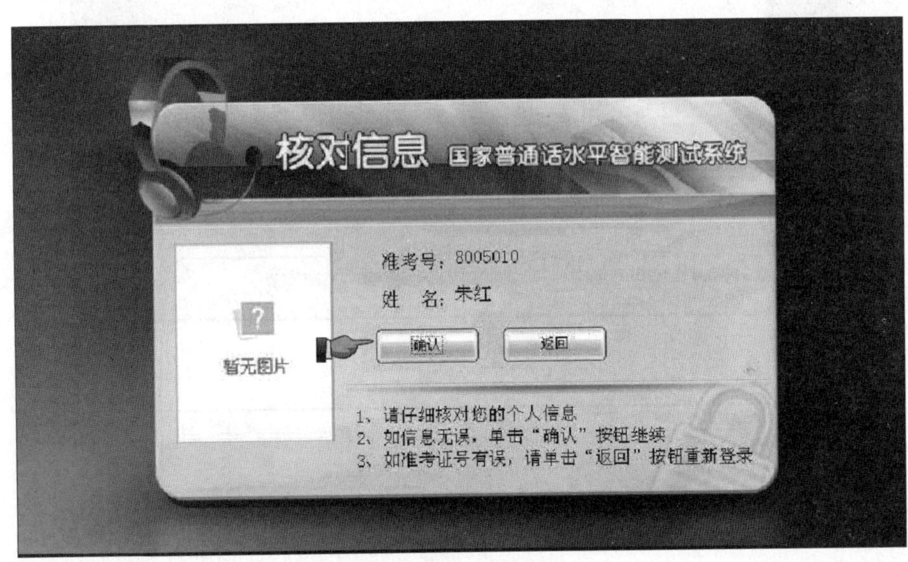

图 1-4　个人信息确认

3. 系统试音

进入测试之前，请等待考试指令（见图 1-5），系统会提示应试考生进入试音环节。当进入试音页面后（见图 1-6），考生会听到系统的提示语。提示语结束后，请以适中的音量和语速朗读文本框中的试音文字。试音结束后，系统会提示您试音成功与否。若试音失败，页面会弹出提示框（见图 1-7），然后单击“确定”按钮，重新试音。若试音成功，页面同样会弹出提示框（见图 1-8），请等待考试指令，准备考试。

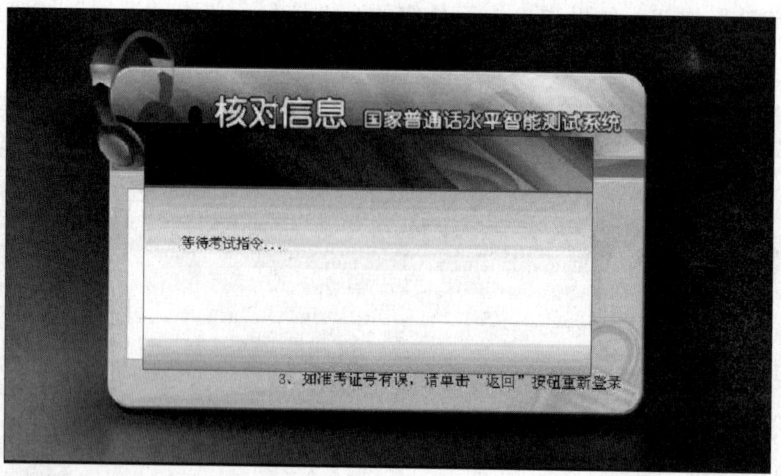

图 1-5　等待考试指令

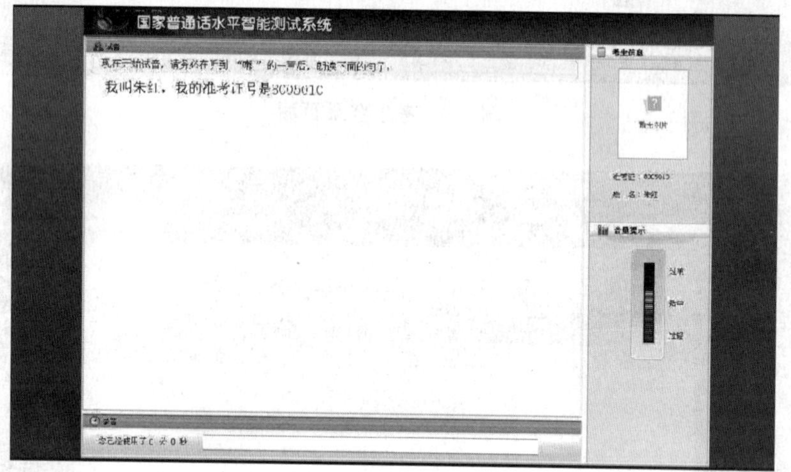

图 1-6　试音页面

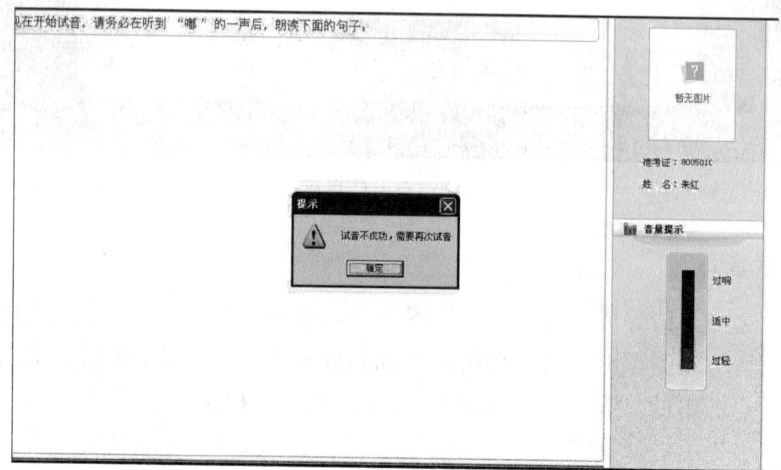

图 1-7　提示框 1

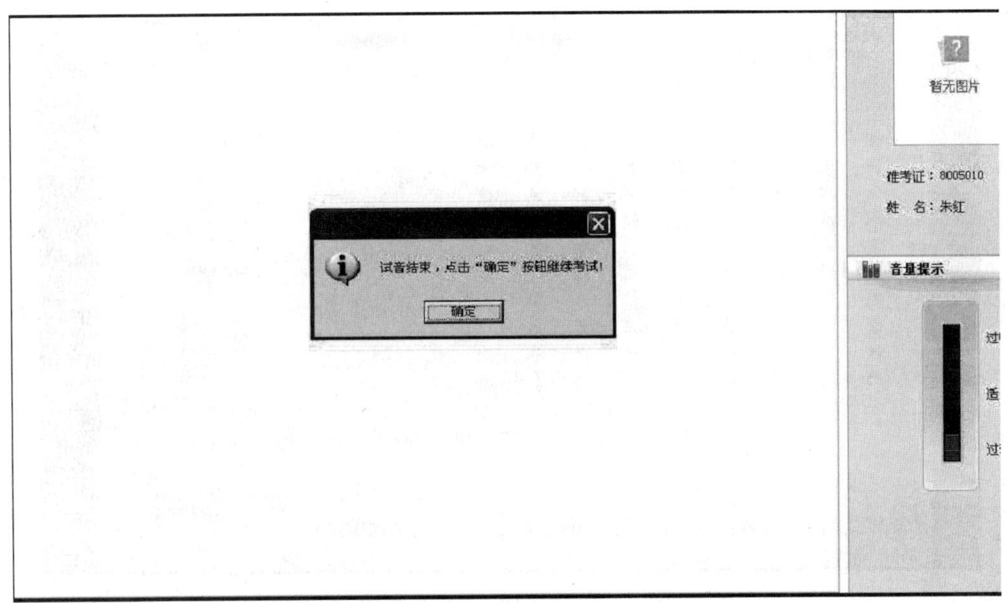

图 1-8 提示框 2

4. 进行测试

当系统进入第一题（见图 1-9），考生会听到系统的提示语。听到“嘟”的一声后，考生就可以朗读试卷内容了。第一题的限制时间是 3.5 分钟，页面的下方有时间进度提示条，请注意控制时间。如果考生提前读完了，不要等待，立即单击“下一题”按钮（见图 1-10），进入第二题（见图 1-11）。

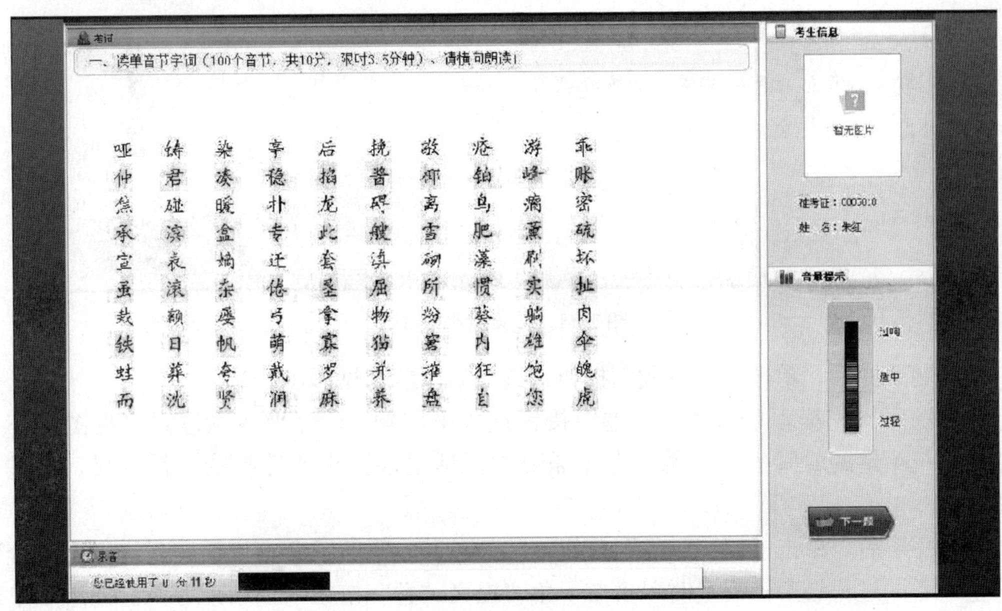

图 1-9 读单音节字词

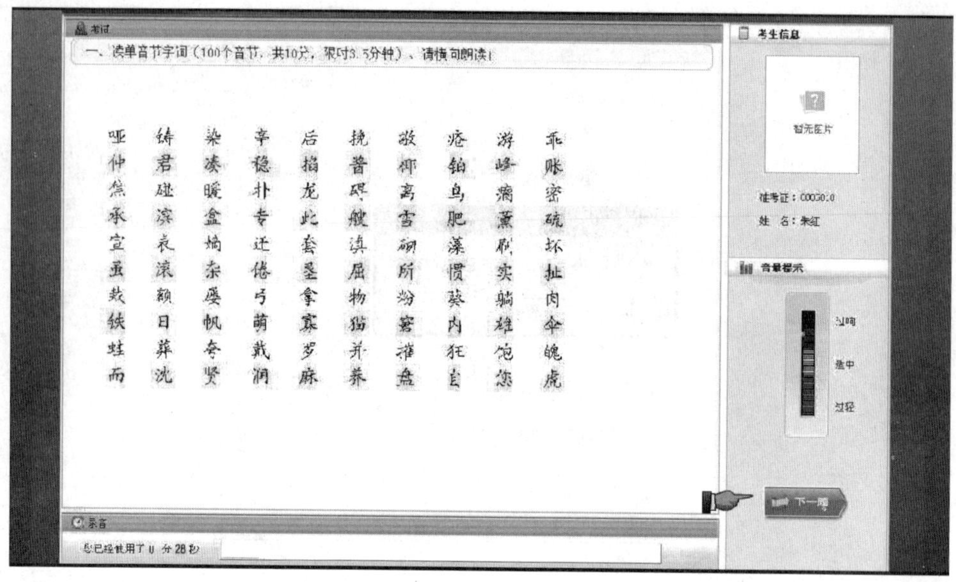

图 1-10　单击“下一题”按钮

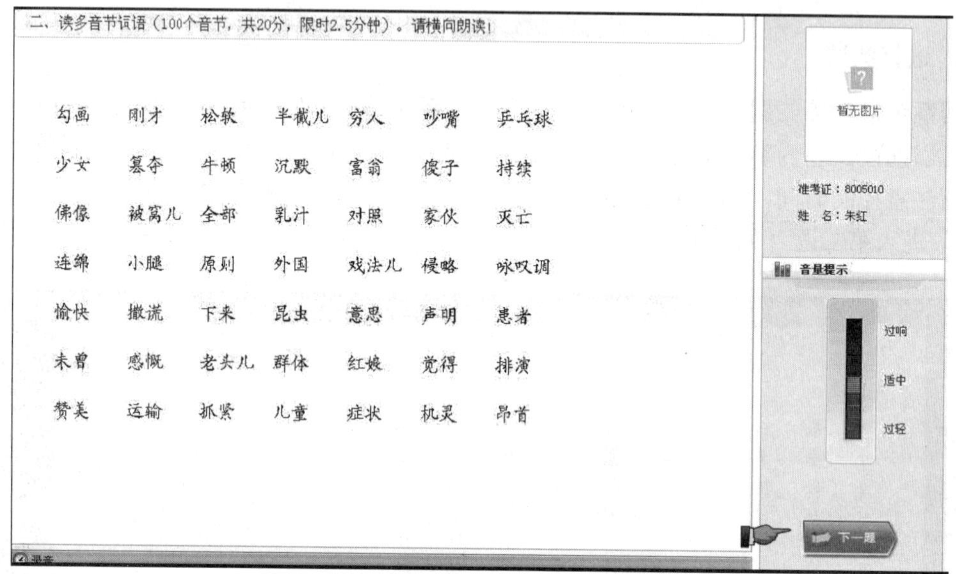

图 1-11　读多音节词语

第二题读完后，单击“下一题”按钮，进入第三题（见图 1-12）。

第三题回答完毕，单击“下一题”按钮进入第四题——命题说话题目（见图 1-13）。第四题系统给定的时间为 3 分钟。考生需要在说话之前读出所选择的说话题目，再进行答题。

答题完毕后，单击“提交试卷”按钮，结束考试。第四题命题说话题目进行了 3 分钟后，整个考试过程结束，需及时单击右下角“提交试卷”按钮，以结束考试。如果不单击该按钮，考试结束时，系统可能会给出提示（见图 1-14），并自动进行试卷提交。

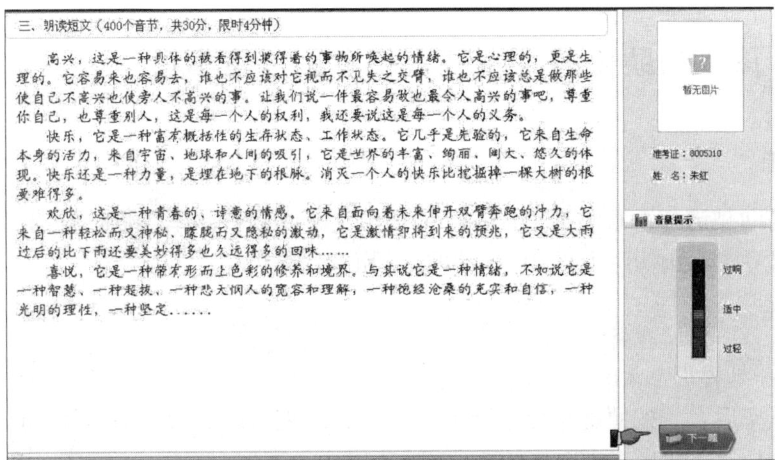

图 1-12　朗读短文

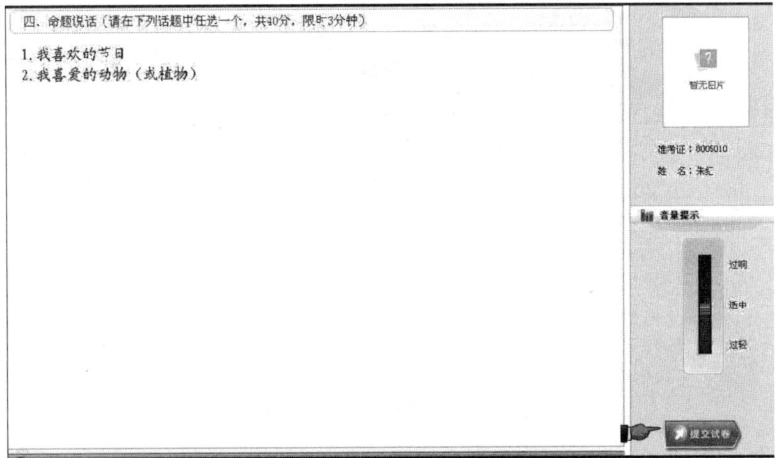

图 1-13　命题说话

图 1-14　提示考试结束

1.6.3 计算机辅助普通话测试上机考试注意事项

1. 测试前

计算机辅助测试与人工测试一样，均须提前半小时到候测室等候，凭有效身份证件和准考证抽取试卷。考前考生有约 10 分钟的时间准备测试。

2. 测试中

1）戴好耳机、调整麦克风

进入测试室后，先按照屏幕提示戴上耳机，将麦克风调整到距嘴边 2～3 cm 处且不会对着它呼吸的位置（见图 1-15）。

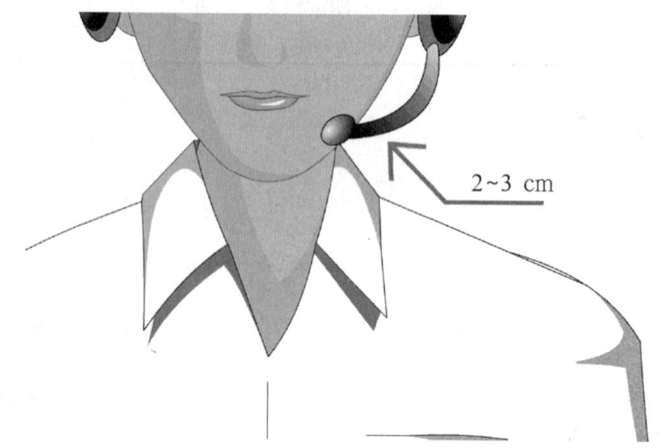

图 1-15 正确使用和调整麦克风

2）注意控制语速和音量

考试时考生要吐字清晰完整，并且保持适当的语速。常见的问题是考生的语速太快，字与字都粘连在一起，每一个字都不清晰，都有缺陷，导致失分较多。当然，也不要读得太慢，太拖沓。每题都有时间进度提示条，提示考生已经使用完的时间。绝大多数考生能够在规定时间内完成答题。考生应做到速度平稳，从容不迫。

同时，注意控制声音大小，测试时应该采用中等音量（即两、三个人之间正常交谈的音量）。机测过程中音量应保持基本一致。常见的问题是说话声音太小，像说悄悄话，需注意克服。当然，声音也不必太大。

3）注意系统“提示”

每一题测试前系统都会弹出对话框，并有一段提示音，请在提示音结束并听到“嘟”的一声后，再开始朗读。

4）避免“漏读”

普通话测试试题的前三项，如果有“漏读”现象，是要按字扣分的。在以往传统人工测试普通话时，不少考生过于紧张，在需要换行朗读时，将几个字，甚至是一整行漏读了。在机测时，考生必须对着计算机屏幕进行答题，这跟传统的人工测试对着纸质的试卷会有一定的差异，多数考生会有陌生感，换行朗读时发生“漏读”的现象更为严重。建议读字、词两项时换行可稍放慢速度，看清后再读。针对机测中最容易漏行的第一题“读单音节字”，测试系统将上下行进行颜色区分，设置成蓝黑相间，这为避免“漏读”现象的发生提供了帮助。

5）尽量不重复读

第一题和第二题如果有个别字词因读错后重复读一遍的话，计算机系统会自动进行识别，不会因为一个字的重读而影响整体评分。但为了防止出现问题，导致失分，切勿多次重复。第三题朗读短文中重复、回读，是会被扣分的。

第四题页面出现后，有2个题目供选择，考生不要单击题目，而是直接朗读出自己选中的题目，然后围绕该话题说话。命题说话时间要说满3分钟，即考生要注意查看屏幕下方的时间进度提示条全部运行到结束，此时说话题目即为说满了3分钟。页面出现“祝你考试顺利”，测试全部完成，考试结束，系统进入最后评测阶段。

3. 其他注意事项

1）要有对象感

很多考生担心对着计算机测试，会因为没有具体的交流对象而找不到感觉，尤其是说话项。这确实是计算机辅助普通话水平测试的一个缺陷。对此，我们应调整心态和测试状态，想象着自己是面对着朋友、同伴在说话。有了这样的心理准备和虚拟情景设置，考生在答题时会比较放松，语调会较为自然。

2）提高抗干扰能力

机测时，如果考生是在只能容纳一位考生的隔音测试室内进行测试的话，通常不会受到过多的外界干扰。但是，由于场地所限，有些测试站会将考生安排在面积较大的多机位语音室进行机测，各个测试机位保持2 m左右的距离。考试时，难免能听到别人的声音。这时，考生需要调整状态，专注于自己的考试，避免因受到干扰而失分。测试时选用的话筒录音范围比较小，其他考生的声音不会录进自己的计算机，因此不必担心会影响自己的成绩。

3）熟悉机测系统的操作

考生在机测之前可以到畅言网，观看模拟测试演示，或进行机测体验。通过畅言网可以全真模拟普通话机测的完整流程，并且得到计算机给出的普通话水平测试报告，分析考生当前的普通话水平。另外，考生还可以在网站进行人机互动式的普通话学习，从而达到熟悉机测流程及进一步提高普通话水平的目的。

4）沉着应对突发情况

测试时一定要沉着冷静，遇到录音失败、系统出错等情况应及时与考务人员联系。处理好突发情况后，一旦进入机测录音，就不要说同测试内容无关的话。

第2章

单音节字词发音训练

2.1 普通话测试“朗读单音节词语”测试指要

2.1.1 测试目的、内容及评分标准

1. 测试目的及内容

测试目的在于考查应试人普通话声母、韵母和声调读音的标准程度。此题为100个单音节字词（不含轻声、儿化）的朗读。限时3.5分钟。这些测试音节，要求每个声母出现一般不少于3次，方言里缺少或者容易混淆的声母，酌量增加1～2次；每个韵母的出现一般不少于2次，方言里缺少的或者容易混淆的韵母，酌情增加1～2次。这样全面而周密的声、韵覆盖率使任何一种异于普通话的发音差异都无从遁形。100个音节中，70%选自《普通话水平测试用普通话词语表》“表一”，30%选自“表二”。

2. 评分标准

评分标准如下：

①语音错误，每个音节扣0.1分。

②语音缺陷，每个音节扣0.05分。

③超时1分钟以内，扣0.5分；超时1分钟以上（含1分钟），扣1分。

2.1.2 应试点拨

普通话水平测试对单音节发音的考察要求每个音节的声、韵、调都需读得饱满、到位。这对于有一定普通话基础，但又在发音上存在不少错误和缺陷的应试者来说，要在规定时间内完成这样的测试任务，有相当大的难度，因此，在训练中特别要注意以下几项要领。

1. 发音要准确无误

所谓准确，指的是应试者在朗读时语音标准，音节成分（声母、韵母、声调）不能有错误或缺陷。

1）语音错误

语音错误包括以下两方面的内容。

①音节读音中有一个或者一个以上的语音成分保留了方音。例如，声母舌尖中浊鼻音 n 与舌尖中浊边音 l 不分；唇齿清擦音 f 与舌根清擦音 h 不分；舌尖前清塞擦音 z、c、s 与舌尖后清塞擦音 zh、ch、sh 不分；舌尖后浊擦音 r 与舌尖中浊边音 l 不分等。表现在韵母中则是前、后鼻音不分；i、ü 不分等。在声调方面，主要是调类、调值与普通话完全不一致。

②读错别字。这与语音训练关系不大，主要取决于应试者的文化水平。

2）语音缺陷

所谓语音缺陷，指的是音节读音中，有一个或者一个以上的语音成分处在方言和普通话的过渡状态。例如，将舌面音 j、q、x 读得偏向舌尖前；将舌尖后音 zh、ch、sh 读得比正确部位偏前或者偏后；将零声母 w［w］读成 v［v］等。韵母的缺陷多表现为复韵母的舌位动程不够，特别突出的一个是将复韵母 iou 读成［iu］等。声调缺陷一般表现为调值长度读得不到位，有几种不同的表现，比如，因为不了解测试规则，读得过快，以至于每个音节的声调的调长都偏短；另外，也有些测试者对四声的相对音高控制不好，发起音来忽高忽低，听上去很不平稳。

纠正声母的发音错误或缺陷，方法是一样的，都是要把握好发音部位和发音方法。纠正难点韵母的错误和缺陷，要从三方面着手，即舌位、舌面和唇形；在声调环节，注意阴平要读自己的最高音，阳平要升到最高音，去声要从最高音降到最低音。

2. 吐字要清晰

在单音节测试环节仅仅做到朗读准确是不够的，为了避免不必要的失误，还应务求吐字清晰，在训练中可以从三个方面下工夫。

1）调节好音节的长度

长度是指声调的音长。我们知道，普通话里四个声调的音长是不一样的，一般来说，上声最长，调值是 214，有一个明显的降升过程，起伏较大；阳平次之，调值是 35，呈上升之势；阴平又次之，调值是 55，保持高而平；最短的是去声，调值是 51，下降快，干脆利落。避免超过实际音长的拖腔与音长不足造成的过于急促。

2）控制音节的响度

音节的响度是指声调的音高。普通话声调的性质是由音高决定的，四声的音高各有不同，从五度制声调示意图中可以看到：阴平是均衡的高平调，从起点音到终结音都保持最高的 5 度；阳平从中音 3 度持续上升到高音 5 度，是个高升调；上声的起点音是半低音 2 度，先降至低音 1 度，然后再升高到半高音 4 度，终结音高出起点音 2 度，又叫降升调；

去声落差最大，从最高音 5 度迅速降至低音 1 度，因此又叫全降调。由于声调的音高是相对的，因人而异，所以不同的人可以根据各自发音器官的生理状况，确定好一个基本音高，然后再根据四声的音高变化做适当调整，在朗读过程中注意做到：各音高变化自然、均衡、适度，力求避免忽高忽低，音高失控现象。

3）注意发音的力度

发音时，力度不够也是影响吐字清晰的一个重要因素。不少人发出的音绵软松散，使整个语音面貌显得含糊不清。其实，只要在发音时注意增强力度，这个问题就迎刃而解了。当然，我们强调发音的力度，是以轻松自然、字正腔圆为前提的，发出的音要饱满而有弹性，力度适中，切忌发力过猛，造成面部及口腔肌肉过度紧张，使整体语音面貌显得呆滞僵硬。

3. 时间要分配得当

由于要在 3.5 分钟内读完一百个单音节字词，所以往往有应试者因担心超时而读得过快，不能读完音节应有的长度，造成失误；也有的出现前急后缓，或者前缓后急现象；还有一些对时间的估计不准确，出现超时扣分的情况等。为了有效防止这些不利情况，平时在学习普通话、进行单音节训练时，一定要重视对时间的合理分配，反复调整，力求在有限的时间内，将各个音节读得字正腔圆、舒展流畅而又从容不迫。

2.2 普通话的声母

2.2.1 声母概说

声母是指音节开头的辅音。由辅音充当的声母叫做辅音声母。除此之外，有的音节还没有辅音作声母，声母可以看作为“零”，习惯上叫做零声母。

1. 辅音声母的本音和呼读音

声母本来的发音叫本音。声母的本音一般发音不响亮，为了称呼和练习发音，常在每个声母本音的后面配上不同的元音，这样发出的音叫声母的呼读音。辅音声母共有 21 个，其本音和呼读音如下：

本　音	b	p	m	f	d	t	n	l	g	k	h	j	q
呼读音	bo	po	mo	fo	de	te	ne	le	ge	ke	he	ji	qi
本　音	x	zh	ch	sh	r	z	c	s					
呼读音	xi	zhi	chi	shi	ri	zi	ci	si					

注：ji、qi、xi 中的“-i”是舌面元音；zi、ci、si 中的“-i”是舌尖前元音；zhi、chi、shi、ri 中的“-i”是舌尖后元音。

2. 声母的发音

普通话声母由辅音充当。辅音的发音是由发音部位和发音方法决定的。发音部位是指发音时发音器官对气流形成阻碍的位置；发音方法是气流克服阻碍的方式，包括三个基本方面，即发音阻碍气流的方式、气流的强弱、声带是否颤动。

1）根据辅音字母的发声部位分类

根据辅音声母的发音部位，声母可分为七类，如表 2-1 所示。

表 2-1 根据辅音声母的发声部位分类

发音种类		声　母	构成阻碍的方式
唇音	双唇音	b、p、m	上唇与下唇构成阻碍
	唇齿音	f	上齿与下唇构成阻碍
舌尖音	舌尖前音	z、c、s	舌尖与上齿背构成阻碍
	舌尖中音	d、t、n、l	舌尖与上齿龈构成阻碍
	舌尖后音	zh、ch、sh、r	舌尖与硬腭前沿构成阻碍
舌面音	舌面前音	j、q、x	舌面前与硬腭构成阻碍
	舌根音（舌面后音）	g、k、h	舌根与软腭构成阻碍

2）根据辅音字母的发音方法分类

辅音声母的发音方法，有阻碍气流方式、气流强弱、声带是否振动三个方面。

根据阻碍气流的方式，声母可分五类，如表 2-2 所示。

表 2-2 根据阻碍气流方式分类

发音种类	声　母	发 音 方 法
塞　音	b、p、d t、g、k	发音时，发音部位某两个部分完全闭合，气流积聚受阻部位，阻塞部分突然打开，气流从内进裂而出，爆发成声
擦　音	f、h、x s、sh、r	发音时，发音部位某两个部分靠近，形成缝隙，气流从中挤出，造成摩擦音
塞擦音	z、c、zh ch、j、q	发音时，发音部位某两个部分先闭合，阻住气流，后逐步放开，形成一条窄缝，让气流从缝隙挤出，造成塞擦音
鼻　音	m、n	发音时，口腔里形成阻碍的两个部分完全闭合，封住气流的口腔通道，软腭下垂，打开鼻腔通道，气流振动声带，经鼻腔流出成音
边　音	l	发音时舌尖与上齿龈后部接触，造成口腔中路阻塞，同时软腭上升，封住鼻腔通道，气流振动声带，沿舌的两边流出，形成边音

普通话声母中的塞音和塞擦音发音时气流有强弱之别。发音时送出气流较强的是送气音；发音时送出气流较弱的是不送气音。例如：

①送气音：p、t、k、q、ch、c。

②不送气音：b、d、g、j、zh、z。

根据发音时声带是否颤动，普通话辅音声母有“清音”和“浊音”之分。发音时声带不颤动的是清音，发音时声带颤动的是浊音。普通话里除了 m、n、l、r 四个浊音外，其余都是清音声母。

3）综合分类

结合发音部位和发音方法两个方面，可以把 21 个辅音声母的发音列表表示，如表2-3所示。

表 2-3　普通话辅音声母发音表

发音方法 / 声母 / 发音部位		塞音		塞擦音		擦音		鼻音	边音
		清音		清音		清	浊	浊	浊
		不送气	送 气	不送气	送 气				
唇音	双唇音	b	p					m	
	唇齿音					f	(v)		
舌尖音	舌尖前音			z	c	s			
	舌尖中音	d	t					n	l
	舌尖后音			zh	ch	sh			
舌面音	舌面前音			j	q	x			
	舌面后音	(舌根音)	g	k			h		

2.2.2　声母辨正

1. 鼻音声母 n 和边音声母 l

1）声母 n 与 l 的发音要领

要读准辅音声母 n 与 l，关键在于控制软腭的升降。n 和 l 发音的共同点都是把舌尖抵住上齿龈，口腔展开。区别在于发 n 时，软腭下垂，让气流完全从鼻腔出来，形成鼻音（见图 2-1（a））；发 l 时，软腭上升，封住鼻腔通道，让气流从舌头两边出来，绝不带一点鼻音，形成纯粹的边音（见图 2-1（b））。练习发边鼻音的基本词可为：“旅客”（lǚkè）—“女客”（nǚkè），“荷兰”（hélán）—河南（hénán）等。

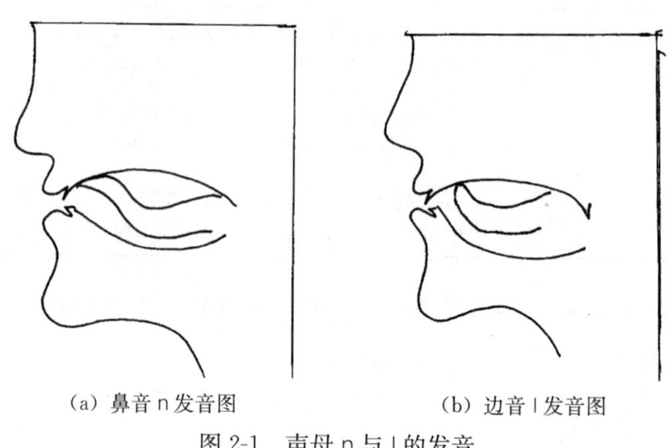

（a）鼻音 n 发音图　　（b）边音 l 发音图

图 2-1　声母 n 与 l 的发音

2）声母 n 与 l 字音的错读现象

（1）没有鼻音声母 n（或鼻音微弱），鼻音声母 n 被边音声母 l 代替。

某些方言没有鼻音声母 n，普通话里的这类字音，方言区的人念成了声母为边音的 l。如“男女”（nánnǚ）与“褴褛”（lánlǚ）读音相同，“河南”（hénán）与“荷兰”（hélán）读音相同，没有边鼻音的区分。

（2）边鼻不分，自由变读。

某些方言中，鼻音声母 n 与边音声母 l 混为一谈，分不清楚。或者将 n 声母与 l 声母的字音都念成 n 作声母，但鼻音通常较弱；或者念成 l 的鼻化音声母，造成了既不是 n 音，也不是 l 音。同一地区，同一个人，甚至几种念法都存在，一时念这，一时念那，结果是 n、l 不分，自由变读。

（3）声母 n 与 i 行韵母构成音节时，念成零声母音节。

鼻音声母 n 与 i 行韵母构成音节时，地方话中有把辅音 n 省掉的，使原音节变为零声母音节，或在韵母前加 y，或改 i 为 y。如：“你”普通话念“nǐ”，地方话念“yǐ”，“年”普通话念“nián”，地方话念“yán”。

3）辨正练习

（1）认读下列词语，比较 n 声母和 l 声母的发音差异：

奶娘 nǎiniáng	奶牛 nǎiniú	能耐 néngnai
呢喃 nínán	泥淖 nínào	泥泞 nínìng
南宁 nánníng	袅娜 niǎonuó	牛奶 niúnǎi
忸怩 niǔní	扭捏 niǔniē	农奴 nóngnú
拉链 lāliàn	拉力 lālì	来临 láilín
劳累 láolèi	牢笼 láolóng	勒令 lèlìng
磊落 lěiluò	冷落 lěngluò	里弄 lǐlòng
理论 lǐlùn	立论 lìlùn	历来 lìlái
联络 liánluò	利禄 lìlù	连累 liánlei
嘹亮 liáoliàng	缭乱 liáoluàn	料理 liàolǐ
淋漓 línlí	凛冽 lǐnliè	伶俐 línglì
玲珑 línglóng	凌厉 línglì	零乱 língluàn
领略 lǐnglüè	流浪 liúlàng	露脸 lòuliǎn
氯纶 lǜlún	伦理 lúnlǐ	轮流 lúnliú
罗列 luóliè	裸露 luǒlù	论理 lùnlǐ

（2）认读下列词语，辨正 n 声母和 l 声母的字音：

哪里 nǎli	纳凉 nàliáng	奶酪 nǎilào
耐劳 nàiláo	脑力 nǎolì	内陆 nèilù
嫩绿 nènlǜ	能量 néngliàng	尼龙 nílóng
逆流 nìliú	年轮 niánlún	拈连 niānlián

凝练 níngliàn
农历 nónglì
努力 nǔlì
来年 láinián
老年 lǎonián
累年 lěinián
历年 lìnián
两难 liǎngnán
羚牛 língniú
留难 liúnàn
鸟类 niǎolèi
奴隶 núlì
女郎 nǚláng
烂泥 lànní
老娘 lǎoniáng
冷暖 lěngnuǎn
利尿 lìniào
辽宁 Liáoníng
岭南 lǐngnán
流年 liúnián
牛郎 niúláng
男篮 nánlán
暖流 nuǎnliú
老衲 lǎonà
老农 lǎonóng
冷凝 lěngníng
连年 liánnián
凌虐 língnüè
留念 liúniàn
落难 luònàn

（3）对比认读下列词语，辨正 n 声母和 l 声母的字音：

男女 nánnǚ—褴褛 lánlǚ
脑力 nǎolì—劳力 láolì
南宁 nánníng—兰陵 lánlíng
脑子 nǎozi—老子 lǎozǐ
大怒 dànù—大陆 dàlù
泥巴 níbā—篱笆 líba
女客 nǚkè—旅客 lǚkè
无奈 wúnài—无赖 wúlài
恼怒 nǎonù—老路 lǎolù
南天 nántiān—蓝天 lántiān
难住 nánzhù—拦住 lánzhù
闹灾 nàozāi—涝灾 làozāi
老农 lǎonóng—老龙 lǎolóng
鸟雀 niǎoquè—了却 liǎoquè
水牛 shuǐniú—水流 shuǐliú

（4）练习以下绕口令，发准声母 n 和 l 的字音：

①老农恼怒问老龙，老龙怒恼问老农，
农怒龙恼农更怒，龙恼农怒龙怕农。

注：n：农（nóng）、恼（nǎo）、怒（nù）；l：老（lǎo）、龙（lóng）。

②有座面铺面向南，门口挂个蓝布棉门帘。
摘了蓝布棉门帘，看了看，面铺面向南，
挂上蓝布棉门帘，看了看，面铺还是面向南。

注：n：南（nán）；l：蓝（lán）、帘（lián）。

③牛郎年年恋刘娘，刘娘连连念牛郎，
牛郎恋刘娘，刘娘念牛郎，郎恋娘来娘念郎。

注：n：牛（niú）、娘（niáng）、念（niàn）、年（nián）；l：郎（láng）、刘（liú）、恋（liàn）、连（lián）。

（5）读句段，注意分辨声母 n 和 l：

“吹面不寒杨柳风”，不错的，像母亲的手抚摸着你，风里带来些新翻的泥土的气息，混着青草味儿，还有各种花的香，都在微微湿润的空气里酝酿。鸟儿将巢安在繁花绿叶当中，高兴起来了，呼朋引伴地卖弄清脆的喉咙，唱出宛转的曲子，跟轻风流水应和着。牛背上牧童的短笛，这时候也成天嘹亮地响着。

——节选自朱自清《春》

4）边鼻音声母均念的多音字

在辨正边鼻音声母时，应当注意“弄”字，它既念鼻音 nòng，又念边音 lòng，区别如下：

［弄1］nòng　摆弄，做、干、办、搞，没法取得，耍、玩弄等。例如：

弄潮儿 nòngcháo'ér　　弄假成真 nòngjiǎchéngzhēn
弄鬼 nòngguǐ　　弄巧成拙 nòngqiǎochéngzhuō
弄权 nòngquán　　弄虚作假 nòngxūzuòjiǎ
搬弄 bānnòng　　摆弄 bǎinòng
拨弄 bōnong　　播弄 bōnong
簸弄 bǒnong　　嘲弄 chǎonòng
搓弄 cuōnòng　　逗弄 dòunong
卖弄 màinong　　耍弄 shuǎnòng
玩弄 wánnòng　　戏弄 xìnòng
愚弄 yúnòng　　捉弄 zhuōnòng

［弄2］lòng　〈方〉小巷，胡同（多用于巷名）。例如：

里弄 lǐlòng　　弄堂 lòngtáng

附表 2.1　声母 n 和 l 代表字类推表

n 声母

【那】nǎ 哪，nà 那、娜（人名），nuó 挪、娜（袅娜）
【乃】nǎi 乃、奶、艿、氖
【奈】nài 奈、萘，nà 捺
【南】nán 南、喃、楠，nǎn 蝻、腩
【囊】nāng 囊（囊揣）、囔，náng 囊（囊括）、馕，nǎng 攮、馕
【挠】náo 挠、铙、蛲
【脑】nǎo 脑、恼、垴、瑙
【内】nèi 内，nè 讷，nà 呐、纳、衲、钠
【尼】nī 妮，ní 尼、坭、呢（呢绒）、泥、怩、铌，nì 泥（拘泥）、伲、昵，ne 呢
【倪】ní 倪、霓、猊、鲵、nì 睨
【你】nǐ 你；nín 您
【念】niǎn 捻，niàn 念、埝
【鸟】niǎo 鸟、袅
【捏】niē 捏，niè 涅
【聂】niè 聂、嗫、镊、颞、蹑
【宁】níng 宁、拧（拧毛巾）、咛、狞、柠，nǐng 拧（拧瓶盖），nìng 宁（宁可）、泞、拧

【纽】niū 妞，niǔ 扭、忸、纽、钮

【农】nóng 农、侬、哝、浓、脓

【奴】nú 奴、孥、驽，nǔ 努、弩，nù 怒

【虐】nüè 虐、疟（疟疾）

【诺】nuò 诺、喏、锘，nì 匿

【懦】nuò 懦、糯

l 声母

【剌】lǎ 喇，là 剌、辣、瘌，lài 赖、癞、籁

【腊】là 腊、蜡，liè 猎

【兰】lán 兰、拦、栏，làn 烂

【蓝】lán 蓝、篮，làn 滥

【览】lǎn 览、揽、缆，lǎn 榄（橄榄）

【劳】lāo 捞，láo 劳、痨、崂、唠（唠叨），lào 涝、唠（唠唠）

【老】lǎo 老、佬、姥

【乐】lè 乐，lì 砾、栎（栎树）、跞

【雷】léi 雷、擂、镭，lěi 蕾，lèi 擂（擂台）

【累】léi 累（累赘）、缧，lěi 累（累积），lèi 累（劳累），luó 骡、螺，luǒ 瘰，luò 漯、摞

【里】lí 厘、狸，lǐ 里、理、鲤，liáng 量（量杯），liàng 量（量词）

【利】lí 梨、犁、蜊，lì 利、俐、莉、猁、痢

【离】lí 离、漓、篱、璃

【力】lì 力、荔，liè 劣，lèi 肋，lè 勒

【历】lì 历、沥、雳、呖、枥

【厉】lì 厉、励、疠、蛎

【立】lì 立、粒、笠，lā 拉、垃、啦

【廉】lián 廉、濂、镰、蠊、臁

【连】lián 连、莲、涟、鲢，liǎn 琏，liàn 链

【脸】liǎn 脸、敛、裣，liàn 殓、潋

【恋】liàn 恋，luán 峦、娈、孪、鸾、滦、栾、銮

【炼】liàn 炼、练

【梁】liáng 梁、粱、墚

【凉】liáng 凉、椋，liàng 谅、晾，lüè 掠

【良】liáng 良、粮，láng 郎、廊、狼、琅、榔、螂，lǎng 朗，làng 浪

【两】liǎng 两、俩（伎俩）、魉，liàng 辆，liǎ 俩

【嘹】liáo 嘹、僚、撩（撩动）、獠、潦（潦草）、缭、燎（燎原），liāo 撩（撩开），liǎo 燎，liào 镣

【了】liǎo 了（了解）、钌，liáo 辽、疗，liào 钌（钌锅儿），le 了
【列】liě 咧，liè 列、烈、裂、冽、洌、趔，lì 例
【林】lín 林、淋、琳、霖，lán 婪
【鳞】lín 鳞、嶙、粼、辚、磷、麟，lìn 膦
【菱】líng 菱、凌、陵、绫，léng 棱
【令】líng 伶、玲、铃、羚、聆、蛉、零、龄、苓、翎，lǐng 岭、领、令（一令纸）；lìng 令（命令），lěng 冷，līn 拎，lín 邻，lián 怜
【留】liū 溜（溜冰），liú 留、遛（逗遛）、馏（蒸馏）、榴、镏（镏金）、瘤，liù 遛（遛遛）、溜（溜子）、馏（馏馒头）、镏（镏子）
【流】liú 流、琉、硫，liǔ 锍
【柳】liǔ 柳，liáo 聊
【龙】lóng 龙、茏、咙、珑、胧、聋、笼（笼子）；lǒng 陇、垄、拢、笼（笼罩）
【隆】lóng 隆、窿、癃
【娄】lōu 搂（搂头），lóu 娄、偻（佝偻病）、蒌、喽、楼，lǒu 搂（搂抱）、篓，lǚ 缕、屡、偻（伛偻）
【卢】lú 卢、泸、栌、颅、鸬、胪、鲈、轳、舻
【鲁】lǔ 鲁、橹、镥
【录】lù 录、绿（绿林）、禄、碌，lǜ（绿豆）、绿（绿色）、氯
【鹿】lù 鹿、漉、辘、麓
【路】lù 路、鹭、露、潞、璐
【吕】lǚ 吕、侣、铝
【虑】lǜ 虑、滤
【仑】lūn 抡，lún 仑、伦、论（论语）、抡（抡柴）、沦、纶、轮，lùn 论（言论）
【罗】luō 啰（啰唆），luó 罗、逻、萝、锣、箩
【洛】luò 洛、落、络（络纱）、骆、烙（炮烙），là 落（丢三落四），lào 络（络子）、烙（烙印）、酪、落（落色），lüè 略

上述以代表字类推，不能完全包括 n、l 声母的常用字，但剩余的已经为数不多。可以采用记少不记多的方法，将无类推规律的 n 声母常用字列于下面：

拿—捉拿 zhuōná	耐—耐心 nàixīn	黏—黏合 niánhé
男—男子 nánzǐ	女—女人 nǚrén	碾—碾子 niǎnzi
难—困难 kùnnán	苦难 kǔnàn	撵—追撵 zhuīniǎn
闹—热闹 rènao	淖—泥淖 nínào	鲇—鲇鱼 niányú
嫩—嫩绿 nènlǜ	能—能够 nénggòu	蔫—蔫呼呼 niānhūhū
拟—草拟 cǎonǐ	逆—逆转 nìzhuǎn	拈—拈阄儿 niānjiūr
年—年轻 niánqīng	娘—爹娘 diēniáng	溺—溺爱 nì'ài
酿—酝酿 yùnniàng	馁—气馁 qìněi	腻—油腻 yóunì

尿—尿素 niàosù　　啮—啮噬 nièshì　　凝—凝视 níngshì
牛—水牛 shuǐniú　　拗—执拗 zhíniù　　暖—温暖 wēnnuǎn
镍—镍币 nièbì　　弄—嘲弄 cháonòng　　弄堂 lòngtáng

2. 辨正声母 zh、ch、sh、r 与 z、c、s 的字音

1）*声母 zh、ch、sh、r 与 z、c、s 的发音要领*

声母 zh、ch、sh、r 的发音是：将舌尖向上翘起，抵住前硬腭（即上齿龈后隆起处），口腔要自然展开（见图 2-2（a））。应注意：舌尖与前硬腭接触面不能过宽。练习的方法是：首先发 r 的呼读音 ri，拖长其尾音，这个尾音就是 zh、ch、sh 的韵母，再加上声母 zh、ch、sh，拼得的音就是翘舌音 zh、ch、sh 的呼读音 zhi、chi、shi。声母 z、c、s 的发音是：舌尖轻轻顶住上齿背，逐渐放开，形成一条窄缝，气流从中挤出。

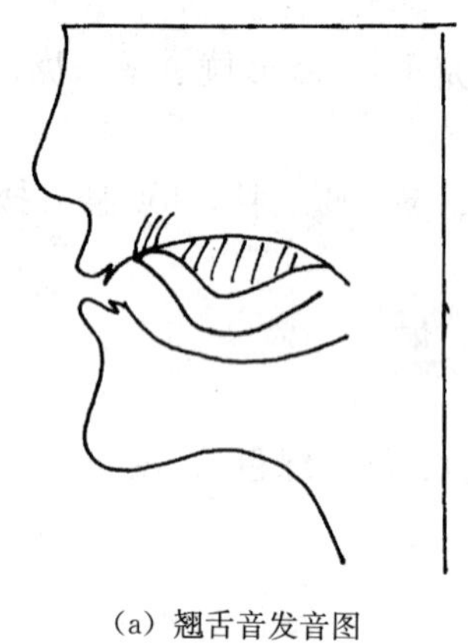
(a) 翘舌音发音图

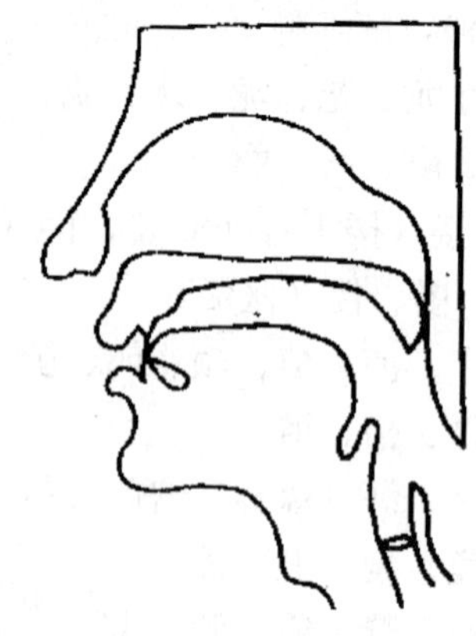
(b) 平舌音发音图

图 2-2　翘舌音与平舌音的发音

2）*声母 zh、ch、sh、r 与 z、c、s 字音的错读现象*

(1) 无翘舌声母 zh、ch、sh、r。

有些方言里没有翘舌声母 zh、ch、sh、r，将普通话翘舌声母 zh、ch、sh 的字音一律念成用 z、c、s 作声母的字音，将声母 r 念成［z］（［z］的发音状况：舌尖前、浊、擦音）。

(2) 发音时，舌位不正确，zh、ch、sh、r 发音不准。

某些方言有一定的翘舌音，但 zh、ch、sh 作声母的字音范围比普通话略小，例如“师生”（shīshēng）一词，也被念成“sīsēng”。即便是有平翘之分的方言里的翘舌声母 zh、ch、sh、r 与普通话的翘舌声母 zh、ch、sh、r 也存在着差异，主要表现为：zh、ch、sh、r 的发音部位略靠前（舌尖顶住牙龈）或略靠后（舌头卷起来顶住硬腭后部）。

(3) 发音时，口腔舒展度不够，声母平翘舌音模糊不清。

方言里发翘舌声母 zh、ch、sh、r 和平舌声母 z、c、s 时，不注意口形，口腔常常收得很小，发出的声母 zh、ch、sh、r 不是翘舌音，给人的感觉倒像是抬舌音，即不是舌头舒展开舌尖翘起来，而是舌面平抬伸着。

（4）声母 zh、ch、sh 或声母 z、c、s 之间混念。

把 zh 念成 ch，ch 念成 sh，sh 念成 zh，或者把 z 念成 c，把 c 念成 s 等在一些方言中也存在。例如："造"（zào）念成 cào，"泽"（zé）念成 cé，"伸"（shēn）念成 chēn 等。

3）*声母 zh、ch、sh、r 与 z、c、s 字的辨识*

发准舌尖后音只是第一步，接着还要弄清在普通话里哪些字的声母是舌尖后音。下面几种办法可以帮助学习者辨别和记忆。

（1）记少不记多。

常用的汉字中，z 、c 、s 声母字大大少于 zh 、ch 、sh 声母字，如 sen 音节的字只有一个，而 shen 音节的字有 40 个，常用的也有 20 多个。我们只需记住"森"是舌尖前声母，"申、沈、渗……"皆可推知为舌尖后声母。

普通话舌尖后音中还有个 r ，因没有与其相对应的舌尖前声母，故在辨正中把方言中所有舌尖声母［z］改读为舌尖后声母 r 即可。

（2）汉字偏旁类推。

形声字在汉字里占有很大比例，一般来说，声旁能代表字音，因而我们可以利用声旁类推出很多字的读音。如"曾"是舌尖前声母，由此推知"增、憎、缯、赠"等都是舌尖前音；"周"是舌尖后音，"惆、稠、绸"等也是舌尖后音。

需要注意的是，这种方法不是绝对的，有极少数字情况特殊，如"寺"是舌尖前音，"诗、侍、峙、恃"却是舌尖后音；"此"是舌尖前音，"柴"却是舌尖后音。对这类个别现象须单独记忆。

（3）声韵配合规律类推。

声母和韵母的配合，在普通话里有自己的规律，这些规律可以帮助我们辨记字音。如：ua 、uai 、uan 三个韵母不与舌尖前音相拼，所以"抓、刷、揣、摔、庄、窗、双"等肯定是翘舌音，又如普通话里 sh 不能与 ong 相拼，所以"松、耸、送"等肯定是舌尖前声母。

4）*平翘舌音声母均念的多音字*

在普通话中，有一部分字既念平舌音声母，又念翘舌音声母，念读时一定要认真区分。

【例字】

拆（cā，chāi）

［拆₁］cā　〈方〉排泄（大小便）。例：拆烂污 cālànwū。

［拆₂］chāi　把合在一起的东西打开，拆毁。例：

拆穿 chāichuān	拆伙 chāihuǒ	拆零 chāilíng	拆卖 chāimài
拆散 chāisàn	拆台 chāitái	拆洗 chāixǐ	拆卸 chāixiè
拆除 chāichú	拆毁 chāihuǐ	拆迁 chāiqiān	

嚓（cā，chā）

［嚓₁］cā　象声词，独立成词。例："嚓"的一声 cāde yī shēng。

[嚓$_2$] chā　象声词，用于多音节词中。例：

喀嚓 kāchā　　啪嚓 pāchā

参（cān，cēn，shēn）

[参$_1$] cān　加入、参加，参考，进见、谒见，封建时代指弹劾，探究并领会（道理、意义等）。例：

参加 cānjiā　　参军 cānjūn　　参看 cānkàn　　参阅 cānyuè
参谒 cānyè　　参拜 cānbài　　参劾 cānhé　　参他一本 cāntāyīběn
参破 cānpò　　参透 cāntòu

[参$_2$] cēn　“参差”念 cēncī，“参错”念 cēncuò。

[参$_3$] shēn　人参、党参等的统称，通常指人参；二十八宿之一。例：

党参 dǎngshēn　　海参 hǎishēn　　人参 rénshēn　　沙参 shāshēn
参茸 shēnróng　　参须 shēnxū　　参商 shēnshāng

孱（càn，chán）

[孱$_1$] càn　用于“孱头”（càntou）

[孱$_2$] chán　瘦弱，软弱。例：

孱羸 chánléi　　孱弱 chánruò

掺（càn，chān，shǎn）

[掺$_1$] càn　古代一种鼓曲。例：渔阳掺 yúyángcàn。

[掺$_2$] chān　同“搀”，把一种东西混合到另一种东西里去。例：

掺兑 chānduì　　掺杂 chānzá

[掺$_3$] shǎn　〈方〉持，握。例：掺手 shǎnshǒu。

伧（cāng，chen）

[伧$_1$] cāng　〈书〉粗野。例：伧俗 cāngsú。

[伧$_2$] chen　寒伧 hánchen。

侧（cè，zè，zhāi）

[侧$_1$] cè　旁边，向旁边歪斜、偏。例：

侧根 cègēn　　侧击 cèjī　　侧面 cèmiàn
侧记 cèjì　　侧门 cèmén　　侧耳 cè'ěr
侧重 cèzhòng　　侧翼 cèyì　　侧目 cèmù

[侧$_2$] zè　同“仄”。例：

平侧 píngzè　　侧声 zèshēng

[侧$_3$] zhāi　〈方〉倾斜，不正。例：

侧棱 zhāileng　　侧歪 zhāiwai

噌（cēng，chēng）

[噌$_1$] cēng　象声词；〈方〉叱责。例：

"噌"的一声 cēngde yī shēng　　　　挨噌 áicēng

［噌$_2$］chēng　"噌吰"念 chēnghóng，形象钟敲的声音。

差（cī，chā，chà，chāi，chài）

［差$_1$］cī　参差 cēncī。

［差$_2$］chā　差别、差异，差数，稍微、较、尚。例：

差别 chābié　　差异 chāyì　　差错 chācuò　　差额 chā'é

差价 chājià　　差距 chājù　　差失 chāshī　　差误 chāwù

天气差暖 tiānqìchānuǎn　　差可告慰 chākěgàowèi

［差$_3$］chà　不相同、不相合，错误、缺欠，不好，不够标准。例：

差不多 chàbuduō　　差不离 chàbulí　　差得远 chàdeyuǎn

差点儿 chàdiǎnr　　差劲 chàjìn　　差生 chàshēng

质量差 zhìliàngchà

［差$_4$］chāi　派遣（去做事），被派遣去做的事、公务、职务，旧时指被派遣的人、差役。例：

差遣 chāiqiǎn　　差使 chāishǐ　　兼差 jiānchāi　　出差 chūchāi

差事 chāishi　　差役 chāiyì　　听差 tīngchāi　　解差 jièchāi

［差$_5$］chài　〈书〉同"瘥"（chài），病愈。

衰（cuī，shuāi）

［衰$_1$］cuī　等衰 děngcuī。

［衰$_2$］shuāi　衰弱。例：

衰败 shuāibài　　衰惫 shuāibèi　　衰变 shuāibiàn　　衰减 shuāijiǎn

衰竭 shuāijié　　衰老 shuāilǎo　　衰落 shuāiluò　　衰弱 shuāiruò

衰退 shuāituì　　衰亡 shuāiwáng　　衰萎 shuāiwěi　　衰歇 shuāixiē

挲（sā，suō，shā）

［挲$_1$］sā"摩挲"念 māsā，用手轻轻按着并一下一下地移动。

［挲$_2$］suō"摩挲"又念 mósuō，用手抚摩。

［挲$_3$］shā"挓挲"念 zhāshā，〈方〉（手、头发、树枝等）张开；伸开。也作扎煞。

糁（sǎn，shēn）

［糁$_1$］sǎn　〈方〉米饭粒儿。

［糁$_2$］shēn　谷类磨成的碎粒。例：玉米糁儿 yùmǐshēnr。

梢（sào，shāo）

［梢$_1$］sào　像圆锥体的形状。

［梢$_2$］shāo　条状物的较细的一头。例：

艄公 shāogōng　　梢头 shāotóu　　树梢 shùshāo

眉梢 méishāo　　辫梢 biànshāo

色（sè，shǎi）

［色$_1$］sè　颜色，脸色、神色，种类，情景、景象，物品的质，妇女美貌，情欲。例：

色彩 sècǎi　色调 sèdiào　色光 sèguāng
色盲 sèmáng　色素 sèsù　彩色 cǎisè
暖色 nuǎnsè　货色 huòsè　神色 shénsè
天色 tiānsè　喜形于色 xǐxíngyúsè　察言观色 cháyánguānsè
面色 miànsè　眼色 yǎnsè　和颜悦色 héyányuèsè
各色各样 gèsègèyàng　景色 jǐngsè　秋色 qiūsè
夜色 yèsè　成色 chéngsè　逊色 xùnsè
色艺双绝 sèyìshuāngjué　色情 sèqíng　色胆 sèdǎn
血色 xuèsè　姿色 zīsè

［色$_2$］shǎi　（～儿）颜色，用于一些口语词。例：

色酒 shǎijiǔ　色子 shǎizi　变色儿 biànshǎir
本色儿 běnshǎir　上色儿 shàngshǎir　退色儿 tuìshǎir
掉色儿 diàoshǎir　套色儿 tàoshǎir　颜色儿 yánshǎir
走色儿 zǒushǎir

似（sì，shì）

［似$_1$］sì　像，如同，似乎，表示超过。例：

好似 hǎosì　近似 jìnsì　貌似 màosì
类似 lèisì　相似 xiāngsì　似是而非 sìshìérfēi
恰似 qiàsì　形似 xíngsì　似乎 sìhū
疑似 yísì　强似 qiángsì　胜似 shèngsì

［似$_2$］shì

似的 shìde

食（sì，shí，yì）

［食$_1$］sì　〈书〉拿东西给人吃。

［食$_2$］shí　吃，吃饭，人吃的东西，一般动物吃的东西，供食用或调味用的，日食、月食。例：

食补 shíbǔ　食肉 shíròu　食堂 shítáng
废寝忘食 fèiqǐnwàngshí　食粮 shíliáng　粮食 liángshi
食糖 shítáng　丰衣足食 fēngyīzúshí　猪食儿 zhūshír
鸟儿食 niǎorshí　食物 shíwù　月食 yuèshí

［食$_3$］yì　用于人名。例：郦食其 lì yìjī（汉朝人）。

忪（sōng，zhōng）

［忪$_1$］sōng　用于“惺忪”，念 xīngsōng。

[忪$_2$] zhōng　用于“怔忪”，念 zhēngzhōng。

莎 (suō, shā)

[莎$_1$] suō　用于一种植物名，莎草，念 suōcǎo。

[莎$_2$] shā　用于人名、地名。例：

莎菲日记 shāfēi rìjì　　莎车 shāchē（地名，在新疆）

扎 (zā, zhā, zhá)

[扎$_1$] zā　捆、束；量词，用于捆起来的东西。例：

扎彩 zācǎi　　扎裤脚 zākùjiǎo　　扎辫子 zābiànzi

包扎 bāozā　　一扎线 yīzāxiàn　　捆扎 kǔnzā

[扎$_2$] zhā　刺，钻进去，驻扎。例：

扎耳朵 zhāěrduo　　扎根 zhāgēn　　扎实 zhāshi　　扎营 zhāyíng

扎花 zhāhuā　　扎眼 zhāyǎn　　扎针 zhāzhēn　　扎手 zhāshǒu

屯扎 túnzhā　　驻扎 zhùzhā　　扎猛子 zhāměngzi

扎$_3$ zhá 马扎 mǎzhá　　扎挣 zházheng　　挣扎 zhēngzhá

咋 (zǎ, zé, zhā)

[咋$_1$] zǎ　〈方〉怎、怎么。例：

咋样 zǎyàng　　咋办 zǎbàn

[咋$_2$] zé　〈方〉咬住。例：咋舌 zéshé。

[咋$_3$] zhā　用于以下几种情况：

咋呼 zhāhu　　咋唬 zhāhu

奘 (zàng, zhuǎng)

[奘$_1$] zàng　〈方〉壮大；用于人名；说话粗鲁，态度生硬。例：唐玄奘 táng xuánzàng。

[奘$_2$] zhuǎng　〈方〉粗而大。例：

身高腰奘 shēn gāo yāo zhuǎng　　长得很奘 zhǎngde hěn zhuǎng

择 (zé, zhái)

[择$_1$] zé　挑选。例：

择吉 zéjí　　择交 zéjiāo　　择期 zéqī　　择偶 zé'ǒu

择优 zéyōu　　采择 cǎizé　　抉择 juézé　　选择 xuǎnzé

饥不择食 jībùzéshí　　择善而从 zéshàn'ércóng

[择$_2$] zhái　义同“择”(zé)，用于以下各条：

择不开 zháibukāi　　择菜 zháicài　　择席 zháixí

赚 (zuàn, zhuàn)

[赚$_1$] zuàn　〈方〉骗（人）。例：你赚人 nǐ zuàn rén。

[赚$_2$] zhuàn　获得利润，利润，挣（钱）。例：

赚钱生意 zhuànqián shēngyi　　赚头 zhuàntou　　赚了钱 zhuànleqián

琢（zuó，zhuó）

［琢₁］zuó　用于“琢磨”，念 zuómo（思考，考虑）。

［琢₂］zhuó　雕刻玉石，使成器物。例：

精雕细琢 jīngdiāoxìzhuó　　琢磨 zhuómó（雕刻和打磨，加工使精美）。

柞（zuò，zhà）

［柞₁］zuò　用于以下几种情况：

柞蚕 zuòcán　柞树 zuòshù　柞丝绸 zuòsīchóu

［柞₂］zhà　地名。例：柞水 zhàshuǐ（在陕西）。

5）*辨正练习*

（1）认读下列词语，比较翘舌声母与平舌声母的发音差异：

辗转 zhǎnzhuǎn	招致 zhāozhì	褶皱 zhězhòu
珍珠 zhēnzhū	真挚 zhēnzhì	斟酌 zhēnzhuó
诊治 zhěnzhì	挣扎 zhēngzhá	纸张 zhǐzhāng
制止 zhìzhǐ	种植 zhòngzhí	周转 zhōuzhuǎn
主旨 zhǔzhǐ	装帧 zhuāngzhēn	卓著 zhuózhù
咂嘴 zāzuǐ	栽赃 zāizāng	在座 zàizuò
藏族 zàngzú	遭罪 zāozuì	造作 zàozuò
自在 zìzài	自尊 zìzūn	宗族 zōngzú
总则 zǒngzé	贼赃 zéizāng	走卒 zǒuzú
走嘴 zǒuzuǐ	祖宗 zǔzong	坐赃 zuòzāng
茶匙 cháchí	查处 cháchǔ	拆除 chāichú
蟾蜍 chánchú	长城 chángchéng	惩处 chéngchǔ
驰骋 chíchěng	赤诚 chìchéng	冲床 chòngchuáng
抽查 chōuchá	踌躇 chóuchú	出差 chūchāi
初春 chūchūn	穿插 chuānchā	长处 chángchu
猜测 cāicè	残存 cáncún	蚕蔟 cáncù
仓促 cāngcù	苍翠 cāngcuì	层次 céngcì
匆促 cōngcù	葱翠 cōngcuì	从此 cóngcǐ
丛残 cóngcán	粗糙 cūcāo	催促 cuīcù
摧残 cuīcán	璀璨 cuǐcàn	措辞 cuòcí
山水 shānshuǐ	伤逝 shāngshì	赏识 shǎngshí
少数 shǎoshù	舍身 shěshēn	神圣 shénshèng
生疏 shēngshū	诗史 shīshǐ	时尚 shíshàng
史乘 shǐshèng	首饰 shǒushì	舒适 shūshì
赎身 shúshēn	熟识 shúshi	税收 shuìshōu
洒扫 sǎsǎo	三思 sānsī	色素 sèsù
僧俗 sēngsú	四散 sìsàn	松散 sōngsǎn

送丧 sòngsāng	送死 sòngsǐ	搜索 sōusuǒ
酥松 sūsōng	诉讼 sùsòng	速算 sùsuàn
随俗 suísú	琐碎 suǒsuì	

(2) 认读下列词语，辨正翘舌声母和平舌声母：

杂志 zázhì	栽种 zāizhòng	在职 zàizhí
赞助 zànzhù	滋长 zīzhǎng	增值 zēngzhí
自制 zìzhì	奏章 zòuzhāng	宗旨 zōngzhǐ
总账 zǒngzhàng	诅咒 zǔzhòu	罪证 zuìzhèng
尊重 zūnzhòng	佐证 zuǒzhèng	作者 zuòzhě
渣滓 zhāzǐ	张嘴 zhāngzuǐ	沼泽 zhǎozé
振作 zhènzuò	争嘴 zhēngzuǐ	正宗 zhèngzōng
知足 zhīzú	职责 zhízé	制造 zhìzào
种族 zhǒngzú	著作 zhùzuò	铸造 zhùzào
装载 zhuāngzài	追踪 zhuīzōng	准则 zhǔnzé
财产 cáichǎn	采茶 cǎichá	餐车 cānchē
残春 cánchūn	操场 cāochǎng	槽床 cáochuáng
磁场 cíchǎng	此处 cǐchù	粗茶 cūchá
促成 cùchéng	催产 cuīchǎn	存储 cúnchǔ
错处 cuòchu	仓储 cāngchǔ	辞呈 cíchéng
差错 chācuò	唱词 chàngcí	场所 chǎngsuǒ
炒菜 chǎocài	车次 chēcì	陈词 chéncí
吃醋 chīcù	尺寸 chǐcùn	筹措 chóucuò
冲刺 chōngcì	初次 chūcì	楚辞 chǔcí
揣测 chuǎicè	船舱 chuáncāng	春蚕 chūncán
撒手 sāshǒu	私塾 sīshú	死水 sǐshuǐ
四处 sìchù	素食 sùshí	肃杀 sùshā
松鼠 sōngshǔ	丧失 sàngshī	算术 suànshù
岁数 suìshu	损失 sǔnshī	唆使 suōshǐ
山色 shānsè	膳宿 shànsù	上司 shàngsi
伸缩 shēnsuō	深邃 shēnsuì	生死 shēngsǐ
绳索 shéngsuǒ	世俗 shìsú	失散 shīsàn
石笋 shísǔn	收缩 shōusuō	输送 shūsòng
曙色 shǔsè	疏散 shūsàn	哨所 shàosuǒ

(3) 对比认读下列词语，辨正平舌声母和翘舌声母的字音：

阻力 zǔlì—主力 zhǔlì	栽桃 zāitáo—摘桃 zhāitáo
资源 zīyuán—支援 zhīyuán	早稻 zǎodào—找到 zhǎodào
自立 zìlì—智力 zhìlì	暂时 zànshí—战时 zhànshí

大字 dàzì—大致 dàzhì
自序 zìxù—秩序 zhìxù
辞职 cízhí—赤字 chìzì
推辞 tuīcí—推迟 tuīchí
木材 mùcái—木柴 mùchái
一层 yīcéng—议程 yìchéng
从此 cóngcǐ—充斥 chōngchì
私贩 sīfàn—师范 shīfàn
塞子 sāi'zi—筛子 shāizi
丧生 sàngshēng—上升 shàngshēng
桑叶 sāngyè—商业 shāngyè
四十 sìshí—事实 shìshí
赞助 zànzhù—站住 zhànzhù
字纸 zìzhǐ—质子 zhìzǐ
粗布 cūbù—初步 chūbù
村庄 cūnzhuāng—春装 chūnzhuāng
擦手 cāshǒu—插手 chāshǒu
仓促 cāngcù—长处 chángchu
乱草 luàncǎo—乱吵 luànchǎo
三哥 sāngē—山歌 shāngē
散光 sǎnguāng—闪光 shǎnguāng
司长 sīzhǎng—师长 shīzhǎng
肃立 sùlì—树立 shùlì
搜集 sōují—收集 shōují

(4) 认读下列词语，分清字音的声母：

参战 cānzhàn　　致词 zhìcí　　侦察 zhēnchá
珠算 zhūsuàn　　挫折 cuòzhé　　才智 cáizhì
珍藏 zhēncáng　　失真 shīzhēn　　辞章 cízhāng
出租 chūzū　　松弛 sōngchí　　舒畅 shūchàng
早晨 zǎochen　　昌盛 chāngshèng　　生造 shēngzào
色彩 sècǎi　　作祟 zuòsuì　　慈善 císhàn

(5) 练习绕口令，发准翘舌声母的字音：

①邹缀缀和周翠翠，二人一同追慧慧，
慧慧回头推翠翠，翠翠伸手拽缀缀。

注：平舌音：邹 zōu，翠 cuì；翘舌音：拽 zhuài，缀 zhuì，周 zhōu，追 zhuī，伸 shēn，手 shǒu。

②紫瓷盘，盛鱼翅。一盘熟鱼翅，一盘生鱼翅。迟小池拿了一把瓷汤匙，要吃清蒸美鱼翅。一口鱼翅刚到嘴，鱼刺刺进齿缝里，疼得小池拍腿挠牙齿。

注：平舌音：紫 zǐ，嘴 zuǐ，瓷 cí，刺 cì；翘舌音：蒸 zhēng，盛 chéng，吃 chī，迟 chí，池 chí，匙 chí，齿 chǐ，翅 chì，熟 shú，生 shēng。

③四是四，十是十。十四是十四，四十是四十。
四十加上四，就是四十四，要是说错了，就要误大事。

注：平舌音：四 sì，错 cuò；翘舌音：是 shì，十 shí，说 shuō，事 shì。

(6) 读句段，注意分辨声母（或加点字声母）的字音：

①要告诉孩子们跑、跳、走的正确姿势，这也是锻炼身体的一种知识。
②由于他一再推辞，所以这事不得不推迟了。
③老大娘家里长住八路军的伤员，敌人来的时候，她就把伤员送到地窖里藏住。
④我们的村子就在这座山的山脚下的三角地带，有山有水，风景很美。
⑤这个省的资源很丰富，但是在技术上还需要邻省的支援。

⑥如今在海上，每晚和繁星相对，我把它们认得很熟了。我躺在舱面上，仰望天空。深蓝色的天空里悬着无数半明半昧的星。船在动，星也在动，它们是这样低，真是摇摇欲坠呢！渐渐地我的眼睛模糊了，我好像看见无数萤火虫在我的周围飞舞。海上的夜是柔和的，是静寂的，是梦幻的。我望着许多认识的星，我仿佛看见它们在对我眨眼，我仿佛听见它们在小声说话。这时我忘记了一切。在星的怀抱中我微笑着，我沉睡着。我觉得自己是一个小孩子，现在睡在母亲的怀里了。

——节选自巴金《繁星》，作品 8 号

附表 2.2　声母 zh、ch、sh 与 z、c、s 代表字类推表

zh 声母

【占】zhān 占（占卜）、沾、毡、粘（粘贴），zhàn 占（占据）、战、站，[“砧”念 zhēn，“钻”念 zuān（钻研），又念 zuàn（钻石）]

【长】zhāng 张，zhǎng 长（生长）、涨（涨潮），zhàng 胀、帐、涨（泡涨了），（“长”又念 cháng）

【章】zhāng 章、漳、彰、獐、嫜、璋、樟、蟑，zhàng 障、嶂、幛、瘴

【丈】zhàng 丈、仗、杖

【召】zhāo 招、昭，zhǎo 沼，zhào 召（召开）、诏、照，[“召”又念 shào（姓）]

【折】zhē 折（折跟头）、蜇（被蜜蜂蜇了），zhé 折（折断）、哲、蜇（海蜇），zhè 浙，[“折”又念 shé（折本），“誓”念 shì]

【者】zhě 者、赭、锗，zhū 诸、猪、潴，zhǔ 渚、煮，zhù 著、箸，（“楮、褚、储”念 chǔ）

【贞】zhēn 贞、侦、祯、桢，（“帧”念 zhēn）

【珍】zhēn 珍，zhěn 诊、疹，（“趁”念 chèn）

【真】zhēn 真，zhěn 缜，zhèn 镇，（“慎”念 shèn）

【振】zhèn 振、赈、震

【争】zhēng 争、挣（挣扎）、峥、狰、铮、睁、筝，zhèng 诤、挣（挣钱）

【正】zhēng 正（正月）、怔、征、症（症结），zhěng 整，zhèng 正（正确）、证、政、症，（“惩”念 chéng）

【支】zhī 支、枝、肢，chì 翅

【只】zhī 只（一只）、织，zhí 职，zhǐ 只（只有），zhì 帜，（“识”念 shí，“炽”念 chì）

【知】zhī 知、蜘，zhì 智，（“痴”念 chī）

【执】zhí 执，zhì 贽、挚、鸷，zhé 蛰

【至】zhí 侄，zhì 至、郅、致、窒、蛭，（“室”念 shì）

【直】zhí 直、值、植、殖（繁殖），zhì 置

【止】zhǐ 止、芷、址、趾，（“耻”念 chǐ）

【志】zhì 志、痣

【中】zhōng 中（中央）、忠、钟、盅、衷，zhǒng 种（种子）、肿，zhòng 中（打中）、种（种植）、仲，［“冲”念 chōng（冲锋），又念 chòng（冲床）］

【朱】zhū 朱、诛、侏、洙、茱、珠、株、铢、蛛，（“姝、殊”念 shū）

【主】zhǔ 主、拄，zhù 住、注、炷、柱、驻、蛀

【专】zhuān 专、砖，zhuǎn 转（转告），zhuàn 转（转圈）、传（传记）、啭，（“传”又念 chuán）

【啄】zhuō 涿，zhuó 诼、啄、琢

z 声母

【匝】zā 匝、咂，zá 砸

【载】zāi 栽、哉，zǎi 载（记载），zài 载（载重），cái 裁

【宰】zǎi 宰，zǐ 滓、梓

【赞】zǎn 攒（积攒）、趱，zàn 赞、瓒

【臧】zāng 臧、赃（贜），zàng（藏族）、脏

【澡】zǎo 澡、藻，zào 噪、燥、躁，（“操”念 cāo，“臊”念 sāo 或 sào）

【造】zào 造，（“糙”念 cāo）

【则】zé 则，cè 侧、厕、测、恻，（“铡”念 zhá）

【责】zé 责、啧、帻、箦，zì 渍，（“债”念 zhài）

【曾】zēng 曾（曾孙）、憎、增、赠，［céng 曾（曾经）、céng 层，cèng 蹭，sēng 僧］

【子】zī 孜，zǐ 子、仔（仔细）、籽，zì 字，zǎi 仔（牛仔裤）

【兹】zī 兹、滋、孳

【资】zī 资、咨、姿、越，zì 恣

【宗】zōng 宗、综、棕、踪、鬃，zòng 粽，（“淙、琮”念 cóng，崇”念 chóng）

【奏】zòu 奏、揍，（“凑、腠”念 còu）

【卒】zú 卒（小卒），zuì 醉

【祖】zū 租，zǔ 诅、阻、组、祖、俎，（“粗”念 cū）

【最】zuì 最，zuō 嘬，zuǒ 撮（一撮头发）

【尊】zūn 尊、遵、樽、鳟

【左】zuǒ 左、佐

【坐】zuò 坐、座、唑

ch 声母

【叉】chā 叉（渔叉）、杈，chá 叉（叉住），chǎ 叉（叉开）、衩（裤衩），chà 杈（树杈）、衩（衣衩），chāi 钗

【谗】chān 搀，chán 谗、馋

【产】chǎn 产、铲

【昌】chāng 昌、阊、菖、猖、鲳，chàng 倡、唱

【场】cháng 场（场院）、肠，chǎng 场（会场），chàng 畅
【抄】chāo 抄、吵（吵吵）、钞，chǎo 吵（吵架）、炒
【朝】cháo 朝（朝廷）、潮、嘲（嘲讽）
【辰】chén 辰、宸、晨，chún 唇
【成】chéng 成、诚、城、盛（盛饭），（“盛”又念 shèng）
【呈】chéng 呈、程、酲，chěng 逞
【池】chí 池、驰、弛
【斥】chì 斥，chè 坼，chāi 拆（拆信）
【绸】chóu 惆（惆怅）、绸、稠
【筹】chóu 俦、畴、筹、踌
【出】chū 出，chǔ 础，chù 绌、黜，（“拙”念 zhuō）
【除】chú 除、滁、蜍
【厨】chú 厨、橱、蹰
【喘】chuāi 揣（揣手儿），chuǎi 揣（揣测），chuǎn 喘
【垂】chuí 垂、陲、捶、棰、锤
【春】chūn 春、椿，chǔn 蠢
【缀】chuò 啜、辍

c 声母

【才】cái 才、材、财，（“豺”念 chái）
【采】cǎi 采（采访）、彩、睬、踩，cài 采（采地）、菜
【参】cān 参（参观），cǎn 惨，cēn 参（参差），（“人参”念 rénshēn，“渗”念 shèn，“掺”念 chān，“碜”念 chěn）
【餐】cān 餐，càn 灿（粲）、璨
【仓】cāng 仓、苍、舱、沧、伧（伧俗），（“伧”又念 chen，“疮”念 chuāng，“创、怆”念 chuàng）
【曹】cáo 曹、漕、嘈、槽、螬，（“遭、糟”念 zāo）
【次】cí 茨、瓷，cì 次
【此】cī 疵，cí 雌，cǐ 此，zī 龇，zǐ 紫，（“柴”念 chái）
【慈】cǐ 兹、磁、鹚、糍
【匆】cōng 匆、葱
【从】cōng 苁、枞，cóng 从、丛，zòng 纵，（“怂、耸”念 sǒng）
【粹】cù 卒、猝，cuì 淬、悴、萃、啐、瘁、粹、翠，（“碎”念 suì）
【窜】cuān 撺、蹿，cuàn 窜，（“串”念 chuàn）
【崔】cuī 崔、催、摧，cuǐ 璀
【错】cù 醋，cuò 错、措
【寸】cūn 村，cǔn 忖，cùn 寸，（“衬”念 chèn）

【搓】cuō 搓、磋、蹉，cuó 嵯，cī 差（参差），（“差”又念 chā、chà、chāi）

sh 声母

【山】shān 山、舢，shàn 讪、汕、疝

【珊】shān 删、姗、珊、栅（栅极）、跚，（“栅”又念 zhà）

【扇】shān 扇（扇动）、煽，shàn 扇（扇子）

【善】shàn 善、鄯、缮、膳、蟮、鳝

【尚】shǎng 赏，shàng 尚、绱，shang 裳，（“徜”念 cháng）

【捎】shāo 捎、梢、稍（稍微）、筲、艄、鞘（鞭鞘），shào 哨、稍（稍息），［“鞘”又念 qiào（刀鞘）］

【召】sháo 苕（红苕）、韶，shào 召（姓）、邵（姓）、劭、绍，（“沼”念 zhǎo）

【少】shā 沙（沙土）、莎、纱、痧、砂、裟、鲨，shà 沙（沙一沙，动词），shǎo 少（少数），shào 少（少年），（“娑”念 suō）

【舍】shá 啥，shē 猞，shě 舍（舍弃），shè 舍（宿舍）

【申】shēn 申、伸、呻、绅、砷，shén 神，shěn 审、婶

【生】shēng 生、牲、笙、甥，shèng 胜（胜利）

【师】shī 师、狮，shāi 筛，（“蛳”念 sī）

【诗】shī 诗，shí 时、埘、鲥，shì 侍、恃，（“寺”念 sì）

【市】shì 市、柿、铈

【式】shì 式、试、拭、轼、弑

【受】shòu 受、授、绶

【抒】shū 抒、纾、舒

【叔】shū 叔、淑、菽

【孰】shú 孰、塾、熟

【暑】shǔ 暑、署、薯、曙

【刷】shuā 刷，shuà 刷（刷白），shuàn 涮

【率】shuāi 摔，shuài 率（率领）、蟀，［“率”又念 lǜ（效率）］

s 声母

【塞】sè 塞（堵塞），sāi 塞（耳塞）、噻，sài 塞（要塞）、赛，（“寨”念 zhài）

【散】sā 撒（撒谎），sǎ 撒（撒播），sǎn 散（散文）、馓，sàn 散（散发）

【桑】sāng 桑，sǎng 嗓、搡、颡、磉

【搔】sāo 搔、骚，sào 瘙

【司】sī 司，sì 伺（伺机）、嗣、饲，（“词、祠”念 cí，“伺”又念“cì”）

【思】sī 思、锶，sāi 腮、鳃

【斯】sī 斯、厮、澌、撕、嘶

【四】sì 四、泗、驷

【松】sōng 松、忪（惺忪）、淞，sòng 讼、颂，（“忪”又念 zhōng）

【叟】sǎo 嫂，sōu 溲、搜、嗖、馊、飕、螋、艘，sǒu 叟，（“瘦”念 shòu）
【酥】sū 酥、稣、苏
【素】sù 素、愫、嗉
【塑】sù 塑、溯，suō 嗍
【粟】sù 粟、僳
【遂】suí（半身不遂），suì 遂（遂心）、隧、燧、邃
【孙】sūn 孙、荪、狲
【唆】suō 唆、睃、梭，suān 酸、狻
【锁】suǒ 唢、琐、锁

3. 辨正声母 f 和声母 h 的字音

1）声母 f 和 h 的发音要领

f 是唇齿音，上齿靠在下唇上面构成阻碍，并留有缝隙，气流从中挤出，摩擦成音；h 是舌根音，舌面后部与软腭构成阻碍，气流从缝隙间挤出成音。在练习过程中，要注意它们的发音区别。没有 f 声母地区的人首先要学会唇齿音 f 的发音。

2）声母 f 和 h 字音的错读现象

（1）声母 f、h 不分，绝大部分字音反念。

有些地区方言里，把 f 声母的字音念成了 h 作声母，有的方言则把 h 声母的字音念成了 f 作声母。有这样一个例子：“飞机在天上打翻翻”（fēijī zài tiān shang dǎ fānfān），方言念成：huījī zài tiān shang dǎ huānhuān。

（2）声母 h 与韵母 u 相拼时，念成了 f 作声母。

一些地区的方言里，如湖南话，声母 f 和 h 的绝大部分字音能分清，但把声母 h 与韵母 u 构成的音节却念成 f 作声母。如：“互相”（hùxiāng）念成 fùxiāng，“爱护”（àihù）念成 àifù 等。针对把“hu”念成“fu”的情况，记住“hu”音节字音，就可以分清 f 声母和 h 声母。

3）辨正练习

（1）认读下列词语，比较声母 f 和声母 h 的发音差异：

发愤 fāfèn	繁复 fánfù	反复 fǎnfù	犯法 fànfǎ
福分 fúfen	芳菲 fāngfēi	防范 fángfàn	非凡 fēifán
夫妇 fūfù	肺腑 fèifǔ	芬芳 fēnfāng	吩咐 fēnfù
奋发 fènfā	丰富 fēngfù	风帆 fēngfān	鸿鹄 hónghú
海涵 hǎihán	憨厚 hānhòu	豪华 háohuá	花卉 huāhuì
浩瀚 hàohàn	荷花 héhuā	火红 huǒhóng	挥霍 huīhuò
呼喊 hūhǎn	护航 hùháng	会徽 huìhuī	祸患 huòhuàn
缓和 huǎnhé	恍惚 huǎnghū		

(2) 认读下列词语，辨正声母 f 和声母 h 的字音：

发挥 fāhuī	风化 fēnghuà	放火 fànghuǒ	复活 fùhuó
反悔 fǎnhuǐ	防洪 fánghóng	繁华 fánhuá	烽火 fēnghuǒ
附会 fùhuì	腐化 fǔhuà	凤凰 fènghuáng	奉还 fènghuán
返航 fǎnháng	富户 fùhù	丰厚 fēnghòu	
虎符 hǔfú	恢复 huīfù	回访 huífǎng	化肥 huàféi
洪福 hóngfú	换房 huànfáng	豪放 háofàng	焕发 huànfā
混纺 hùnfǎng	活佛 huófó	后方 hòufāng	海防 hǎifáng
会费 huìfèi	横幅 héngfú	何妨 héfáng	

(3) 对比认读下列词语，辨正声母 f 和声母 h 的字音：

发现 fāxiàn—花线 huāxiàn	翻腾 fānténg—欢腾 huānténg
防线 fángxiàn—航线 hángxiàn	理发 lǐfà—理化 lǐhuà
奋进 fènjìn—混进 hùnjìn	幅度 fúdù—弧度 húdù
福利 fúlì—狐狸 húli	舅父 jiùfù—救护 jiùhù
复句 fùjù—沪剧 hùjù	附注 fùzhù—互助 hùzhù

(4) 练习绕口令，发准声母 f 和 h 的字音：

①红红和芳芳，上街买混纺。黄混纺，粉混纺，红混纺，灰混纺，红粉黄灰花混纺，不知哪种适合做衣裳？

注：f：纺 fǎng、粉 fěn、芳 fāng；h：混 hùn、红 hóng、花 huā、黄 huáng。

②山尖上一堆肥，山腰上一堆粪，山脚下一堆灰，肥拌粪，粪拌灰，是灰肥过粪，还是粪肥过灰。

注：f：肥 féi、粪 fèn；h：灰 huī。

(5) 读下列短诗，注意分辨声母 f 和 h：

给一位女教师

粉笔末和磨碎的时光一起飘下，年复一年涂染你乌黑的秀发！
而春风像流淌着的山溪水，不断为你浣洗青春的年华。
终于有一天，鬓白再也洗不掉了，历史给你戴上几星纯洁的小花！
你对着镜子甜甜地微笑了，因为，多少荣誉和幸福在白发上悬挂！

附表 2.3　声母 f 和 h 代表字类推表

f 声母

【发】fā 发（发展），fà 发（烫发），fèi 废
【乏】fá 乏，fàn 泛
【伐】fá 伐、阀、筏、垡
【番】fān 番、蕃、藩、翻
【凡】fān 帆，fán 凡、矾、钒
【反】fǎn 反、返，fàn 饭、贩、畈

【方】fāng 方、芳、坊（牌坊）、钫，fáng 防、妨、坊（油坊）、房、肪，fǎng 仿、访、纺、舫，fàng 放
【非】fēi 非、菲、绯、扉、霏，féi 腓，fěi 匪、榧、斐、蜚、翡，fèi 痱
【分】fēn 分、芬、吩、纷，fén 汾，fèn 份、忿
【峰】fēng 峰、烽、锋、蜂，féng 逢、缝（缝补），fèng 缝（缝隙）
【风】fēng 风、枫、疯，fěng 讽
【夫】fū 夫、肤、麸，芙、扶、呋
【弗】fú 弗、佛、佛（仿佛）、氟，fó 佛（佛教），fèi 沸、狒、费、镄
【伏】fú 伏、茯、袱
【孚】fū 孵，fú 孚、俘、浮
【福】fú 幅、福、辐、蝠，fù 副、富
【甫】fū 敷，fǔ 甫、辅，fù 傅、缚
【复】fù 复、腹、蝮、馥、覆
【父】fǔ 斧、釜，fù 父
【付】fú 符，fǔ 府、俯、腑、腐，fù 付、附、驸，fu 咐

h 声母

【红】hóng 红、虹、鸿
【洪】hōng 哄、烘，hóng 洪，hǒng 哄（哄骗），hòng 哄（起哄）
【乎】hū 乎、呼、滹
【忽】hū 忽、惚、唿，hú 囫
【胡】hū 糊（糊泥墙），hú 胡、湖、葫、猢、瑚、糊（糊涂）、蝴，hù 糊（糊弄）
【狐】hú 狐、弧
【虎】hǔ 虎、唬、琥
【户】hù 户、护、沪、扈
【化】huā 花、哗（哗啦），huá 华（华丽）、哗（哗然）、铧，huà 化、华（华山）、桦，huò 货
【怀】huái 怀，huài 坏
【还】huán 还（還）、环（環）、寰
【奂】huàn 奂、唤、涣、换、焕、痪
【荒】huāng 荒、慌，huǎng 谎
【皇】huáng 皇、凰、湟、惶、徨、煌、蝗、隍
【晃】huǎng 恍、晃（晃眼）、幌，huàng 晃（晃动）
【黄】huáng 黄、蟥、磺、璜、簧、癀
【挥】huī 挥、辉、珲（瑷珲），hūn 荤，hún 浑、珲（珲春），（“荤”又音 xūn）
【灰】huī 灰、恢、诙
【回】huí 回、茴、蛔，huái 徊

【悔】huǐ 悔，huì 诲、晦

【会】huì 会（会议）、烩、荟，（“会”又音 kuài）

【惠】huì 惠、蕙

【彗】huì 彗、慧

【昏】hūn 昏、婚、阍

【混】hún 馄，hùn 混

【活】huà 话，huó 活

【火】huǒ 火、伙、钬

【或】huò 或、惑

4. j、q、x 与 z、c、s 的混读

1）错误表现

一种情况是把普通话 j 、q 、x 读作 z 、c 、s 或者舌面前音 j 、q 、x 的发音部位明显靠前，同时带有舌尖部位的摩擦，使 j 、q 、x 带有 z 、c 、s 的色彩。防止尖音主要是要注意 j 、q 、x 的舌面前摩擦部位，不要让舌尖接触齿背。

与此相反另一种情况是，zi、ci、si 音节（平翘舌不分的方言，包括 zhi、chi、shi 音节）的字读成 ji、qi、xi 音节。如老师＝老希；司机＝希机。这主要表现在母语方言为粤语的人们说普通话时候。在海南主要表现为母语方言为儋州话的人们，他们的方言中舌尖前音声母不与舌尖元音相拼。所以他们既听不出这两组音的不同，更说不出这两组音有什么不同之处。

2）辨正练习

（1）j 与 z。

几 jǐ—紫 zǐ　　际 jì — 自 zì

举 jǔ —组 zǔ　　基 jī 本—资 zī 本

墨迹 jì —墨子 zǐ　　脊 jǐ 柱—资 zī 助

资金 zījīn　字迹 zìjì　字据 zìjù

自己 zìjǐ　自觉 zìjué　建造 jiànzào　叫做 jiàozuò

（2）q 与 c。

巧 qiǎo—草 cǎo　　拳 quán —蚕 cán

七 qī 点—疵 cī 点　　起 qǐ 码—瓷 cí 马

琼 qióng 崖— 丛 cóng 芽　　掐 qiā 花—擦 cā 花

其次 qícì　藏起 cángqǐ　全村 quáncūn　器材 qìcái

起草 qǐcǎo　屈才 qūcái　采取 cǎiqǔ　瓷器 cíqì

（3）x 和 s。

仙 xiān 女—三 sān 女　　洗 xǐ 澡—死 sǐ 早

向 xiàng 心—丧 sàng 心　　虾 xiā 仁—仨 sā 人
香 xiāng 叶—桑 sāng 叶　　小 xiǎo 弟—扫 sǎo 地
思绪 sīxù　　私心 sīxīn　　丝线 sīxiàn　　所需 suǒxū
缩小 suōxiǎo　　迅速 xùnsù　　潇洒 xiāosǎ　　所学 suǒxué
相似 xiāngsì　　线索 xiànsuǒ

5. 零声母字音与辅音声母字音的混念

1）错误表现

（1）零声母音节增加舌根鼻音 ng。

辅音 ng（舌根、浊、鼻音）在普通话中只作后鼻韵韵尾，例如：ang、eng、ing 等，不充当声母。而有些方言里有充当声母的现象，主要存在于以下的音节中：

①在以 a 开头的零声母音节前，加辅音 ng 充当声母，如表 2-4 所示。

表 2-4　出现在以 a 开头的零声母音节前加 ng

零声母音节	例字	普通话音	方言音	例词
ai	哀	āi	ngāi	悲哀
	癌	ái	ngái	癌症
	矮	ǎi	ngǎi	矮小
	爱	ài	ngài	爱护
an	安	ān	ngān	安全
	俺	ǎn	ngǎn	俺们
	按	àn	ngàn	按照
ang	肮	āng	ngāng	肮脏
	昂	áng	ngáng	昂扬
	盎	àng	ngàng	盎然
ao	凹	āo	ngāo	凹陷
	翱	áo	ngáo	翱翔
	袄	ǎo	ngǎo	棉袄
	傲	ào	ngào	骄傲

注：方言中，单元音 a 构成的零声母音节，一般不加辅音 ng 来充当声母。

②在以 o 开头的零声母音节前，加辅音 ng 充当声母，如表 2-5 所示。

表 2-5　在以 o 开头的零声母音节前加 ng

零声母音节	例字	普通话音	方言音	例词
ou	欧	ōu	ngōu	欧洲
	偶	ǒu	ngǒu	偶尔
	怄	òu	ngòu	怄气

注：方言中，单元音 o 构成的零声母音节，一般不加辅音 ng 来充当声母。

③在以 e 开头的零声母音节前，加辅音 ng 充当声母，如表 2-6 所示。

表 2-6 在以 e 开头的零声母音节前加 ng

零声母音节	例字	普通话音	方言音	例词
e	额	é	ngé	额头
	恶	ě	ngě	恶心
	厄、恶	è	ngè	厄运 凶恶
en	恩	ēn	ngēn	恩情
	摁	ēn	ngèn	摁钉儿

注：1. 方言中，单元音 e 构成的零声母阴平音节，一般不加辅音 ng 来充当声母。
2. 特殊单韵母“er”自成音节不加辅音 ng 来充当声母，如：“er（儿、而、尔、耳、迩、饵、二、贰）”。

④在以 i 开头的零声母音节前，加辅音 ng 充当声母，如表 2-7 所示。

表 2-7 在以 i 开头的零声母音节前加 ng

例字	普通话音	方言音	例 词
咬	yǎo	ngǎo	咬定； 咬字眼儿（在这里“咬”的读音变阴平 ngāo）； 咬牙切齿
硬	yìng	ngèn （ing 念成 en）	硬度；硬邦邦；硬撅撅； 硬功夫；硬着头皮

（2）辅音声母的字音念成零声母字音。

常见情况是：声母 r 和 ong 韵母组成音节时，省掉声母 r 念成零声母音节 yóng，如表 2-8 所示。

表 2-8 辅音声母的字音念成零声母字音示例

例 字	普通话音	方言音	例 词
荣	róng	yóng（yún）	光荣
容	róng	yóng	容易
嵘	róng	yóng	峥嵘
蓉	róng	yóng	蓉花
溶	róng	yóng	溶化
榕	róng	yóng	榕树
熔	róng	yóng	熔化
融	róng	yóng	金融

2）*辨正练习*

（1）认读下列词语，辨正零声母与辅音声母的字音：

哀求 āiqiú　艾滋病 àizībìng　肝癌 gān'ái　和蔼 hé'ǎi
狭隘 xiá'ài　暧昧 àimèi　氨水 ānshuǐ　鹌鹑 ānchún
暗淡 àndàn　黯然 ànrán　凹陷 āoxiàn　翱翔 áoxiáng
棉袄 mián・ǎo　懊悔 àohuǐ　肮脏 āngzāng　讴歌 ōugē
殴打 ōudǎ　海鸥 hǎi'ōu　藕粉 ǒufěi　呕吐 ǒutù
偶然 ǒurán　沤肥 òuféi　怄气 òuqì　欧洲 ōuzhōu

讹诈 ézhà　鹅毛 émáo　额外 éwài　恶习 èxí
噩耗 èhào　厄运 èyùn　扼杀 èshā　遏止 èzhǐ
蚕蛾 cán'é　惊愕 jīng'è　软腭 ruǎn'è　饥饿 jī'è
恩爱 ēn'ài　鳄鱼 èyú
轧花机 yàhuājī　俨然 yǎnrán　菜肴 càiyáo　研究 yánjiū
业务 yèwù　疑问 yíwèn　孕育 yùnyù　硬币 yìngbì
仪表 yíbiǎo　毅力 yìlì　岩石 yánshí　窈窕 yǎotiǎo
我们 wǒmen　伟大 wěidà　忘记 wàngjì　虐待 nüèdài
容易 róngyì　融化 rónghuà　蔫呼呼 niānhūhū　芙蓉 fúróng
熔炉 rónglú　希冀 xījì　荣誉 róngyù　戎装 róngzhuāng
疟疾 nüèji　溶洞 róngdòng　铅笔 qiānbǐ　榕树 róngshù
峥嵘 zhēngróng　冗长 rǒngcháng

（2）读以下句段，分辨每个字的声母：

我记得妈有一次叫他教我骑自行车。我叫他别放手，但他却说是该放手的时候了。我摔倒之后，妈跑过来扶我，爸却挥手要她走开。我当时生气极了，决心要给他点颜色看。于是我马上爬上自行车，而且自己骑给他看。他只是微笑。

——节选自［美］艾尔玛・邦贝克《父亲的爱》，作品 10 号

6. r 声母

r 声母的错误表现如下：

①读成 l，如扬州（热除外）、济南（合口韵）等地。

②读成 n，如武汉、常德（开口呼）皖南徽语。

③读成零声母，如武汉（合口呼）；东北官话吉林、辽宁；胶辽官话中青岛，荣成，威海，烟台，蓬莱等。

④读成 v，如兰州，西安（合口）等地。

⑤读成 z，如四川成都、山东曲阜等地，闽语、湘语等。

7. 海南方言区 f、p 的混读

在海南方言区，如文昌、琼海有近似 p 的声母，没有 f 声母，另有一部分地方（如海口、府城）有 f 声母，没有 p 声母。因此，海南人学习普通话声母的时候，要注意分辨 p 和 f。海口人注意学好 p，文昌人注意学好 f。p 和 f 的辨正练习如下：

p：逼迫（bīpò）　摆谱（bǎipǔ）　被迫（bèipò）　半票（bànpiào）
　判别（pànbié）　旁边（pángbiān）　排比（páibǐ）　拍板（pāibǎn）

f：舅父（jiùfù）—救护（jiùhù）　公费（gōngfèi）—工会（gōnghuì）
　附注（fùzhù）—互助（hùzhù）　仿佛（fǎngfú）—恍惚（huǎnghū）
　防虫（fángchóng）—蝗虫（huángchóng）
　斧头（fǔtóu）—虎头（hǔtóu）　飞机（fēijī）—灰鸡（huījī）
　非凡（fēifán）—辉煌（huīhuáng）

8. **海南方言区 t、k、h 的混读**

海南话没有 t、k。文昌等地的人往往把普通话读 t-、k-的字都读成摩擦音很强烈的 h-；海口等地的人往往把普通话读 t-的字读成喉部擦音［h］，把普通话读 k-的字读成摩擦音较强的 h-。两者都没有把 t-、k-读好，须进行以下练习：

t：顶替（dǐngtì） 灯塔（dēngtǎ） 动弹（dòngtan） 地毯（dìtǎn）
特点（tèdiǎn） 坦荡（tǎndàng） 态度（tàidu）
糖衣炮弹（tángyīpàodàn）

k：攻克（gōngkè） 孤苦（gūkǔ） 高亢（gāokàng） 公款（gōngkuǎn）
凯歌（kǎigē） 看管（kānguǎn） 考古（kǎogǔ） 刻骨（kègǔ）

h：航海（hánghǎi） 呼唤（hūhuàn） 花卉（huāhuì） 谎话（huǎnghuà）
挥霍（huīhuò） 悔恨（huǐhèn）

2.3 普通话的韵母

2.3.1 韵母概说

1. **韵母的组成**

韵母指音节中声母后面的部分。普通话韵母共有 39 个。

韵母大多数由元音充当，少数由元音加辅音（n、ng）充当。它的内部结构一般分为韵头、韵腹和韵尾。

1）韵腹

它是韵母中的主要元音，是每个字音韵母中不可缺少的成分，是念读字音时，发音最清晰、最响亮的元音音素。充当韵腹的元音有：ɑ、o、e、ê、i、u、ü、-i（前）、-i（后）。

2）韵头

它又称介音，是韵腹前面的元音音素。发音较短，并不太响亮。不是每个韵母都有韵头。充当韵头的元音有 i、u、ü。

3）韵尾

它是韵腹后面的音素。发音较短，而且模糊。不是每个韵母都有韵尾。充当韵尾的元音有两个：i、u，还有两个辅音：n、ng。韵母 ao 和 iao 的韵尾“o”实际读音是 u，因避免书写时与 an、ian 混淆，而将“u”改写成“o”。

2. **韵母的分类及发音**

韵母从两个角度分类，即韵母的结构和韵母开头元音发音的口形。韵母的发音应从三个方面把握，即舌位的前后、舌位的高低和唇形的圆与不圆。

1）按韵母结构分类

按韵母结构，分为单韵母、复韵母和鼻韵母。

（1）单韵母（单元音韵母）。

单韵母是由单元音构成的韵母。普通话的单韵母共 10 个，即：ɑ、o、e、ê、i、u、ü、er、-i（前）、-i（后）。其中舌面元音 7 个，卷舌元音 1 个，舌尖元音 2 个。

①舌面元音。舌面元音共 7 个，ɑ、o、e、ê、i、u、ü。它们发音时，主要是舌面起作用，由舌位的高低、前后和嘴唇的圆与不圆来决定。具体情况如表 2-9 所示。

表 2-9 舌面元音的发音

舌面元音	发音方法	发音概述	例词
ɑ	口腔大开，舌头前伸，前舌面下降到最低度，嘴形成自然状态	舌面、央、低、不圆唇	阿、发达、他、喇叭
o	口腔半闭，舌头后缩，后舌面伸至半高程度，嘴形拢圆	舌面、后、半高、圆唇	我、薄膜、墨、婆婆
e	口腔半闭，舌头后缩，后舌面伸至半高程度，嘴角向两旁展开	舌面、后、半高、不圆唇	鹅、客车、渴、特色
ê	口腔大开，舌头前伸，前舌面下降到最低度，嘴形成自然状态	舌面、前、低、不圆唇	欸、学业
i	口腔开度很小，舌头前伸，前舌面上升接近硬腭，气流通路狭窄但不发生摩擦，嘴角尽量向两旁展开成扁平状	舌面、前、高、不圆唇	衣、机器、皮、集体、利益
u	口腔开度很小，舌头后缩，后舌面上升接近软腭，气流通路狭窄但不发生摩擦，嘴唇撮圆成一小孔	舌面、后、高、圆唇	乌、服务、福、图书、鼓舞
ü	口腔开度很小，舌头前伸，前舌面上升接近硬腭，但气流通过时不发生摩擦，嘴唇撮圆成一小孔	舌面、前、高、圆唇	玉、区域、铝、序曲、语句

发舌面元音主要应注意：舌位的高低与开口度的大小有一定关系，即舌位越高，开口度越小；舌位越低，开口度越大。试比较：

圆唇元音：ü ⟶ u ⟶ o
↓ ↓ ↓
舌位：（高、前）（高、后）（中、后）
↓ ↓ ↓
开口度： 小 ⟶ 次小 ⟶ 较大

不圆唇元音：i ⟶ e ⟶ ê ⟶ ɑ
↓ ↓ ↓ ↓
舌位：（高、前）（半高、后）（中、前）（低、央）
↓ ↓ ↓ ↓
开口度： 小 ⟶ 次小 ⟶ 次大 ⟶ 大

②卷舌元音。卷舌元音 er 的特点：

第一，不与声母相拼，自成音节，如：ér（儿）、ěr（尔）、èr（二）。

第二，附在别的音节后面，构成“儿化”，如：huār（花儿）。

er 的发音情况：卷舌、央、中、不圆唇元音。

③舌尖元音。舌尖元音分舌尖前元音-i（前）和舌尖后元音-i（后）。

-i（前）：舌尖前元音，它只能同 z 组声母组成音节，即：zi、ci、si。它的发音情况是：舌尖、前、不圆唇元音。

-i（后）：舌尖后元音，它只能同 zh 组声母构成音节，即：zhi、chi、shi、ri。它的发音情况是：舌尖、后、不圆唇元音。

发舌尖元音主要应注意：发舌尖元音时，口半闭，展唇。发舌尖前元音时舌尖接近齿背，发舌尖后元音时舌尖接近前硬腭隆起处。

（2）复韵母（复元音韵母）。

复韵母是由复元音构成的韵母。普通话复韵母共有 13 个，即：ai、ei、ao、ou、ia、ie、iao、iou、ua、uo、uai、uei、üe。根据韵腹发音最清晰、最响亮的特点和它所处位置把复韵母分为前响复韵母、后响复韵母和中响复韵母三类。

①前响复韵母：ai、ei、ao、ou。

②后响复韵母：ia、ie、ua、uo、üe。

③中响复韵母：iao、iou、uai、uei。

复韵母的发音方法：

第一，发音时从前一个元音的形位向后一个元音的形位自然过渡，其间包含着一连串的过渡音。

第二，韵腹要发得清晰、响亮，韵头要发得短促、不太响亮，韵尾要发得较短，而且模糊。例如：

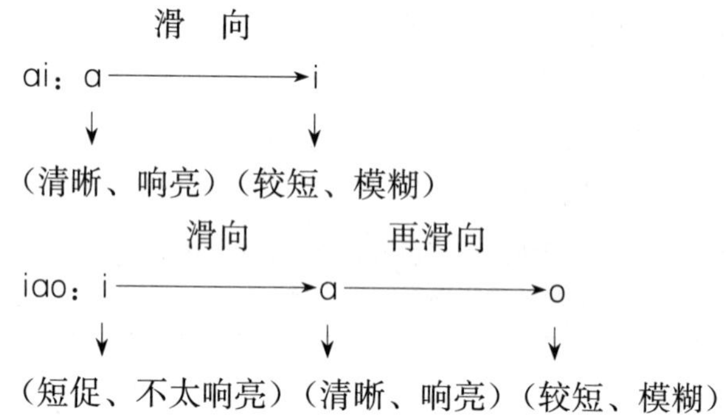

（3）鼻韵母（鼻音尾韵母）。

鼻韵母是由元音带上鼻辅音韵尾构成的韵母。普通话鼻韵母共有 16 个，即：an、en、in、ün、ian、uan、üan、uen、ang、eng、ing、ong、iang、uang、ueng、iong。根据鼻韵母的韵尾辅音可分为前鼻韵母和后鼻韵母。

①前鼻韵母：an、en、in、ün、ian、uan、uen、üan。

②后鼻韵母：ang、eng、ing、ong、iang、uang、ueng、iong。

注：“ong”前元音“o”发“u”；“iong ”前元音“io”发 ü。

2）按韵母开头元音发音的口形分类

按韵母开头元音发音的口形，分为开口呼、齐齿呼、合口呼、撮口呼韵母。

①开口呼韵母：不是 i、u、ü 和 i、u、ü 作韵头的韵母。

②齐齿呼韵母：i 或 i 开头的韵母（称作“i 行”韵母）。

③合口呼韵母：u 或 u 开头的韵母（也称作“u 行”韵母）。

④撮口呼韵母：ü 或 ü 开头的韵母（也称作“ü 行”韵母）。

开口呼、齐齿呼、合口呼、撮口呼，合称韵母“四呼”。

普通话韵母及其分类综合表如表 2-10 所示。

表 2-10 普通话韵母及其分类综合表

结构 口形	单韵母（10 个）	复韵母（13 个）	鼻韵母（16 个）
开口呼（15 个）	a o e ê er -i［前］-i［后］	ai ei ao ou	an en ang eng
齐齿呼（9 个）	i	ia ie iao iou	ian in iang ing
合口呼（10 个）	u	ua uo uai uei	uan uen uang ueng ong
撮口呼（5 个）	ü	üe	üan ün iong

2.3.2 韵母辨正

1. 辨正前鼻韵与后鼻韵的字音

1）发音要领

前鼻韵与后鼻韵在书写上不同的是前鼻韵韵尾是辅音-n，后鼻韵韵尾是辅音-ng。辅音韵尾-n 和-ng 都是鼻音，两者的发音差异是：发音时，造成阻碍的部位各不相同。练习发-n 音时，舌尖抵住上齿龈，气流从鼻腔发出；练习发-ng 音时，舌根抵住软腭，气流从鼻腔发出。

2）错读现象

汉语方言中，鼻韵母 an 与 ang 大多分辨得比较清楚，en 与 eng、in 与 ing 等是分辨不太清楚的，绝大多数情况是后鼻音韵母 ing 和 eng 被念成前鼻音韵母 in 和 en，例如：“蜻蜓”（qīngtíng）念成 qīntín；“生成”（shēngchéng）念成 shēnchén。ün 与 iong，有时把 iong 念成 ün，如：“兄弟”（xiōngdì）念成 xūndì 等。

有少部分的后鼻音韵母 ing 和 eng 被念成 in、en 以外的其他韵母。例如：“倾向”（qīngxiàng）念成 qūnxiàng，“樱桃”（yīngtáo）念成 ngēntáo。

除此之外，后鼻音韵母有误念和错念的：eng 韵母在与声母构成音节时，有误念成 ong 韵母的，例如：“嗡嗡”（wēngwēng）念成 wōngwōng；“梦幻”（mènghuàn）念成 mònghuàn 等。

在区别前鼻韵与后鼻韵发音练习过程中，一般把同韵腹与韵尾-n 和-ng 分别构成的鼻韵母进行对比列举区分，它们之间的对比关系是：an-ang、en-eng、in-ing、ian-iang、uan-uang、uen-ueng（ong）、ün-iong，基本上是一对一的关系。其中 ueng 与 ong，传统语音学认为 ong、ueng 是一个韵母，但实际的发音是有差异的：从发音动程来看，ueng 的发音动程是由圆唇“u”到不圆唇的“e”，再到韵尾“-ng”，而 ong 直接由圆唇“o”到韵尾-ng。

3）辨正练习

（1）an 与 ang 的辨正练习：

扳 bān 手—帮 bāng 手　　战 zhàn 防—账 zhàng 房
唐 táng 宋—弹 tán 送　　水干 gān—水缸 gāng
反 fǎn 问—访 fǎng 问　　女篮 lán—女郎 láng
繁忙 fánmáng　　当然 dāngrán
担当 dāndāng　　擅长 shàncháng
方案 fāng'àn　　傍晚 bàngwǎn
商贩 shāngfàn　　班长 bānzhǎng

（2）en 与 eng 的辨正练习：

本身 běnshēn　　称身 chènshēn　　沉闷 chénmèn
愤恨 fènhèn　　愤懑 fènmèn　　根本 gēnběn
认真 rènzhēn　　粉尘 fěnchén　　妊娠 rènshēn
奉承 fèngcheng　　风声 fēngshēng　　更生 gēngshēng
横生 héngshēng　　吭声 kēngshēng　　生成 shēngchéng
升腾 shēngténg　　声称 shēngchēng　　增生 zēngshēng
诚恳 chéngkěn　　承认 chéngrèn　　登门 dēngmén
缝纫 féngrèn　　横亘 hénggèn　　冷门 lěngmén
烹饪 pēngrèn　　生辰 shēngchén　　省份 shěngfèn
胜任 shèngrèn　　生根 shēnggēn　　憎恨 zēnghèn

（3）in-ing 的辨正练习：

濒临 bīnlín　　彬彬 bīnbīn　　金银 jīnyín
紧邻 jǐnlín　　近邻 jìnlín　　尽心 jìnxīn
临近 línjìn　　拼音 pīnyīn　　新近 xīnjìn
禀性 bǐngxìng　　定型 dìngxíng　　经营 jīngyíng
晶莹 jīngyíng　　精明 jīngmíng　　惊醒 jīngxǐng
零丁 língdīng　　酩酊 mǐngdǐng　　宁静 níngjìng
阴性 yīnxìng　　窨井 yìnjǐng　　银杏 yínxìng
病因 bìngyīn　　定亲 dìngqīn　　青筋 qīngjīn
清新 qīngxīn　　清贫 qīngpín　　灵敏 língmǐn
金银 jīnyín—经营 jīngyíng　　寝室 qǐnshì—请示 qǐngshì
禁止 jìnzhǐ—静止 jìngzhǐ　　信服 xìnfú—幸福 xìngfú

（4）ün-iong 的辨正练习：

庸俗 yōngsú	拥戴 yōngdài	痈疽 yōngjū
臃肿 yōngzhǒng	雍正 yōngzhèng	甬道 yǒngdào
踊跃 yǒngyuè	永远 yǒngyuǎn	勇悍 yǒnghàn
咏怀 yǒnghuái	游泳 yóuyǒng	陶俑 táoyǒng
涌流 yǒngliú	怂恿 sǒngyǒng	蚕蛹 cányǒng
用处 yòngchù	佣钱 yòngqián	

4）前鼻韵与后鼻韵均念的特殊字

【例字】

厂（ān，chǎng）

［厂$_1$］ān　同“庵”，多用于人名。

［厂$_2$］chǎng　工厂，厂子。例：

厂房 chǎngfán	厂规 chǎngguī	厂家 chǎngjiā
厂矿 chǎngkuàng	厂商 chǎngshāng	厂子 chǎngzi
工厂 gōngchǎng	煤厂 méichǎng	

广（ān，guǎng）

［广$_1$］ān　同“庵”，多用于人名。

［广$_2$］guǎng　（面积、范围）宽阔，多，扩大、扩充。例：

广播 guǎngbō	广博 guǎngbó	广场 guǎngchǎng
广度 guǎngdù	广泛 guǎngfàn	广大 guǎngdà
广告 guǎnggào	广开言路 guǎngkāiyánlù	广袤 guǎngmào
广阔 guǎngkuò	广漠 guǎngmò	

夯（bèn，hāng）

［夯$_1$］bèn　同“笨”，见于《西游记》、《红楼梦》等书。

［夯$_2$］hāng　砸实地基用的工具或机械，用夯砸，用力打，用力扛。例：

夯歌 hānggē	夯砣 hāngtuó	木夯 mùhāng
铁夯 tiěhāng	打夯 dǎhāng	石夯 shíhāng
夯实 hāngshí	夯土 hāngtǔ	用大板来夯 yòngdàbǎn lái hāng

槟（bīn，bīng）

［槟$_1$］bīn　槟子。例：

槟子 bīnzi	槟子树 bīnzi shù	槟子果 bīnzi guǒ

［槟$_2$］bīng　用于槟榔，念 bīng láng。

伧（chen，cāng）

［伧$_1$］chen　用于“寒伧”，念 hánchen。

［伧$_2$］cāng　粗野。例：

伧父 cāngfù	伧俗 cāngsú

称（chèn，chēng，chèng）

［称₁］chèn　适合，相当。例：

称心 chènxīn　　称职 chènzhí

对称 duìchèn　　匀称 yúnchèn

［称₂］chēng　叫、叫做，名称，说，赞扬，测定重量，举。例：

称臣 chēngchén　　称大 chēngdà　　称兄道弟 chēngxiōngdàodì

称呼 chēnghu　　称谓 chēngwèi　　称号 chēnghào

简称 jiǎnchēng　　俗称 súchēng　　称病 chēngbìng

称便 chēngbiàn　　称快 chēngkuài　　称说 chēngshuō

称贺 chēnghè　　称述 chēngshù　　称赏 chēngshǎng

称道 chēngdào　　称叹 chēngtàn　　称许 chēngxǔ

称颂 chēngsòng　　称赞 chēngzàn　　称羡 chēngxiàn

称誉 chēngyù　　称一称 chēngyichēng　　称觞祝寿 chēngshāngzhùshòu

［秤₃］chèng　测定物体重量的器具。例：

秤锤 chèngchuí　　秤杆 chènggǎn　　秤盘子 chèngpánzi

秤钩 chènggōu　　秤砣 chèngtuó　　秤星 chèngxīng

劲（jìn，jìng）

［劲₁］jìn　力气，精神、情绪，神情、态度，趣味。例：

用劲 yòngjìn　　手劲儿 shǒujìnr　　费劲儿 fèijìnr

劲头 jìntóu　　牛劲儿 niújìnr　　冲劲儿 chòngjìnr

卖劲儿 màijìnr　　傲劲儿 àojìnr　　干劲儿 gànjìnr

傻劲儿 shǎjìnr　　差劲儿 chājìnr　　对劲儿 duìjìnr

没劲儿 méijìnr

［劲₂］jìng　坚强有力。例：

劲拔 jìngbá　　劲敌 jìngdí　　强劲 qiángjìng

劲旅 jìnglǚ　　遒劲 qiújìng　　雄劲 xióngjìng

刚劲 gāngjìng　　苍劲 cāngjìng　　疾风劲草 jífēngjìngcǎo

胖（pán，pàng）

［胖₁］pán　安泰舒适。例：心广体胖 xīn guǎng tǐ pán。

［胖₂］pàng　（人体）脂肪多，肉多（跟“瘦”相对）。例：

胖墩墩 pàngdūndūn　　胖墩儿 pàngdūnr　　胖子 pàngzi　　胖头鱼 pàngtóuyú

胖乎乎 pànghūhū　　发胖 fāpàng　　虚胖 xūpàng　　肥胖 féipàng

亲（qīn，qìng）

［亲₁］qīn　父母，亲生的，血统最接近的，有血统或婚姻关系的，婚姻，新妇，关系近，亲自，跟人亲近（多指国家），用嘴唇接触。例：

父亲 fùqīn　　双亲 shuāngqīn　　亲女儿 qīnnǚér

亲生 qīnshēng　　亲叔叔 qīnshūshu　　亲属 qīnshǔ
亲兄弟 qīnxiōngdi　　亲事 qīnshì　　送亲 sòngqīn
亲戚 qīnqi　　结亲 jiéqīn　　娶亲 qǔqīn
亲近 qīnjìn　　亲密 qīnmì　　亲自 qīnzì
亲身 qīnshēn　　亲吻 qīnwěn　　亲嘴 qīnzuǐ
亲₂　qìng 见下。
亲家 qìngjia　　亲家公 qìngjia gōng　　亲家母 qìngjia mǔ

附表 2.4　en、in 与 eng、ing、iong 代表字类推表

en 韵母

【贲】bēn 贲，pēn 喷（喷泉），pèn 喷（喷香），fèn 愤
【本】běn 本、苯，bèn 笨
【参】cēn 参（参差），chěn 碜，shēn 参（人参），shèn 渗
【岑】cén 岑、涔
【分】fēn 分（分析）、芬、吩、纷、氛、酚、fén 汾、棼，fěn 粉，fèn 分（身份）、份、忿，pén 盆
【艮】gēn 根、跟，gěn 艮（发艮），gèn 艮（姓）、茛，kěn 垦、恳，hén 痕，hěn 很、狠，hèn 恨，（“银、垠、龈”念 yín）
【门】mēn 闷（闷热），mén 门、扪、钔，mèn 闷（闷气）、焖，men 们（我们）
【壬】rén 壬、任（姓），rěn 荏，rèn 任（任务）、饪、妊、衽
【刃】rěn 忍，rèn 刃、仞、纫、韧、轫
【申】shēn 申、伸、呻、绅、砷，shén 神，shěn 审、婶，shèn 胂
【温】wēn 温、瘟，（“愠、韫、蕴”念 yùn）
【文】wén 文、纹、蚊、雯，wěn 紊，wèn 汶
【贞】zhēn 贞、侦、帧、浈、祯、桢
【珍】zhēn 珍，zhěn 诊、疹，chèn 趁
【真】zhēn 真，zhěn 缜，zhèn 镇，chēn 嗔，shèn 慎，（“填”念 tián）
【甚】zhēn 斟、椹，shèn 甚、椹（同“葚”shèn）、葚（桑葚），chén 谌，rèn 葚（桑葚儿），（“堪”念 kān，“湛”念 zhàn）
【枕】zhěn 枕，chén 忱，shěn 沈
【辰】zhèn 振、赈、震，chén 辰、宸、晨，shēn 娠，shèn 蜃

eng 韵母

【朋】bēng 崩、绷（绷带）、嘣，běng 绷（绷脸），bèng 蹦、绷（绷瓷），péng 朋、棚、硼、鹏
【盛】chéng 成、诚、城、盛（盛东西），shèng 盛（盛会）
【呈】chéng 呈、程、逞

【乘】chéng 乘（乘客），shèng 乘（史乘）、剩、嵊

【丞】chéng 丞，zhēng 蒸，zhěng 拯

【登】dēng 登、灯（燈）、噔、蹬（蹬腿），dèng 凳、澄（把水澄清）、邓（鄧）、磴、瞪，chéng 澄（澄清事实）、橙

【风】fēng 风、枫、疯，fěng 讽

【更】gēng 更（更正），gěng 埂、哽、绠、梗、鲠，gèng 更（更加），（“便”念 biàn，“粳”念 jīng，“硬”念 yìng）

【庚】gēng 庚、赓

【丰】fēng 丰、沣、封

【逢】fēng 峰、烽、锋、蜂，féng 逢、缝（缝纫），fèng 缝（缝隙），péng 蓬、篷

【奉】fèng 奉、俸，pěng 捧，（“棒”念 bàng）

【亨】hēng 亨、哼，pēng 烹

【坑】kēng 坑、吭，（“杭”念 háng，“亢、伉、抗、炕、钪”念 kàng）

【塄】léng 塄，lèng 楞、愣

【蒙】mēng 蒙（蒙骗），méng 蒙（蒙蔽）、檬、朦，měng 蒙（蒙古族）、蠓

【虻】méng 虻、氓（村氓），［“氓”又音 máng（流氓）］

【萌】méng 萌、盟

【孟】měng 猛、锰、蜢、艋、勐，mèng 孟

【彭】péng 彭、澎、膨、蟛

【抨】pēng 怦、砰、抨

【扔】rēng 扔，réng 仍（“奶、乃、艿、氖”念 nǎi）

【生】shēng 生、胜、牲、笙、甥，shèng 胜（胜利）

【绳】shéng 绳、渑（古水名，在今山东），［“渑”又音 miǎn（渑池）］

【誊】téng 誊、腾、滕、藤

【曾】zēng 曾（姓）、憎、增、缯，zèng 赠、甑，céng 层（層）、曾（曾经），cèng 蹭，sēng 僧

【争】zhēng 争、挣（挣扎）、峥、狰、睁、铮、筝，zhèng 诤、挣（挣脱）

【正】zhēng 正（正月）、怔（怔忡）、征、症（症结），zhěng 整，zhèng 正（正确）、怔（发怔）、症（炎症）、证、政，chéng 惩

in 韵母

【宾】bīn 宾、傧、滨、缤、槟（槟子）、镔，bìn 摈、殡、膑、鬓，pín 嫔［“槟”又音 bīng（槟榔），“兵”念 bīng］

【今】jīn 今、衿、矜（矜持），jìn 妗，qīn 衾，qín 琴、矜（指柄）、芩，yín 吟

【斤】jīn 斤，jìn 近、靳，qín 芹，xīn 忻、昕、欣、新、薪

【禁】jīn 禁（禁受）、襟，jìn 禁（禁止）、噤

【尽】jǐn 尽（尽管），jìn 尽（尽力）、烬、赆

【堇】jǐn 堇、谨、馑、瑾、槿，qín 勤，yín 鄞
【侵】jìn 浸，qǐn 寝，qīn 侵
【林】bīn 彬，lín 林、淋、琳、霖
【嶙】lín 邻（鄰）、粼、嶙、遴、辚、磷、瞵、鳞、麟，lìn 膦
【凛】lǐn 凛、廪、懔、檩，（“禀”念 bǐng）
【民】mín 民、岷、苠、珉，mǐn 抿、泯
【频】pín 频、颦，bīn 濒
【禽】qín 禽、擒、噙、檎
【心】xīn 心、芯（灯芯），xìn 芯（芯子），qìn 沁
【辛】xīn 辛、锌、莘（莘庄），qīn 亲，［“莘”又音 shēn（莘莘），“亲”又音 qìng（亲家）］
【阴】yīn 阴、荫（树荫），yìn 荫（荫凉）

ing 韵母

【丙】bǐng 丙、柄、炳，bìng 病
【并】bīng 屏（屏营），bǐng 饼、屏（屏息），bìng 并，píng 瓶、屏（视屏），（“拼、姘”念 pīn，“迸”念 bèng，“骈、胼”念 pián）
【丁】dīng 丁、叮、仃、钉（图钉）、盯、疔、酊（碘酊），dǐng 顶、酊（酩酊），dìng 订、钉，tīng 厅、汀
【定】dìng 定、腚、碇、锭，（“淀”念 diàn）
【京】jīng 京、惊、鲸，jǐng 景、憬，yǐng 影，qíng 黥
【经】jīng 泾、茎、经，jǐng 颈，jìng 劲（劲敌）、胫、径、痉，qīng 氢、轻，（“劲”又音 jìn）
【井】jǐng 井、阱、肼，（“进”念 jìn）
【竟】jìng 竟、境、镜
【敬】jǐng 儆、警，jìng 敬，qíng 擎
【灵】líng 灵、棂
【凌】líng 凌、陵、绫、菱
【令】līng 拎，líng 伶、泠、苓、玲、瓴、铃、聆、蛉、翎、零、龄，lǐng 令（一令）、岭、领，lìng 令（命令），（“邻”念 lín，“冷”念 lěng）
【名】míng 名、茗、铭，mǐng 酩
【冥】míng 冥、溟、暝、瞑、螟
【宁】níng 宁（宁静）、拧（拧毛巾）、咛、狞、柠，nǐng 拧（拧瓶盖），nìng 宁（宁可）、泞、拧（拧脾气）
【平】píng 平、评、苹、坪、枰、萍
【青】qīng 青、清、蜻、鲭，qíng 情、晴、氰，qǐng 请，（另有：jīng 菁、睛、精，jìng 靖、静）

【倾】qīng 倾，qǐng 顷，yǐng 颖
【亭】tíng 亭、停、葶、婷
【廷】tíng 廷、庭、蜓、霆，tǐng 挺、梃、铤、艇
【星】xīng 星、惺、猩、腥，xǐng 醒，xìng 姓、性
【行】xíng 行（行走），xìng 荇，（“行”又音 háng）
【幸】xìng 幸、悻
【英】yīng 英、瑛
【婴】yīng 婴、罂、樱、鹦、缨
【鹰】yīng 鹰、膺、应（应当），yìng 应（供应）
【营】yīng 莺，yíng 荧、莹、萤、营、萦、滢、潆、茕
【盈】yíng 盈、楹
【赢】yíng 赢、瀛

iong 韵母

【迥】jiōng 坰、扃，jiǒng 迥、炯
【邛】qióng 邛、筇
【蛩】qióng 蛩、銎
【凶】xiōng 凶、匈、汹、胸
【用】yōng 佣（佣工）、拥、痈，yòng 用、佣（佣金）
【甬】yǒng 甬、俑、勇、涌（涌现）、蛹、踊，[“涌”又音 chōng（河涌）]
【庸】yōng 庸、墉、慵、镛、鳙
【雍】yōng 雍、壅、臃、饔
【永】yǒng 永、咏、泳
除此之外，还有：jiǒng 炅、窘；qióng 穹、琼；xiōng 兄、芎；xióng 雄、熊。

2. 复韵母 uo 与单韵母 o

1）单韵母 o 和复韵母 uo 的声、韵配合规律

单韵母 o，只同辅音声母 b、p、m、f 构成音节，它的辅音声母与复韵母 uo 构成音节。例如：“泼墨”（pōmò）、“蹉跎”（cuōtuó）。

2）复韵母 uo 念成单韵母 o 的字音的错读现象

普通话的复韵母 uo 在一些方言里没有。方言把这类字音大多念成 o 作韵母，少部分入声字念成别的韵母。例如：大火（dàhuǒ）念成 dàhò、“过错”（guòcuò）念成 gòcò，“开阔”（kāikuò）念成 kāikê。

3）辨正练习

（1）分项训练，练习韵母 o、uo 的发音：

拨款 bōkuǎn	波澜 bōlán	玻璃 bōlí	钵盂 bōyú
剥削 bōxuē	菠菜 bōcài	播撒 bōsǎ	伯婆 bópó

驳斥 bóchì　蓬勃 péngbó　脖颈儿 bógěngr　博览 bólǎn
搏杀 bóshā　薄利 bólì　薄荷 bòhe　柏林 Bólín
黄柏 huángbò　磅礴 pángbó　跛脚 bǒjiǎo　簸动 bǒdòng
簸箕 bòji　坡度 pōdù　湖泊 húpō　泼墨 pōmò
偏颇 piānpō　婆家 pójia　鄱阳湖 Póyánghú　叵测 pǒcè
笸箩 pǒluo　压迫 yāpò　琥珀 hǔpò　破绽 pòzhàn
魄力 pòlì　摸底 mōdǐ　蒸馍 zhēngmó　摹仿 mófǎng
模特儿 mótèr　耳膜 ěrmó　摩擦 mócā　磨蹭 móceng
蘑菇 mógu　魔窟 mókū　抹黑 mǒhēi　末期 mòqī
没收 mòshōu　茉莉 mòlì　抹面 mòmiàn　莫非 mòfēi
蓦然 mòrán　漠然 mòrán　墨迹 mòjì　默祷 mòdǎo
磨叨 mòdao　佛教 fójiào

戳穿 chuōchuān　辍笔 chuòbǐ　蹉跎 cuōtuó　切磋 qiēcuō
撮合 cuōhe　众多 zhòngduō　咄咄 duōduō　阔绰 kuòchuò
哆嗦 duōsuo　测度 cèduó　躲闪 duǒshǎn　垛子 duǒzi
麦垛 màiduò　堕落 duòluò　跺脚 duòjiǎo　城郭 chéngguō
锅巴 guōbā　国粹 guócuì　果敢 guǒgǎn　裹扎 guǒzā
过错 guòcuò　活塞 huósāi　活捉 huózhuō　火锅 huǒguō
伙伴 huǒbàn　或许 huòxǔ　货车 huòchē　获悉 huòxī
祸害 huòhài　惑乱 huòluàn　霍然 huòrán　豁达 huòdá
扩散 kuòsàn　括弧 kuòhú　廓落 kuòluò　逻辑 luójí
锣鼓 luógǔ　螺旋 luóxuán　裸露 luǒlù　骆驼 luòtuo
络绎 luòyì　挪用 nuóyòng　婀娜 ē'nuó　诺言 nuòyán
懦弱 nuòruò　糯米 nuòmǐ　若何 ruòhé　偌大 ruòdà
闪烁 shǎnshuò　硕果 shuòguǒ　唆使 suōshǐ　梭镖 suōbiāo
蓑衣 suōyī　索取 suǒqǔ　琐屑 suǒxiè　锁骨 suǒgǔ
拜托 bàituō　拖延 tuōyán　脱臼 tuōjiù　鸵鸟 tuóniǎo
妥协 tuǒxié　拓荒 tuòhuāng　击柝 jītuò　肥沃 féiwò
灼热 zhuórè　茁壮 zhuózhuàng　卓绝 zhuójué　着落 zhuóluò
作坊 zuōfang　作料 zuòliao　坐落 zuòluò　做活儿 zuòhuór

（2）交叉训练，比较韵母 o 和 uo 的发音：

剥夺 bōduó　剥落 bōluò　剥琢 bōzhuó　薄弱 bóruò
婆娑 pósuō　破获 pòhuò　摸索 mōsuǒ　摩托 mótuō
摩挲 mósuō　没落 mòluò　佛陀 Fótuó　唾沫 tuòmo
萝卜 luóbo　琢磨 zhuómo　捉摸 zhuōmō　着墨 zhuómò
活佛 huófó　活泼 huópo　落魄 luòpò　说破 shuōpò

（3）练习绕口令，注意加点字韵母的发音：

朵朵和多多，用泥捏小锅。

朵朵给锅配锅盖儿，多多给锅配锅把儿。

朵朵和多多做的锅，有把儿又有盖儿。

注：uo：朵 duǒ、多 duō、锅 guō、做 zuò。

（4）读句段，分辨韵母 uo、o 的字音：

站在高楼里面，眺望左右前后的高楼，比起在马路上翘首仰视，要从容镇静和悠闲自在得多。那方方正正伸向空中的大厦，真像古代庄严的城堡，而在它旁边矗立着的多少高楼，却像挺拔的峭岩，圆圆的宝塔，漂亮的戏台，或者启碇远航的轮船。

——节选自林非《高楼远眺》，《北京日报》，1994.5.12

3. 韵母 uen（un）和韵母 en

1）韵母 uen 与韵母 en 的声、韵配合的特殊规律

（1）b、p、m、f 四个声母，只与韵母 en 构成音节，如“奔”（bēn）、“喷”（pēn）、“门”（mén）、“分”（fēn）等；不与韵母 uen 构成音节。

（2）d、t、n、l 四个声母，只有鼻音声母 n 与韵母 en 构成音节（“嫩” nèn），其余声母不与 en 构成音节，但它们都与韵母 uen 构成音节，如：“蹲”（dūn）、“吞”（tūn）、“轮”（lún）。

（3）j、q、x 三个声母，只与韵母 uen 构成音节，如：“君”（jūn）、“裙”（qún）、“勋”（xūn）；不与韵母 en 构成音节。

2）误念与缺陷

把 uen 念成 en，这种错误是丢失韵头 u 所致。如：“孙子”（sūnzi）念成 sēnzi，“存款”（cúnkuǎn）念成 cénkuǎn 等。

3）辨正练习

（1）分类训练，发准韵母 uen、en 的字音：

纯洁 chúnjié	淳朴 chúnpǔ	醇厚 chúnhòu	蠢动 chǔndòng
忖度 cǔnduó	绲边 gǔnbiān	吨位 dūnwèi	打盹儿 dǎdǔnr
顿挫 dùncuò	滚烫 gǔntàng	棍棒 gùnbàng	昏眩 hūnxuàn
魂魄 húnpò	诨号 hùnhào	昆仑 Kūnlún	鲲鹏 kūnpéng
捆扎 kǔnzā	困惑 kùnhuò	润泽 rùnzé	吮吸 shǔnxī
准绳 zhǔnshéng	谆谆 zhūnzhūn	遵循 zūnxún	
奔驰 bēnchí	本分 běnfèn	畚箕 běnjī	奔头儿 bèntour
笨拙 bènzhuō	参差 cēncī	涔涔 céncén	尘垢 chéngòu
沉郁 chényù	晨曦 chénxī	氛围 fēnwéi	焚毁 fénhuǐ
粉碎 fěnsuì	愤懑 fènmèn	痕迹 hénjì	狠毒 hěndú
恳挚 kěnzhì	门诊 ménzhěn	扪心 ménxīn	嫩红 nènhóng
喷薄 pēnbó	喷香 pènxiāng	荏苒 rénrǎn	妊娠 rènshēn

森严 sēnyán　　伸延 shēnyán　　莘莘 shēnshēn　　审阅 shěnyuè

慎重 shènzhòng　　紊乱 wěnluàn　　诊脉 zhěnmài　　箴言 zhēnyán

（2）交叉训练，比较韵母 uen 与 en 的发音：

春分 chūnfēn　　纯真 chúnzhēn　　村镇 cūnzhèn　　昏沉 hūnchén

论文 lùnwén　　分润 fēnrùn　　沉沦 chénlún　　晨昏 chénhūn

温顺 wēnshùn　　温存 wēncún　　人伦 rénlún

（3）练习绕口令，注意加点字韵母的发音：

小孙端着水果盆，小芬起身忙开门。小孙谢小芬，帮他来开门。

小芬谢小孙，为大家端果盆。

注：uen：孙 sūn，en：盆 pén、芬 fēn、身 shēn、门 mén。

（4）读句段，分辨韵母 uen、en 的字音：

接着又来了一头大狮子，跟庙门前的大石头狮子一模一样，也是那么大，也是那样蹲着，很威武很镇静地蹲着。可是，一转眼就变了。要想再看到那头大狮子，怎么也看不到了。

——节选自萧红《火烧云》

附表 2.5　uen（un）韵母代表字类推表

【春】chūn 春、椿、蝽，chǔn 蠢

【纯】chún 纯、莼

【淳】chún 淳、鹑、醇

【寸】cǔn 忖，cùn 寸

【吨】dūn 吨，dǔn 盹，dùn 囤（粮囤）、沌（混沌）、炖、钝、顿

【盾】dūn 盾、遁，（“循”念 xún）

【滚】gǔn 衮、滚、磙

【棍】gǔn 绲、辊，gùn 棍

【昏】hūn 昏、阍、婚

【浑】hūn 荤（荤菜），hún 浑、珲（珲春），hùn 诨［“荤”又音 xūn 荤粥］

【混】hún 馄、混（混蛋）、魂，hùn 混（混纺）

【昆】kūn 昆、琨、焜、醌、鲲

【困】kǔn 捆、阃、悃，kùn 困

【仑】lūn 抡（抡拳），lún 仑、伦、论（论语）、抡（抡材）、囵、沦、纶（涤纶）、轮，lùn 论（论点）

【闰】rùn 闰、润

【舜】shùn 舜、瞬

【孙】sūn 孙、荪、狲

【隼】sǔn 隼、榫

【屯】tún 屯（屯兵）、囤（囤积）、饨、炖，（“纯”念 chún，“肫”念 zhūn，“顿”念 dùn）
【尊】zūn 尊、遵、樽、鳟，zǔn 撙

4. uei（ui）、ei 混念

1）韵母 uei 与韵母 ei 的声、韵配合的特殊规律

b、p、m、f、n、l 六个声母，只与韵母 ei 构成音节，如：“杯”（bēi）、“胚”（pēi）、“眉”（méi）、“飞”（fēi）、“内”（nèi）、“雷”（léi）；不与韵母 uei 构成音节。其他声母大都与韵母 uei 构成音节。其他声母中，只有少数字例外，这些字又多是用于口语，示例如下：

得亏 děikuī	给面子 gěimiànzi	黑幕 hēimù
嘿嘿 hēihēi	谁人 shéirén	贼寇 zéikòu
乌贼 wūzéi	忒儿 tēir	

2）复韵母 uei（ui）与 ei 的字音的混念现象

（1）把 uei 念成 ei。

这种错误是丢失韵头 u 所致。例如：“虽然”（suīrán）念成 sēirán，“最好”（zuìhǎo）念成 zèihǎo 等。

（2）把 ei 念成 uei。

这种错误又是添加韵头 u 造成的。例如：“雷雨”（léiyǔ）念成 luíyǔ，“内外”（nèiwài）念成 nuìwài。

3）辨正练习

（1）分项训练，发准韵母 uei、ei 的字音：

吹拂 chuīfú	垂范 chuífàn	锤炼 chuíliàn	催促 cuīcù
摧毁 cuīhuǐ	脆弱 cuìruò	粹白 cuìbái	队伍 duìwu
对策 duìcè	兑付 duìfù	归纳 guīnà	桂冠 guìguān
恢弘 huīhóng	辉煌 huīhuáng	回眸 huímóu	会晤 huìwù
荟萃 huìcuì	贿赂 huìlù	秽气 huìqì	岿然 kuīrán
窥探 kuītàn	馈赠 kuìzèng	愧疚 kuìjiù	锐敏 ruìmǐn
睿智 ruìzhì	麦穗 màisuì	腿脚 tuǐjiǎo	退役 tuìyì
蜕化 tuìhuà	褪色儿 tuìshǎir	追捕 zhuībǔ	坠毁 zhuìhuǐ
卑微 bēiwēi	悲恸 bēitòng	碑帖 bēitiè	惫倦 bèijuàn
胳臂 gēbei	飞轮 fēilún	妃嫔 fēipín	诽谤 fěibàng
菲薄 fěibó	斐然 fěirán	累赘 léizhui	玫瑰 méigui
眉睫 méijié	霉菌 méijūn	昧心 mèixīn	魅力 mèilì
内涵 nèihán	陪衬 péichèn	逶迤 wēiyí	巍峨 wēi'é

嵬嵬 wéiwéi	卫戍 wèishù	味蕾 wèilěi	慰藉 wèijiè

(2) 交叉训练，比较韵母 uei 与 ei 的发音：

吹擂 chuīléi	垂危 chuíwēi	翠微 cuìwēi	瑰玮 guīwěi
鬼魅 guǐmèi	贵妃 guìfēi	回味 huíwèi	汇费 huìfèi
会费 huìfèi	亏累 kuīlěi	魁伟 kuíwěi	傀儡 kuǐlěi
推诿 tuīwěi	颓废 tuífèi	追肥 zhuīféi	悖晦 bèihui
肥水 féishuǐ	翡翠 fěicuì	泪水 lèishuǐ	类推 lèituī
赔罪 péizuì	配对 pèiduì	围嘴儿 wéizuǐr	尾追 wěizhuī
未遂 wèisuì			

(3) 练习绕口令，注意加点字韵母的发音：

堆堆和翠翠，碰见小蕾蕾。
蕾蕾要追翠翠，堆堆要背蕾蕾。
堆堆背走蕾蕾，一块去追翠翠。
堆堆和蕾蕾，追上了翠翠。
堆堆和翠翠，轮流背蕾蕾。

注：uei：堆 duī、翠 cuì、追 zhuī；ei：蕾 lěi、背 bēi。

(4) 读以下句段，分辨韵母 uei、ei 的字音：

慈母泪（诗歌）

[日本] 福岛元

汇集起
天下母亲的泪，
注入海洋，
海洋定将化出
　　美丽的樱贝。

汇集起
天下母亲的泪，
抛向天空，
天空定将撒满
　　明亮的星辉。

汇集起
天下母亲的泪，
洒向大地，
大地定将绽开
　　鲜艳的花蕾。

让天下的慈母泪啊，

都倾入赤子的心扉，
孩子们——
定将个个满怀挚爱
　心地聪睿。

5. 撮口呼韵母与齐齿呼韵母的混读

1）撮口呼韵母 ü 与齐齿呼韵母 i 的发音要领及声韵组合规律

（1）发音要领。

发单元音 i，口微开，两唇呈扁平形，上下齿相对（齐齿），舌尖接触下齿背，使舌面前部隆起，和硬腭前部相对。发音时，声带振动，软腭上升，关闭鼻腔通道。单元音 ü，在先发好单元音 i 的基础上，舌位不动，再慢慢地把嘴唇拢成圆形，就能发出 ü 声。i 和 ü 单元音的发音，舌位相同，只是唇形不同：i 音是扁平形，ü 音是圆形。对比发音时认真体会。

（2）声韵组合规律。

①b、p、m、f、d、t 声母与 i 或 i 开头韵母构成音节，而不能与 ü 或 ü 开头的韵母构成音节。

②齐齿呼韵母与撮口呼韵母的字音相混，只是它们均能与声母 n、l、j、q、x 构成的音节。由于撮口呼韵母只与 n、l、j、q、x 构成音节，因而可以记住这些音节来区辨 n、l、j、q、x 声母与齐齿呼韵母构成的音节。

2）撮口呼韵母 ü 念成齐齿呼韵母 i 字音的错读现象

在方言里，如云南、海南、福建等有些地市的方言中，有的把 ü 或 ü 开头的撮口呼韵母的字音，念成 i 或 i 开头的齐齿呼韵母。如“去”（qù）念成 qì、“婿”（xù）念成 xì。

3）辨正练习

（1）认读下列词语，辨正齐齿呼韵母和撮口呼韵母字音：

积极 jījí　　意义 yìyì　　异样 yìyàng
女婿 nǚxu　　絮语 xùyǔ　　掠取 lüèqǔ
崎岖 qíqū　　恤金 xùjīn　　易于 yìyú
全权 quánquán　　运销 yùnxiāo　　雨季 yǔjì
援军 yuánjūn　　允许 yǔnxǔ　　呼吁 hūyù
寓于 yùyú　　越剧 yuèjù　　吁吁 xūxū
聚居 jùjū　　冤屈 yuānqū　　羽翼 yǔyì
语句 yǔjù　　鸳鸯 yuānyang　　疆域 jiāngyù
选区 xuǎnqū　　怨言 yuànyán　　监狱 jiānyù
预约 yùyuē　　军乐 jūnyuè　　孕育 yùnyù
雀跃 quèyuè　　坚决 jiānjué　　绝句 juéjù
学院 xuéyuàn　　雪原 xuěyuán　　韵律 yùnlǜ
永远 yǒngyuǎn　　女眷 nǚjuàn　　隐约 yǐnyuē

预选 yùxuǎn	均匀 jūnyún	圈阅 quānyuè
严峻 yánjùn	元勋 yuánxūn	淤血 yūxuè
须臾 xūyú	玉宇 yùyǔ	渊源 yuānyuán
群居 qúnjū	全局 quánjú	旋律 xuánlǜ
云雀 yúnquè	眩晕 xuànyùn	迎娶 yíngqǔ
绝缘 juéyuán	军训 jūnxùn	愉悦 yúyuè
圆圈 yuánquān	勋爵 xūnjué	栩栩 xǔxǔ
俊俏 jùnqiào	逡巡 qūnxún	驯良 xùnliáng
伛偻 yǔlǚ	蕴藉 yùnjiè	学习 xuéxí

（2）练习绕口令，注意加点字韵母的发音：

春天里，下下雨，池塘里，养着鱼。有青鱼，有鲤鱼，青鱼、鲤鱼见到雨，雨戏鱼，鱼喜雨，欢欢喜喜做游戏。

注：齐齿呼：里 lǐ、鲤 lǐ、戏 xì、喜 xǐ、戏 xì，天 tiān、下 xià、小 xiǎo、养 yǎng、青 qīng、有 yǒu、见 jiàn、游 yóu；撮口呼：雨 yǔ、鱼 yú。

（3）读句段，分辨齐齿呼韵母和撮口呼韵母的字音：

我曾见过北京什刹海拂地的绿杨，脱不了鹅黄的底子，似乎太淡了。我又曾见过杭州虎跑寺近旁高峻而深密的“绿壁”，丛叠着无穷的碧草与绿叶的，那又似乎太浓了。其余呢，西湖的波太明了，秦淮河的也太暗了。可爱的，我将什么来比拟你呢？我怎么比拟得出呢？大约潭是很深的，故能蕴蓄着这样奇异的绿；仿佛蔚蓝的天融了一块在里面似的，这才这般的鲜润啊。

——节选自朱自清《绿》，作品 25 号

附表 2.6　撮口呼韵母代表字类推表

ü 韵母

【句】jū 拘、驹、枸（枸橼），jù 句

【沮】jū 且（“范且”，人名）、苴、狙、疽、雎，jǔ 咀、沮（沮丧）、（yǔ）龃，jù 沮（沮洳），（“蛆”念 qū）

【居】jū 居、据、琚、椐、裾，jù 剧、据、锯、踞

【局】jū 锔（锔子），jú 局、锔（金属元素）

【具】jū 俱（姓），jù 具、俱（俱全）、惧、犋、飓

【菊】jū 掬、鞠，jú 菊

【巨】jǔ 柜（柜柳）、矩，jù 巨、讵、苣（莴苣）、拒、炬、钜、距，（“苣”又音 qǔ）

【举】jǔ 举、榉

【遽】jù 遽、醵，（“璩、蘧”念 qú）

【区】qū 区（区别）、岖、驱、躯

【去】qū 祛，qù 去，（“却”念 què）
【曲】qū 曲（曲尺）、蛐，qǔ 曲（歌曲）
【瞿】qú 瞿、氍、癯、衢、蠼
【渠】qú 渠、蕖、磲
【取】qǔ 取、娶，qù 趣
【吁】xū 虚、墟、嘘（嘘气），（“觑”念 qū、qù）
【婿】xū 胥、xǔ 糈、xù 婿
【许】xǔ 许、浒（地名，又音 hǔ 水浒）
【蓄】xù 畜（畜牧）、蓄，（“畜”又念 chù）
【栩】xǔ 诩、栩，（“羽”念 yǔ）
【恤】xù 洫、恤，（“血”念 xuè 和 xiě）
【叙】xù 叙、溆
【女】nǚ 女、钕
【吕】lǘ 闾、榈，lǚ 吕、侣、铝、稆
【屡】lǚ 偻（伛偻）、屡、缕、褛
【虑】lǜ 虑、滤
【绿】lǜ 绿、氯
【于】yū 迂、吁（象声词）、纡，yú 于、盂、竽，yǔ 宇、芋、吁（吁求）
【予】yú 予（我），yǔ 予（予以）、预、蓣
【与】yú 与（同“欤”）、欤、yǔ 与（与其）、屿，yù 与（与会）
【余】yú 余、狳
【鱼】yú 鱼、渔
【臾】yú 臾、谀、萸、腴、瘐
【禺】yú 禺、隅、喁（喁喁）、愚、yù 遇、寓
【俞】yú 俞、揄、嵛、逾、渝、愉、瑜、榆、觎、蝓，yù 谕、喻、愈
【语】yǔ 语（语言）、圄、龉，yù 语
【域】yù 或、域、阈、蜮，（“或”又念 huò）
【欲】yù 谷（吐谷浑）、峪、浴、欲、鹆、裕

üan 韵母

【娟】juān 捐、涓、娟、鹃，juàn 狷、绢
【卷】juān 圈（圈起来），juǎn 卷（卷尺）、锩，juàn 卷（卷宗）、倦、桊、圈（牛圈）、眷，（“圈”又音 quān，“拳、蜷、鬈”念 quán，“绻”念 quǎn，“券”念 quàn）
【全】quán 全、诠、荃、轻、铨、痊、筌、醛
【犬】quǎn 犬、畎
【宣】xuān 宣、萱、揎、喧、暄、煊，xuàn 渲、楦、碹

【玄】xuán 玄、痃，xuàn 泫、炫、眩、铉
【旋】xuán 旋（旋律）、漩、璇，xuàn（旋风）
【怨】yuān 眢、鸳，yuàn 苑、怨
【元】yuán 元、芫（芫花）、园、沅，yuǎn 远
【员】yuán 员、圆
【援】yuán 援、媛（婵媛），yuàn 媛、瑗
【袁】yuán 袁、猿、辕
【原】yuán 原、塬、源、螈，yuàn 愿
【缘】yuán 缘、掾（“橼”念 chuán）

üe 韵母

【厥】juē 撅、噘，jué 厥、蕨、獗、橛、蹶（一蹶不振），juě 蹶（蹶子），（“阙”念 quē、què）
【决】jué 决、诀、抉，（“炔、缺”念 quē）
【倔】jué 倔（倔强）、掘、崛
【矍】jué 矍、攫
【雪】xuě 雪、鳕
【疟】nüè 疟（疟疾）、虐
【月】yuè 月、刖、钥

ün 韵母

【均】jūn 均、钧、筠（“筠连”，地名，在四川）
【君】jūn 君，jùn 郡、捃
【裙】qún、裙、群
【熏】xūn 熏（熏陶）、薰、獯、曛、醺，xùn 徇、殉
【寻】xún 寻、荨（荨麻疹）、浔、鲟
【训】xùn 训、驯
【讯】xùn 讯、汛、迅
【云】yún 云、芸，yùn 运、酝
【匀】yún 匀、昀、筠
【晕】yūn 晕（晕厥），yùn 郓、恽、晕（晕车）
【蕴】yūn 氲，yùn 愠、韫、蕴

6. **单韵母 e 错念成复韵母 uo**

单韵母 e 与辅音声母 h 构成音节时，“he”中的部分音节把单韵母 e 被误念成复韵母 uo，如“河流”（héliú）念成 huóliú，“祝贺”（zhùhè）念成 zùhuò。这些字主要见表 2-11。

表 2-11　e 错念成 uo 的例词

例词	加点字的正确读音	加点字的方言读音
喝水	hē	huō
禾苗	hé	huó
结合	hé	huó
何处	hé	huó
我和你	hé	huó
河水	hé	huó
荷花	hé	huó
盒子	hé	huó
下颌	hé	huó
祝贺	hè	huò
鹤立鸡群	hè	huò
沟壑	hè	huò

2.4　普通话的声调

2.4.1　声调概说

1. 调值和调类

声调是音节发音时具有区别性功能的音高变化。它同声母、韵母一样，具有区别意义的作用。在汉语里，一个音节一般就是一个汉字，所以声调也叫字调。普通话声调可以从调值和调类两个方面去分析、认识。

1）调值

调值指声调的实际读法，即声调的高低升降变化。普通话声调有四个基本调值，即高平调、中升调、降升调、全降调。每个调值的音高情况可以用“五度标记法”加以具体描写，如图 2-3 所示。

图 2-3 中，竖线分为五度，表示相对音高。竖线左侧的线条表示四个调值的音高变化形式。

2）调类

调类就是声调的分类，是根据声调的实际读法（调值）归纳出来的。把调值相同的归为一个调类，这样普通话声调可归为四类，即：阴平（高平调 55）、阳平（中升调 35）、上声（降升调 214）、去声（全降调 51）。调类名称也可以用序数表示，称为第一声、第二

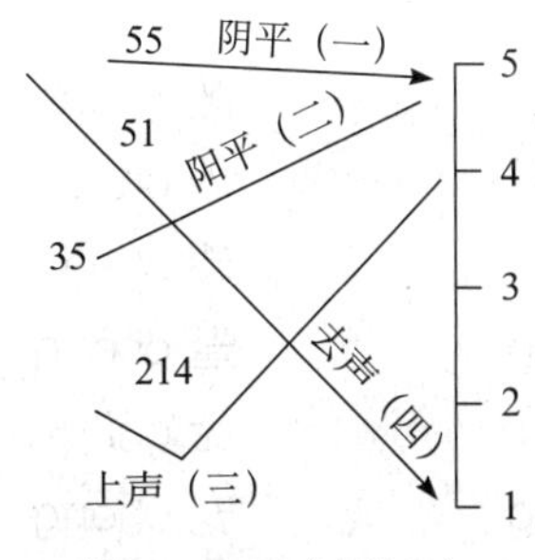

图 2-3　五度标记法

声、第三声、第四声，简称为“四声”。

3）调号

调号是指表示声调的符号。普通话的调号是根据普通话语音调值的升降情况制定的。调号的形状是根据“五度标记法”缩写而成的。调号简化为：阴平“—”、阳平“/”、上声“V”、去声“\”。

表 2-12　普通话的调值调类综述表

调值	调类	调号	调 值 说 明	例字
55 高平	阴平	—	起音高高一路平	心 xīn
35 中升	阳平	/	由中到高往上升	明 míng
214 降升	上声	V	低降然后再扬起	眼 yǎn
51 全降	去声	\	高起猛降到底层	亮 liàng

2. 声调发音练习

认读下列单音节字词，体会四声的调值（字前标“△”的为多音字）：

哀 āi	癌 ái	矮 ǎi	爱 ài
△凹 āo	敖 áo	袄 ǎo	奥 ào
巴 bā	拔 bá	靶 bǎ	爸 bà
掰 bāi	白 bái	百 bǎi	拜 bài
包 bāo	雹 báo	饱 bǎo	报 bào
崩 bēng	甭 béng	△绷 běng	泵 bèng
逼 bī	鼻 bí	比 bǐ	闭 bì
憋 biē	蹩 bié	△瘪 biě	△别 biè
拨 bō	帛 bó	跛 bǒ	△簸 bò
逋 bū	醭 bú	补 bǔ	布 bù
猜 cāi	才 cái	彩 cǎi	菜 cài
餐 cān	残 cán	惨 cǎn	灿 càn
糙 cāo	曹 cáo	草 cǎo	△操 cào
插 chā	茶 chá	△衩 chǎ	岔 chà

搀 chān	谗 chán	产 chǎn	忏 chàn
昌 chāng	常 cháng	敞 chǎng	畅 chàng
抄 chāo	巢 cháo	炒 chǎo	耖 chào
琛 chēn	臣 chén	碜 chěn	衬 chèn
瞠 chēng	成 chéng	逞 chěng	△秤 chèng
吃 chī	池 chí	齿 chǐ	赤 chì
充 chōng	虫 chóng	宠 chǒng	△冲 chòng
抽 chōu	酬 chóu	丑 chǒu	臭 chòu
出 chū	刍 chú	储 chǔ	触 chù
川 chuān	船 chuán	喘 chuǎn	串 chuàn
疮 chuāng	床 chuáng	闯 chuǎng	怆 chuàng
疵 cī	词 cí	此 cǐ	次 cì
村 cūn	存 cún	忖 cǔn	寸 cùn
搓 cuō	痤 cuó	脞 cuǒ	挫 cuò
搭 dā	达 dá	△打 dǎ	△大 dà
刀 dāo	△叨 dáo	导 dǎo	到 dào
低 dī	迪 dí	底 dǐ	弟 dì
督 dū	毒 dú	赌 dǔ	杜 dù
多 duō	夺 duó	朵 duǒ	惰 duò
婀 ē	鹅 é	△恶 ě	厄 è
△发 fā	罚 fá	法 fǎ	珐 fà
帆 fān	凡 fán	反 fǎn	犯 fàn
方 fāng	防 fáng	仿 fǎng	放 fàng
飞 fēi	肥 féi	匪 fěi	废 fèi
纷 fēn	汾 fén	粉 fěn	份 fèn
风 fēng	逢 féng	讽 fěng	凤 fèng
肤 fū	芙 fú	甫 fǔ	讣 fù
旮 gā	噶 gá	△嘎 gǎ	尬 gà
戈 gē	隔 gé	舸 gě	△个 gè
根 gēn	哏 gén	△艮 gěn	亘 gèn
郭 guō	国 guó	果 guǒ	△过 guò
嗨 hāi	孩 hái	海 hǎi	害 hài
酣 hān	含 hán	罕 hǎn	汉 hàn
蒿 hāo	毫 háo	郝 hǎo	浩 hào
轰 hōng	弘 hóng	△哄 hǒng	讧 hòng
齁 hōu	喉 hóu	吼 hǒu	后 hòu
乎 hū	狐 hú	琥 hǔ	互 hù

欢 huān	环 huán	缓 huǎn	幻 huàn
荒 huāng	黄 huáng	恍 huǎng	△晃 huàng
灰 huī	回 huí	悔 huǐ	卉 huì
△豁 huō	活 huó	火 huǒ	或 huò
击 jī	吉 jí	脊 jǐ	计 jì
加 jiā	颊 jiá	甲 jiǎ	驾 jià
交 jiāo	△嚼 jiáo	狡 jiǎo	轿 jiào
阶 jiē	劫 jié	姐 jiě	戒 jiè
拘 jū	局 jú	举 jǔ	巨 jù
撅 juē	决 jué	△蹶 juě	倔 juè
苛 kē	△壳 ké	渴 kě	刻 kè
匡 kuāng	狂 kuáng	夼 kuǎng	眶 kuàng
亏 kuī	葵 kuí	△傀 kuǐ	愧 kuì
垃 lā	旯 lá	喇 lǎ	辣 là
啷 lāng	狼 láng	朗 lǎng	浪 làng
捞 lāo	劳 láo	老 lǎo	涝 lào
△勒 lēi	雷 léi	垒 lěi	泪 lèi
△哩 lī	厘 lí	里 lǐ	力 lì
蹽 liāo	辽 liáo	△燎 liǎo	镣 liào
拎 līn	邻 lín	凛 lǐn	吝 lìn
△溜 liū	刘 liú	柳 liǔ	△遛 liù
△隆 lōng	龙 lóng	垄 lǒng	△弄 lòng
噜 lū	颅 lú	卤 lǔ	录 lù
啰 luō	罗 luó	裸 luǒ	洛 luò
妈 mā	△麻 má	马 mǎ	骂 mà
△嫚 mān	蛮 mán	满 mǎn	曼 màn
猫 māo	毛 máo	卯 mǎo	茂 mào
△蒙 mēng	虻 méng	猛 měng	孟 mèng
咪 mī	迷 mí	米 mǐ	觅 mì
喵 miāo	苗 miáo	秒 miǎo	妙 miào
摸 mō	膜 mó	△抹 mǒ	末 mò
△那 nā	拿 ná	△哪 nǎ	纳 nà
囡 nān	南 nán	蝻 nǎn	△难 nàn
孬 nāo	挠 náo	恼 nǎo	闹 nào
妮 nī	尼 ní	拟 nǐ	昵 nì
蔫 niān	鲇 nián	捻 niǎn	念 niàn
妞 niū	牛 niú	扭 niǔ	△拗 niù

拍 pāi　牌 pái　△迫 pǎi　湃 pài
抛 pāo　咆 páo　△跑 pǎo　炮 pào
抨 pēng　彭 péng　捧 pěng　碰 pèng
坯 pī　毗 pí　癖 pǐ　媲 pì
偏 piān　骈 pián　谝 piǎn　骗 piàn
剽 piāo　嫖 piáo　瞟 piǎo　票 piào
姘 pīn　频 pín　品 pǐn　聘 pìn
颇 pō　婆 pó　叵 pǒ　破 pò
扑 pū　菩 pú　普 pǔ　铺 pù
戚 qī　颀 qí　杞 qǐ　讫 qì
谦 qiān　虔 qián　谴 qiǎn　堑 qiàn
枪 qiāng　蔷 qiáng　△抢 qiǎng　呛 qiàng
锹 qiāo　樵 qiáo　巧 qiǎo　窍 qiào
△切 qiē　△茄 qié　△且 qiě　惬 qiè
侵 qīn　擒 qín　寝 qǐn　沁 qìn
倾 qīng　擎 qíng　请 qǐng　庆 qìng
蛆 qū　渠 qú　龋 qǔ　趣 qù
△圈 quān　颧 quán　畎 quǎn　券 quàn
△嚷 rāng　瓤 ráng　壤 rǎng　让 ràng
杀 shā　啥 shá　傻 shǎ　△煞 shà
艄 shāo　韶 sháo　△少 shǎo　潲 shào
赊 shē　△蛇 shé　△舍 shě　赦 shè
身 shēn　神 shén　婶 shěn　蜃 shèn
笙 shēng　绳 shéng　△省 shěng　圣 shèng
诗 shī　时 shí　矢 shǐ　△氏 shì
收 shōu　△熟 shóu　首 shǒu　瘦 shòu
叔 shū　塾 shú　暑 shǔ　戍 shù
胎 tāi　△苔 tái　△呔 tǎi　态 tài
贪 tān　昙 tán　忐 tǎn　探 tàn
涛 tāo　淘 táo　讨 tǎo　套 tào
剔 tī　啼 tí　体 tǐ　屉 tì
添 tiān　阗 tián　腆 tiǎn　掭 tiàn
△挑 tiāo　笤 tiáo　窕 tiǎo　粜 tiào
汀 tīng　庭 tíng　艇 tǐng　挺 tìng
△通 tōng　瞳 tóng　捅 tǒng　痛 tòng
偷 tōu　投 tóu　钭 tǒu　透 tòu
凸 tū　荼 tú　土 tǔ　兔 tù

推 tuī	颓 tuí	腿 tuǐ	蜕 tuì
吞 tūn	臀 tún	汆 tǔn	△褪 tùn
托 tuō	鸵 tuó	椭 tuǒ	△拓 tuò
娲 wā	娃 wá	佤 wǎ	袜 wà
蜿 wān	丸 wán	惋 wǎn	腕 wàn
汪 wāng	亡 wáng	枉 wǎng	忘 wàng
危 wēi	帷 wéi	伪 wěi	魏 wèi
瘟 wēn	雯 wén	稳 wěn	汶 wèn
屋 wū	毋 wú	妩 wǔ	戊 wù
晰 xī	檄 xí	徙 xǐ	隙 xì
△鲜 xiān	咸 xián	冼 xiǎn	腺 xiàn
镶 xiāng	翔 xiáng	饷 xiǎng	△巷 xiàng
枭 xiāo	淆 xiáo	晓 xiǎo	孝 xiào
歇 xiē	偕 xié	△写 xiě	械 xiè
星 xīng	型 xíng	醒 xǐng	幸 xìng
△戌 xū	徐 xú	诩 xǔ	婿 xù
轩 xuān	漩 xuán	癣 xuǎn	绚 xuàn
薛 xuē	穴 xué	雪 xuě	△血 xuè
押 yā	衙 yá	△哑 yǎ	揠 yà
胭 yān	炎 yán	俨 yǎn	雁 yàn
殃 yāng	杨 yáng	仰 yǎng	怏 yàng
吆 yāo	肴 yáo	舀 yǎo	药 yào
△掖 yē	爷 yé	野 yě	腋 yè
揖 yī	贻 yí	倚 yǐ	役 yì
喑 yīn	吟 yín	瘾 yǐn	荫 yìn
膺 yīng	蝇 yíng	颖 yǐng	映 yìng
拥 yōng	颙 yóng	永 yǒng	△佣 yòng
幽 yōu	鱿 yóu	黝 yǒu	釉 yòu
迂 yū	鱼 yú	雨 yǔ	狱 yù
鸳 yuān	辕 yuán	远 yuǎn	苑 yuàn
晕 yūn	匀 yún	允 yǔn	孕 yùn
簪 zān	△咱 zán	攒 zǎn	暂 zàn
糟 zāo	凿 záo	澡 zǎo	躁 zào
渣 zhā	札 zhá	眨 zhǎ	乍 zhà
摘 zhāi	宅 zhái	窄 zhǎi	寨 zhài
招 zhāo	△着 zháo	沼 zhǎo	召 zhào
遮 zhē	蛰 zhé	褶 zhě	蔗 zhè

汁 zhī	职 zhí	止 zhǐ	质 zhì
诌 zhōu	妯 zhóu	肘 zhǒu	皱 zhòu
诛 zhū	逐 zhú	瞩 zhǔ	贮 zhù
△作 zuō	昨 zuó	左 zuǒ	做 zuò

2.4.2 声调辨正

1. 偏误表现

1）阴平调不高或不平

普通话里的阴平调值是 55，方言里有念成 44 的，调值明显偏低。或者是起调是 5 度，而收调是 4 度，念成了 54，调势存在下滑的趋势。如念“天、高、中”等。

2）阳平调上升不够，或在上升过程中拐弯

普通话的阳平调值是 35，方言有念成近似于 24 的，这是由于起点音高低于标准音高，上扬就扬不上去，并且与上声调调值相混，存在着拐弯的情况。如念“人、民、国”等。

3）上声调降不到位或收不到位

普通话的上声调值 214，有一个降升的过程，因此较之其余“三声”音长最长，音高最低。方言里有降不到位的，这是由于发音起点高于 2 度，随后降不到 1 度，并且曲折较短促，上升又升不到 4 度，形成的调值近似于 323、213 或 212。如念“手、脚、腿”等。

4）念去声起音高于 5 度，或降不到位

普通话去声调值是 51。在念读过程中，念到去声时往往忽然高出 5 度，或者念得非常短促，未降到底就收住字尾，调值为 53 或 52，总是降不到 1 度。如念“教、室、易”等。

2. 声调辨正

声调辨正就是辨别方言声调跟普通话声调之间的差异，找出它们的对应关系，纠正自己的方音。方言声调和普通话声调的对应关系，主要有以下三种情况：

①调类相同，调值不同。

②方言调类多于普通话调类（也有少数方言调类少于普通话调类）。

③古入声保留或归并的情况不同。

辨正声调，要注意以下几点。

1）调类的分合

训练方法如下：

①你的家乡话属于哪个方言区？与你的同学们思考并讨论学校所在地的方言调类与普通话调类有无分化或合并的不同。

②用普通话和自己的家乡话分别读下列各字，逐字记下它们的调类：刚开飞阵文古口好五是厚爱唱放共害岸急七黑百铁说六……

③画出自己家乡话的调类与普通话调类对应关系图。

2）调值的改变

（1）训练要领。

训练要领如下：

①比较普通话与方言调值首先要“求同存异”。

②重点训练普通话四声的读音。

③了解普通话和方言声调的对应关系，进行有针对性的训练。

④练习普通话与本地方言调类相近的字，要注意控制调值的升降幅度。

（2）训练方法。

训练方法如下：

①用五度标记法记下自己家乡话中各调类字的调值；画出家乡话与普通话调值、调整比较图，并说明学习普通话调值的问题。

②听老师或同学用普通话读词语或句子，请你重复一遍，并说出各字的调值。

3）入声的分派

古代汉语有四种调类，即平、上、去、入。这四声又因声母的清浊各分为阴、阳两类，古清声母字为阴调类，古浊声母字为阳调类。现代汉语的声调系统是由古代汉语的声调系统演变而成的。普通话中平声分为阴平、阳平；上声、去声不分阴阳，各成一类；古入声字消失，普通话分别归入阴、阳、上、去。各地方言声调与普通话声调演变情况不一，因此存在着较大差异；但由于普通话声调和方言声调都是从古代声调演变而来的，存在着比较明显的对应规律。掌握这个对应规律，有助于我们学好普通话声调。普通话没有入声，古入声字在普通话里分派到阴、阳、上、去四声中。有的方言也没有入声字，但归类与普通话不同（如西南次方言大多归阳平）；有的方言保留了古入声字，自成普通话没有而方言有的一种调类。入声字是学习普通话声调的一大难关，要注意克服。

（1）训练要领。

有入声字的方言区人（如南方各方言区）学习普通话要注意纠正方言中的入声，分别改读为普通话的四声；可采取“记少不记多”的方法，重点记在普通话里读阴、阳、上声的入声字，其他入声字可一律读成去声。

（2）训练方法。

结合方言实际，将入声字分类做成卡片，反复练读，归类记忆。

4）分辨阴平字和阳平字

有些方言不分阴平和阳平，常将普通话的阳平字读成阴平字，如“银”、“阴”同音。这些地区的人学习普通话，首先要按照普通话的分法把方言中的平声字分成阴平、阳平两大类，然后重点记忆阳平字。记忆阳平字可遵循以下规律：

①平声字中声母是m、n、l、r的，普通话除妈、猫、捞、扔、撩、摸、抹、拉、垃、噜、眯、咪、溜、搂、拈、蔫、闷、抡、蒙等二十多个字有阴平的读法，其余一律读阳平。

②b、d、g、k、j、z、zh、sh、s这九个声母与鼻辅音韵母相拼的字，除什、绳、甭、

哏、咱、神、扛、狂少数几个字外，都不读阳平；方言中的这类字，可以判定它读阳平。

③uai 韵母字只有怀、淮、槐、徊、踝五个阳平字，记住这五个阳平字，整个 uai 韵母阴平、阳平不分的问题就解决了。这种记少不记多的办法，可以用到所有韵母，例如 ing 韵母的阳平字共 52 个，除乒、青、清、蜻、莺五个字读阴平，其余都读阳平。

④有些音节只有阳平字，分不清阴平、阳平时，这些音节的平声毫无疑问是阳平。如您、得、群、佛、谁、贼、能、腾。

⑤有些音节没有阴平字，分不清阴平、阳平时，这些音节的平声肯定也是阳平。如人、容、饶、柔、燃、粮、则、如、没、名、煤、埋、棉、模、忙、民、棱、临、连、炉、驴、来、狼、滦、兰、槐、痕、泥、奴、农、宁、层、儿。

【阴平与阳平对比练习】

欺人—旗人	呼喊—胡喊	知道—直道	掰开—白开
包子—雹子	抽丝—愁丝	窗帘—床帘	拍球—排球
大哥—大格	小蛙—小娃	大锅—大国	大川—大船
放青—放晴	开初—开除	抹布—麻布	猎枪—列强

5）区分阳平字和上声字

有的方言区在说普通话时常使上声和阳平相混，这表现在以下几个方面。一是部分地区的人所讲的普通话听起来几乎将上声都读成阳平；二是部分地区由于没有阳平，和上声同调，因此所讲的普通话听起来几乎将阳平都读成上声；三是部分地区的人虽然能发出上声，但往往弄不清哪些音节是上声，于是把不少阳平字读成了上声字。这些地区的人学习普通话也需要把阳平字和上声字找出来，逐个记忆。最好利用同韵字表，寻找规律记忆，效果较好。声母、韵母都是帮助记忆的条件，当字数悬殊时，采取记少不记多的办法，更是事半功倍。例如 z、s 自成音节只有上声，没有阳平，c 自成音节上声只有“此”一个字，其余都是阳平。b、d、g、j、zh、z 声母与鼻音韵母拼合的音节，阳平调没有字，如果分不清阳平上声，这些音节的字肯定是上声。这样的规律需要自己总结，把难点化整为零，一个一个地突破。

【阳平与上声对比练习】

好麻—好马	土肥—土匪	战国—战果	小乔—小巧
返回—反悔	老胡—老虎	牧童—木桶	大学—大雪
菊花—举花	直绳—纸绳	白色—百色	洋油—仰游
琴室—寝室	情调—请调	骑马—起码	油井—有井

【辨正练习】

（1）认读下列词语，进行声调顺序练习：

阴 yīn	阳 yáng	上 shǎng	去 qù
高 gāo	扬 yáng	转 zhuǎn	降 jiàng
区 qū	别 bié	显 xiǎn	著 zhù
非 fēi	常 cháng	好 hǎo	记 jì
坚 jiān	持 chí	苦 kǔ	练 liàn

都 dōu　能 néng　掌 zhǎng　握 wò
三 sān　皇 huáng　五 wǔ　帝 dì
诗 shī　词 cí　曲 qǔ　赋 fù
山 shān　明 míng　水 shuǐ　秀 xiù
风 fēng　调 tiáo　雨 yǔ　顺 shùn
光 guāng　明 míng　磊 lěi　落 luò
枯 kū　藤 téng　老 lǎo　树 shù
胸 xiōng　怀 huái　广 guǎng　阔 kuò
溪 xī　桥 qiáo　古 gǔ　道 dào
山 shān　河 hé　锦 jǐn　绣 xiù
天 tiān　然 rán　景 jǐng　象 xiàng
兵 bīng　强 qiáng　马 mǎ　壮 zhuàng
英 yīng　雄 xióng　好 hǎo　汉 hàn
深 shēn　谋 móu　远 yuǎn　虑 lǜ
通 tōng　盘 pán　打 dǎ　算 suàn
高 gāo　朋 péng　满 mǎn　座 zuò
争 zhēng　前 qián　恐 kǎng　后 hòu

（2）认读下列词语，进行声调逆序练习：

万 wàn　里 lǐ　长 cháng　征 zhēng
字 zì　里 lǐ　行 háng　间 jiān
爱 ài　我 wǒ　国 guó　家 jiā
大 dà　显 xiǎn　神 shén　威 wēi
墨 mò　守 shǒu　成 chéng　规 guī
信 xìn　以 yǐ　为 wéi　真 zhēn
妙 miào　手 shǒu　回 huí　春 chūn
翠 cuì　柏 bǎi　红 hóng　松 sōng
暴 bào　雨 yǔ　狂 kuáng　风 fēng
赤 chì　胆 dǎn　红 hóng　心 xīn
暮 mù　鼓 gǔ　晨 chén　钟 zhōng
倒 dào　影 yǐng　回 huí　声 shēng
破 pò　釜 fǔ　沉 chén　舟 zhōu
耀 yào　武 wǔ　扬 yáng　威 wēi
弄 nòng　巧 qiǎo　成 chéng　拙 zhuō
忘 wàng　我 wǒ　无 wú　私 sī
痛 tòng　改 gǎi　前 qián　非 fēi
逆 nì　水 shuǐ　行 xíng　舟 zhōu
戏 xì　曲 qǔ　研 yán　究 jiū

背 bèi　　井 jǐng　　离 lí　　乡 xiāng

（3）认读下列词语，进行两调交叉练习：

七 qī　　手 shǒu　　八 bā　　脚 jiǎo
公 gōng　　事 shì　　公 gōng　　办 bàn
临 lín　　渴 kě　　掘 jué　　井 jǐng
毛 máo　　手 shǒu　　毛 máo　　脚 jiǎo
实 shí　　事 shì　　求 qiú　　是 shì
联 lián　　系 xì　　实 shí　　际 jì
结 jié　　业 yè　　仪 yí　　式 shì
名 míng　　正 zhèng　　言 yán　　顺 shùn
举 jǔ　　一 yī　　反 fǎn　　三 sān
大 dà　　方 fāng　　不 bù　　拘 jū
大 dà　　言 yán　　不 bù　　惭 cán
步 bù　　人 rén　　后 hòu　　尘 chén
志 zhì　　同 tóng　　道 dào　　合 hé
按 àn　　劳 láo　　付 fù　　酬 chóu

（4）读以下句段，分辨每个字词：

每天，不管是鸡鸣晓月，日丽中天，还是月华泻地，小桥都印下串串足迹，洒落串串汗珠。那是乡亲为了追求多棱的希望，兑现美好的遐想，弯弯的小桥，不时荡过轻吟低唱，不时露出舒心的笑容。

——节选自郑莹《家乡的桥》，作品 18 号

3. 海南方言区的人们普通话声调方面容易出现的问题

1）调值不准确

调值不准确表现如下：

①高平不高。音高值一般读 22 或 33，最高只有 44，极少能达到 55。

②中升起点低，终点低，调程短。音高值一般读 13 或 24，很少能达到 35。

③中升变半高升，起点高，终点也高，实际调高值超过普通话的 35。

④降升半读，光读前半段，只降不升，调值为 21。

⑤降升都读成中升。“永远友好”读“yóngyuán yóuháo”。

⑥降升调起点、降点都提高一度，读成 324。

⑦降升变中平降，读成 331。

⑧降升双折，调程过长，调值为 2143。这是矫枉过正，为强调到位而过分拖调。

⑨全降起点低，降程短，普遍为 42 或 31，没到 51。特别是停顿前的去声和相连的去声更加明显。

2）调类混淆

主要是阳平与上声混读。“游览”读“有篮”；“五毛”读“吴卯”；“马蹄草”读“马提槽”或“麻体槽”。

以海南话声调机械类推普通话声调。“搁、割、格、革、隔、葛”都读“各”，“回”读“毁”，“毁”读“回”（琼文片）。

3）套用海南方言调值说普通话

“他怎么讲?”读“ta（23）za（23）muo（42）jiang（21）?”。

4）入声干扰

因为入声消失，普通话所有音节都带舒调，发音舒缓，调程较长。海南话则完整保留入声调，有许多促调音节。这些音节带塞韵尾，发音急促，调程很短。这些因素导致海南腔普通话常将原为入声的音节保留喉塞韵尾，而发得像短促的去声调，造成调值失准。

5）因不能确定某字的普通话声调而误读

“幼儿园”读“诱饵园”，“有为”读“有尾”，“找谁”读“找水”，“白荷花”读“百合花”，“幅度”读“父肚”。

6）对一些形声字有边读边导致错调

“汕头”读成“山头”、“依偎”读成“医卫”、“巍然”读成“蔚然”、“纬度”读成“围肚”、“供应”读成“共应”。

7）对多音字认识不透彻而读错声调

比如“押解 yājiè”读“yàjiě”，“难友 nànyǒu”读“nányǒu”，“创伤 chuāngshāng”读“chuàngshāng”，“结果 jiēguǒ”读“jiéguǒ”，“血晕 xiěyùn”读“xuèyūn”、“夹心 jiāxīn”读成“jiáxīn”。

2.4.3 读好古入声字的今声调

1. 古入声字的认识

入声，是古代汉语中一个调类的名称。古代汉语的字调也分四类，即平声、上声、去声、入声。古代汉语的其余三类声调与普通话的声调也不是一一对应的。由古代汉语的“四调”发展到普通话的“四声”，其变化要点是：“平”分阴阳，“入”派四声，“上”到上，“去”归去声。对应关系见图 2-4。

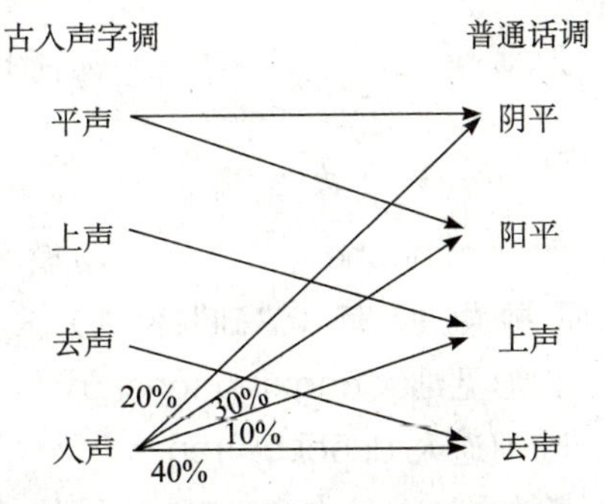

图 2-4　普通话调与古入声字调对应关系

意思是说，古代汉语的平声，在普通话里一部分念阴平，一部分念阳平；入声分派到了普通话的四声里，其中40%的古入声派到普通话的去声，30%的古入声派到普通话的阳平，20%的古入声派到了普通话的阴平，10%的古入声派入普通话的上声；古代汉语的上声，在普通话里念上声；古代汉语的去声，在普通话里也念去声。普通话没有入声，而各大方言区几乎都有入声，即使没有入声的地方，古入声的归入与普通话也不尽相同。

2. 辨正练习

1）认读字词，掌握古入声字

【白】白 伯 泊 帛 迫 柏 铂 粕魄 箔 舶（“怕、帕”例外）

白菜 báicài　　伯父 bófù　　大伯子 dàbǎizi
泊位 bówèi　　湖泊 húpō　　帛画 bóhuà
压迫 yāpò　　迫击炮 pǎijīpào　　拍打 pāidǎ
柏树 bǎishù　　柏林 Bólín　　铂金 bójīn
糟粕 zāopò　　魄力 pòlì　　落魄 luòbó
锡箔 xībó　　船舶 chuánbó

【百】百 佰 陌

百万 bǎiwàn　　佰 bǎi　　陌生 mòshēng

【毕】毕 哔 筚

毕业 bìyè　　哔叽 bìjī　　蓬筚增辉 péngbìzēnghuī

【必】必 泌 宓 秘 密 蜜（“毖”例外）

必然 bìrán　　分泌 fēnmì　　泌阳 Bìyáng
宓 mì　　秘密 mìmì　　秘鲁 Bìlú
密度 mìdù　　蜜蜂 mìfēng

【别】别 捌

分别 fēnbié　　别扭 bièniu　　捌 bā

【勃】勃 饽 脖 荸 渤（“悖”例外）

蓬勃 péngbó　　饽饽 bōbo　　脖颈儿 bógěngr
荸荠 bíqi　　渤海 Bóhǎi

【薄】薄 礴

薄饼 báobǐng　　厚薄 hòubó　　薄荷 bòhe
磅礴 pángbó

【撤】撤 澈 辙

撤退 chètuì　　明澈 míngchè　　覆辙 fùzhé

【出】出 绌 黜 咄 拙 茁 屈 掘 崛 倔 窟（“础”例外）

出息 chūxi　　相形见绌 xiāngxíngjiànchù
黜退 chùtuì　　咄咄逼人 duōduōbīrén
拙见 zhuōjiàn　　茁壮 zhuózhuàng　　屈从 qūcóng

掘土 juétǔ	崛起 juéqǐ	倔强 juéjiàng
倔头倔脑 juètóujuènǎo	窟窿 kūlong	

【狄】狄 荻 逖

狄 dí	荻 dí	逖 tì

【滴】滴 嫡 镝 摘

滴水 dīshuǐ	嫡传 díchuán	镝 dī
鸣镝 míngdí	摘要 zhāiyào	

【蝶】谍 喋 堞 碟 蝶 牒 叶

谍报 diébào	喋血 diéxuè	堞墙 diéqiáng
碟子 diézi	蝴蝶 húdié	通牒 tōngdié
叶子 yèzi	叶韵 yèyùn	

【萼】萼 愕 腭 颚 鹗 鄂 鳄 谔 锷

花萼 huā'è	愕然 èrán	硬腭 yìng'è
上颚 shàng'è	鹗 è	鄂博 èbó
鳄鱼 èyú	谔谔 è'è	锷 è

【发】发 拨 泼（“废”例外）

发奋 fāfèn	发型 fàxíng	拨弄 bōnong
泼辣 pōla		

【伐】伐 阀 筏

讨伐 tǎofá	军阀 jūnfá	木筏 mùfá

【法】法 砝 珐

方法 fāngfǎ	砝码 fǎmǎ	珐琅 fàláng

【复】复 腹 蝮 馥 覆 愎

复核 fùhé	腹膜 fùmó	蝮蛇 fùshé
馥郁 fùyù	覆没 fùmò	刚愎 gāngbì

【各】各 胳 格 骼 恪 貉 烙 酷 酪 络 骆 赂 略 铬 阁 崐 搁 客 额 喀 洛 落（“路”例外）

各自 gèzì	各 gè	胳膊 gēbo
胳肢窝 gāzhiwō	胳肢 gāzhi	格调 gédiào
咯噔 gēdēng	骨骼 gǔgé	恪守 kèshǒu
貉绒 héróng	貉 hé	烙印 làoyìn
炮烙 pàoluò	奶酪 nǎilào	络子 làozi
络纱 luòshā	骆驼 luòtuo	贿赂 huìlù
战略 zhànlüè	铬 gè	阁楼 gélóu
搁浅 gēqiǎn	搁得住 gēdezhù	客观 kèguān
名额 míng'é	喀嚓 kāchā	洛阳 luòyáng
落实 luòshí	落枕 làozhěn	大大落落 dàdaluōluō
落下 làxià		

【骨】骨 猾 滑

骨髓 gǔsuǐ　　骨朵儿 gūduor　　狡猾 jiǎohuá

滑稽 huájī

【谷】谷 俗 浴 欲 却（“裕”例外）

谷物 gǔwù　　吐谷浑 tǔyùhún　　俗语 súyǔ

沐浴 mùyù　　欲望 yùwàng　　却步 quèbù

【合】合 盒 颌 蛤 鸽 答 洽 恰 给 拾（“哈、龛”例外）

合格 hégé　　合 gě　　饭盒 fànhé

下颌 xiàhé　　颌 gé　　鸽子 gēzi

蛤蟆 hámá　　蛤蚧 géjiè　　答辩 dábiàn

答理 dāli　　洽商 qiàshāng　　恰巧 qiàqiǎo

给以 gěiyǐ　　给予 jǐyǔ　　拾掇 shíduo

【拾】拾 褡 瘩 塔

搭讪 dāshàn　　褡裢 dālian　　瘩背 dábèi

宝塔 bǎotǎ

【郭】郭 椁 廓

城郭 chéngguō　　棺椁 guānguǒ　　轮廓 lúnkuò

【盍】盍 阖 磕 瞌 嗑

盍 hé　　阖家 héjiā　　磕打 kēda

瞌睡 kēshuì　　嗑瓜子儿 kèguāzir　　唠嗑儿 làokēr

【曷】曷 喝 褐 渴 葛 揭 竭 碣 羯 蝎 歇 谒 遏

曷 hé　　喝酒 hējiǔ　　喝彩 hècǎi

褐色 hèsè　　渴求 kěqiú　　葛藤 géténg

葛 gě　　揭露 jiēlù　　枯竭 kūjié

墓碣 mùjié　　羯羊 jiéyáng　　蝎子 xiēzi

歇息 xiēxi　　谒见 yèjiàn　　遏制 èzhì

【黑】黑 墨 默

黑暗 hēi'àn　　墨迹 mòjì　　幽默 yōumò

【或】或 国（國）域 蜮

或者 huòzhě　　祖国 zǔguó　　疆域 jiāngyù

鬼蜮 guǐyù

【霍】霍 藿

霍然 huòrán　　藿 huò

【及】及 汲 级 极 圾 岌 芨 吸

及时 jíshí　　汲取 jíqǔ　　级别 jíbié

极限 jíxiàn　　垃圾 lājī　　岌岌 jíjí

白芨 báijī　　呼吸 hūxī

【吉】吉 髻 洁 结 诘 秸 桔

吉祥 jíxiáng　　发髻 fàjì　　洁净 jiéjìng
结盟 jiéméng　　结实 jiēshi　　诘难 jiénàn
秸秆 jiēgǎn　　桔梗 jiégěng

【即】即 唧 鲫

立即 lìjí　　唧咕 jīgu　　鲫鱼 jìyú

【藉】藉 籍

狼藉 lángjí　　慰藉 wèijiè　　籍贯 jíguàn

【缉】缉 辑 楫 揖

缉毒 jīdú　　缉边儿 qībiānr　　辑录 jílù
舟楫 zhōují　　作揖 zuòyī

【夹】夹 浃 荚 蛱 侠 峡 狭 硖 挟

夹带 jiādài　　夹被 jiábèi　　夹肢窝 gāshiwō
汗流浃背 hànliújiābèi　　豆荚 dòujiá　　蛱蝶 jiádié
侠客 xiákè　　峡谷 xiágǔ　　狭隘 xiá'ài
硖石 xiáshí　　挟持 xiéchí

【甲】甲 钾 胛 岬 匣 狎 押 鸭 闸

甲壳 jiǎqiào　　钾肥 jiǎféi　　肩胛骨 jiānjiǎgǔ
岬角 jiǎjiǎo　　木匣 mùxiá　　狎昵 xiánì
押送 yāsòng　　鸭绒 yāróng　　闸门 zhámén

【角】角 桷 确 斛

角落 jiǎoluò　　旦角儿 dànjuér　　桷 jué
确凿 quèzáo　　斛 hú

【节】节 疖 栉

节操 jiécāo　　节骨眼 jiēguyǎn　　疖子 jiēzi
栉比 zhìbǐ

【菊】菊 鞠 掬

菊花 júhuā　　鞠躬 jūgōng　　笑容可掬 xiàoróngkějū

【厥】厥 撅 噘 蕨 獗 蹶（“镢”例外）

昏厥 hūnjué　　撅（噘）嘴 juēzuǐ　　蕨类植物 juélèizhíwù
猖獗 chāngjué　　一蹶不振 yījuébùzhèn　　蹶子 juězi

【乐】乐 烁 铄 栎 砾

快乐 kuàilè　　乐曲 yuèqǔ　　闪烁 shǎnshuò
铄石流金 shuòshíliújīn　　麻栎 málì　　栎阳 yuèyáng
砾石 lìshí

【力】力 历 沥 雳 勒 肋

力量 lìliang　　历史 lìshǐ　　沥涝 lìlào

霹雳 pīlì　　勒索 lèsuǒ　　勒死 lēisǐ
肋骨 lèigǔ　　肋 lē

【栗】栗 溧 傈

栗子 lìzi　　溧水 lìshuǐ　　傈僳族 lìsùzú

【列】列 咧 冽 冽 烈 裂 例

列举 lièjǔ　　咧咧 liēliē　　咧嘴 liězuǐ
酒冽 jiǔliè　　凛冽 lǐnliè　　烈焰 lièyàn
裂着怀 liězhehuái　　裂痕 lièhén　　例假 lìjià

【录】录 渌 绿 禄 碌 氯 剥

录取 lùqǔ　　渌水 lùshuǐ　　绿林 lùlín
绿卡 lùkǎ　　禄位 lùwèi　　庸碌 yōnglù
氯纶 lùlún　　剥削 bōxuē　　剥皮 bāopí

【陆】陆（陸）睦

陆续 lùxù　　陆 liù　　和睦 hémù

【鹿】鹿 漉 麓 辘

鹿茸 lùróng　　漉网 lùwǎng　　山麓 shānlù
辘轳 lùlú

【末】末 抹 沫 袜

末期 mòqī　　抹布 mābù　　抹煞 mǒshā
抹面 mòmiàn　　唾沫 tuòmo　　沫子 mòzi
袜套 wàtào

【木】木 沐

木头 mùtou　　沐浴 mùyù

【聂】聂 嗫 蹑 镊 摄 慑

聂 niè　　嗫嚅 nièrú　　蹑踪 nièzōng
镊子 nièzi　　摄氏 shèshì　　威慑 wēishè

【虐】虐 疟

虐待 nüèdài　　疟疾 nüèji　　疟子 yàozi

【七】七 柒 切 窃 砌 彻

七绝 qījué　　柒 qī　　切除 qiēchú
切脉 qièmài　　盗窃 dàoqiè　　沏茶 qīchá
堆砌 duīqì　　砌末 qièmo　　彻底 chèdǐ

【漆】漆 膝

漆匠 qījiàng　　膝盖 xīgài

【妾】妾 接

妻妾 qīqiè　　接触 jiēchù

【惬】惬 箧

惬意 qièyì　书箧 shūqiè

【乞】乞 讫 迄 屹 疙 圪 纥 吃

乞丐 qǐgài　起讫 qǐqì　迄今 qìjīn

屹然 yìrán　屹 gē　疙瘩 gēda

圪 gē　纥 gē　吃亏 chīkuī

【勺】勺 的 约 芍 杓 妁 灼 酌 药（“豹、钓”例外）

勺子 sháozi　的士 díshì　目的 mùdì

约定 yuēdìng　约一斤肉 yāoyījīnròu　芍药 sháoyao

杓 biāo　媒妁 méishuò　灼热 zhuórè

斟酌 zhēnzhuó　药方 yàofāng

【舌】舌 敌 适 刮 括 活 阔（“舍”例外）

舌头 shétou　敌忾 díkài　适宜 shìyí

刮削 guāxiāo　挺括 tǐngguā　括弧 kuòhú

活泼 huópo　阔绰 kuòchuò

【失】失 秩 跌 迭 铁 佚 轶

失败 shībài　秩序 zhìxù　跌宕 diēdàng

迭起 diéqǐ　铁锨 tiěxiān　佚 yì

轶事 yìshì

【十】十 什 汁

十全 shíquán　什么 shénmo　什物 shíwù

汁水 zhīshui

【石】石 拓 硕 柘 斫

石榴 shíliu　一石 yīdàn　拓荒 tuòhuāng

拓本 tàběn　硕果 shuòguǒ　柘 zhè

斫 zhuó

【叔】叔 淑 菽 寂 督

叔伯 shūbai　淑女 shūnǚ　菽粟 shūsù

寂寞 jìmò　督导 dūdǎo

【蜀】蜀 触（觸）烛 浊 镯

蜀绣 shǔxiù　触发 chùfā　独立 dúlì

蜡烛 làzhú　污浊 wūzhuó　手镯 shǒuzhuó

【孰】孰 熟 塾

孰 shú　熟悉 shúxī　熟 shóu

私塾 sīshú

【属】属 嘱 瞩

属性 shǔxìng　属望 zhǔwàng　嘱托 zhǔtuō

瞩目 zhǔmù

【宿】宿 蓿 缩

宿舍 sùshè　一宿 yīxiǔ　星宿 xīngxiù

苜蓿 mùxu　缩影 suōyǐng　缩砂密 sùshāmì

【塌】塌 遢 榻 蹋

塌陷 tāxiàn　邋遢 lātā　榻车 tàchē

蹋 tà

【沓】沓 踏

杂沓 zátà　一沓纸 yīdázhǐ　踏实 tāshi

踏板 tàbǎn

【屋】屋 握 渥 龌 幄 喔

屋脊 wūjǐ　掌握 zhǎngwò　优渥 yōuwò

龌龊 wòchuò　帷幄 wéiwò　喔 wō

【勿】勿 物 忽 囫 惚 唿（“吻、刎”例外）

勿 wù　物品 wùpǐn　忽然 hūrán

囫囵 húlún　恍惚 huǎnghū　唿扇 hūshan

【畜】畜 蓄 搐

畜生 chùsheng　畜牧 xùmù　储蓄 chǔxù

抽搐 chōuchù

【夕】夕 汐 矽

夕阳 xīyáng　潮汐 cháoxī　矽钢 xīgāng

【悉】悉 蟋

悉心 xīxīn　蟋蟀 xīshuài

【息】息 熄 媳

消息 xiāoxī　熄灭 xīmiè　媳妇 xífù

【析】析 晰 淅 蜥

剖析 pōuxī　明晰 míngxī　淅沥 xīlì

蜥蜴 xīyì

【哲】折 哲 蜇 浙（“逝、誓”例外）

折腾 zhēteng　折服 zhéfú　折本 shéběn

哲理 zhélǐ　海蜇 hǎizhé　浙江 zhèjiāng

【学】学 觉

学生 xuésheng　睡觉 shuìjiào　觉悟 juéwù

【血】血 恤

鲜血 xiānxuè　血淋淋 xiělīnlīn　抚恤 fǔxù

【薛】薛 孽 蘖

薛 xuē　罪孽 zuìniè　蘖枝 nièzhī

【译】译 驿 绎 泽 择 释 铎

翻译 fānyì　　驿站 yìzhàn　　演绎 yǎnyì
沼泽 zhǎozé　　选择 xuǎnzé　　择菜 zháicài
解释 jiěshì　　木铎 mùduó

【亦】亦 弈 奕 迹
亦然 yìrán　　对弈 duìyì　　奕奕 yìyì
事迹 shìjì

【役】役 疫
徭役 yáoyì　　瘟疫 wēnyì

【益】益 溢 缢（"隘、谥"例外）
益处 yìchu　　洋溢 yángyì　　自缢 zìyì

【聿】聿 律 笔（筆）
聿 yù　　纪律 jìlǜ　　笔杆儿 bǐgǎnr

【越】越 钺
越轨 yuèguǐ　　钺 yuè

【匝】匝 咂 砸
匝地 zādì　　咂嘴 zāzuǐ　　砸碎 zásuì

【则】则 侧 厕 恻 测 铡
准则 zhǔnzé　　侧面 cèmiàn　　侧 zè
侧棱 zhāileng　　厕所 cèsuǒ　　恻隐 cèyǐn
测量 cèliáng　　铡刀 zhádāo

【直】直 值 殖 植 置
直接 zhíjiē　　值得 zhídé　　殖民 zhímín
骨殖 gǔshi　　植物 zhíwù　　搁置 gēzhì

【执】执 挚 蛰
执拗 zhíniù　　挚友 zhìyǒu　　惊蛰 jīngzhé

【只】只 织 职 帜 炽 识 积（"咫"例外）
只身 zhīshēn　　只管 zhǐguǎn　　织锦 zhījǐn
职责 zhízé　　旗帜 qízhì　　炽热 chìrè
识别 shíbié　　标识 biāozhì　　积极 jījí

【足】足 促 捉 龊
足球 zúqiú　　催促 cuīcù　　捉弄 zhuōnòng
龌龊 wòchuò

【竹】竹 筑 笃
竹笋 zhúsǔn　　筑堤 zhùdī　　笃厚 dǔhòu

【族】族 镞 簇 嗾
民族 mínzú　　箭镞 jiànzú　　簇拥 cùyōng
嗾使 sǒushǐ

【月】月 钥

月亮 yuèliɑn　　　　钥 yuè　　　　钥匙 yàoshi

2）读句段，分辨加点的古入声字在普通话中归属的调类

一堆堆乌云，像青色的火焰，在无底的大海上燃烧。大海抓住闪电的箭光，把它们熄灭在自己的深渊里。这些闪电的影子，活像一条条火蛇，在大海里蜿蜒游动，一晃就消失了。

——暴风雨！暴风雨就要来啦！

这是勇敢的海燕，在怒吼的大海上，在闪电中间，高傲地飞翔；这是胜利的预言家在叫喊：

——让暴风雨来得更猛烈些吧！

——节选自高尔基《海燕》

2.5 普通话水平测试中单音节字词难读易错字音练习

2.5.1 易读错字练习（一）：读准单字的声、韵、调

【b】　掰 bāi　瓣 bàn　蹦 bèng　憋 biē　埠 bù　绷 bēng（绷带）
绷 běng（绷着脸）　蚌 bàng（蚌壳）　蚌 bèng（蚌埠）

【c】　蹭 cèng　叉 chā　搀 chān　疮 chuāng　捶 chuí
锤 chuí　雌 cí　葱 cōng　搓 cuō　踹 chuài
喘 chuǎn　揣 chuāi（怀揣）　揣 chuǎi（揣测）

【d】　蹬 dēng　瞪 dèng　堤 dī　兜 dōu　蹲 dūn
跺 duò　裆 dāng　沓 dá（一沓）　沓 tà（杂沓）
逮 dǎi（逮住）　逮 dài（逮捕）

【f】　帆 fān　氛 fēn

【g】　搁 gē　梗 gěng　汞 gǒng　拱 gǒng　拐 guǎi

【h】　咳 hāi　咳 ké　晃 huǎng（晃眼睛）　晃 huàng（晃悠）

【j】　茧 jiǎn　菌 jūn　给 jǐ（给予）　给 gěi（给以）
嚼 jiáo（嚼舌头）　嚼 jué（咀嚼）

【k】　磕 kē　瞌 kē　嗑 kē（唠嗑）　嗑 kè　抠 kōu
跨 kuà　框 kuàng　槛 kǎn

【l】　涝 lào

【m】 瞒 mán

【n】 酿 niàng　挪 nuó　捺 nà　蝻 nǎn　攮 nǎng
拈 niān　蔫 niān　黏 nián　碾 niǎn　撵 niǎn
啮 niè　镍 niè　孽 niè　挠 náo　倪 ní
霓 ní　溺 nì　腻 nì　拗 niù（执拗）　拗 ào（拗口）
拧 níng（拧他）　拧 nǐng（拧螺丝）　拧 nìng（脾气拧）
囊 nāng（囊揣）　囊 náng（药囊）

【p】 畔 pàn　刨 páo　坯 pī　胚 pēi　癖 pǐ
瞟 piǎo　嘭 pēng　漂 piāo（漂流）　漂 piǎo（漂白粉）
piáo（姓朴）　瞥 piē　撇 piě（撇嘴）
便 pián（便宜）　便 biàn（方便）　撇 piē（撇开）

【q】 沏 qī　砌 qì　迄 qì　扦 qiān　黔 qián　噙 qín
擒 qín　擎 qín　呛 qiāng　跷 qiāo　锹 qiāo　瘸 qué
撬 qiào　鞘 qiào　怯 qiè　惬 qiè　罄 qìng　裘 qiú
祛 qū　蛆 qū　蜷 quán　阕 què　翘 qiào（翘舌）
翘 qiáo（翘首）　圈 quān（圆圈）　圈 uàn（猪圈）

【r】 褥 rù　蕊 ruǐ

【s】 仨 sā　卅 sà　骚 sāo　搔 sāo　缫 sāo　漱 shù
栓 shuān　涮 shuàn　晌 shǎng　倏 shū（倏然）　舜 shùn
赎 shú　恃 shì　嗜 shì　噬 shì　舐 shì　螫 shì
臊 sāo（腥臊）　臊 sào（害臊）　禅 shàn（禅让）
禅 chán（禅房）

【t】 榻 tà　佟 tóng　褪 tuì（褪去冬衣）　褪 tùn（褪去）
拓 tuò（开拓）　拓 tà（拓片）

【x】 衔 xián　穴 xué　癣 xuǎn　薛 xuē

【y】 倚 yǐ　晕（yūn）　晕（yùn）　腌 yān　殷 yān（殷红）
殷 yīn（殷勤）　轧 yà（轧道机）　轧 zhá（轧钢）

【w】 剜 wān　毋 wú　捂 wǔ（捂住）　捂 wú（枝捂 ）

2.5.2　易读错字练习（二）：注意加点字音的声母

边塞 biānsài　哺育 bǔyù　刹那 chànà　蝉联 chánlián
禅宗 chánzōng　蟾蜍 chánchú　婵娟 chánjuān　颤音 chànyīn
常识 chángshí　偿还 chánghuán　尝试 chángshì　嫦娥 cháng'é
乘客 chéngkè　晨光 chénguāng　抽穗 chōusuì　抽搐 chōuchù
醇厚 chúnhòu　伺候 cìhou　诞辰 dànchén　叮嘱 dīngzhǔ
豆豉 dòuchǐ　发酵 fājiào　反省 fǎnxǐng　风俗 fēngsú

讣告 fùgào
浣衣 huànyī
校对 jiàoduì
哭泣 kūqì
奴隶 núlì
破碎 pòsuì
秦桧 qínhuì
渗透 shèntòu
赎罪 shúzuì
羡慕 xiànmù
酝酿 yùnniàng

归宿 guīsù
机械 jīxiè
精悍 jīnghàn
拉纤 lāqiàn
蹒跚 pánshān
囚禁 qiújìn
乳臭 rǔxiù
慎重 shènzhòng
遂心 suìxīn
畜牧 xùmù
肇事 zhàoshì

害臊 hàisào
缄默 jiānmò
咖啡 kāfēi
陌生 mòshēng
喷射 pēnshè
泅渡 qiúdù
瑞雪 ruìxuě
牲畜 shēngchù
隧道 suìdào
芫荽 yánsui
瞩目 zhǔmù

化纤 huàxiān
侥幸 jiǎoxìng
快速 kuàisù
蛲虫 náochóng
翩跹 piānxiān
酋长 qiúzhǎng
商埠 shāngbù
束缚 shùfù
溪流 xīliú
严肃 yánsù
嘴唇 zuǐchún

第3章

多音节词语发音训练

3.1 普通话测试“朗读多音节词语”测试指要

3.1.1 测试要点及评分标准

普通话水平测试第二项考核内容是“读多音节词语”，这一项除了测查应试人声母、韵母、声调（第一项“读单音节字”的测试目的）外，还测查应试人的语音变调、轻声、儿化读音的标准程度。50个多音节词语，其中以双音节为主，声母、韵母的出现次数大体与单音节字词相同。此外，上声和上声相连不少于2次，上声和其他声调相连不少于4次；轻声不少于3次；儿化韵不少于4次，词语的排列要避免同一测试项的集中出现。

此题以音节作为考查单位，要求应试者朗读多音节词语50个，并限时2.5分钟，共20分。

1. 目的

除考察应试人声母、韵母和声调的发音水平外，还要考查变调、儿化和轻声读音的标准程度。

2. 要求

测试要求如下：

①读音准确，注意上声、轻声、儿化等音变现象。

②一个词要读得连贯完整，流畅自然，词与词之间宜断开，不要一口气读下去。多音字要读在该词语中的特定读音。

3. 评分标准

读错一个音节的声母、韵母或声调，扣0.2分。读音有明显缺陷，每次扣0.1分。此项限时 2.5 分钟。超时扣分（超一分钟以上扣 1 分，超 1 分钟以内扣 0.5 分）。

3.1.2 应试点拨

1. “朗读多音节词语”重、难点音朗读提示

朗读多音节词语的要求与单音节字词基本相同，但比朗读单音节字词有更高的要求。结合测试，提出以下几点注意事项。

1）读多音节词语要区分几组并列在一起的难点音

（1）平、翘相间音：

赞助　宗旨　珠子　尊重　储藏　残虫

长处　插座　声色　素食　私事　丧失

（2）边、鼻相间音：

嫩绿　老年　能量　冷暖　奶酪　烂泥

（3）前、后鼻韵母相间音：

烹饪　聘请　成品　平信　冷饮　盆景

（4）舌根、唇齿相间音：

返还　盒饭　分红　缝合　富豪　黄蜂

2）读双音节词语还要注意“上声”和“一、不”的变调

（1）上声的变调。

①上声在上声前变为阳平，即前面的上声调值由 214 变为 35。例如：

粉笔　表姐　美好　理想　首脑　简短

②上声在非上声前，变成“半上声”，只读前半截，丢失了后半截，调值由 214 变为半上声 211。如：

在阴平前：首都　北京　火车　垦荒　史诗　板书

在阳平前：朗读　古文　口形　坦然　语言　讲台

在去声前：土地　小麦　感动　努力　广大　美术

③上声在轻声前，变成半上或阳平。例如：

椅子　指甲　哑巴　打发　姐姐　奶奶　婶婶

小姐　老鼠　老虎　了解　想想　找找　讲讲

（2）“一、不”的变调。

“一”、“不”在去声前变阳平，在非去声前“一”读去声，“不”仍读其原调。镶嵌在重叠动词、重叠形容词中间或用在动词、形容词的补语前，“一”、“不”都读轻声。例如：

一只　　一山　　不吃　　不黑

一头　　一城　　不玩　　不白

一匹　　一草　　不跑　　不紧

一个　　一木　　不跳　　不慢

想一想　美一美　说不说　够不够

读一遍　高一点　听不懂　好不了

3）轻声词要准确判断

50个多音节词语中有不少于3个的轻声词，这些轻声词分散排列在中间，因此要准确判断哪些词是轻声词，并正确朗读。要防止受前面非轻声词的影响，把已经准确判断出来的轻声词读重了。读轻声词还要避免把轻声读得让人听不见，即所谓"吃"字。如：

打扮　恶心　耳朵　斧头　规矩　功夫　坏处　后边

黄瓜　害处　困难　累赘　凉快　马虎　棉花　码头

4）儿化音要把卷舌的色彩"化"在第二个音节上

50个多音节词语中一般有3～6个儿化词，儿化词有明显的标志，在第二个音节的末尾写有"儿"，不要把"儿"当做第三个音节读完整，要把"儿"音化在第二个音节的韵母之中。第二测试项中没"儿"标志的就不要儿化。如：

旦角儿　老伴儿　这会儿　差点儿　好玩儿　病号儿

金鱼儿　岔道儿　聊天儿　本色儿　奶嘴儿　爆肚儿

5）注意多音字

第一测试项中，多音字读哪个音都行，但在第二测试项中则必须读它特定语境下的特定读音，否则，就是错误读音。如：

王冠（guān）　提供（gōng）　着凉（zháo）

揣度（chuǎiduó）　旦角儿（jué）　一圈儿（quān）

6）读多音节词语要连贯

多音节词语一般是两个语素组合表示一个意义；也有的是两个音节构成的单纯词，分开不表示任何意义。朗读时不能把它们割裂开来一字一字地读。

7）读多音节词语要读好中重音的格式

多音节词语除轻声词之外，一般都是"中重"格式，即第二个音节读得重一些。如：

豆沙　蜜蜂　车床　饼干　百货　清真

类似　乐观　摄影　卧铺　遗嘱　尊敬

在单音节字和多音节词语这两个测试项中，一个字词允许读两遍，即应试人发觉第一次读音有口误时可以改读，按第二次读音评判。

第二项多音节词语测查的读音有缺陷，除了跟第一项单音节字中所述相同的以外，儿化韵读音明显不合要求的应评定为语音缺陷。应试者有较为明显的语音缺陷的，即使总分达到一级甲等也要降等，评定为一级乙等。

单音节字和多音节词语两个测试项，其中有一项或两项分别失分在10%的，即1题失分1分，或2题失分2分即判定应试人的普通话水平不能进入一级。

2. "朗读多音节词语"的技巧

1）按词分读，不是按字分读

多音节词语的朗读是以词为单位进行的。这是多音节词语与单音节字词的根本性区别，也是读多音节词语的最基本要求。一个多音节词语，其前后音节具有不可分割的连续性和紧密性。在普通话水平测试中，应试人由于过分注重音节声母、韵母、声调的到位，往往把一个多音节词语切割开，按字分读，把一词一顿变成了一字一顿，破坏了多音节词语的整体性。朗读时应该注意词语连贯性，词与词之间要分开，字与字之间不要分开，一个词语不能拆开单音节字朗读。这里指的多音节词语包括双音节词语、三音节词语和四音节词语，我们在读的时候不能按读单音节字词的方式一字一顿，要注意掌握多音节词语内在的节奏感和构词规律。多音节词语的朗读要求在2.5分钟内完成，时间比较宽裕，切忌读得太快。

2）注意多音节词语的轻重音格式

（1）双音节词语。

①中重格式：这类词占大多数，读时第二个音节比第一个重些、长些。如：人民、大会、广播。

②重中格式：这类词不太多，读时第一个音节比第二个重一些，长一些。如：毛病、药品、责任。

③重轻格式：第二个音节又短又弱，即轻声。如：弟弟、石头、萝卜。

（2）三音节词语。

①中次轻重格式：在读的时候，第三个音节重于第一个音节，而第一个音节又要重于第二个音节。如：共产党、东方红、展览会、西红柿。有人习惯将这种格式读成中轻重，这样轻读容易吃字，语意不够明显。

②中重轻格式：第二个音节比第一个音节重，末音节是轻声。如：打拍子、小姑娘、老头子、硬骨头、儿媳妇。

③重轻轻格式：后两个音节是轻声，如：飞起来，投进去。

（3）四音节词语。

四音节词语的轻重格式共分为三种，这一般与其词性的结构关系有关。

①中重中重：大部分具有联合关系的四字格式成语读此结构，如：心猿意马、独断专行。

②中轻中重：读此结构的多为专用名词、叠音形容词、象声词，如：社会主义、大大方方、蹦蹦跳跳、稀里糊涂、慌里慌张。

③重中中重：具有修饰与被修饰、陈述与被陈述和支配与被支配关系的四格式成语及一、三格式组成的成语，读此格式。如：惨不忍睹、一扫而空。

值得注意的是，受轻重格式的影响，在读多音节词语时，其后字字调的调值一定要到位，不然的话将按评分标准中的“缺陷”进行扣分。朗读时，词语的轻重音格式不注意，会造成声调的缺陷。

3）轻声词判定、朗读要准确

“读多音节词语”这一项测试，其出题要求是“轻声词语不少于3个”。这里出现的轻声词语，往往是没有规律可循的，是“必读轻声词语”和“重次轻格式词语”，即朗读时归结为“重·轻”格式的词语。此类词语需要应试人平时不断积累，特别记忆。在测试中，三种情况必须引起注意：第一，该读轻声的不读轻声，不该读轻声的却读轻声，轻声与非轻声混淆。如“苗条”、“活泼”、“云彩”是轻声词语，往往会判定为非轻声词语；“破坏”、“敌人”、“情况”是非轻声词语，容易误认为是轻声词语，因此误读；第二，受轻声词语“重·轻”格式读音的干扰及其惯性的影响，把排列在轻声词语后面非轻声词语也读成“重·轻”格式；第三，轻声词语能够准确判定却不能准确朗读。轻声的性质跟一般声调不同，一般声调的性质主要取决于音的高低，轻声则主要取决于音的强弱与长短。轻声音节的特点是发音时用力特别小，音量特别弱，音长特别短，轻声音节一般跟在与其相应的音节后面，连着念出来。如“谢谢 xiè（强、长）—xie（弱、短）”、“老实 lǎo（强、长）—shi（弱、短）”。朗读时，因为轻声音节发音弱且短，因此，应试人往往不注意区分其平翘、前后鼻的情况，有浑水摸鱼之感。

4）注意儿化词语的朗读

对于儿化词语，这一项的出题要求是不少于 4 个。它都有明显的外在形态作为标志：词尾带有一“儿”字（像“女儿”、“毽儿”这样特殊的例外）。有“儿”的词语就儿化，没有“儿”的词语不要随便儿化。朗读时有的词语受习惯势力的影响，容易添加。如：“君子”、“早点”、“口头”等，受平时练习的“瓜子儿”“石子儿”、“一点儿”、“有点儿”、“差点儿”、“老头儿”、“年头儿”等的影响，就容易把“君子”、读成“君子儿”，“早点”读成“早点儿”，“口头”读成“口头儿”。应该说，是否读儿化，不存在像判断是否轻声词语这样困难，其关键是怎么样读好。要读好儿化词语，要注意三点：第一，不要把“儿”音节与前面的音节割裂开来，像“加塞儿”，它是三个汉字代表两个音节，朗读时，只要在发“sāi”韵母的同时加上一个卷舌动作即可，“er”与韵母“ɑi”不能脱离，应该连成一个音节，读 sāir；第二，注意儿化词语末一音节儿化后的声调应与原声调一致，如“纳闷儿”，末一音节“闷 mèn”是去声调，调值是 51，儿化“闷儿 mènr”也应该为去声，朗读时，受“儿”原阳平声调 35 的影响，容易造成儿化韵音节声调的缺陷，把 mènr 降调误读成降后又有上扬的趋势，即调值由原来的 51 变为 513；第三，朗读儿化词语，因为平时运用不多，又加上练习不够，舌头不听使唤，总是卷不起来，读起来特别的生硬，因此往往会不自觉地用重读来强调儿化韵。其实，儿化韵不能重读，朗读儿化词语时，切勿面孔死板，应该是语气轻快，面带微笑，在词末一带而过，给人以活泼的感觉。儿化重读会造成声调缺陷或把“儿”音节与前一音节割裂开。

5）注意多音节词语中上声调的读音变化

“读多音节词语”这一项测试，目的除了考查声、韵、调外，还要测查应试人的变调，其中上声变调是重点。关于“上声”的出题要求是：上声与上声连读的词语不少于 3 个；上声（在前）和其他声调（阴平、阳平、去声、轻声）连读的词语不少于 4 个。上声是降升调，它的调值是 214，它在单念或词末尾时要读原调，其他均要发生变调。朗读时应该注意：第一，多音节词语末一个音节是上声时，必须念完整（轻声词除外），如“根本”、“体育馆”、“眉飞色舞”等，其末一个音节调值应该念 214，哪怕是儿化词语，如“门槛儿”、“没谱儿”、“烟卷儿”等也应该到位，应试人往往不注意或因为朗读语速较快容易误读为 211，只降不扬；第二，上声在四声前都应该产生变调。上声在阴平、阳平、去声前，念半上，如“紧张”、“野蛮”、“跑步”等，前一个音节上声调均要发生音变，读做半上211调，在词语朗读不连贯按字分读时容易误读为212；上声在上声前，念阳平，如“粉笔”“偶尔”，调值应该是35+214，朗读时容易把前一音节读成半上，而末音节误读为阳平，即误读为211+35。

6）注意词语中的“一”“不”的变调

“一”的本调是阴平，“不”的本调是去声。“一”“不”在语流中出现要变调。同样，在词语中也应该音变，不能读原调。应试人在测试时因为注意力较多地集中在字音的准确上，往往会忽视“一”“不”的变调问题。“一”“不”变调规则记住四句话：“单说句来念本调”，“去声前面念阳平”，“非去声前念去声”，“夹在词中念轻声”。如“第一”读 yī，“不至于”读 bú，“一丝不苟”读 yì、bù，“不可一世”读 bù、yí。另外，儿化词语也应该注意音变，如“一会儿”读 yí，“一点儿”读 yì。

7）注意词语前后音节声调的高低差异

在普通话水平测试过程中发现，对于多音节词语朗读中的声调问题，注重的多是双音节词语各自音节声调的高低升降，而往往忽视前后音节高低升降的差异变化。多音节词语的朗读，由于前后音节之间具有不可分割的连续性和紧密性，后一音节的声调读音容易受前一音节声调高低的影响，使得后一音节的声调误读。如：

阴平+四声：	参加 55+55	参谋 55+35	参考 55+214	参与 55+51
阳平+四声：	连通 35+55	连年 35+35	连锁 35+214	连夜 35+51
上声+四声：	领先 211+55	领头 211+35	领口 35+214	领悟 211+51
去声+四声：	论说 51+55	论坛 51+35	论理 51+214	论战 51+51

例如，“参加”的调值是55+55，即前后音节都是高平调，它们的起音和收音一样高，都是由5度到5度，发音高而平。朗读时，后一音节的声调的音高容易支撑不住，使其低于前一音节声调的读音，即由原来的55+55误读为55+44或55+33。再如“连夜”其调值是35+51，前一音节的收音和后一音节的起音一样高，都处在高5度位置。朗读时，后一音节的起音往往升不到前一音节尾音相同高的位置，而与前一音节的起音相同，即由原来的35+51误读为35+31。

8）注意认清词语的字型及词语的词序

应试人如果心理紧张、训练不够或测试时粗心大意，朗读词语容易想当然，造成看错或颠倒词序。如：把“作祟 zuò suì”读成“zuò chóng”，把“梵文 fàn wén”读成“chǔ wén”，因为“祟 suì”与“崇 chóng”、“梵 fàn”与“楚 chǔ”字形相似，所以误读；把“英勇”念成“英雄”，把“忽然”念成“突然”，只看清其中的一个字没有思索就想当然脱口而出一个词；还有把“年青”念成“青年”，把“儿女”念成“女儿”，把“兄弟”念成“弟兄”，马马虎虎不注意辨别而把词序颠倒……朗读时应该稳定情绪，边读边思考，切莫没看清楚就脱口而出。

9）注意辨别异读词的读音

在多音节词语的朗读中，由于多音字在一定的语言环境中，因此读音是确定的。不像单音节字朗读，多音字可以选取其中任意一个音来念。词语中的异读词，一定要注意仔细辨别清楚才念。如“绿林”中的“绿 lù”不能读“lǜ”；“与会”中“与 yù”不能读“yǔ”；“答复”和“答应”中的“答”读音不同，前者应该念 dá，后者应该读 dā；“宝藏”和“矿藏”中的“藏”，前者读 zàng，后者读 cáng；“妥帖”、“请帖”、“字帖”三个词语中的“帖”读音不同：“妥帖”中的“帖”读阴平调 tiē，“请帖”中的“帖”读上声调 tiě，“字帖”中的“帖”读去声调 tiè……异读词词语的读音要注意分辨。

10）多读多练多记多学习，注意正确读音

有些词语因为平时不太常用，比较生僻，容易读错，如：“神龛 kān”不读 lóng；“毗邻 pí”不读 bǐ；“绦虫 tāo”不读 tiáo；“水獭 tǎ”不读“lài”；“皈依 guī”不读 bó 或 fǎn；“亵渎 xiè”不读 zhí 等；有些词语受方言的影响而误读，如：“排斥 chì”不读 chè；“矛盾 dùn”不读 dèn；“情况 kuàng”不读 huàng；“耐心 nài”不读 nèi……；有些词语受北京土音的影响，容易误读声调，特别是非上声调误读成上声调。如：“质量 zhì（51）”误读 zhǐ（214）；“教室 shì（51）”误读 shǐ（214）；“符合 fú（35）”误读 fǔ（214）；“复杂 fù（51）”；误读 fǔ（214）；“亚洲 yà（51）”误读 yǎ（214）；“处理 chǔ（214）”误读 chù（51）；“乘客 chéng（35）”误读 chèng（51）；“浙江 zhè（51）”误读 zhé（35）……；有些词语，是应试人自以为是，一直误读。如：“肄业 yì”不读 sì；“倚靠 yǐ”不读 qí；“惬意 qiè”不读 xiá；“亲昵 nì”不读 nī；“熏陶 táo”不读 tāo；“斐然 fěi”不读 péi；“戏谑 xüè”不读 nüè……；有些词语，是因为应试人知识老化而误读。比如从 1956 年开始，国家对土话的字音进行了多次审订，制定了普通话的标准读音。因此，普通话的语音标准，当前应该以 1985 年公布的《普通话异读词审音表》以及 1996 年版的《现代汉语词典》为规范。如：屡见不鲜 xiān 误读 xiǎn；五更 gēng 误读 jīng；惩罚 chéng 误读 chěng；澎湃 péng 误读 pēng；……

3.2 多音节词语连读变调

音变就是语音的变化。人们说话时，不是孤立地发出一个个音节，而是把音节组成一连串自然的“语流”。在语流中，由于相邻音节的相互影响或表情达意的需要，有些音节的读音发生一定的变化，这就是语流音变，也叫音变。普通话的音变主要包括变调、轻声、儿化、语气词“啊”的音变等。下面分别来说明它们的音变规律。

在单读一个个音节的时候，普通话有四种基本声调，即阴平、阳平、上声、去声。一般来讲，汉语一个音节就对应一个汉字，因此声调又称为“字调”。每个音节、每个字不是一个个孤立的单位，在词语、句子中由于相邻音节的相互影响，有的音节的声调发生变化，这种音变现象叫做变调。普通话的主要变调情况有：上声变调，去声变调，“一”、“不”的变调，叠字形容词的变调。

3.2.1 上声变调

上声在普通话四个声调中音长最长，基本上是个低调，调值为 214。上声在阴平、阳平、上声、去声前都会产生变调，只有在单念或处在词语、句子的末尾才有可能读原调。其变调规律如下。

（1）上声音节在阴平、阳平、去声（非上声音节）前，丢掉后半段上升的尾巴，调值由 214 变为半上声 21。例如：

上声＋阴平：百般 bǎibān　保温 bǎowēn　打通 dǎtōng
纺织 fǎngzhī　海关 hǎiguān

上声＋阳平：祖国 zǔguó　旅行 lǚxíng　导游 dǎoyóu
改革 gǎigé　朗读 lǎngdú

上声＋去声：广大 guǎngdà　讨论 tǎolùn　挑战 tiǎozhàn
土地 tǔdì　感谢 gǎnxiè

注：上声音节在轻声前的变调情况要根据轻声音节的情况而定。

（2）当轻声音节由上声字构成时，前面的上声音节的变调有两种情况。

①当这个词语是动词或者形容词时，上声变为阳平，调值为 35；例如：

等等 děngdeng　讲讲 jiǎngjiang　想起 xiǎngqi

②当这个词语是名词时，上声变为半上，调值为 21。例如：

嫂子 sǎozi　碾子 niǎnzi　姐姐 jiějie

（3）当轻声音节由非上声字构成，前面的上声音节变读为半上，调值是 21。例如：

阴平：打听 dǎting　眼睛 yǎnjing　比方 bǐfang

阳平：本钱 běnqian　老婆 lǎopo　老爷 lǎoye

去声：脑袋 nǎodai　寡妇 guǎfu　本事 běnshi

（4）上声音节在上声音节的前面，即两个上声相连，则前一个上声的调值由 214 变为 35，与普通话阳平的调值相同，而后一个上声保持原来的调值不变。例如：

懒散 lǎnsǎn　手指 shǒuzhǐ　母语 mǔyǔ
鬼脸 guǐliǎn　海岛 hǎidǎo　可口 kěkǒu
领导 lǐngdǎo　野草 yěcǎo　水果 shuǐguǒ
理解 lǐjiě

（5）三个上声音节相连，如果后面没有紧跟着其他音节，也不带什么语气，末尾音节一般不变调。开头和当中的上声音节有两种变调情况。

①当词语的结构是“双单格”时，即 2＋1 结构，开头和当中的上声音节调值变为 35，跟阳平的调值一样。例如：

水彩笔 shuǐcǎibǐ　选举法 xuǎnjǔfǎ
展览馆 zhǎnlǎnguǎn　考古所 kǎogǔsuǒ

②当词语的结构是“单双格”时，即 1＋2 结构，开头音节处在被强调的逻辑重音时，读作“半上”，调值变为 21，当中音节则按两上变调规律变为 35。例如：

冷处理 lěngchǔlǐ　　小两口 xiǎoliǎngkǒu

好导演 hǎodǎoyǎn　　海产品 hǎichǎnpǐn

(6) 多个上声音节相连时，要根据其词语组合情况和逻辑重音的不同，做不同的处理。例如：

想买果脯　xiǎng　mǎi　guǒpǔ

永远美好　yǒnyuǎn　měihǎo

小组长请你往北走 xiǎozǔzhǎng　qǐngnǐ　wǎng　běi　zǒu

【语音训练】

1）词语练习

进行以下词汇练习，注意上声的变调：

上声＋阴平：	北京	首都	老师	港湾	紧张	火车	省心
	讲师	手机	保温	摆脱	北方	简单	口腔
上声＋阳平：	海洋	满足	火柴	准则	可能	果园	考察
	仿佛	改革	朗读	演习	语文	祖国	以来
上声＋去声：	酒店	美丽	使用	讨论	稿件	百姓	打仗
	土地	广大	讨论	总是	考试	渴望	检验
上声＋轻声：	我们	椅子	老婆	耳朵	懒得	姥姥	老实
	骨头	李子	祖宗	姐姐	马虎	走了	紫的
上声＋上声：	指导	理解	本领	水果	女子	老板	所以
	粉笔	老总	懒散	海岛	旅馆	广场	
	展览馆	演讲稿	手写体	养马场	洗脸水	草稿纸	
	好领导	老古董	纸老虎	李导演	省语委	小雨雪	

以上词语的拼音对照如下：

上声＋阴平：	běijīng	shǒudū	lǎoshī	guǎngwān	jǐnzhāng
	huǒchē	shěngxīn	jiǎngshī	shǒujī	bǎowēn
	bǎituō	běifāng	jiǎndān	kǒuqiāng	
上声＋阳平：	hǎiyáng	mǎnzú	huǒchái	zhǔnzé	kěnéng
	guǒyuán	kǎochá	fǎngfú	gǎigé	lǎngdú
	yǎnxí	yǔwén	zǔguó	yǐlái	
上声＋去声：	jiǔdiàn	měilì	shǐyòng	tǎolùn	gǎojiàn
	bǎixìng	dǎzhàng	tǔdì	guǎngdà	tǎolùn
	zǒngshì	kǎoshì	kěwàng	jiǎnyàn	
上声＋轻声：	wǒmen	yǐzi	lǎopo	ěrduo	lǎnde
	lǎolao	lǎoshi	gǔtou	lǐzi	zǔzong

jiějie　　mǎhu　　zǒule　　zǐde

上声＋上声：zhǐdǎo　　lǐjiě　　běnlǐng　　shuǐguǒ　　nǚzi

lǎobǎn　　suǒyǐ　　fěnbǐ　　lǎozǒng　　lǎnsǎn

hǎidǎo　　lǚguǎn　　guǎngchǎng

zhǎnlǎnguǎn　　yǎnjiǎnggǎo　　shǒuxiětǐ　　yǎngmǎchǎng

xǐliǎnshuǐ　　cǎogǎozhǐ　　hǎolǐngdǎo　　lǎogǔdǒng

zhǐlǎohǔ　　lǐdǎoyǎn　　shěngyǔwěi　　xiǎoyǔxuě

2）常见上声变调音节朗读练习

进行以下 44 组练习：

(1) ǔ＋ǔ：　鼓舞　侮辱　祖母　哺乳　古朴　五谷

(2) ǔ＋ǎo：　古老　舞蹈　主导

(3) ǔ＋ǎng：　土壤　鲁莽　鼓掌　舞场　阻挡

注：这组词后一个上声字为后鼻音，发音时到位，注意和前鼻音相区别。

(4) ǔ＋ǐ：　母体　主体　补给

主旨　阻止　拇指　处死

(5) ǔ＋ǚ：　主语　母语　土语　舞曲　处女　舞女

注：这组词后一个上声字为撮口韵，发音时注意将口形拢起，但不要向前突出。

(6) ǔ＋其他：　古典　土匪　主管　母本　普法

谱写　普选　苦果　卤水　俯首

抚养　古董　骨髓　不满　土产

主演　主宰　苦恼　古老　处理

腐朽

(7) uǎn：　管理　软骨　短小　短语

短跑　缓解　转产　转脸

转手　转眼

(8) uǎng：　往往　广场　爽朗（注：这组词两个音节均为后鼻音）

(9) uǐ：　水果　水火　嘴脸　鬼脸

水鸟　腿脚　水手　水井

水獭　水肿　傀儡

(10) uǒ：　所属　所有　左手　所以

火把　火海　火种　裸体

索取　躲闪　果品

(11) ǒng：　怂恿　笼统　总统　总管

统领　总得　总体　拱手

注：该韵母虽以 o 字母开头，但按实际发音为合口呼，非开口呼。

(12) uěn：　稳产　稳妥　准许

(13) uǎ：　瓦解

(14) ǔ：　旅馆　女子　予以　举止　许可
取舍　语法　雨水　雨伞　许久

(15) üǎn：　选举　选手　犬齿　选取　选种
远古　远景

(16) iǒng：　永久　永远　勇敢　勇猛

注：第一个字的韵母虽以 i 字母开头，但按实际发音应为撮口呼，非齐齿呼。

(17) ǔn：　允许

(18) ǎ+ǐ：　蚂蚁　哪里

(19) ǎ+ǒu：　把手　把守

(20) ǎ+ǎo：　打倒　打扫　打扰　法宝

(21) ǎ+其他：法典　玛瑙　打赌　把柄　马桶
眨眼　打搅　打垮　打铁　靶场

(22) ǎn+ǎn：　展览　橄榄　反感　懒散

(23) ǎn+其他：满嘴　惨死　反比　反响
反省　赶场　赶紧　感想
坎坷　满口　辗转　感慨
版本

(24) ǎo+ǔ：　考古　老虎　保姆

(25) ǎo+ǐ：　好比　草拟　早已

(26) ǎo+ǎn：　老板　饱满　好感

(27) ǎo+其他：草场　考场　烤火　恼火
好歹　脑海　捣鬼　捣毁
草本　保守　保管　保险
早晚　早点　老总　老者
讨好　考取　岛屿　导体
稿纸　宝塔　堡垒　保养
好转

(28) ǎng：　场景　倘使　往返　网点
长老　长者　掌管　港口
场所　党委

(29) ěng：　冷水　冷饮　冷暖　冷眼
整理　整体

(30) ě：　可以　可耻　可取　耳语

(31) ǎi：　买主　奶粉　矮小　改悔
改口　海口　改写　采写
改选　改组　海港　海里
海岛　采访　采取

(32) ěn：审美　本土　粉笔　诊所　本领

(33) ěi：美感　美满　美酒　美女　给予
美景　美好　委婉

(34) ǒu ：手表　口角　手脚　首领
首长　口吻　手稿　手软
首府　守法　口水　首尾
走访　手掌　手法　手指
口语　偶尔　抖擞　苟且

(35) -ǐ ：只管　使馆　只好　指导
纸板　指点　指使　指引
使者　始祖　死板　死守
子女　只有

注：-i 为舌尖前、后元音，实际发音为开口呼，非齐齿呼。

(36) ǐ：起点　以免　体检　起草
乞讨　给予　起码　理解
以往　耻辱　匕首　比武
笔法　诋毁　抵挡　给养
脊髓　礼法　理睬　起火
理想　礼品

(37) iǎn：典礼　眼睑　减免　显眼
检讨　减少　点火　检索
演讲　勉强　眼角　浅海
简朴　简短　剪纸　减产
检阅　检举　脸谱　典雅

(38) iǎ：甲板　假使　假想

(39) ǐng：警犬　领土　领主　领导
领海　领口　领取　顶点
影响

(40) iǎo：小腿　小鬼　小巧　渺小
袅袅　了解　脚掌　脚趾
小组　小丑　小米　小脑
小品　小雪　窈窕　表演

(41) ǐn：尽管　品种　敏感　引导
引起　尽早　引水　饮水

(42) iǎng：享有　想法　讲解　讲理
讲演　奖品　奖赏　抢险
养老

(43) iě：　也许　解渴　解体　写法
(44) iǒu：　友好

以上各组词语的拼音对照如下：

(1) ǔ+ǔ：　gǔwǔ　wǔrǔ　zǔmǔ　bǔrǔ　gǔpǔ　wǔgǔ
(2) ǔ+ǎo：　gǔlǎo　wǔdǎo　zhǔdǎo
(3) ǔ+ǎng：　tǔrǎng　lǔmǎng　gǔzhǎng　wǔchǎng　zǔdǎng
(4) ǔ+ǐ：　mǔtǐ　zhǔtǐ　bǔjǐ
zhǔzhǐ　zǔzhǐ　mǔzhǐ　chǔsǐ
(5) ǔ+ǚ：　zhǔyǔ　mǔyǔ　tǔyǔ　wǔqǔ　chǔnǚ　wǔnǚ
(6) ǔ+其他：　gǔdiǎn　tǔfěi　zhǔguǎn　mǔběn　pǔfǎ
pǔxiě　pǔxuǎn　kǔguǒ　lǔshuǐ　fǔshǒu
fǔyǎng　gǔdǒng　gǔsuǐ　bǔmǎn　tǔchǎn
zhǔyiǎn　zhǔzǎi　kǔnǎo　gǔlǎo　chǔlǐ
fǔxiǔ
(7) uǎn：　guǎnlǐ　ruǎngǔ　duǎnxiǎo　duǎnyǔ
duǎnpǎo　huǎnjiě　zhuǎnchǎn　zhuǎnliǎn
zhuǎnshǒu　zhuǎnyǎn
(8) uǎng：　wuǎngwuǎng　guǎngchǎng　shuǎnglǎng
(9) uǐ：　shuǐguǒ　shuǐhuǒ　zuǐliǎn　guǐliǎn
shuǐniǎo　tuǐjiǎo　shuǐshǒu　shuǐjǐng
shuǐtǎ　shuǐzhǒng　kuǐleǐ
(10) uǒ：　suǒshǔ　suǒyǒu　zuǒshǒu　suǒyǐ
huǒbǎ　huǒhǎi　huǒzhǒng　luǒtǐ
suǒqǔ　duǒshǎn　guǒpǐn
(11) ǒng：　sǒngyǒng　lǒngtǒng　zǒngtǒng　zǒnguǎn
tǒnglǐng　zǒngděi　zǒngtǐ　gǒngshǒu
(12) uěn：　wěnchǎn　wěntuǒ　zhǔnxǔ
(13) uǎ：　wǎjiě
(14) ǚ：　lǚguǎn　nǚzǐ　yǔyǐ　jǔzhǐ　xǔkě
qǔshě　yǔfǎ　yǔshuǐ　yǔsǎn　xǔjiǔ
(15) üǎn：　xuǎnjǔ　xuǎnshǒu　quǎnchǐ　xuǎnqǔ　xuǎnzhǒng
yuǎngǔ　yuǎnjǐng
(16) iǒng：　yǒngjiǔ　yǒngyuǎn　yǒnggǎn　yǒngměng
(17) ǚn：　yǔnxǔ
(18) ǎ+ǐ：　mǎyǐ　nǎlǐ
(19) ǎ+ǒu：　bǎshǒu　bǎshǒu

(20) ǎ+ǎo： dǎdǎo dǎsǎo dǎrǎo fǎbǎo

(21) ǎ+其他： fǎdiǎn mǎnǎo dǎdǔ bǎbǐng mǎtǒng zhǎyǎn dǎjiǎo dǎkuǎ dǎtiě bǎchǎng

(22) ǎn+ǎn： zhǎnlǎn gǎnlǎn fǎngǎn lǎnsǎn

(23) ǎn+其他： mǎnzuǐ cǎnsǐ fǎnbǐ fǎnxiǎng fǎnxǐng gǎnchǎng gǎnjǐn gǎnxiǎng kǎnkě mǎnkǒu zhǎnzhuǎn gǎnkǎi bǎnběn

(24) ǎo+ǔ： kǎogǔ lǎohǔ bǎomǔ

(25) ǎo+ǐ： hǎobǐ cǎonǐ zǎoyǐ

(26) ǎo+ǎn： lǎobǎn bǎomǎn hǎogǎn

(27) ǎo+其他： cǎochǎng kǎochǎng kǎohuǒ nǎohuǒ hǎodǎi nǎohǎi dǎoguǐ dǎohuǐ cǎoběn bǎoshǒu bǎoguǎn bǎoxiǎn zǎowǎn zǎodiǎn lǎozǒng lǎozhě tǎohǎo kǎoqǔ dǎoyǔ dǎotǐ gǎozhǐ bǎotǎ bǎolěi bǎoyǎng hǎozhuǎn

(28) ǎng： chǎngjǐ tǎngshǐ wǎngfǎn wǎngdiǎn zhǎnglǎo zhǎngzhě zhǎngguǎn gǎngkǒu chǎngsuǒ dǎngwěi

(29) ěng： lěngshuǐ lěngyǐn lěngnuǎn lěngyǎn zhěnglǐ zhěngtǐ

(30) ě： kěyǐ kěchǐ kěqǔ ěryǔ

(31) ǎi： mǎizhǔ nǎifěn ǎixiǎo gǎihuǐ gǎikǒu hǎikǒu gǎixiě cǎixiě gǎixuǎn gǎizhǔ hǎigǎng hǎilǐ hǎidǎo cǎifǎng cǎiqǔ

(32) ěn： shěnměi běntǔ fěnbǐ zhěnsuǒ běnlǐng

(33) ěi： měigǎn měimǎn měijiǔ měinǚ gěiyǔ měijǐng měihǎo wěiwǎn

(34) ǒu： shǒubiǎo kǒujiǎo shǒujiǎo shǒulǐng shǒuzhǎng kǒuwěn shǒugǎo shǒuruǎn shǒufǔ shǒufǎ kǒushuǐ shǒuwěi zǒufǎng shǒuzhǎng shǒufǎ shǒuzhǐ kǒuyǔ ǒu'ěr dǒusǒu gǒuqiě

(35) -ǐ： zhǐguǎn shǐguǎn zhǐhǎo zhǐdǎo

	zhǐbǎn	zhǐdiǎn	zhǐshǐ	zhǐyǐn
	shǐzhě	shǐzǔ	sǐbǎn	sǐshǒu
	zǐnǚ	zhǐyǒu		
(36) ǐ：	qǐdiǎn	yǐmiǎn	tǐjiǎn	qǐcǎo
	qǐtǎo	jǐyǔ	qǐmǎ	lǐjiě
	yǐwǎng	chǐrǔ	bǐshǒu	bǐwǔ
	bǐfǎ	dǐhuǐ	dǐdǎng	jǐyǎng
	jǐsuǐ	lǐfǎ	lǐcǎi	qǐhuǒ
	lǐxiǎng	lǐpǐn		
(37) iǎn：	diǎnlǐ	yǎnjiǎn	jiǎnmiǎn	xiǎnyǎn
	jiǎntǎo	jiǎnshǎo	diǎnhuǒ	jiǎnsuǒ
	yiǎnjiǎng	miǎnqiǎng	yǎnjiǎo	qiǎnhǎi
	jiǎnpǔ	jiǎnduǎn	jiǎnzhǐ	jiǎnchǎn
	jiǎnyuè	jiǎnjǔ	liǎnpǔ	diǎnyǎ
(38) iǎ：	jiǎbǎn	jiǎshǐ	jiǎxiǎng	
(39) ǐng：	jǐngquǎn	lǐngtǔ	lǐngzhǔ	lǐngdǎo
	lǐnghǎi	lǐngkǒu	lǐngqǔ	dǐngdiǎn
	yǐngxiǎng			
(40) iǎo：	xiǎotuǐ	xiǎoguǐ	xiǎoqiǎo	miǎoxiǎo
	niǎoniǎo	liǎojiě	jiǎozhǎng	jiǎozhǐ
	xiǎozǔ	xiǎochǒu	xiǎomǐ	xiǎonǎo
	xiǎopǐn	xiǎoxuě	yǎotiǎo	biǎoyǎn
(41) ǐn：	jǐnguǎn	pǐnzhǒng	mǐngǎn	yǐndǎo
	yǐnqǐ	jǐnzǎo	yǐnshuǐ	yǐnshuǐ
(42) iǎng：	xiǎngyǒu	xiǎngfǎ	jiǎngjiě	jiǎnglǐ
	jiǎngyǎn	jiǎngpǐn	jiǎngshǎng	qiǎngxiǎn
	yǎnglǎo			
(43) iě：	yěxǔ	jiěkě	jiětǐ	xiěfǎ
(44) iǒu：	yǒuhǎo			

3）绕口令练习

练习以下绕口令，注意上声的变调：

请你想一想

五组的小组长姓鲁，九组的小组长姓李，
鲁组长比李组长小，李组长比鲁组长老。

比李组长小的鲁组长有个表姐比李组长老，
比鲁组长老的李组长有个表姐比鲁组长小。

小的小组长比老的小组长长得美，
老的小组长比小的小组长长得丑。

丑小组长的表姐比美小组长的表姐美，
美小组长的表姐比丑小组长的表姐丑。

请你想一想：
是鲁组长老，还是鲁组长的表姐老？
是李组长小，还是李组长的表姐小？
是五组小组长丑，还是九组小组长丑？
是鲁组长表姐美，还是李组长表姐美？

3.2.2 “一”“不”的变调

“一”“不”都是古清声母的入声字。普通话“一”的单字调是阴平 55 调值，“不”的单字调是去声 51 调值，在单念、表序数或处在词句末尾的时候，不变调。这两个字的变调取决于后一个连读音节的声调。（本应标原调但为了明显，“一”“不”标变调。）

1. “一”的变调

（1）在去声音节前调值由 55 变为 35，跟阳平的调值一样。例如：

一半 yíbàn　一共 yígòng　一向 yíxiàng　一度 yídù　一概 yígài

（2）在阴平、阳平、上声（非去声）前，调值由 55 变为 51，跟去声的调值一样。例如：

“一”＋阴平：

一般 yìbān　一边 yìbiān　一端 yìduān　一天 yìtiān　一声 yìshēng

“一”＋阳平：

一连 yìlián　一时 yìshí　一同 yìtóng　一头 yìtóu　一群 yìqún

“一”＋上声：

一举 yìjǔ　一口 yìkǒu　一起 yìqǐ　一手 yìshǒu　一体 yìtǐ

（3）夹在词语中间的时候读轻声。例如：

学一学 xuéyixué　看一看 kànyikàn　谈一谈 tányitán

2. “不”的变调

（1）“不”在去声音节前调值由 51 变为 35，跟阳平的调值一样。例如：

不必 búbì　不变 búbiàn　不测 búcè

不错 búcuò　不但 búdàn

（2）“不”夹在词语中间的时候读轻声。例如：

买不买 mǎibumǎi　来不来 láibulái　会不会 huìbuhuì

【语音训练】

1）词语练习

练习以下词语，注意“一”“不”的变调。

一般	一拍	一方	一边	一车	一刀
一吨	一根	一锅	一家	一筐	一道
一度	一丈	一寸	一粒	一辆	一个
一次	一去	一趟	一万	一亿	一架
一扇	第一	其一	统一	七一	八一
一把手	一把抓	一半天	一辈子	一场空	
一点儿	一风吹	一锅粥	一清早	一身胆	
一条龙	一条虫	一窝蜂	一系列	一元化	
一元钱	一口气	一口锅	一览表	一揽子	
一连串	一年生	一品锅	一品红	一般人	
一神教	一条心	一团糟	一席话		
一般见识	一本万利	一笔勾销	一臂之力		
一差二错	一成不变	一触即发	一刀两断		
一发千钧	一反常态	一鼓作气	一技之长		
一箭双雕	一蹶不振	一来二去	一了百了		
一落千丈	一马平川	一败涂地	一板一眼		
一本正经	一笔抹杀	一步登天	一唱一和		
不畏	不消	不许	不扬	不只	不然
不见	不拘	不愧	不论	不平	不克
不爽	不惜	不行	不逊	不要	不致
不在					
不成材	不成文	不连累	不道德	不得已	
不定根	不规则	不名誉	不送气	不成器	
不大离	不得劲	不等号	不动产	不过意	
不相干	不成话	不倒翁	不得了	不等式	
不见得	不起眼	不像话	不锈钢	不周到	
不要紧	不自量	不由得			
不打自招	不共戴天	不管不顾	不哼不哈		
不计其数	不见经传	不可开交	不可一世		
不劳而获	不谋而合	不言而喻	不遗余力		
不约而同	不知所措	不置可否	不上不下		
不前不后	不大不小	不清不白	不动声色		
不尴不尬	不寒而栗	不即不离	不假思索		

2）绕口令练习

一二三

一二三四五六七，七六五四三二一

一个姑娘来摘李，一个小伙儿来摘梨，一个小孩儿来拣栗。

三个人一起出大力，收完李子栗子梨，一起拉到市上去赶集。

找父母

有一位不高不矮的老头儿，领着一个不大不小的男孩儿，去找不老不小的父母。爷孙俩不慌不忙地走着，前后左右地张望着……在一个不上不下的台阶儿上，看见了不动声色的父母，抱着一对不好不坏的小狮子，正不知所措地站立着。看见爷孙一起走来，这对夫妇不好意思地向一老一小道了过失。

3）快读练习

你能一口气就说完下面字数为100个的一段话吗？快的同时也要吐清字音。

出东门，过大桥，大桥前面一树枣。拿着杆子去打枣，青的多，红的少。一个枣，两个枣，三个枣，四个枣，五个枣，六个枣，七个枣，八个枣，九个枣，十个枣，十个枣，九个枣，八个枣，七个枣，六个枣，五个枣，四个枣，三个枣，两个枣，一个枣，这是一段绕口令，一气说完才算好。

4）短语朗读练习

朗读下面的数量名短语，注意“一”的变调和量词的使用。

两个人	三名专家	一位客人	一员猛将
几十号人	两只脚	四头骡子	六匹马
五峰骆驼	一尾鱼	九腔羊	一条街
八棵菜	七株大树	一枝柳条	一朵白云
两丘田	三片面包	一块饼干	一座宫殿
一所医院	一栋房屋	一幢楼	一家出版社
一间教室	一堵墙	八级台阶	一扇屏风
一眼泉	两口猪	几滴油	一股劲头
一道口子	一辆汽车	一部小说	一艘军舰
一架照相机	一台机器	一盘磨	一颗炮弹
一粒珍珠	一枚奖章	一丸药	一节藕
两段木头	一方印章	五张羊皮	一把伞
一柄铁叉	一顶草帽	一领草席	两床铺盖
一杆秤	三根钢管	一管长笛	两挺机关枪
一支山歌	两本画报	一套纪念邮票	一幅被面
一帧字画	一轴花鸟画	两封信	三期讲习班
一剂汤药	一件事	一项制度	一桩心事
一宗案件	两码事	一门迫击炮	一堂课
三任厂长	一群彩蝶	一帮土匪	一批货物

三排厂房	一串葡萄	一挂鞭炮	一嘟噜阴匙
一沓卡片	一摊稀泥	一团绒线	一捆柴
一包香烟	两抱草	一卷铺盖	一捧花生
一撮头发	一绺青鬃	一缕青烟	一轴纱线
一对孔雀	两双手套	一副围棋	一组稿件
一打铅笔	一令牛皮纸	一担水	两种性格
十类商品	五样点心	一听奶粉	一罐蜂蜜
十箱橘子	一盒饼干	一篮菜	一篓竹笋
一笼馒头	一袋面粉	一杯水	一碗饭
四盆花	一壶油	一瓶酒	一缸米
三趟列车	一起事故	一场暴风雨	骂了一顿
拧了两下	兜了几圈	绕场一周	

5）朗读练习

谦词雅语种种

初次见面说“久仰”，求人解答用“请教”；
看望别人用“拜访”，等候客人用“恭候”；
表示歉意“对不起”，表示礼让“您先请”；
征求意见“请指教”，赞人见解用“高见”；
陪伴朋友说“奉陪”，请人帮助“多关照”；
中途先走“失陪了”，接受感谢“应该的”；
请人原谅说“包涵”，找人商议说“打扰”；
请人让路说“借光”，归还物品说“奉还”；
请人勿送说“留步”，未及迎接说“失迎”；
向人祝贺说“恭喜”，请人指导说“赐教”；
对方来信称“惠书”，求人帮助说“劳驾”；
对方到场说“光临”，请人接受说“笑纳”；
欢迎购买用“惠顾”，问人年龄说“贵庚”；
老人年龄用“高寿”，问人姓氏说“贵姓”。

3.2.3 叠字形容词的变调

形容词重叠一般有 AA 式、ABB 式或 AABB 式三种。

1. AA 式的变调

叠字形容词 AA 式第二个音节原字调是阳平、上声、去声（非阴平）时，同时 AA 式后加“儿尾”，重叠的第二个音节变成“儿化韵”时，声调可以变为高平调 55 调值，跟阴平的调值一样。例如：

慢慢儿 mànmānr　　　　大大儿 dàdār

快快儿 kuàikuāir　　　　好好儿 hǎohāor

2. ABB 式、AABB 式的变调

当后面两个叠字音节的声调是阳平、上声、去声（非阴平）时，调值变为高平调 55，跟阴平的调值一样，AABB 式中的第二个 A 读轻声。例如：

ABB 式：

绿茸茸 lǜrōngrōng　　　　绿油油 lǜyōuyōu

红彤彤 hóngtōngtōng　　　　慢腾腾 mànténgtēng

AABB 式：

慢慢腾腾 mànmantēngtēng　　　　马马虎虎 mǎmahūhū

舒舒服服 shūshufūfū

注意：

①上述变调规律仅就 ABB 式和 AABB 式形容词的一般情况而言。

②一部分书面语的叠字形容词不变调。例如：白皑皑、金闪闪、轰轰烈烈、堂堂正正、沸沸扬扬、闪闪烁烁等。

3.3 轻声音变

3.3.1 什么是轻声

普通话的每一个音节都有它自己独立的声调，可是在语流中，许多词或句子中的音节发生了音变，整个音节弱化，失去了原有的声调而读成了一个又短又轻的调子，这种现象就叫轻声。一般地说，任何一种声调的字，在一定的条件下，都可以失去原来的声调，变读轻声。例如，“风筝、馒头、马虎、生意”这些词语里的“筝、头、虎、意”，它们单独念时分别读阴平、阳平、上声、去声，可是在这些词语里都读得既短又轻，我们把这些读轻声的字，叫轻声字。轻声并不是四声之外的第五种声调，而是四声的一种特殊音变。

3.3.2 轻声的读法及规律

1. 轻声的读法

轻声音节的读音往往受前面音节调值的影响，主要情况如下。

（1）在非上声音节后，轻声音节的调形是短促的低降调，调值为 31。例如：

阴平＋轻声：他的　桌子　说了　哥哥　先生　休息

阳平＋轻声：红的　房子　晴了　婆婆　活泼

去声＋轻声：坏的　扇子　睡了　弟弟　丈夫　意思

(2) 在上声音节后，轻声音节的调形是短促的半高平调，调值为 44。例如：

上声＋轻声：我的　斧子　耳朵　姐姐　喇叭　老实

另外，轻声音节的音值往往发生一些变化。最明显的是韵母的弱化。例如："哥哥"、"棉花"这两个轻声音节的元音舌位趋于中央。有时轻声音节会导致某些音素脱落，如"豆腐""丈夫""工夫"中的 fu，韵母 u 几乎在口语中消失，只留下清辅音 f。

声母也有可能产生变化。例如不送气的清塞音、清塞擦音声母变为浊塞音、浊塞擦音声母等。

2. 确定轻声的规律

确定轻声的规律如下：

①做名词后缀的"子""儿""头""巴""么"必读轻声。

②助词"得""地""的""着""了""过""们"都必读轻声。

③动词后表趋向的"来""去"必读轻声。

④表方位的语素必读轻声。

⑤重叠形式的动词，名词后面的一个音节读轻声。

⑥语气词"啊""吧""吗""呢"等必读轻声。

⑦量词"个"必读轻声。

⑧多数双音节的单纯词的第二个音节读轻声。

3.3.3 轻声的作用

1. 区别词义

如：地方 dìfāng（与中央相对的行政区域）与地方 dìfang（空间的一部分）；

孙子兵法与宝贝孙子；

脑袋瓜子和炒瓜子。

2. 区别词性

如：摆设 bǎishè（动词）与摆设 bǎishe（名词）；

大意失荆州与段落大意。

【语音训练】

1) 正音训练

用手势辅助法训练，跟读并体会轻声音节的特殊读法：

阴＋轻：	桌子	趴下	他们	先生	跟头	金的
阳＋轻：	房子	粮食	云彩	学生	石头	银的
去＋轻：	凳子	畜生	对呀	豆腐	木头	镍的
上＋轻：	嗓子	嘴巴	怎么	体面	里头	铁的

2）有规律的轻声词训练

练习以下几类轻声词：

①助词：看着　跑了　好吧　去过　偷偷地。

②名词、代词的后缀：石头　我们　房子。

③名词后边的方位词：床上　屋里　底下　里面。

④动词、形容词后的趋向动词：过来　出去　拿去　好起来。

⑤叠音词或词的重叠式：星星　看看。

⑥其他：站住　稀里糊涂。

3）轻声词和非轻声词比较训练

朗读下列词语，注意比较轻声词语与非轻声词语，因为普通话里大多数轻声都同词汇、语法上的意义有密切的关系：

大意 dàyi　（疏忽）
大意 dàyì　（主要的意思）
地道 dìdao　（真正的；纯粹的；实在的）
地道 dìdào　（地下坑道）
地方 dìfang　（某一区域、空间、部位）
地方 dìfāng　（①相对“中央”；②本地区）
东西 dōngxi　（泛指各种具体或抽象的事物；骂人话）
东西 dōngxī　（①东边和西边；②从东到西）
人家 rénjia　（代词。指自己或别人）
人家 rénjiā　（住户；家庭）
实在 shízai　（扎实；地道；不马虎）
实在 shízài　（真实；不虚假）
兄弟 xiōngdi　（弟弟）
兄弟 xiōngdì　（哥哥和弟弟）
造化 zàohua　（福气；运气）
造化 zàohuà　（自然界的创造者，也指自然）

4）轻声读法训练

轻声词有两类：语法轻声词，词汇轻声词。

语法轻声词有较强的规律，下面这些成分在普通话里一般都读成轻声：

①语气词吧、吗、呢、啊等，例如：

烧吧 shāoba　锄吧 chúba
他吗 tāma　咸吗 xiánma
水呢 shuǐne　草呢 cǎone

②助词的、地、得、着、了、过、们等，例如：

真的 zhēnde　谁的 shuíde
懂得 dǒngde　晓得 xiǎode

开了 kāile　　熟了 shúle

刷过 shuāguo　　学过 xuéguo

想着 xiǎngzhe　　写着 xiězhe

他们 tāmen　　你们 nǐmen

③名词的后缀子、头，例如：

村子 cūnzi　　绳子 shéngzi

跟头 gēntou　　馒头 mántou

椅子 yǐzi　　脑子 nǎozi

枕头 zhěntou　　斧头 fǔtou

④个别量词个，例如：

一个 yige　　几个 jǐge

这个 zhège　　哪个 nǎge

⑤方位词里、上、下等，例如：

穿上 chuānshang　　床上 chuángshang

收下 shōuxia　　留下 liúxia

⑥表示趋向的动词来、去、出来、进去等，例如：

起来 qǐlai　　赶来 gǎnlai

砍去 kǎnqu　　讲去 jiǎngqu

⑦重叠动词的末一个音节，例如：

歇歇 xiēxie　　停停 tíngting

⑧数词“一”夹在重叠动词之间，否定词“不”夹在动词或形容词中间，或在可能补语结构中，常读轻声。例如：

看一看 kànyikàn　　搓一搓 cuōyicuō

去不去 qùbuqù　　看不清 kànbuqīng

口语中常用的一批双音节词的第二个音节读轻声，这没有什么规律，是习惯上的要求。例如：

故事 gùshi　　分量 fènliang

态度 tàidu　　相声 xiàngsheng

5）绕口令练习

绕口令 1：我的孙子——小顺子

小顺子是我的孙子，
塌鼻子，矮个子，短膀子，
挺着肚子，像个胖子。
他会踢毽子、跳绳子，还会骑车子。
这一天他出了屋子，骑着车子，拐出院子，
来到动物园看狮子和豹子。

看完狮子和豹子，
又看猴子和兔子。
看了狮子、豹子、猴子、兔子，
小顺子的膀子出了些疹子。
他不敢再看狮子、豹子、猴子、兔子，
骑着车子，拐进院子，放下车子，走进屋子。
进了屋子，小顺子脱下褂子、松开裤子、脱下袜子、蹬了鞋子。
蹬了鞋子，小顺子的膀子上就没了疹子。
膀子上没了疹子，这可乐了小顺子。
他打开屋子里的窗子擦窗子，
擦了窗子去擦桌子、椅子和凳子，
擦了桌子、椅子、凳子去洗锅子、铲子、勺子、筷子、杯子和盘子，
洗了锅子、铲子、勺子、筷子、杯子、盘子去洗被子、帐子、褂子、裤子、袜子和鞋子。
小顺子，累了吗?
不。他洗了被子、帐子、褂子、裤子、袜子、鞋子又去开箱子。
箱子里有梳子、扇子、鞭子、裙子和盒子，
盒子里有金子、银子、珠子、叉子、刀子和盘子。
小顺子拿出盒子里的叉子、刀子、盘子，
又去开缸子、坛子、罐子和筐子，
从缸子、坛子、罐子、筐子里拿出椰子、柿子、橘子和梨子，
把椰子、柿子、橘子、梨子放进一个个盘子。
小顺子端过一个个盘子，
吃光盘子里的椰子、柿子、橘子和梨子。
能玩、能做、能吃，玩了、做了、吃了还不累。
这就是我的孙子——塌鼻子，矮个子，短膀子，挺着肚子，像个胖子的小顺子。

绕口令2

苏州有六十六条胡同口，里边住着六十六岁的刘老六。六十六岁的刘老六家里有六十六层大高楼，楼上有六十六篓桂花油，篓上蒙着六十六匹绿绉绸，绸上绣着六十六个大绒球。楼下安着六十六根大木轴，轴上拴着六十六头大牦牛，牛旁蹲着六十六只大马猴。六十六岁的刘老六，正在门口啃骨头。打南边来了个大花狗，打北边来了个二花狗，两个花狗抢骨头，吓跑了六十六只大马猴，吓惊了六十六头大牦牛，拽出了六十六根大木轴，拽塌了六十六层大高楼。洒了那六十六篓桂花油，油了那六十六匹绿绉绸，脏了那六十六个大绒球。球怪绸，绸怪油，油怪楼轴牛狗猴。

绕口令3

长扁担，短扁担，长扁担比短扁担长半扁担，短扁担比长扁担短半扁担。

绕口令 4

天上看，满天星；地上看，有个坑；坑里看，有盘冰。坑外长着一老松，松上落着一老鹰，松下坐着一老僧，僧前放着一部经，经前点着一盏灯，墙上钉着一根钉，钉上挂着一张弓。说刮风就刮风，刮的男女老少难把眼睛睁。刮散了天上的星，刮平了地上的坑，刮化了坑里的冰，刮倒了坑外的松，刮飞了松上的鹰，刮走了松下的僧，刮乱了僧前的经，刮灭了经前的灯，刮掉了墙上的钉，刮翻了钉上的弓。这是一个星散、坑平、冰化、松倒、鹰飞、僧走、经乱、灯灭、钉掉、弓翻的绕口令。

绕口令 5

白石塔，白石搭，白石搭白塔，白塔白石搭，搭好白石塔，石塔白又大。

绕口令 6

东洞庭，西洞庭，洞庭山上一根藤，藤上挂个大铜铃，风吹藤动铜铃动，风停藤定铜铃静。

6）普通话水平测试必读轻声词语训练

下列词语根据《普通话水平测试用普通话词语表》编制。共收词 545 条（其中“子”尾词 206 条），按汉语拼音字母顺序排列，可供普通话水平测试第二项——读多音节词语（100 个音节）测试使用。另：条目中的非轻声音节只标本调，不标变调；条目中的轻声音节，注音不标调号，例如：明白 míngbai。

【A】

爱人　案子

[拼音对照]

àiren ànzi

【B】

巴掌　把子（bǎzi、bàzi）　爸爸　白净　班子　板子　帮手
梆子　膀子　棒槌　棒子　包袱　包涵　包子　豹子　杯子
被子　本事　本子　鼻子　比方　鞭子　扁担　辫子　别扭
饼子　拨弄　脖子　簸箕　补丁　不由得　不在乎　步子　部分

[拼音对照]

bāzhang　bǎzi　bàzi　bàba　báijing　bānzi　bǎnzi　bāngshou
bāngzi　bǎngzi　bàngchui　bàngzi　bāofu　bāohan　bāozi　bàozi　bēizi
bèizi　běnshi　běnzi　bízi　bǐfang　biānzi　biǎndan　biànzi　bièniu
bǐngzi　bōnong　bózi　bòji　bǔding　bùyóude　bùzàihu　bùzi　bùfen

【C】

财主　裁缝　苍蝇　差事　柴火　肠子　厂子　场子　车子
称呼　池子　尺子　虫子　绸子　除了　锄头　畜生　窗户
窗子　锤子　刺猬　凑合　村子

[拼音对照]

cáizhu cáifeng cāngying chāishi cháihuo chángzi chǎngzi
chǎngzi chēzi
chēnghu chízi chǐzi chóngzi chóuzi chúle chútou chùsheng chuānghu
chuāngzi chuízi cìwei còuhe cūnzi

【D】

耷拉 答应 打扮 打点 打发 打量 打算 打听 大方
大爷 大夫 带子 袋子 耽搁 耽误 单子 胆子 担子
刀子 道士 稻子 灯笼 凳子 提防 笛子 底子 地道
地方 弟弟 弟兄 点心 调子 钉子 东家 东西 动静
动弹 豆腐 豆子 嘟囔 肚子 肚子 缎子 对付 对头
队伍 多么

[拼音对照]

dāla dāying dǎban dǎdian dǎfa dǎliang dǎsuan dǎting dàfang
dàye dàifu dàizi dàizi dān'ge dānwu dānzi dǎnzi dànzi
dāozi dàoshi dàozi dēnglong dīfang dízi dǐzi dìdao
dìfang dìdi dìxiong diǎnxin diàozi dīngzi dōngjia dōngxi dòngjing
dòngtan dòufu dòuzi dūnang dǔzi dùzi duànzi duìfu duìtou
duìwu duōme

【E】

蛾子 儿子 耳朵

[拼音对照]

ézi érzi ěrduo

【F】

贩子 房子 份子 风筝 疯子 福气 斧子

[拼音对照]

fànzi fángzi fènzi fēngzheng fēngzi fúqi fǔzi

【G】

盖子 甘蔗 杆子(gānzi gǎnzi)干事 杠子 高粱 膏药
稿子 告诉 疙瘩 哥哥 胳膊 鸽子 格子 个子 根子
跟头 工夫 弓子 公公 功夫 钩子 姑姑 姑娘 谷子
骨头 故事 寡妇 褂子 怪物 关系 官司 罐头 罐子
规矩 闺女 鬼子 柜子 棍子 锅子 果子

[拼音对照]

gàizi gānzhe gānzi gǎnzi gànshi gàngzi gāoliang gāoyao

gǎozi　gàosu　gēda　gēge　gēbo　gēzi　gézi　gèzi　gēnzi
gēntou　gōngfu　gōngzi　gōnggong　gōngfu　gōuzi　gūgu　gū'niang　gǔzi
gǔtou　gùshi　guǎfu　guàzi　guàiwu　guānxi　guānsi　guàntou　guànzi
guīju　guīnü　guǐzi　guìzi　gùnzi　guōzi　guǒzi

【H】

蛤蟆　孩子　含糊　汉子　行当　合同　和尚　核桃　盒子
红火　猴子　后头　厚道　狐狸　胡琴　糊涂　皇上　幌子
胡萝卜 活泼　火候　伙计　护士

［拼音对照］

háma　háizi　hánhu　hànzi　hángdang　hétong　héshang　hétao　hézi
hónghuo　hóuzi　hòutou　hòudao　húli　húqin　hútu　huángshang　huǎngzi
húluóbo　huópo　huǒhou　huǒji　hùshi

【J】

机灵　脊梁　记号　记性　夹子　家伙　架势　架子　嫁妆
尖子　茧子　剪子　见识　毽子　将就　交情　饺子　叫唤
轿子　结实　街坊　姐夫　姐姐　戒指　金子　精神　镜子
舅舅　橘子　句子　卷子

［拼音对照］

jīling　jǐliang　jìhao　jìxing　jiāzi　jiāhuo　jiàshi　jiàzi　jiàzhuang
jiānzi　jiǎnzi　jiǎnzi　jiànshi　jiànzi　jiāngjiu　jiāoqing　jiǎozi
jiàohuan
jiàozi　jiēshi　jiēfang　jiěfu　jiějie　jièzhi　jīnzi　jīngshen　jìngzi
jiùjiu　júzi　jùzi　juànzi

【K】

咳嗽　客气　空子　口袋　口子　扣子　窟窿　裤子　快活
筷子　框子　困难　阔气

［拼音对照］

Késou　kèqi　kòngzi　kǒudai　kǒuzi　kòuzi　kūlong　kùzi　kuàihuo
kuàizi　kuàngzi　kùnnan　kuòqi

【L】

喇叭　喇嘛　篮子　懒得　浪头　老婆　老实　老太太　老头子
老爷　老子　姥姥　累赘　篱笆　里头　力气　厉害　利落
利索　例子　栗子　痢疾　连累　帘子　凉快　粮食　两口子
料子　林子　翎子　领子　溜达　聋子　笼子　炉子　路子
轮子　萝卜　骡子　骆驼

[拼音对照]

lǎba lǎma lánzi lǎnde làngtou lǎopo lǎoshi lǎotàitai lǎotóuzi
lǎoye lǎozi lǎolao léizhui líba lǐtou lìqi lìhai lìluo
lìsuo lìzi lìzi lìji liánlei liánzi liángkuai liángshi liǎngkǒuzi
liàozi línzi língzi lǐngzi liūda lóngzi lóngzi lúzi lùzi
lúnzi luóbo luózi luòtuo

【M】

妈妈 麻烦 麻利 麻子 马虎 码头 买卖 麦子 馒头
忙活 冒失 帽子 眉毛 媒人 妹妹 门道 眯缝 迷糊
面子 苗条 苗头 名堂 名字 明白 蘑菇 模糊 木匠
木头

[拼音对照]

māma máfan máli mázi mǎhu mǎtou mǎimai màizi mántou
mánghuo màoshi màozi méimao méiren mèimei méndao mīfeng míhu
miànzi miáotiao miáotou míngtang míngzi míngbai mógu móhu
mùjiang mùtou

【N】

那么 奶奶 难为 脑袋 脑子 能耐 你们 念叨 念头
娘家 镊子 奴才 女婿 暖和 疟疾

[拼音对照]

nàme nǎinai nánwei nǎodai nǎozi néngnai nǐmen niàndao niàntou
niángjia nièzi núcai nǚxu nuǎnhuo nüèji

【P】

拍子 牌楼 牌子 盘算 盘子 胖子 狍子 盆子 朋友
棚子 脾气 皮子 痞子 屁股 片子 便宜 骗子 票子
漂亮 瓶子 婆家 婆婆 铺盖

[拼音对照]

pāizi páilou páizi pánsuan pánzi pàngzi páozi pénzi péngyou
péngzi píqi pízi pǐzi pìgu piānzi piányi piànzi piàozi
piàoliang píngzi pójia pópo pūgai

【Q】

欺负 旗子 前头 钳子 茄子 亲戚 勤快 清楚 亲家
曲子 圈子 拳头 裙子

[拼音对照]

qīfu qízi qiántou qiánzi qiézi qīnqi qínkuai qīngchu qìngjia qǔzi quānzi quántou qúnzi

【R】

热闹 人家 人们 认识 日子 褥子

[拼音对照]

rènào rénjia rénmen rènshi rìzi rùzi

【S】

塞子 嗓子 嫂子 扫帚 沙子 傻子 扇子 商量 上司
上头 烧饼 勺子 少爷 哨子 舌头 身子 什么 婶子
生意 牲口 绳子 师父 师傅 虱子 狮子 石匠 石榴
石头 时候 实在 拾掇 使唤 世故 似的 事情 柿子
收成 收拾 首饰 叔叔 梳子 舒服 舒坦 疏忽 爽快
思量 算计 岁数 孙子

[拼音对照]

sāizi sǎngzi sǎozi sàozhou shāzi shǎzi shànzi shāngliang shàngsi
shàngtou shāobing sháozi shàoye shàozi shétou shēnzi shénme shěnzi
shēngyi shēngkou shéngzi shīfu shīfu shīzi shīzi shíjiang shíliu
shítou shíhou shízai shíduo shǐhuan shìgu shìde shìqing shìzi
shōucheng shōushi shǒushi shūshu shūzi shūfu shūtan shūhu
shuǎngkuai sīliang suànji suìshu sūnzi

【T】

他们 它们 她们 台子 太太 摊子 坛子 毯子 桃子
特务 梯子 蹄子 挑剔 挑子 条子 跳蚤 铁匠 亭子
头发 头子 兔子 妥当 唾沫

[拼音对照]

tāmen tāmen tāmen táizi tàitai tānzi tánzi tǎnzi táozi
tèwu tīzi tízi tiāoti tiāozi tiáozi tiàozao tiějiang tíngzi
tóufa tóuzi tùzi tuǒdang tuòmo

【W】

挖苦 娃娃 袜子 晚上 尾巴 委屈 为了 位置 位子
蚊子 稳当 我们 屋子

[拼音对照]

wāku wáwa wàzi wǎnshang wěiba wěiqu wèile wèizhi wèizi
wénzi wěndang wǒmen wūzi

【X】

稀罕 席子 媳妇 喜欢 瞎子 匣子 下巴 吓唬 先生

乡下 箱子 相声 消息 小伙子 小气 小子 笑话 谢谢
心思 星星 猩猩 行李 性子 兄弟 休息 秀才 秀气
袖子 靴子 学生 学问

[拼音对照]

xīhan xízi xífu xǐhuan xiāzi xiázi xiàba xiàhu xiānsheng
xiāngxia xiāngzi xiàngsheng xiāoxi xiǎohuǒzi xiǎoqi xiǎozi
xiàohua xièxie
xīnsi xīngxing xīngxing xíngli xìngzi xiōngdi xiūxi
xiùcai xiùqi
xiùzi xuēzi xuésheng xuéwen

【Y】

丫头 鸭子 衙门 哑巴 胭脂 烟筒 眼睛 燕子 秧歌
养活 样子 吆喝 妖精 钥匙 椰子 爷爷 叶子 一辈子
衣服 衣裳 椅子 意思 银子 影子 应酬 柚子 冤枉
院子 月饼 月亮 云彩 运气

[拼音对照]

yātou yāzi yámen yǎba yānzhi yāntong yǎnjing yànzi yāngge
yǎnghuo yàngzi yāohe yāojing yàoshi yēzi yéye yèzi yībèizi
yīfu yīshang yǐzi yìsi yínzi yǐngzi yìngchou yòuzi yuānwang
yuànzi yuèbing yuèliang yúncai yùnqi

【Z】

在乎 咱们 早上 怎么 扎实 眨巴 栅栏 宅子 寨子
张罗 丈夫 帐篷 丈人 帐子 招呼 招牌 折腾 这个
这么 枕头 镇子 芝麻 知识 侄子 指甲 指头 种子
珠子 竹子 主意 主子 柱子 爪子 转悠 庄稼 庄子
壮实 状元 锥子 桌子 字号 自在 粽子 祖宗 嘴巴
作坊 琢磨

[拼音对照]

zàihu zánmen zǎoshang zěnme zhāshi zhǎba zhàlan zháizi zhàizi
zhāngluo zhàngfu zhàngpeng zhàngren zhàngzi zhāohu zhāopai
zhēteng zhège
zhème zhěntou zhènzi zhīma zhīshi zhízi zhǐjia zhǐtou zhǒngzi
zhūzi zhúzi zhǔyi zhǔzi zhùzi zhuǎzi zhuànyou zhuāngjia zhuāngzi
zhuàngshi zhuàngyuan zhuīzi zhuōzi zìhao zìzai zòngzi zǔzong zuǐba
zuōfang zhuómo

3.4　儿化音变

3.4.1　什么是儿化

“儿化”是后缀“儿”与它前一个音节的韵母结合成一个音节，并使这个韵母带上卷舌音色的一种特殊音变现象，这种卷舌化了的韵母就叫做“儿化韵”。“儿化韵”是普通话语音的一个特点。发音时，韵母随着结合起来的 er 同时卷舌，er 失去它的独立性，所以“儿化韵”只作为一个音节，例如：花 huā，与 er 结合后变成 huār 一个音节。

3.4.2　儿化的音变规律

（1）韵腹或韵尾是 a、o、e、ê、u（包括 ao、iao 中的 o［u］）的韵母儿化，韵母直接卷舌。例如：

a→ar	打杂儿 dǎzár	号码儿 hàomǎr
ia→iar	豆芽儿 dòuyár	掉价儿 diàojiàr
ua→uar	笑话儿 xiàohuar	牙刷儿 yáshuār
o→or	耳膜儿 ěrmór	粉末儿 fěnmòr
uo→uor	大伙儿 dàhuǒr	酒窝儿 jiǔwōr
e→er	模特儿 mótèr	唱歌儿 chànggēr
ie→ier	半截儿 bànjiér	小鞋儿 xiǎoxiér
üe→üer	旦角儿 dànjuér	主角儿 zhǔjuér
u→ur	儿媳妇儿 érxífur	梨核儿 líhúr
ao→aor	跳高儿 tiàogāor	叫好儿 jiàohǎor
ou→our	年头儿 niántóur	纽扣儿 niǔkòur
iao→iaor	跑调儿 pǎodiàor	面条儿 miàntiáor
iou→iour	顶牛儿 dǐngniúr	抓阄儿 zhuājiūr

（2）韵尾是 i 的韵母儿化，失落韵尾，变成主要元音加上卷舌动作。例如：

ai→ar	名牌儿 míngpáir	小孩儿 xiǎoháir
ei→er	摸黑儿 mōhēir	刀背儿 dāobèir

（3）收-n 的（除 in、ün 外）韵母儿化，失落韵尾-n，主要元音卷舌。例如：

an→ar	脸蛋儿 liǎndànr	收摊儿 shōutānr
ian→iar	小辫儿 xiǎobiànr	照片儿 zhàopiānr
üan→üar	人缘儿 rényuánr	绕远儿 ràoyuǎnr

uen→uer	打盹儿 dǎdǔnr	胖墩儿 pàngdūnr

（4）韵尾是 in、ün 的，儿化时去掉韵尾 n，加央 e，再加卷舌动作。例如：

in→ier	有劲儿 yǒujìnr	送信儿 sòngxìnr
ün→üer	花裙儿 huāqúnr	合群儿 héqúnr

（5）韵尾是 i、ü 的，儿化时后面加卷舌音“er”。例如：

i→ier	针鼻儿 zhēnbír	垫底儿 diàndǐr
ü→üer	毛驴儿 máolǘr	痰盂儿 tányúr

（6）韵尾是舌尖元音-i，儿化时变央 e 再加上卷舌动作 r。例如：

-i（前）→er	没词儿 méicír	挑刺儿 tiāocìr
-i（后）→er	墨汁儿 mòzhīr	记事儿 jìshìr

（7）收-ng 的韵母儿化，-ng 韵尾同前面的主要元音合成鼻化元音（即发音时口腔鼻腔同时共鸣，称作“鼻化音”，用～表示），同时加上卷舌动作。例如：

ang→ar	香肠儿 xiāngchángr	瓜瓤儿 guārángr
iang→iar	鼻梁儿 bíliángr	透亮儿 tòuliàngr
eng→er	钢镚儿 gāngbèngr	脖颈儿 bógěngr
uang→uar	蛋黄儿 dànhuángr	天窗儿 tiānchuāngr
ong→or	胡同儿 hútòngr	果冻儿 guǒdòngr
ing→ier	眼镜儿 yǎnjìngr	蛋清儿 dànqīngr
iong→ior	小熊儿 xiǎoxióngr	

3.4.3 儿化的作用

（1）儿化词跟非儿化词在语音上的对立关系，具有区分词义及词性的作用。

①区分词性，例如：

准——准儿　　盖——盖儿　　手——手儿

捆——捆儿　　忙——忙儿　　偷——偷儿

②区别词义。有些词语儿化以后虽然词性没有变，但词义不同了。例如：

信：信件——信儿：消息。

面：面粉——面儿：粉末。

头：头部——头儿：领头的。

眼：眼睛——眼儿：小孔。

（2）表示细小、轻微等性状。例如：

一下儿　一会儿　冰棍儿　门缝儿　牙签儿　书签儿　火柴棍儿

（3）表达喜爱、温婉等感情色彩。例如：

小孩儿　伙伴儿　老头儿　金鱼儿　好玩儿　小曲儿　好好儿　慢慢儿

（4）表示轻蔑、鄙视的感情色彩。例如：

扒手儿　小偷儿　芝麻官儿　小瘪三儿

【语音训练】

1）儿化发音基本训练

先按规则念读，然后不考虑规则自然熟练地念说以下词汇：

刀把儿	号码儿	戏法儿	在哪儿	找茬儿	打杂儿
板擦儿	名牌儿	鞋带儿	壶盖儿	小孩儿	加塞儿
快板儿	老伴儿	蒜瓣儿	脸盘儿	脸蛋儿	收摊儿
栅栏儿	包干儿	笔杆儿	门槛儿	刀背儿	摸黑儿
老本儿	花盆儿	嗓门儿	把门儿	哥们儿	纳闷儿
后跟儿	高跟儿鞋	别针儿	一阵儿	走神儿	大婶儿
小人儿书	杏仁儿	刀刃儿	瓜子儿	石子儿	没词儿
挑刺儿	墨汁儿	锯齿儿	记事儿	针鼻儿	垫底儿
肚脐儿	玩意儿	有劲儿	送信儿	脚印儿	毛驴儿
小曲儿	痰盂儿	合群儿			

2）具体语境中儿化训练

①花园儿里种着茶花儿，花盆儿里养着菊花儿，花瓶儿里还插着梅花儿。

②下了班儿，上对门儿小饭馆儿，买一斤锅贴儿，带上点儿爆肚儿、蒜瓣儿，再弄二两白干儿，到你家慢慢儿喝。

③落光了叶子的柳树上挂满了毛茸茸亮晶晶的银条儿；而那些冬夏常青的松树和柏树上，则挂满了蓬松松沉甸甸的雪球儿。一阵风吹来，树枝轻轻地摇晃，美丽的银条儿和雪球儿簌簌地落下来，玉屑似的雪末儿随风飘扬，映着清晨的阳光，显出一道道五光十色的彩虹。

④树叶儿却绿得发亮，小草儿也青得逼你的眼。

⑤城里乡下，家家户户，老老小小，也赶趟儿似的，一个个都出来了。舒活舒活筋骨，抖擞抖擞精神，各做各的一份儿事去了。"一年之计在于春"，刚起头儿，有的是工夫，有的是希望。

⑥小山整把济南围了个圈儿，只有北边缺着点口儿。

⑦小姑娘做饭。小姑娘红脸蛋儿，红头绳儿扎小辫儿，系上围裙儿来做饭；淘小米儿，小半盆儿，小白菜儿，剁儿根儿，还有一盘儿萝卜丝儿，再来个粉皮儿熬小鱼儿。

3）绕口令练习

练字音儿

进了门儿，倒杯水儿，喝了两口运运气儿。顺手拿起小唱本儿，唱一曲儿，又一曲儿，练完了嗓子我练嘴皮儿。绕口令儿，练字音儿，还有单弦儿牌子曲儿。小快板儿，大鼓词儿，又说又唱我真带劲儿！

一个老头儿

一个老头儿，上山头儿，

砍木头，砍了这头儿砍那头儿，
对面儿来了个小丫头儿，
给老头儿送来一盘儿小馒头儿，
没留神撞上一块大木头，
栽了一个小跟头儿。

小兰儿上庙台儿

有个小孩儿叫小兰儿，
挑着水桶上庙台儿，
摔了一个跟头拣了个钱儿
又打醋，
又买盐儿，
还买了一个小饭碗儿。
小饭碗儿，
真好玩儿，
没有边儿，
没有沿儿，
中间儿有个小红点儿。

鸡蛋变糖葫芦儿

我们那儿有个王小三儿，
在门口摆着一个小杂货摊儿。
卖的是煤油、火柴和烟卷儿，
草纸、豆儿纸还有大包的烟儿，
红糖、白糖、花椒、大料瓣儿，
鸡子儿挂面酱醋油盐儿，
糖葫芦一串儿又一串儿，
花生、瓜子儿还有酸杏干儿。
王小三儿不识字儿，
写账记账他净闹稀罕儿。
街坊买了他六个鸡子儿。
他就在账本上画了六个圈儿。
过了两天人家还了他的账，
他在账单上画了一道儿就勾了圈儿。
到了年底下又去跟人家要账，
他说人家短了他一串儿糖葫芦儿没有给他钱儿。

莲花儿灯

莲花儿灯，
莲花儿灯，
今儿个点了明儿个扔。

小门脸儿

你别看就那么两间小门脸儿，
你别看屋子不大点儿。
你别看设备不起眼儿，
可售货员的服务贴心坎儿。
有火柴，有烟卷儿，
有背心，有手绢儿，
有蜡烛、盘子、小瓷碗儿，
还有刀子、勺子、小铁铲儿。
起个早儿贪个晚儿，
买什么都在家门前儿。

小兰儿

大姨儿的孙女儿叫小兰儿。

小兰儿高个儿，红脸蛋儿，大眼珠儿，塌鼻梁儿，扁嘴唇儿，一缕刘海儿下面还有一对小酒窝儿。

过年儿过节儿，小兰儿喜欢穿花背心儿、连衣裙儿，戴银项链儿、金耳环儿。有事儿没事儿，小兰儿喜欢穿高跟鞋儿逛公园儿，看看猴儿瞧瞧兔儿，时不时儿买根冰棍儿，喝杯汽水儿；大冷天儿，小兰儿喜欢蹲被窝儿睡懒觉儿，时不时儿上餐馆儿吃小鱼儿，去影院儿看电影儿。有事儿没事儿小兰儿喜欢在胸前挂着个 MP3 儿，念念字儿，读读词儿，听听歌儿，哼哼曲儿。大姨儿说小兰儿是个歌迷儿。

小兰儿不但是个歌迷儿，还是个球迷儿，什么网球儿、手球儿、篮球儿、足球儿、羽毛球儿、乒乓球儿，所有的球儿全在她心里头儿。

小兰儿更喜欢逛街儿。路边儿上的小店儿、小摊儿，她喜欢凑趣儿瞧瞧小玩意儿。什么头绳儿、皮筋儿，碗儿、盘儿、勺儿、刀儿，她都要摸一摸儿玩一玩儿，时不时儿买个什么头绳儿、皮筋儿、小勺儿、小刀儿的。这不，此刻大姨儿正陪着小兰儿逛街儿呢！小兰儿穿着高跟鞋儿，戴着金耳环儿，跑到小摊儿上拿了把小刀儿，摸摸小刀儿玩玩小刀儿，买下了小刀儿，小兰儿在小摊儿上买了小刀儿，又从小摊儿上跑到小店儿里，拿了副眼镜儿摸摸眼镜儿玩玩眼镜儿买下了眼镜儿。

买了小刀儿和眼镜儿，小兰儿还想买花瓶儿和花盆儿。这不，她从小店儿里又跑到小摊儿上，拿了个花瓶儿摸摸花瓶儿玩玩花瓶儿正要买下花瓶儿，不小心儿小兰儿让花瓶儿碰上了放在小摊儿边儿上的花盆儿。花瓶儿碰花盆儿碰破了花盆儿，花盆儿碰花瓶儿碰碎了花瓶儿。小兰儿见碰破了花盆儿碰碎了花瓶儿，一会儿哭成个泪人儿。大姨儿一边儿哄小兰儿，一边儿掏钱儿赔摊主儿的花瓶儿花盆儿。摊主儿不要大姨儿赔花瓶儿花盆儿，大姨儿非要赔花瓶儿花盆儿。掏钱儿赔了花瓶儿花盆儿，大姨儿让小兰儿买花瓶儿花盆儿，小兰儿不再想买花瓶儿花盆儿，她要大姨儿陪她继续逛街儿玩儿。大姨儿没法儿只好陪小兰儿继续逛街儿玩儿。

4）故事练习

猴吃西瓜

猴儿王找到个大西瓜。可是怎么吃呢？这个猴儿啊是从来也没吃过西瓜。忽然，他想出一条妙计，于是就把所有的猴儿都召集来了，对大家说："今天我找到一个大西瓜，这个西瓜的吃法嘛，我是全知道的，不过我要考验一下你们的智慧，看你们谁能说出西瓜的吃法，要是说对了，我可以多赏他一份儿；要是说错了，我可要惩罚它！"

小毛猴一听，搔了搔腮说："我知道，吃西瓜是吃瓤儿！"猴儿王刚想同意，"不对，我不同意小毛猴的意见！"一个短尾巴猴儿说："我清清楚楚地记得我和我爸爸到我姑妈家去的时候，吃过甜瓜，吃甜瓜是吃皮儿，我想西瓜是瓜，甜瓜也是瓜，当然该吃皮儿啦！"

大家一听，有道理，可到底谁对呢，于是都不由地把眼光集中到一只老猴儿身上。老猴儿一看，觉得出头露面的机会来了，就清了清嗓子说道："吃西瓜嘛，当然……是吃皮儿啦，我从小就吃西瓜，而且一直是吃皮儿，我想我之所以老而不死，也正是由于吃西瓜皮儿的缘故！"

有些猴儿早等急了，一听老猴儿也这么说，就跟着嚷起来，"对，吃西瓜吃皮儿！""吃西瓜吃皮儿！"猴儿王一看，认为已经找到了正确的答案，就向前跨了一步，开言道："对！大家说的都对，吃西瓜是吃皮儿！哼，就小毛猴儿崽子说吃西瓜是吃瓤儿，那就叫他一个人吃，咱们大家都吃西瓜皮儿！"于是西瓜一刀两断，小毛猴吃瓤儿，大家伙儿是共分西瓜皮儿。

有个猴儿吃了两口。就捅了捅旁边的说："哎，我说这可不是滋味啊！"

"咳——老弟，我常吃西瓜，西瓜嘛，就这味儿……"

5）普通话水平测试儿化词语练习

下列词语参照《普通话水平测试用普通话词语表》及《现代汉语词典》编制，加 * 的是以上二者未收，根据测试需要而酌增的条目；共收词 189 条，按儿化韵母的汉语拼音顺序排列。可供普通话水平测试第二项——读多音节词语（100 个音节）测试使用。儿化音节，在书面上一律加"儿"，但并不表明所列词语在任何语用场合都必须儿化。所列出的原形韵母和对应的儿化韵，只在基本形式后面加 r，如"一会儿 yīhuìr"，不标语音上的实际变化。

【A】

挨个儿

［拼音对照］

āigèr

【B】

板擦儿　包干儿　笔杆儿　被窝儿　别针儿　把门儿　脖颈儿
半截儿　冰棍儿　半道儿　包圆儿　鼻梁儿

[拼音对照]

bǎncār　bāogānr　bǐgǎnr　bèiwōr　biézhēnr　bǎménr　bógěngr
bànjiér　bīnggùnr　bàndàor　bāoyuánr　bíliángr

【C】

差点儿　抽空儿　唱歌儿　出圈儿　茶馆儿

[拼音对照]

chàdiǎnr　chōukòngr　chànggēr　chūquānr　cháguǎnr

【D】

刀把儿　打杂儿　打晃儿　打鸣儿　打转儿　打盹儿
打嗝儿　蛋黄儿　掉价儿　豆芽儿　大伙儿　大褂儿
大腕儿　大婶儿　顶牛儿　刀刃儿　刀背儿　旦角儿
蛋清儿　肚脐儿　垫底儿　豆角儿　灯泡儿　逗乐儿

[拼音对照]

dāobàr　dǎzár　dǎhuàngr　dǎmíngr　dǎzhuànr　dǎdǔnr
dǎgér　dànhuángr　diàojiàr　dòuyár　dàhuǒr　dàguàr
dàwànr　dàshěnr　dǐngniúr　dāorènr　dāobèir　dànjuér
dànqīngr　dùqír　diàndǐr　dòujiǎor　dēngpàor　dòulèr

【E】

耳膜儿　耳垂儿　儿媳妇儿

[拼音对照]

ěrmór　ěrchuír　érxífur

【F】

粉末儿　饭盒儿　饭馆儿

[拼音对照]

fěnmòr　fànhér　fànguǎnr

【G】

赶趟儿　瓜瓤儿　高跟儿鞋　哥们儿　钢镚儿　瓜子儿
果冻儿　拐弯儿

[拼音对照]

gǎntàngr　guārángr　gāogēnrxié　gēmenr　gāngbèngr　guāzǐr
guǒdòngr　guǎiwānr

【H】

号码儿　壶盖儿　火锅儿　火罐儿　火星儿　火苗儿
花盆儿　后跟儿　合群儿　花瓶儿　红包儿　胡同儿
花样儿　好玩儿

[拼音对照]

hàomǎr　húgàir　huǒguōr　huǒguànr　huǒxīngr　huǒmiáor
huāpénr　hòugenr　héqúnr　huāpíngr　hōngbāor　hútòngr
huāyàng　hǎowánr

【J】

加塞儿　加油儿　夹缝儿　脚印儿　锯齿儿　记事儿
绝着儿　叫好儿　酒盅儿

[拼音对照]

jiāsāir　jiāyóur　jiāfèngr　jiǎoyìnr　jùchǐr　jìshìr
juézhāor　jiàohǎor　jiǔzhōngr

【K】

快板儿　开春儿　坎肩儿　开窍儿　口哨儿　口罩儿

[拼音对照]

kuàibǎnr　kāichūnr　kǎnjiānr　kāiqiàor　kǒushàor　kǒuzhàor

【L】

老伴儿　脸盘儿　脸蛋儿　聊天儿　拉链儿　露馅儿
落款儿　老本儿　老头儿　泪珠儿　梨核儿

[拼音对照]

lǎobànr　liǎnpánr　liǎndànr　liáotiānr　lāliànr　lòuxiànr
luòkuǎnr　lǎoběnr　lǎotóur　lèizhūr　líhúr

【M】

名牌儿　门槛儿　棉球儿　门口儿　摸黑儿　墨水儿　没准儿
毛驴儿　门铃儿　墨汁儿　没词儿　冒尖儿　面条儿　蜜枣儿
门洞儿　没谱儿　模特儿　麻花儿

[拼音对照]

míngpáir　ménkǎnr　miánqiúr　ménkour　mōhēir　mòshuǐr　méizhǔnr
máolǘr　ménlíngr　mòzhīr　méicír　màojiānr　miàntiáor　mìzǎor
méndòngr méipǔr　mótèr　máhuār

【N】

年头儿　纽扣儿　纳闷儿　脑瓜儿

[拼音对照]

niántóur niǔkòur nàmènr nǎoguār

【P】

胖墩儿 跑腿儿 跑调儿

[拼音对照]

pàngdūnr pǎotuǐr pǎodiàor

【R】

绕远儿 人缘儿 人影儿

[拼音对照]

ràoyuǎnr rényuánr rényǐngr

【S】

蒜瓣儿 嗓门儿 送信儿 碎步儿 收摊儿 砂轮儿

石子儿 扇面儿 手套儿 手绢儿

[拼音对照]

suànbànr sǎngménr sòngxìnr suìbùr shōutānr shālúnr

shízǐr shànmiànr shǒutàor shǒujuànr

【T】

提成儿 图钉儿 痰盂儿 挑刺儿 跳高儿 天窗儿 透亮儿

[拼音对照]

tíchéngr túdīngr tányúr tiāocìr tiàogāor tiānchuāngr tòuliàngr

【W】

围嘴儿 玩意儿

[拼音对照]

wéizuǐr wányìr

【X】

戏法儿 鞋带儿 线轴儿 小孩儿 小偷儿 小丑儿

小说儿 小辫儿 小人儿书 小鞋儿 小瓮儿 小曲儿

小葱儿 小熊儿 杏仁儿 香肠儿 心眼儿 笑话儿

[拼音对照]

xìfǎr xiédàir xiànzhóur xiǎoháir xiǎotōur xiǎochǒur

xiǎoshuōr xiǎobiànr xiǎorénrshū xiǎoxiér xiǎowèngr xiǎoqǔr

xiǎocōngr xiǎoxióngr xìngrénr xiāngchángr xīnyǎnr xiàohuar

【Y】

药方儿 衣兜儿 邮戳儿 雨点儿 一下儿 一点儿

一块儿 一阵儿 一会儿 牙签儿 牙刷儿 烟卷儿

有劲儿　有数儿　眼镜儿　鱼漂儿

[拼音对照]

yàofāngr　yīdōur　yóuchuōr　yǔdiǎnr　yīxiàr　yīdiǎnr
yīkuàir　yīzhènr　yīhuìr　yáqiānr　yáshuār　yānjuǎnr
yǒujìnr　yǒushùr　yǎnjìngr　yúpiāor

【Z】

在哪儿　在这儿　做活儿　走味儿　走神儿　杂院儿
找茬儿　栅栏儿　抓阄儿　主角儿　针鼻儿　照片儿

[拼音对照]

zàinǎr　zàizhèr　zuòhuór　zǒuwèir　zǒushénr　záyuànr
zhǎochár　zhàlanr　zhuājiūr　zhǔjuér　zhēnbír　zhàopiānr

3.5　句末语气词“啊”的音变

3.5.1　“啊”的音变现象

“啊”作叹词时，用在句首，读本音“a”，但随表达感情的不同，声调也有所不同。如：“啊（á），他真的走了?”表示追问或难以相信的感情。“啊（à），我知道了。”表示应诺，认可，明白过来了。

“啊”作语气助词时，用在句尾。由于受前一音节末尾音素的影响，常常会发生音变现象。

3.5.2　“啊”的音变规律

“啊”的音变规律如下：

（1）前面音节末尾音素是 a、o（ao、iao 除外）、e、ê、i、ü 时，读作 ya，汉语可写作“呀”。例如：

快去找他啊！（tā ya）　　人真多啊！（duō ya）
大家喝啊！（hē ya）　　要注意节约啊！（yuē ya）
哪来的好东西啊！（xī ya）　　这片草可真绿啊！（lǜ ya）

（2）前面音节末尾音素是 u（包括 ao、iao）时，读作 wa，汉字可写作“哇”。例如：

您也来买书啊?（shū wa）　　唱得真好啊！（hǎo wa）
大家都来跳啊！（tiào wa）　　一起走啊！（zǒu wa）

(3) 前面音节末尾是 n 时，读作 na，汉字可写作“哪”。例如：

一定要注意看啊！(kàn na)

这样做太愚蠢啊！(chǔn na)

过马路要小心啊！(xīn na)

(4) 前面音节末尾音素是 ng 时，读作 nga，汉字仍写作“啊”。例如：

放声唱啊 (chàng nga)

天可真冷啊 (lěng nga)

去了也没用啊 (yòng nga)

(5) 前面音节末尾音素是舌尖前元音-i 时，读 [z] a（[z] 是国际音标的浊音），汉字仍写作“啊”。例如：

这是什么字啊？(zì [z] a)

你会背这首宋词啊！(cí [z] a)

他才十四啊！(sì [z] a)

(6) 前面音节末尾音素是舌尖后元音-i 或卷舌元音 er 时，读 ra，汉字仍写作“啊”。例如：他竟然会偷钱去吃啊 (chī ra)，玩儿啊 (wánr ra)，真是可耻啊 (chǐ ra)

表 3-1 对“啊”的音变规律进行了总结。

表 3-1　语气词“啊”的音变规律表

前字韵腹或韵尾＋a	“啊”的音变	规范写法	举 例
a、o、e、ê、i、ü＋a	ya	呀（啊）	鸡呀、鱼呀、磨呀、鹅呀、写呀、他呀
u（含 ao、iao）＋a	wa	哇（啊）	苦哇、好哇、有哇
n＋a	na	哪（啊）	难哪、新哪、弯哪
ng＋a	nga	啊	娘啊、香啊、红啊
-i（后）、er＋a	ra	啊	是啊、店小二啊
-i（前）＋a	[z] a	啊	次啊、死啊、写字啊

掌握“啊”的变读规律，并不需要一一硬记，只要将前一个音节顺势连读“a”(就像读声韵母拼音一样，其间不要停顿) 就会读出“a”的变音。另外，还要看语句表达的是怎样的一种思想感情和怎样的一种心理意向，从而准确、灵活地确定“啊”的读音。

【语音练习】

1)“啊”的变读练习（一）

朗读下面短语或句子，注意“啊”的变读：

(1) 回家啊 (ya)　　快划啊 (ya)

上坡啊 (ya)　　菠萝啊 (ya)

唱歌啊 (ya)　　祝贺啊 (ya)

快写啊 (ya)　　警惕啊 (ya)

不去啊 (ya)　　下雨啊 (ya)

(2) 别哭啊（wa） 大路啊（wa）
巧手啊（wa） 吃饱啊（wa）

(3) 冷饮啊（na） 大干啊（na）
没门啊（na） 真准啊（na）

(4) 真脏啊（nga） 真痒啊（nga）
小熊啊（nga） 救命啊（nga）

(5) 老师啊（ra） 女儿啊（ra）
白纸啊（ra） 好吃啊（ra）
有刺啊（[z] a） 公司啊（[z] a）
写字啊（[z] a） 没门啊（ra）

(6) 漓江的水真静啊（nga）；
漓江的水真清啊（nga）；
漓江的水真绿啊（ya）。
桂林的山真奇啊（ya），
桂林的山真秀啊（wa），
桂林的山真险啊（na）。

(7) 天连水啊（ya），水连天，水天一色啊（ya）望无边。
蓝蓝的天啊（na）似绿水，绿绿的水啊（ya）如蓝天。
到底是天连水啊（ya）还是水连天。

2）绕口令练习

朗读下面的绕口令：

三叔哇，三婶儿啊……

我三叔哇、三婶儿啊，合办了个畜牧场啊，
养马呀，养牛哇，养羊啊，养猪哇；
还养鹅呀、鸭呀、鸡呀、兔哇、狗哇。
我三叔哇、三婶儿啊，他们还承包了动物园哪，
什么狮啊、虎哇、豹哇、狼啊、熊啊、猴哇，纷纷从各地引进哪。
搞假山哪，让猴儿们哪，在山上爬呀、跳哇、玩哪；
建水池啊，让狮啊、虎哇、豹哇、狼啊、熊啊，天天有澡洗呀。

我三叔哇、三婶儿啊，他们除了合办畜牧场啊，承包动物园哪，还有其他心思啊，那就是招人才呀，办公司啊。

什么工程师啊、会计师啊、厨师啊、律师啊、主管哪、保安哪，他们全需要哇。
啊！我也要去应聘哪。
我是个能人哪，什么设计呀、画图哇、新品哪、市场啊，我全懂啊！
只是不知三叔哇、三婶儿啊，他们会不会收下我这个侄儿啊！

3）“啊”的变读练习（二）

朗读下面乡愁四韵，注意“啊”的变读：

乡愁四韵

余光中

给我一瓢长江水啊（ya）长江水
酒一样的长江水
醉酒的滋味
是乡愁的滋味
给我一瓢长江水啊（ya）长江水

给我一张海棠红啊（nga）海棠红
血一样的海棠红
沸血的烧痛
是乡愁的烧痛
给我一张海棠红啊（nga）海棠红

给我一片雪花白啊（ya）雪花白
信一样的雪花白
家信的等待
是乡愁的等待
给我一片雪花白啊（ya）雪花白

给我一朵腊梅香啊（nga）腊梅香
母亲一样的腊梅香
母亲的芬芳
是乡土的芬芳
给我一朵腊梅香啊（nga）腊梅香

3.6 词语的轻重格式

普通话语音在词语结构中并非都读得一样重，各音节的轻重分量、强弱程度不尽相同，大致可以分为四级：重、中、次轻、轻。

朗读和说话时，如果不能基本正确掌握普通话的轻重格式，听起来语感上会不自然，还会带明显的方言语调，普通话也就不纯正了。

掌握轻重格式的方法，在于要多听、多辨别、多练习，从而形成正确的语感。

重音是词语的重读音节。普通话的词语中处在末尾的音节大多数读重音。如“生活”、“开会”、“走路”，后面的音节是重音。

中音是不强调重读也不特别轻读的一般音节，一般在多音节词的前一个音节和中间的音节。如“生活”“学习”“开会”“走路”前面的音节是中音。

轻音是特别轻读的音节，比重读音节的音长短得多，也完全失去了原有声调的调值，而依前一个音节的调值形成轻声特有的调值。普通话中轻音音节都属于轻音，在双音节中只出现在后面的音节。

次轻音是与轻音相比，声调依稀可见的音节，如“新鲜”“客人”“制度”“教育”等，后面的音节是次轻音。这类词的轻重一般不太稳定。

常见的普通话词语的轻重音格式的基本格式为：

①双音节、三音节、四音节词语，大多数最后一个音节为重音。

②双音节词语，绝大多数读为“中・重”的格式。

③三音节词语大多数读为“中・次轻・重”的格式。

④四音节词语大多数读为“中・次轻・中・重”的格式。

3.6.1 双音节词语的轻重格式

双音节词语的重轻格式分三种：“中・重”格式、“重・轻”格式、“重・次轻”格式。

1. “中・重”格式

双音节词语在普通话多音节词语总数中占绝对优势，绝大多数双音节词的轻重音格式是“中・重”格式，即前一个音节读中音，后一个音节读重音。例如：

花草（huācǎo）	北京（běijīng）	广播（guǎngbō）
清澈（qīngchè）	专家（zhuānjiā）	配乐（pèiyuè）
流水（liúshuǐ）	索要（suǒyào）	到达（dàodá）
远足（yuǎnzú）	蓝天（lántiān）	白云（báiyún）
田野（tiányě）	奉承（fèngchéng）	教室（jiàoshì）
认真（rènzhēn）	青春（qīngchūn）	国家（guójiā）
伟大（wéidà）	寻欢（xúnhuān）	调解（tiáojiě）
学校（xuéxiào）	男性（nánxìng）	车窗（chēchuāng）
正确（zhèngquè）	继续（jìxù）	新春（xīnchūn）
挣扎（zhēngzhá）	长城（chángchéng）	错位（cuòwèi）
义愤（yìfèn）	无限（wǔxiàn）	持久（chǐjiǔ）
面包（miànbāo）	芭蕉（bājiāo）	为时（wéishí）
陆军（lùjūn）	和谐（héxié）	

2. “重・轻”格式

对于“重・轻”格式，前一个音节读重音，后一个音节读轻音，即轻声词语，用汉语拼音注音时，不标声调符号。例如：

东西（dōngxi）	孩子（háizi）	后头（hòutou）

记号（jìhao）　　觉得（juéde）　　老实（lǎoshi）
萝卜（luóbo）　　扫帚（sàozhou）　　事情（shìqing）
舒服（shūfu）　　喜欢（xǐhuan）　　休息（xiūxi）
钥匙（yàoshi）　　衣服（yīfu）　　意思（yìsi）

3. “重・次轻”格式（或“重・中”格式）

对于“重・次轻”格式，前一个音节读重音，后一个音节读次轻音。一部分读“重・次轻”格式的双音节词语在《现代汉语词典》中轻读音节标注声调符号，但在轻读音节前加圆点。例如“新鲜”、“客人”、“风水”、“匀称”等。另一部分词语，则未作明确标注。例如“分析”、“臭虫”、“老虎”等。这类词语一般轻读，偶尔（间或）重读，读音不太稳定。我们可以称为“可轻读词语”。

这种格式的词语，词典中并没有标注轻声，但口语中习惯读作“重・次轻”格式，显得更纯正。例如：

巴望（bāwàng）　　刺激（cìjī）　　编辑（biānjí）
意义（yìyì）　　参谋（cānmóu）　　意志（yìzhì）
现象（xiànxiàng）　　质量（zhìliàng）　　错误（cuòwù）
工人（gōngrén）　　书记（shūjì）　　正月（zhēngyuè）
教育（jiàoyù）　　设备（shèbèi）　　天气（tiānqì）

掌握轻声词语是学习普通话的基本要求。所谓操“港台腔”，主要原因之一是没有掌握轻声词语的读音。另外，我们将大多数“重・次轻”格式的词语，后一个音节轻读，则语感自然，是普通话水平较高的表现之一。

3.6.2　三音节词语的轻重格式

（1）绝大多数为“中・次轻・重”格式。例如：

百分比（bǎifēnbǐ）　　病虫害（bìngchónghài）
博物馆（bówùguǎn）　　差不多（chàbùduō）
电话线（diànhuàxiàn）　　电信局（diànxìnjú）
共产党（gòngchǎndǎng）　　解放军（jiěfàngjūn）
空调机（kōngtiáojī）　　了不起（liǎobùqǐ）
展览馆（zhǎnlǎnguǎn）　　医学院（yīxuéyuàn）

（2）少数为“中・重・轻”格式。例如：

爱面子（àimiànzi）　　不在乎（búzàihu）
胡萝卜（húluóbo）　　看样子（kànyàngzi）
老大爷（lǎodàye）　　老伙计（lǎohuǒji）
钻空子（zuānkòngzi）　　老太太（lǎotàitai）
两口子（liǎngkǒuzi）　　没关系（méiguānxi）
没意思（méiyìsi）　　小媳妇（xiǎoxífu）

(3) 也有少数为“重·轻·轻”格式。例如：

出来了（chūlaile） 姑娘家（gūniangjia）
看起来（kànqilai） 伙计们（huǒjimen）
顾不得（gùbude） 先生们（xiānshengmen）
朋友们（péngyoumen） 钻出来（zuànchulai）

3.6.3 四音节词语的轻重格式

(1) 绝大多数是“中·次轻·中·重”格式。例如：

二氧化碳（èryǎnghuàtàn） 高等学校（gāoděngxuéxiào）
各行各业（gèhánggèyè） 公用电话（gōngyòngdiànhuà）
公共汽车（gōnggòngqìchē） 乱七八糟（luànqībāzāo）
逆水行舟（nìshuǐxíngzhōu） 万马奔腾（wànmǎbēnténg）
网络文学（wǎngluòwénxué） 一览无余（yīlǎnwúyú）

(2) 少部分为“中·轻·中·重”格式。例如：

坑坑洼洼（kēngkengwāwā） 嘻嘻哈哈（xīxihāhā）
哆哆嗦嗦（duōduosuōsuō） 迷迷糊糊（mímihúhú）
慌里慌张（huānglihuāngzhāng） 糊里糊涂（húlihútú）
劈里啪啦（pīlipālā） 喜气洋洋（xǐqiyángyáng）

虽然普通话词语的轻重音格式大多数没有区别词意的作用，但却非常重要。人们用普通话朗读或说话时，如果把词语的轻重音格式弄错了，要么听感上会显得别扭、不自然，要么词不达意，甚至还会产生歧义。

【语音训练】

下列词语一般在辞典没有标注轻声，但在普通话的口语中人们却大多读作“后轻”，实际是“重·次轻”的格式（双音节词语的轻重音格式大多是“中·重”。双音节轻声词语的轻重音格式是“重·最轻”）。所选词语出自《普通话水平测试大纲》普通话常用词语的表一。另外，在普通话水平测试中，应试人在第二测试项“读双音节词语”的测试中，将下表中的词语读作“中·重”的格式，不会影响其得分；应试人在第三测试项“朗读短文”和第四测试项“说话”的测试中，将下表中的词语读作“中·重”的格式，将会影响其得分（将影响测试员对应试人语感的判定）。

【A】

阿门　爱护　爱惜　安顿　安排　安生　安慰
安稳　安置　暗下　傲气

【B】

巴望　把柄　把握　霸气　白菜　白露　摆弄
拜望　斑鸠　搬弄　办法　扮相　帮助　包庇
宝贝　报务　倍数　鼻涕　比喻　编辑　便利
表示　别是　病人　博士　布置

【C】

才气　材料　财神　参与　操持　岔口　差役
产物　产业　长度　敞亮　车钱　成绩　成全
承应　乘务　程度　程序　尺度　充裕　仇人
臭虫　处分　处置　春天　绰号　次数　次序
刺激　聪明　错误

【D】

答复　打开　待遇　担待　倒换　倒是　敌人
嫡系　地步　地势　地位　冬瓜　冬天　董事
动物　动作　斗笠　督促　读物　肚量　度量

【E】

恩人

【F】

翻译　反映　犯人　方便　方式　防备　分析
风气　凤凰　缝隙　伏天　服务　福利　富裕

【G】

干预　干部　根据　工程　购置　估计　观望

【H】

寒战（寒颤）　行业　和睦　会务　贿赂　货物　豁亮

【J】

吉他　纪律　技术　季度　家务　家业　价目
建筑　将军　讲求　匠人　将士　交代　交待
交际　交涉　较量　教育　接济　节目　节日
解释　界线　界限　今天　进度　进士　近视
经济　韭菜　救济　局势　剧目　觉悟　爵士
军人　军事

【K】

刊物　控制

【L】

老虎　礼数　里面　力度　利益　利用　联络
烈士　猎物　邻居　吝惜　灵气　零碎　伦巴

【M】

埋怨　面积　名分　命令　摩托　模样　目的

【N】

男士　男子　南瓜　南面　能手　女儿　女士　女子

【O】

偶尔

【P】

牌坊　喷嚏　批评　僻静　篇目　破费　菩萨

【Q】

蹊跷　气氛　气候　气量　气质　器物　器重
恰当　迁就　牵涉　牵制　前天　轻便　轻快
清静　请示　穷人　秋季　秋千　秋天　去处
趣味　权利　权力　劝慰

【R】

人物　荣誉　容易　若是

【S】

杀气　伤势　商议　设计　设置　射手　深度
甚至　生计　生物　声势　声音　省份　圣人
诗人　时务　实惠　食物　士气　世道　事故
事务　适应　嗜好　手气　手势　手艺　熟悉
树木　数目　要弄　税务　顺序　硕士　私下
素质　速度　算是

【T】

太监　太阳　探戈　堂上　体会　天气　天上
添置　条理　调剂　统计　痛处　头目　腿脚
退伍　托福（～考试）

【W】

威风　围裙　维护　卫士　文凭　文书　文艺
武士　物质　误会　西瓜

【X】

习气　席位　媳妇　戏弄　系数　细致　下午
嫌弃　显示　羡慕　乡里　乡亲　香椿　项目
销路　孝敬　孝顺　效率　效益　效应　心计
信任　信用　信誉　刑具　刑事　形式　形势
兴致　性质　休克　序数　学问

【Y】

烟囱　延误　盐分　掩饰　样式　药材　药物
要不　业务　医务　仪器　仪式　贻误　遗弃
义务　艺术　意气　印台　印象　影壁　应承
勇士　犹豫　油性　右面　幼稚　于是　院士
愿望　月份　月季　乐器　运动（物质～、体育～）

【Z】

杂货　杂种　责任　债务　战士　账目　障碍

招待　这里　这样　珍惜　政治　职务　植物
制度　质量　秩序　智慧　智力　重量　重视
装饰　装置　壮士　姿势　滋味　字据　组织
左面　作物　作用

3.7 普通话水平测试中多音节词语难读易错词语练习

难读易错词语（一）

搭配　打靶　大厂　呆滞　怠慢　逮捕　单调　胆怯
胆汁　诞辰　弹劾　蛋白质　当铺　党参　档案　刀刃
导师　导游　捣乱　悼念　盗窃　道歉　灯泡　登记
等待　低劣　堤坝　遗传　抵押　的确良　地壳　地址
缔约　颠簸　颠覆　癫痫　典型　电影　电冰箱　玷污
刁难　雕塑　吊唁　调羹　二胡　调侃　调配　调唆
跌宕　叮嘱　冻结　侗族　恫吓　洞穴　兜售　抖擞
豆豉　豆萁　督促　渎职　独裁　笃信　堵塞　妒忌
杜撰　肚脐　锻炼　对联　对峙　囤积　多数　咄咄逼人
夺取　躲藏　堕落　讹诈　额外　婀娜　厄运　扼杀
恶劣　愕然　遏止　噩梦　恩赐　儿歌　而且　耳塞

难读易错词语（二）

阿胶　阿谀　阿拉伯　哎呀　哀号　艾滋病　爱戴　爱护
爱怜　安瓿　安静　谙练　盎司　凹陷　熬包　奥秘
懊恼　懊丧　跋扈　霸占　芭蕾舞　白菜　白炽　白垩
白话　白蛉　白鳍豚　白芍　白纸　柏树　柏油　摆脱
拜访　拜谒　颁发　斑白　板报　板栗　办公室　伴侣
拌种　半导体　帮忙　绑架　傍晚　包裹　褒贬　宝藏
保障　堡垒　报偿　抱负　爆炸　抱佛脚　卑鄙　悲怆
悲切　北方　背景　被褥　蓓蕾　贲门　本质　笨拙
崩溃　绷带　迸裂　鼻窦　鼻涕　比拟　秕糠　哺育
笔直　毕竟　闭幕式　弊病　碧绿　避讳　边陲　边卡
编纂　蝙蝠　鞭策　鞭挞　贬值　辨别　捕捉　表彰

辩证法	别墅	濒临	博览会	殡殓	髌骨	并蒂莲	禀性
秉性	冰淇淋	补偿	剥夺	病虫害	播种	帛书	驳壳枪

难读易错词语（三）

猜测	才能	材料	财产	采摘	彩绸	餐巾	残骸
蚕茧	惭愧	惨重	灿烂	仓促	沧桑	苍穹	苍术
藏匿	操场	草丛	厕所	草菅人命	恻隐	测量	层次
插座	茶摊	茶匙	岔道	拆毁	茶褐色	豺狼	觇标
搀扶	孱弱	禅让	缠绵	蝉蜕	蟾蜍	谄谀	铲除
蒇事	忏悔	颤抖	昌盛	猖獗	菖蒲	长城	长臂猿
尝试	偿还	长年	场合	畅想	倡议	唱和	抄袭
钞票	超产	超载	巢穴	嘲讽	潮流	潮汐	吵闹
吵嘴	车床	车辆	彻底	撤除	嗔怪	沉淀	沉甸甸
沉溺	衬衫	陈列馆	瞠目	成长	呈献	承诺	惩治
城池	乘客	程序	澄清	吃惊	嗤笑	痴呆	驰骋
迟钝	持续	尺寸	尺蠖	侈谈	齿轮	耻辱	褫夺
叱咤	翅膀	赤裸裸	充斥	充盈	冲撞	憧憬	崇奉
崇敬	冲压	抽搐	抽噎				

难读易错词语（四）

发放	发奋	发慌	发挥	发酵	发难	罚款	法纪
法郎	法律	帆船	番茄	翻腾	烦恼	烦扰	烦躁
樊篱	繁殖	反刍	反省	犯浑	范畴	泛滥	方针
防范	防御	防护	房檐	飞翔	纺织	非常	菲薄
扉页	蜚声	肥沃	诽谤	斐然	废黜	沸腾	肺腑
分解	分裂	分泌	分娩	分歧	芬芳	坟墓	坟茔
汾酒	焚毁	粉笔	愤慨	愤懑	粪肥	丰硕	风化
风景	风骚	封存	锋利	蜂房	讽刺	凤凰	奉行
佛经	否定	夫妇	孵化	敷衍	服务员	俘虏	茯苓
浮雕	符合	辐射	抚摩	抚恤	釜底	俯瞰	辅导
腐蚀	父老	讣告	妇孺	附和	负疚	负荷	附属
附着	复辟	复杂	副食				

难读易错词语（五）

嗨哟	海拔	哈密瓜	海豚	害臊	海洛因	酣战	憨厚
鼾声	含蓄	函授	寒噤	寒暄	罕见	汗腺	旱情
撼动	豪爽	浩瀚	耗费	呵斥	合乎	合伙	喝倒彩

何尝　和睦　核潜艇　和谐　和煦　荷花　贺年　赫赫
黑枣　痕迹　亨通　星　横祸　恒量　轰炸　烘焙
鸿运　红领巾　宏伟　喉舌　后悔　后裔　后缀　厚薄
候诊　呼唤　呼啸　忽而　忽视　囫囵　狐臭　湖州
弧光灯　湖泊　琥珀　互助　户籍　护照　怙恶不悛　花卉
花蕊　华达呢　哗然　滑冰　化纤　槐树　欢迎　踝关节
缓和　环境　环绕　豢养　幻灯　涣散　荒芜　荒诞
荒谬　蝗虫　黄昏　灰尘　恍惚　谎话　挥霍　灰烬
恢复　回溯　悔罪　蛔虫　绘画　汇兑　荟萃　讳言
晦涩　贿赂　晦气　毁坏　荤腥　昏厥　昏聩　婚姻
浑浊　混淆　混凝土　活佛　火锅　或者　货栈　获悉
货箱　祸患　霍乱

难读易错词语（六）

改正　概括　概率　干杯　干瘪　干戈　干练　甘薯
泔水　柑橘　尴尬　赶紧　感触　刚愎　沥青　岗哨
纲领　肛门　杠杆　杠铃　高潮　高亢　高跷　搞活
稿纸　戈壁　割舍　歌诀　歌咏　革命　格律　隔阂
隔绝　个别　给养　给予　根本　跟前　更衣　更正
耕牛　羹匙　哽咽　耿耿　梗概　公共　公寓　工程师
功率　供奉　供给　宫廷　恭敬　巩固　拱手　贡品
共产党　沟壑　篝火　苟且　枸杞　估量　佝偻病　沽名
古筝　谷雨　骨骼　蛊惑　鼓掌　顾客　顾虑　雇佣
刮脸　挂念　乖乖　拐骗　怪诞　观光　观瞻　官邸
冠军　贯彻　惯性　盥洗　灌溉　灌输　光辉　广场
龟缩　规格　归依　瑰丽　诡辩　鬼祟　国粹　刽子手

难读易错词语（七）

联络　廉洁　连续　炼乳　廉政　踉跄　凉棚　两栖
良莠不齐　嘹亮　疗效　裂痕　料峭　列车　琳琅　临床
凛冽　鳞次栉比　灵验　吝啬　翎毛　玲珑　羚羊　零落
聆听　菱形　领导　另外　笼络　咯噔　隆重　漏勺
鲁莽　芦笙　颅骨　鹿茸　陆续　屡次　旅客　录音机
履历　律师　氯霉素　绿茶　伦理　孪生　掠取　沦丧
轮廓　螺旋　论著　罗列　裸露　络绎　落脚　坎坷
看中　凯旋　勘探　亢奋　看管　犒劳　扛活　窠臼
考虑　可鄙　抗生素　犒赏　苛刻　刻苦　颗粒　磕碰

铿锵　可恶　渴望　客栈　吭声　孔总　叩拜　空暇
酷暑　恐龙　宽窄　扣押　口头禅　枯槁　狂妄　宽恕
盔甲　髋骨　匡算　葵扇　诳语　岿然　匮乏　窥视
昆仑　魁梧　傀儡　愧恨　馈赠　困惑

难读易错词语（八）

饥饿　讥笑　击毙　机械　积攒　犄角　缉捕　基金
畸形　跻身　缉私　激励　稽查　汲取　即兴　吉祥
几乎　棘手　急诊　计谋　脊梁　辑录　记忆　记录员
脊髓　季节　寂静　纪律　加冕　祭奠　觊觎　祭祀
家畜　夹杂　价值　戛然　家眷　甲壳　坚决　嫁接
歼灭　监狱　艰险　间谍　减法　缄默　剪彩　简谱
建筑　简洁　检疫　腱鞘　鉴别　简直　疆场　践踏
豇豆　奖券　讲解　交融　骄横　娇惯　茭白　侥幸
胶片　蛟龙　脚本　皎洁　矫捷　交纳　脚镣　搅拌
教诲　较量　接吻　酵母　孑孓　接纳　接洽　诘问
揭发　结晶　节拍　劫持　截肢　拮据　结构　解剖
洁净　截然　戒律　竭诚　借鉴　襟怀　届期　疥疮
尽管　金箔　矜持　晋级　紧箍咒　锦绣　浸渍　尽职
近来　经络　晋升

难读易错词语（九）

惆怅　筹谋　愁闷　稠密　筹措　丑陋　出殡　初衷
出租车　初中　厨房　雏形　橱窗　储存　储蓄　处理
处女　触动　触犯　矗立　揣测　穿梭　穿凿　传授
船坞　吹拂　喘吁吁　创痕　创造　串亲戚　吹捧　垂涎
炊事员　锤炼　纯粹　唇齿音　淳朴　淳厚　戳穿　辍学
祠堂　瓷砖　慈善　辞职　雌蕊　此次　次子　刺激
赐予　从此　从容　丛林　粗糙　粗犷　簇拥　篡夺
催促　璀璨　淬火　撮弄　痤疮　挫折　措辞　惊骇
禁忌　禁锢　惊蛰　荆棘　惊诧　精悍　惊厥　惊讶
井然　晶莹　警惕　精湛　鲸鱼　竞赛　颈椎　景致
静脉　胫骨　痉挛　窘撮　敬慕　境况　久留　静默
井然　臼齿　纠正　究竟　咖喱　韭菜　沮丧　拘役
拒捕　鞠躬　局促　飓风　举荐　举行　绝缘　剧烈
俱乐部　军阀　锯末　聚居　军饷　攫取　军衔　爵士乐
均衡　开赴　咖啡

第 4 章

朗读训练

朗读是将视觉的文字语言转化为听觉的有声语言的一种活动。朗读是一项口头语言的艺术，它通过语言技巧的运用和语音的多种变化，使文章中的人、事、意境、潜在的含义及书面文字难以表达或者根本无法表达的隐情妙趣抒发出来。

朗读是学习普通话的重要环节，对于方言区的人来说，普通话是一种技能，不是靠理解、记忆就能掌握的，必须经过长期的反复的训练，才有可能学好。不妨从朗读训练入手，逐步习惯普通话的发音。通过反复地朗读，可增强发音的准确性，训练口舌的灵活性。此外，朗读时把辨形释义、正音、识字有机结合起来，能积累词汇，熟悉句型，洗练语言。朗读中把学到的语音知识转化为自觉的发音技巧，也有效地提高了语言的口头表达能力。

朗读也是普通话水平等级测试的重要环节。比较而言，在普通话测试中，朗读是应试者失分较多的题目。明确朗读的基本要求，掌握朗读的基本技巧，会对应试者提高测试成绩有很大帮助。

4.1 普通话水平测试“朗读短文”测试指要

普通话水平测试中的“朗读短文”是一种对应试者普通话运用能力的综合检测形式。应试者首先应明确普通话测试“朗读短文”测试要点和评分标准，以便做好充分的准备。

4.1.1 测试要点

普通话水平测试的“朗读短文”部分的短文从《普通话水平测试用朗读作品》中选取。

目的是测查应试者使用普通话朗读书面作品的水平。在测查声母、韵母、声调读音标准程度的同时，重点测查连续读音变、停连、语调及流畅程度。测试以朗读作品的前400个音节（不含标点符号和括注的音节）为限进行评分，每篇作品在第400个音节之后用“//”标注，但应试者应将第400个音节所在的句子读完整。朗读短文部分限时为4分钟，共计30分。

4.1.2 评分标准

在普通话水平测试中，朗读短文题目的评分标准有详细的规定。语音部分是测查的重点，每错1个音节，扣0.1分；漏读或增读1个音节，扣0.1分；如有声母或韵母系统性缺陷，视程度扣0.5分、1分。朗读技巧方面，如有语调偏误，视程度扣0.5分、1分、2分；停顿和连接不当，视程度扣0.5分、1分、2分。此外，如果出现朗读不流利（包括回读），视程度扣0.5分、1分、2分。朗读短文部分的测查点还包含了语速，对朗读短文部分的时间限定为4分钟，如果应试者超时了，要扣1分。

4.2 朗读的基本要求

朗读是朗读者在理解作品的基础上用自己的语音塑造形象，反映生活，说明道理，再现作者思想感情的再创造过程。朗读所使用的口语不同于日常生活中的口语，它要求忠于作品原貌，不添字、漏字、改字、颠倒顺序，语感上比生活中的口语更加生动，富于美感。朗读时在声母、韵母、声调、轻声、儿化、音变及语句的表达方式等方面都要符合普通话语音的规范。

4.2.1 语音准确

语音准确是普通话朗读最基本的要求。在普通话测试中的“朗读短文”测试项目，首先要测查的是应试者的声母、韵母、声调、轻声、儿化、音变等普通话发音的标准程度。因此，读准字词是应试者必备的基本条件。应试者可以从以下几个方面入手进行日常的朗读训练。

1. 注意纠正方言

普通话和方言的差别突出表现在语音方面，因此在普通话学习和训练中，首先应该注意普通话和方言在语音上的差异，克服字词的方言读音缺陷，纠正字词的方言错误。很多应试者在读单音节字和双音节词语时，能够注意克服方言，但是朗读短文时就会暴露出方言错误问题。不能将方言混读在朗读短文的过程中。例如，有些海南人朗读作品时把“吃”（chī）

读成“qī”，把“权力”（quánlì）读成“qiánlì”等。普通话和方言在语音上的差异往往是有规律的，可以通过自己总结规律，对方言进行辨证训练，反复实践，加强记忆。

2. 注意形声字的读音

在现代 7 000 个通用汉字中，形声字占到 80%以上。形声字是把表音、表意两部分合起来造成的汉字，表音的部分叫声旁，表意的部分叫形旁。但是，随着时代的发展，许多声旁也在变化，已经不能完全靠声旁来确定形声字的读音了。因此，在朗读时遇到形声字就需要慎重了，不能“读半边”。

如“造诣”应该读成“zàoyì”，而不是“zàozhǐ”；“枢纽”应该读成“shūniǔ”而不是“qūniǔ”。

再如：“那么多的绿叶，一簇堆在另一簇的上面，不留一点儿缝隙。”（节选自巴金《鸟的天堂》），普通话水平测试朗读作品（以下简称“作品”）48 号中的“簇”字，应该读成“cù”，很多应试者误读成“zú”。

3. 注意多音字的读音

多音字是人们最容易读错的字，同一个字有多种读音是容易产生误读的重要原因之一。不同的读音表义不同，用法不同，词性也往往不同。因此，在学习时应注意弄清多音字的不同意义和适用场合，以便在朗读中结合具体的语言环境正确判断它的读音。

如“畜”字，在“畜牧业”、“畜产”、“畜养”等词语中，表动作义时读“xù”；在“家畜”、“畜生”、“畜类”等表名物义时读“chù”。“处”字在“处心积虑”、“处变不惊”、“处罚”、“处方”、“处决”、“处理”等表动作义时读“chǔ”，在“处处”、“处所”、“住处”、“科研处”等表名物义时读“chù”。

“血”在复音词及文言成语中读 xuè，如：血液、血肉、血统、血战、血脂、血压等；在口语中单用和几个口语常用词中读 xiě，如：留了点儿血、鸡血等。

“薄”在复音词中读 bó，如：单薄、薄弱、日薄西山；口语中单用读“báo”，如：纸很薄、家底薄、薄饼、薄被等。因此“儿时放的风筝，大多是自己的长辈或家人编扎的，几根削得很薄的篾，用细纱线扎成各种鸟兽的造型，糊上雪白的纸片，再用彩笔勾勒出面孔与翅膀的图案。”（节选自李恒瑞《风筝畅想曲》，作品 9 号）中的“薄”字正确的读音为“báo”。

另外，有的多音字一种读音的用处较窄，而另一种读音的用处却很宽，这类多音字就可以重点记忆用处较窄的读音。“秘”除国名“秘鲁”和姓氏读“bì”外，其余都读 mì，如：秘书、秘闻、便秘、秘而不宣等。“脉”除“含情脉脉”读“mò”外，其余都读“mài”，如：脉搏、山脉、脉冲、叶脉、矿脉等。“症”除“症结”读 zhēng 外，其余都读“zhèng”，如：症状、病症等。

4. 注意形近字的读音

形近字是指字形结构相近的字，因为字形上的差别很小，所以容易读错。如：“泠（líng）”和“冷（lěng）”、“郴（chēn）”和“彬（bīn）”、“臾（yú）”和“叟（sǒu）”、“莜（yóu）”和“筱（xiǎo）”、“徙（xǐ）”和“徒（tú）”。

再如："谁都可以踏进他最后的安息地，围在四周稀疏的木栅栏是不关闭的——保护列夫·托尔斯泰得以安息的没有任何别的东西，唯有人们的敬意；而通常，人们却总是怀着好奇，去破坏伟人墓地的宁静。"（节选自［奥］茨威格《世间最美的坟墓》，张厚仁译，作品 35 号）中的"木栅（zhà）栏"，经常被应试者读错成"木珊（shān）栏"。

5. 注意异读词的读音

异读词是指同一个词或词素有两种或几种读音。异读有的是受到方言读音影响造成的，有的是书面语和口语分歧造成的，还有的是因为误读造成错误读音长期通行，正误并存，形成异读。朗读时要按照教育部、国家语言文字工作委员会发布的《普通话异读词审音表》规范读音来读。

如"脊"取消"jí"音，统读"jǐ"，因此，"台湾岛上的山脉纵贯南北，中间的中央山脉犹如全岛的脊梁。"（节选自《中国的宝岛——台湾》，作品 56 号）中的"脊梁"应读作"脊（jǐ）梁"。

6. 注意语流音变

朗读是一个一个音节连续进行的，这些音节连续发出来时，语素或者声调就可能互相影响，产生语音变化，这种变化就是语流音变。朗读时不但要注意声母、韵母、声调，还要注意语流音变。如：上声的变调，"一"、"不"的变调，轻声，儿化，语气词"啊"的音变等，都要符合普通话语音的规范。

如："那是力争上游的一种树，笔直的干，笔直的枝。"（节选自普通话水平测试朗读作品 1 号《白杨礼赞》）中的"一"变读为"yì"。

再如："推开门一看，嗬！好大的雪啊！"（节选自峻青《第一场雪》，作品 5 号）中的"啊"变读为"ya"，同"呀"。

4.2.2 理解作品

对作品的理解是朗读的前提条件之一。朗读前必须要充分熟悉作品内容和形式，了解作者当时的时代背景，理解并深刻领会作品的思想内容和精神实质。了解文章写什么人、什么事、抒什么情、说明什么问题，运用了哪些修辞方法，要表达什么主旨。在深刻理解作品内容的基础上，从作品的体裁、作品的主题、作品的结构、作品的语言，以及综合各种要素而形成的风格等方面入手，认真分析并把握作品的基调，并设计好如何通过语言的具体形象把作品的思想情感表达出来。

如杏林子的《朋友和其他》（作品 32 号），在叙事、抒情中都蕴藏着深刻的人生哲理："一锅小米稀饭，一碟大头菜，一盘自家酿制的泡菜，一只巷口买回的烤鸭，简简单单，不像请客，倒像家人团聚。"君子之交淡如水，作者将细腻的感情融入文字中。恬淡的生活状态，透露着恬淡的生命状态。"就让生命顺其自然，水到渠成吧，犹如窗前的乌柏，自生自落之间，自有一份圆融丰满的喜悦。春雨轻轻落着，没有诗，没有酒，有的只是一份相知相属的自在自得。"这里作者揭示出了生命的可贵在于自然，友情的可贵在于真诚。

“知道了聚散原来是这样的自然和顺理成章，懂得这点，便懂得珍惜每一次相聚的温馨，离别便也欢喜。”离别是伤感的，虽然作者说“离别便也欢喜”，但通篇细读后不难看出这个欢喜当中其实夹杂着淡淡的忧伤。这忧伤不是为聚散离合，忧伤因为看穿了生命与时间的秘密。当我们理解了作品的深刻内涵之后，在朗读中才能更好地将作者的情感再现出来。

4.2.3　掌握技巧

掌握朗读技巧，主要是指能够熟练地运用语音技巧。在语音准确和理解作品的前提下，如果能够运用有声语言的表达技巧，掌握好停顿、重音、语调和节奏等，处理好语调、语气等，做到变化有致、恰到好处，那么就可以将对文本的体验丰富而细腻地表现出来。例如，同样是重音，但根据具体情况，不同的语言环境要求不同，有的需要通过加大音量来表现，有的可以通过拖长音节来表现，有的则可以重音轻读，并不是一概而论的遇到重音都加大音量。遇到感情激动之处，可以采取调整节奏快慢、语调升降等多种形式来表现。朗读的技巧有很多，必须在掌握基础知识的前提下，反复实践，才能提高口语表达能力。

4.2.4　注意文体

不同文体的作品朗读时有着不同的要求，仅仅是在语音准确、把握作品主题思想的前提下，运用各种朗读的基本技巧去朗读作品是不够的。各种文体的作品在内容、形式、风格上的差异，要求我们在朗读时要有一定的区别。

诗歌的音韵和谐优美，感情丰富。朗读诗歌时应该展现出它的意境和情感，读出韵律和节奏，语速的快慢、语调的起伏跌宕。散文往往寓意深刻，思绪洒脱，“上下几千年，纵横数万里”。朗读散文时应注意作品的立意，把握住文章的基调：是柔和明朗，还是凝重含蓄；是深沉庄重，还是慷慨激昂。议论文和说明文则在于议清楚，说明白。朗读说明文时应该态度鲜明，公正客观，感情平静而质朴，语气中肯。叙事类的作品，要处理好情节和人物的个性特征，人物对话要根据不同语气，塑造出不同年龄和不同性格的声音形象，让听众如见其人，如闻其声。叙事之初，语速舒缓，引领听众进入情节；高潮之处应突出重音，用快而紧的语言烘托气氛，感染听众；尾声之时，语速适中，渐渐淡出，会使听众觉得意犹未尽，回味深长。

4.2.5　吐字清晰、自然流畅

清晰是指声音洪亮。自然是指朗读时应注意结合文章的思想情感，不虚情假意，不脱离实际，不单纯追求声音效果和语言技巧，不矫揉造作。在朗读练习和测试中，需将注意力放在语音的准确上面，千万不要过多投入感情进行艺术朗诵。

普通话测试中的“朗读短文”会测查应试者语流进行的畅顺度。要求应试者读得连贯、顺畅、快慢适当。测试对语速的要求是：读 400 个音节，时限为 4 分钟，如果超时就要扣分。而朗读速度太快，则会影响朗读的准确和清晰。朗读时不能读破词语、句子，也不能重复，不能一字一拍地读，也不能“唱读”。不能在不该停顿的地方停顿。更不能颠倒词语或句子的顺序，如“人的头盖骨，结合得非常致密与坚固，……”（节选自夏衍《野草》，作品 49 号）中的“头盖骨”，经常被应试者颠倒顺序，错读成“头骨盖”。

4.3 朗读的基本技巧

朗读技巧是实现朗读目的的重要手段。要想提高朗读水平，需要在掌握朗读的基本要求的基础上，运用一定的朗读技巧。朗读的基本技巧通常包括停连、重音、语调、节奏等。

4.3.1 停连

停连指的是朗读过程中声音的停顿和连接。停顿是指语句或词语之间声音的间歇；连接是相对停顿而言的。在朗读时，并不是读一个字就停顿一次，也不是通篇都连续不停歇。一方面，停顿是语言本身表达的需要，是文章情感表达的需要；另一方面，朗读者需要运用停顿的间歇来换气。朗读中的停顿与连接，完全根据文章的内容或意思来决定。停顿和连接不当，会造成表情达意上的困难，甚至歪曲文章的本意。

1. 停顿

朗读中的停顿是必不可少的，它是显示语法结构的需要，更是明晰表达语义、传达感情的需要。停顿主要有以下几种类型。

1）语法停顿

语法停顿主要是反映语法关系的停顿。语法结构不同，对句子的停顿有不同的要求。这种停顿通常用标点符号显示出来，又叫做标点停顿。

顿号表示并列成分的短暂停顿，停顿时间最短；逗号表示一句话没说完，停顿的时间比较短；分号表示并列分句之间的停顿，不是全句的终结，停顿时间也不长；冒号表示注释、提示，使听众注意，停顿时间较长；句号、问号、感叹号都表示一句话的完结，语义告一段落，停顿的时间更长一些；省略号、破折号表示停顿的时间比较灵活，酌情而定，有时比句号、问号、感叹号停顿时间还长。一般说来，句号、问号、感叹号的停顿比分号长些；分号的停顿要比逗号长些；逗号的停顿比顿号长些；而冒号的停顿则有较大的伸缩性：它的停顿有时相当于句号，有时相当于分号，有时只相当于逗号。通常有标点的地方在朗读时都必须停顿，并且要根据不同的点号实行长短不同的停顿。例如：

我们在漆黑如墨的河上又划了很久。一个个峡谷和悬崖，迎面驶来，又向后移去，仿佛消失在茫茫的远方，而火光却依然停在前头，闪闪发亮，令人神往——依然是这么近，又依然是那么远……

（节选自［俄］柯罗连科《火光》，张铁夫译，作品 16 号）

这段应注意破折号的停顿。

再如：

这使我们都很惊奇！这又怪又丑的石头，原来是天上的啊！它补过天，在天上发过热、闪过光，我们的先祖或许仰望过它，它给了他们光明、向往、憧憬；而它落下来了，在污土里，荒草里，一躺就是几百年了！

（节选自贾平凹《丑石》，作品 3 号）

这段话应注意几处感叹号的停顿。

但标点符号的停顿也不是绝对的。有时在没有标点的地方也可以停顿。如果很死板地按照标点符号去读，就会使朗读没有生气，甚至不能把原文的意思表达清楚。如：

后来忽然有人发明了一个方法，就是把一些植物的种子放在要剖析的头盖骨里，给它以温度与湿度，使它发芽。

（节选自夏衍《野草》，作品 49 号）

这句话中，除了按照标点符号的要求停顿外，还在“后来”后面应该有明显的停顿。再如：

中国西部我们通常是指黄河与秦岭相连一线以西，包括西北和西南的十二个省、市、自治区。这块广袤的土地面积为五百四十六万平方公里，占国土总面积的百分之五十七；人口二点八亿，占全国总人口的百分之二十三。

（节选自《中考语文课外阅读试题精选》中《西部文化和西部开发》，作品 45 号）

在这段话中，除了按照标点符号的要求停顿外，在“中国西部”的后面应有明显的停顿，在“这块广袤的土地”后面也应该有明显的停顿。

一般来说，一个句子中主谓之间，动宾之间，定语、状语与中心词语之间，都应有停顿。应试者应加强语法的学习，在朗读中正确地停顿断句，不读破句，才能够正确地表达作品的思想内容。

2）强调停顿

强调停顿是为了强调某个词语或者突出某种情感所运用的停顿。强调停顿常用于激动、回忆、疑虑、思考等情况，引起听众的注意，加深听众的印象。它不受语言逻辑的制约，完全是根据感情的需要而做的停顿。例如：

难道你又不更远一点想到这样枝枝叶叶靠紧团结，力求上进的白杨树，宛然象征了今天在华北平原纵横决荡用血写出新中国历史的那种精神和意志。

（节选自茅盾《白杨礼赞》，作品 1 号）

在这句话中，应该在“血”后面做停顿，来体现作者思想情感的高潮。

为了突出句中某些重要词语，可以在这些词语的前面或后面稍加停顿，如臧克家的《有的人》：

有的人//活着/他已经//死了；/有的人//死了/他还//活着。

3）节奏停顿

在朗读中，有些时候，需要用停顿来表达音步，以加强节奏感。节奏停顿在诗歌的朗读中比较常见。例如：

北国/风光，千里/冰封，万里/雪飘。望/长城内外，惟余/莽莽；大河/上下，顿失/滔滔。山舞/银蛇，原驰/蜡象，欲与/天公/试比高。须/晴日，看/红装素裹，分外/妖娆。

（选自毛泽东《沁园春·雪》）

除了增强节奏感外，通过节奏停顿也增强了朗读的感染力。

2. 连接

与停顿相对的就是连接。什么时候需要连接取决于语义、感情的表达。即使在有标点的地方也可以不停顿，连续读出，一气呵成。例如：

桌子放在堂屋中央，系长桌帏，她还记得照旧去分配酒杯和筷子。“祥林嫂，你放着吧，我来摆。”四婶慌忙地说。她讪讪地缩了手，又去取烛台。“祥林嫂，你放着吧，我来拿。”四婶又慌忙地说。

（节选自鲁迅《祝福》）

句中画线的部分可以不停顿，一口气读出，用来体现四婶害怕祥林嫂碰了祭祀用品而带来不幸的紧张心理。

在朗读时结合朗读的内容和情景，恰当地运用停连，可以突出朗读的整体效果，加深听众对作品的印象。

4.3.2 重音

重音是指朗读时把句子里某些词语说得比较重的语音现象，一般用增加声音的强度和力度来体现。重音能使听者对一些色彩鲜明、形象生动的词语印象深刻。

句子由词和短语组成，词和短语在表达基本语意和思想感情的时候，不是平列地处在同一个地位上。有的词、短语在表达语意和思想感情上显得十分重要；而与之相比较，另外一些词和短语就处于一个较为次要的地位上，所以有必要采用重音。

1. 如何确定重音

确定重音是以正确理解语句意思为基础的。根据重音的主要作用，朗读者可以采用一些方法来确定重音。比如，有些句子，没有特殊的感情色彩，也没有什么特别强调的意味。这种句子的重音可以依据其语法结构来确定，通常来说，需要重读的有短句中的谓语、宾语、定语、状语、补语和某些代词。这类重音叫做语法重音。这类重音在朗读时不必过分强调，只需比其他音节读得重些。有些句子或由于构造复杂，或由于表意曲折，或由于感情特殊，它的重音往往不能一下子确定，必须联系上下文，对它细加观察，进行认真推敲，尤其要把它放到特定的语言环境中加以考察，才能确定其重音，通常把这类重音叫做逻辑重音（强调重音）或情感重音。它同语法重音有时是一致的，有时则是不一致的。当逻辑重音（情感重音）和语法重音不一致时，后者必须服从前者。

2. 重音的类型

最常见的重音有语法重音、逻辑重音、情感重音三种类型。

1）语法重音

有的重音是依据语法结构的特点而重读的，不表示特殊的思想感情，这种重音叫做“语法重音”。例如：

你说的是什么？

那就是我的自行车。

她马上拿起电话。

语法重音往往不带特别强调的色彩，它所表达的语气虽稍微加重，但仍然是平和的。

2）逻辑重音

有的重音是说话人为了表达特殊的思想感情，有意把某些句子读得重些。这种重音叫“逻辑重音”。逻辑重音没有固定的格式，它受说话时的环境、说话人的思想感情及特定的修辞要求等因素的支配。在朗读短文时，需要使逻辑重音的运用同原作者的意图和感情完全符合，这就需要朗读者反复阅读原作，深入体会作者的思想感情，弄清上下文的逻辑关系。例如：

我请你看电影（请你看电影的不是别人）

我请你看电影（怎么样，够尊重你吧？）

我请你看电影（不请别人）

我请你看电影（不是请你吃饭）

同样一句话，由于重音的位置不同，这句话的重点也就不同了。

3）情感重音

我们在朗读的时候除了强调特殊含义之外，还需要表达出一定的爱憎、喜怒哀乐等，这时的重读就是情感重音。例如：

一生中能有这样两个发现，该是很够了，即使只能作出一个这样的发现，也已经是幸福的了。但是马克思在他研究的每一个领域，甚至数学领域都有独到的发现，这样的领域是很多的，而且其中任何一个领域他都不是肤浅地研究的。

（节选自恩格斯《在马克思墓前的讲话》）

以上三种是常见的重音形式，其实在实际的语言表达中，还有很多其他类型的重音，需要我们认真学习和体悟。

3. 重音的表达方法

重音是需要强调的词语，但这种强调并不是简单地加大音量，而是要根据上下文，通过对比、并列等关系来确定重音的具体发音。重音部分，除了提高音量之外，还可以用先加停顿然后再读重音的方法来强调重音，也可以用拖长字音、加快或放慢语速的方法来突出重音。另外，表达幸福、温馨、满足、欣慰、体贴等的词语，还可以运用重音轻读的方法来表现。

重音是为一定的表达服务的，重音与非重音只是相对而言的，重音过多，就等于没有重音，反而会使语句的表达不明确。因此朗读者需要结合具体的语言环境和上下文的关系，恰当地运用重音，处理好轻重的衔接，这样既能够让语句的目的表达得明确，又能够增强语言的表达效果。

4.3.3 语调

在朗读时，为了思想感情表达的需要，句子总是要有高低升降的变化，这种变化就形成了语调。也就是说，除了有停顿和重音之外，还需要用高低升降来表明这句话是陈述句、感叹句、祈使句或者疑问句。有时也用这种升降变化来表示一些特殊的情绪，比如紧张、急迫、恐惧、讽刺等。有时也用升降变化来加强说话的某种效果，比如要把话说得特别清楚、特别有力、特别坚决等。

任何句子都带有一定的语调。语调使有声语言有了极强的表现力。

语调是千变万化的，根据人们说话目的不同，句子的语调可以分为平调、降调、声调和曲调四种基本类型。

1. 平调

平调的调子比较平稳，没有什么重读或强调的显著变化。一般的叙述、说明，以及表示迟疑、深思、冷淡、悼念、追忆等思想感情的句子，用这种语调。例如：

这样，我们在阳光下，向着那菜花、桑树和鱼塘走去。

（节选自莫怀戚《散步》，作品 33 号）

再如：

我国的建筑，从古代的宫殿到近代的一般住房，绝大部分是对称的，左边怎么样，右边怎么样。

（节选自叶圣陶《苏州园林》，作品 36 号）

2. 降调

句尾语调由高逐渐降低的调子叫降调。这种语调常用来表示肯定、祈使、允许和感叹的语气。例如：

是的。我想，不光是叔叔，我们每个人都是风筝，在妈妈手中牵着，从小放到大，再从家乡放到祖国最需要的地方去啊！

（节选自李恒瑞《风筝畅想曲》，作品 9 号）

3. 升调

句尾语调由低逐渐升高的调子叫做声调。这种语调常用于表示疑问、反诘、惊异、命令、呼唤、号召的句子，例如：

我在运动场打秋千跌断了腿，在前往医院的途中一直抱着我的，是我妈。爸把汽车停在急诊室门口，他们叫他驶开，说那空位是留给紧急车辆停放的。爸听了便叫嚷道："你以为这是什么车？旅游车？"

（节选自［美］艾尔玛·邦贝克《父亲的爱》，作品 10 号）

4. 曲调

句中的调子由高转低再升高，由低转高再降低；或者是调子先升后降、先降后升，这样就形成了曲调。曲调常用来表达复杂的情绪或隐晦的感情等语气，如讽刺、嘲笑、幽默等。例如：

“这些……难道还不够吗?”班杰明一边微笑着，一边扫视着自己的房间，轻言细语地说，“你进来又有一分钟了。”

（节选自纪广洋《一分钟》，作品 50 号）

从句子类型上说，陈述句子多用平调，疑问句或反问句多用升调，祈使句、感叹句多用降调，曲调则十分灵活。但是，朗读中的语调是一个涉及面很广的较为复杂的问题，不能把语调同陈述句、祈使句、疑问句、感叹句等句子类型完全等同起来，更不能把丰富多彩的语调变化强行纳入一些简单的公式。

朗读是一种艺术，这种艺术性主要是通过语调加以体现的。朗读语言同生活语言的语调有所不同。生活语言也有语调，但通常没有多少起伏变化，显得自然、从容。而朗读语言的语调则有明显的起伏变化，这样能使语意表达得更加顺畅、明晰、突出。如果朗读中失去这种有明显变化的语调，就等同于普通的生活语言了。当然，朗读时语调的表现也不同于艺术表演（如朗诵、话剧表演）中的语调的表现。表演语言的语调带有明显的夸张性、表演性。如果把这种夸张性和表演性的语调运用到朗读中，则会使朗读显得不自然、不真实。

4.3.4　节奏

节奏主要是语调中的快与慢、强与弱，涉及节拍和速度。朗读时，要正确地表现各种不同的生活现象和人们各种不同的思想感情，就必须采取与之相适应的不同的朗读速度。

节奏的快慢是思想情感和语言表达的需要，主要与说话人的感情有关系，也与文章的难易有关系。同时，节奏还会受到时间、事件、环境等各种因素的影响发生不同的变化。

1. 快节奏

一般情况下，在情绪兴奋、激动、愤怒、慌乱、恐惧的时候，速度要快一些，往往声音也渐强。例如：

很久以前，在一个漆黑的秋天的夜晚，我泛舟在西伯利亚一条阴森森的河上。船到一个转弯处，只见前面黑黢黢的山峰下面一星火光蓦地一闪。

火光又明又亮，好像就在眼前……

“好啦，谢天谢地!”我高兴地说，“马上就到过夜的地方啦!”

（节选自［俄］柯罗连科《火光》，张铁夫译，作品 16 号）

这段话中，可以通过加快节奏来表现“我”因看到火光而兴奋的心情。

2. 慢节奏

通常在叙述、情绪悲伤、失望、迟疑时，速度要慢一些。例如：

“所有时间里的事物，都永远不会回来。你的昨天过去，它就永远变成昨天，你不能再回到昨天。爸爸以前也和你一样小，现在也不能回到你这么小的童年了；有一天你会长大，你会像外祖母一样老；有一天你度过了你的时间，就永远不会回来了。”爸爸说。

（节选自（台湾）林清玄《和时间赛跑》，作品 14 号）

这段话中，通过放慢节奏来表现“我”和“爸爸”失去亲人的悲伤情绪。

在慢节奏中，还有一种是表达心胸舒展的情感，描绘较为抒情的场面时使用的较为舒缓的节奏。如：

夕阳落山不久，西方的天空，还燃烧着一片橘红色的晚霞。大海，也被这霞光染成了红色，而且比天空的景色更要壮观。因为它是活动的，每当一排排波浪涌起的时候，那映照在浪峰上的霞光，又红又亮，简直就像一片片霍霍燃烧着的火焰，闪烁着，消失了。而后面的一排，又闪烁着，滚动着，涌了过来。

……

在这幽美的夜色中，我踏着软绵绵的沙滩，沿着海边，慢慢地向前走去。海水，轻轻地抚摸着细软的沙滩，发出温柔的刷刷声。晚来的海风，清新而又凉爽。我的心里，有着说不出的兴奋和愉快。

（节选自峻青《海滨仲夏夜》，作品 12 号）

这段文字描绘了晚霞映照在大海上的美丽景色，朗读时采用缓慢、柔和的节奏，能够使听众置身于晚霞、海浪构成的动人画卷中。

另外，议论文一般比较难懂一些，特别是那些含有较为深奥的哲理的文章，读快了就更不容易听懂，如果节奏放慢一点，就能够留给听众思考的时间。当然，容易懂的地方，也可以加快一点节奏。这样有助于听众理解文章的内容。

这里需要说明的是，节奏的快慢，即朗读的速度是靠语速来体现的。语速是指朗读时在一定的时间里，容纳一定数量的词语。一般来说，正常的语速是大约 240 个音节/分钟。朗读任何一篇文章，都不能自始至终采用一成不变的节奏。朗读者要根据作者的感情的起伏和事物的发展变化随时调整自己的朗读速度。掌握好节奏的快慢，有助于提高有声语言的表达效果，它是有声语言表情达意的重要手段。但是，应该注意的是，读得快时，要特别注意吐字的清晰，不能为了读得快而含混不清，甚至“吃字”；读得慢时，要特别注意声音的明朗实在，不能因为读得慢而显得疲疲沓沓，松松垮垮。总之，在掌握朗读的速度时要做到“快而不乱”、“慢而不拖”。此外，在普通话测试中经常有应试者因为怕读错扣分，不管朗读作品的内容和思想情感，一味地故意放慢语速，这样也是错误的。为避免此类情况发生，应试者需要在准备考试的过程中尽量地熟悉测试指定的朗读作品篇目。

4.4 不同体裁作品朗读指导例析

任何体裁的作品，在朗读时都要在读准字音的前提下，把握好作品的主题和情感基调，运用各种朗读技巧再现作品的思想内容。但是，不同体裁的作品在内容、形式、风格等方面是存在差异的，这就导致在朗读时会有一定的区别。下面就以具体的作品为例，谈谈不同体裁作品的朗读。

4.4.1 诗歌的朗读

诗歌是通过有节奏、有韵律的语言反映生活，抒发情感的。诗歌的词语凝练、感情强烈、节奏鲜明、韵律整齐，在朗读时需要做到展现意境和情感，读出韵律和节奏。比如朗读徐志摩的《再别康桥》：

再别康桥

轻轻的我走了，
正如我轻轻的来；
我轻轻的招手，
作别西天的云彩。
那河畔的金柳，
是夕阳中的新娘；
波光里的滟影，
在我的心头荡漾。
软泥上的青荇，
油油的在水底招摇；
在康河的柔波里，
我甘心做一条水草。
那榆荫下的一潭，
不是清泉，是天上虹；
揉碎在浮藻间，
沉淀着彩虹似的梦。
寻梦？撑一支长篙，
向青草更青处漫溯；
满载一船星辉，
在星辉斑斓里放歌。
但我不能放歌，
悄悄是别离的笙箫；
夏虫也为我沉默，
沉默是今晚的康桥！
悄悄的我走了，
正如我悄悄的来；
我挥一挥衣袖，
不带走一片云彩。

《再别康桥》这首诗韵律优美，全诗共七节，每节四行，每行两顿或三顿，节奏分明；严守二、四押韵，抑扬顿挫，朗朗上口。要想朗读好这首诗歌，我们还是需要先去探究诗歌的思想内容，并以此确定情感基调，为朗读的成功打基础。《再别康桥》写的是离愁别绪，了解到这点，我们在朗读时就需要把情感基调定在“愁”字上，而且，这愁并不是深切的愁怨，而是轻淡的、柔和的愁，带着对康桥美景沉醉的“愁”，带着对母校眷恋的“愁”。

其次，根据情感的需要，在朗读中合理地运用各种艺术手段，准确地表达作品的内涵。抓住这首诗“脉脉的温情”、“淡淡的伤感”的基调，合理使用停顿、重音、语调、节奏等手段，使主题得到体现和升华。

“轻轻的我走了，正如我轻轻的来；我轻轻的招手，作别西天的云彩”，在节奏上是舒缓的，体现出作者对母校缠绵的情意，同时又怀着淡淡的哀愁，朗读时可以采用缓慢的节奏和平调，三个“轻轻”可以采用声音稍微拉长的方法达到强调的目的。

“寻梦？撑一支长篙，向青草更青处漫溯；满载一船星辉，在星辉斑斓里放歌。”这句诗是徐志摩对往昔生活的回忆、留恋，在康桥生活的两年里他有自己的理想，生活充实，对明天怀着希望。朗读时可采用渐快的节奏和升调。

“悄悄是离别的笙箫，夏虫也为我沉默，沉默是今晚的康桥。”过去的已经成为历史，回到现实仍然是哀伤，所以这句诗是情感的高潮，充分表现了徐志摩对康桥的情感，集中表现了离别的惆怅。朗读时可以采用慢节奏和降调。“沉默”是人的最深的感情，也是徐志摩想表达的一个重点。因此，朗读时在“悄悄”和“沉默”的后面，可以用停顿来强调诗歌的重要词汇。

4.4.2 散文的朗读

散文不拘于诗的平仄格律，但又能表现出诗的感情与意境，能议论，能抒情，又能写景、记事。形式上有种“散”的感觉。因此，应首先把握好散文的主题与线索，进而确定出文章的情感基调，这样才能在朗读中将作者的思想感情和文章的诗情画意表现出来。比如朱自清的散文《绿》（作品 25 号）中的一段：

> 那醉人的绿呀！我若能裁你以为带，我将赠给那轻盈的舞女，她必能临风飘举了。我若能挹你以为眼，我将赠给那善歌的盲妹，她必明眸善睐了。我舍不得你，我怎舍得你呢？我用手拍着你，抚摩着你，如同一个十二三岁的小姑娘。我又掬你入口，便是吻着她了。我送你一个名字，我从此叫你“女儿绿”，好吗？

朱自清的散文《绿》运用了比喻、拟人、联想等多种手法，从不同角度描绘了梅雨潭水的奇异、可爱、温润、柔和，将自己倾慕、欢愉、神往的感情融汇在潭水之中。朗读时可以采用柔和的舒缓节奏，并且通过语调的升降、停顿的疏密，以及重音的丰富变化，让听众眼前出现了那微微泛起的绿色涟漪，似乎还能感触到那闪着光亮的绿波的跳动，柔和、明快、亲切的感情荡漾心头。作者将梅雨潭水这种脱俗的“绿”想象为“如同一个十二三岁的小姑娘”，并称其为“女儿绿”，感情柔美、细腻丰富。朗读者可通过恰当地运用朗读技巧，用有声语言代作者表达对生活的热爱和向上的激情。

4.4.3 小说的朗读

小说是一种通过完整的故事情节和具体的环境描写，塑造典型鲜明且丰富多样的人物形象，从多方面去反映社会生活的文学样式。朗读小说要求朗读者要有准确而深刻的理解能力，丰富而细腻的感受能力，生动形象的表现能力等。在朗读时需要做到通过有声语言突出人物的思想个性，生动地再现情节，清晰地刻画环境。

如莫泊桑的小说《项链》中的一段：

……她猛然喊了一声。脖子上的钻石项链没有了。

她丈夫已经脱了一半衣服，就问："什么事情？"

她吓昏了，转身向着他说：

"我……我……我丢了佛来思节夫人的项链了。"

他惊惶失措地直起身子，说：

"什么！……怎么啦？……哪儿会有这样的事！"

他们在长衣裙褶里，大衣褶里寻找，在所有口袋里寻找，竟没有找到。

他问："你确实相信离开舞会的时候它还在吗？"

"是的，在教育部走廊上我还摸过它呢。"

"但是，如果是在街上丢的，我们总得听见声响。一定是丢在车里了。"

"是的，很可能。你记得车的号码吗？"

"不记得。你呢，你没注意吗？"

"没有。"

他们惊惶地面面相觑……

在上面这段话中，讲述的是"丢项链"的事情来得极其突然，大家都很吃惊，可以采用快节奏，来突出体现两位主人公因为弄丢了项链而紧张、焦急、慌乱的情绪。"丢了"、"什么"、"所有"、"确实"、"一定"，这几个加点的词语，可以采用重读。文中的几个疑问句都可以采用升调。"他们惊惶地面面相觑"一句，体现出主人公还没有摆脱刚才因发现丢失了项链而产生的恐惧，紧接着就开始意识到，如果他们真的弄丢了这条钻石项链，他们的生活和命运将会是何等的悲惨。因此，这句可以采用逐渐变慢的节奏和降调，以体现出主人公复杂的心理变化。

除了小说之外，还有一些叙事体裁的作品，比如故事、戏剧等。这些文体的共同特点是都有人物、事件和情节。朗读时语调应更加灵活，感情更加丰富鲜明，口语性更强，更接近生活。一般情况下，叙述性或说明性的语言要读得语速缓慢些，语调平直。在表现人物方面，特别是在人物对话部分，注意读出不同年龄、不同身份的声音特征。

4.4.4 议论文的朗读

议论文主要的表达方式是议论，通常有感而发，对某一件事提出自己的意见、观点、看法，它往往运用逻辑推理阐明道理，揭示事物之间的内在关系。议论文有明确的观点和符合逻辑的论证过程，脉络清楚，条理分明，重点突出。所以，议论文的朗读应该具有以下几个特点。

首先是要立场明确。这是因为在文章中要明确地表达出作者的观点，语气中不能犹豫不决，应坚决、果断，语音语调上应该是情绪饱满的。同时，也不能使用唯我独尊、盛气凌人的腔调。

其次，需要突出重音的作用。因为在议论文中有大量的议论，为了论证，一定会有所强调，所以语句重音就显出特别重要的作用。并且可以通过重音来突出论点中的关键句、关键词。

另外，要层次分明。在议论文中的思考和议论必然有一定的脉络和思路，由此一步步带着听众走向结论，所以必须是层次分明的，朗读时必须运用音量的大小、速度的快慢等因素逐步推进到结论的出现，这也就是全文的高潮所在。

4.4.5 说明文的朗读

说明文以说明为主要表达方式，用来解说事物、阐明事理，具有条理清楚、结构严谨的特点。说明文通常用来介绍事物的形状、构造、类别、关系、功能，解释事物的原理、含义、特点、演变等，实用性很强。朗读情感基调应较平实；语调方面可以用叙述平调，在表示肯定的地方可以用降调；在强调事物的特点或数据、数字等关键的地方，可采用重读、停顿，同时节奏放慢，清晰地将前后的逻辑关系表达出来，加深听众对文章内容的理解。

如作品 13 号《海洋与生命》：

> 生命在海洋里诞生绝不是偶然的，海洋的物理和化学性质，使它成为孕育原始生命的摇篮。
>
> 我们知道，水是生物的重要组成部分，许多动物组织的含水量在百分之八十以上，而一些海洋生物的含水量高达百分之九十五。水是新陈代谢的重要媒介，没有它，体内的一系列生理和生物化学反应就无法进行，生命也就停止。因此，在短时期内动物缺水要比缺少食物更加危险。水对今天的生命是如此重要，它对脆弱的原始生命，更是举足轻重了。生命在海洋里诞生，就不会有缺水之忧。
>
> 水是一种良好的溶剂。海洋中含有许多生命所必需的无机盐，如氯化钠、氯化钾、碳酸盐、磷酸盐，还有溶解氧，原始生命可以毫不费力地从中吸取它所需要的元素。
>
> 水具有很高的热容量，加之海洋浩大，任凭夏季烈日曝晒，冬季寒风扫荡，它的温度变化却比较小。因此，巨大的海洋就像是天然的"温箱"，是孕育原始生命的温床。
>
> 阳光虽然为生命所必需，但是阳光中的紫外线却有扼杀原始生命的危险。水能有效地吸收紫外线，因而又为原始生命提供了天然的"屏障"。
>
> 这一切都是原始生命得以产生和发展的必要条件。
>
> （节选自童裳亮《海洋与生命》）

在上述几段文字中，说明了生命在海洋里得以诞生的原因。首先指出海洋成为孕育原始生命的摇篮不是偶然的，是由海洋的物理和化学性质决定的。然后分别从生物的组成、水的“溶剂”作用、水的“温床”“屏障”功能等方面说明这一切都是原始生命得以诞生和发展的必要条件。在朗读时，应该注意数据等在文中的重要作用，可采用重读进行强调。在语调方面可以采用平调，保持自然平时，客观确切。另外，文中涉及的“氯化钠”“氯化钾”“碳酸盐”“磷酸盐”等，在平时接触较少的专业性较强的名词，应注意读音的准确性。

【朗读练习】

结合前面所学习的普通话水平等级测试对朗读部分的相关知识，以及朗读的基本技巧，朗读下列段落或文章，要求语音标准、吐字清晰，注意停顿、重音、语调和节奏。请注意加点的字词和带下划线的语句。

雨巷

撑着油纸伞，独自
<u>彷徨在悠长、悠长</u>
又寂寥的雨巷，
我希望逢着
一个丁香一样的
结着愁怨的姑娘。

她是有
丁香一样的颜色，
丁香一样的芬芳，
丁香一样的忧愁，
在雨中哀怨，
<u>哀怨又彷徨</u>；
她彷徨在寂寥的雨巷，
撑着油纸伞
像我一样，
像我一样地
默默彳亍着
冷漠、凄清，又惆怅。

她默默地走近，
走近，又投出
太息一般的眼光
她飘过
像梦一般地，
像梦一般地凄婉迷茫。

像梦中飘过
一枝丁香地，
我身旁飘过这个女郎；
她静默地远了，远了，
到了颓圮的篱墙，
走尽这雨巷。

——节选自戴望舒《雨巷》

西风颂

让我做你的竖琴吧，如同那树林：
哪怕如它一样枝叶凋尽！
你定能奏起恢弘激昂之音，
凭借我和树林深沉的秋之意韵：
悲怆中包含着甜蜜。愿我成为你，愿你强悍的精神
化为我的灵魂！愿我成为你，和你一样强劲！
把我僵死的思想扫出这宇宙，
如同凋零的枝叶催发新的生命，
让我这诗歌的诅咒，
如同火塘里飞出的火星，
尚未熄灭，把我的话传遍人间，
让预言的号角在我唇间奏鸣，
吹响那沉睡的大地！哦，西风，
如果冬天来了，春天还会远吗？

——节选自雪莱《西风颂》

春

小草偷偷地从土里钻出来，嫩嫩的，绿绿的。园子里，田野里，瞧去一大片一大片满是的。坐着，躺着，打两个滚，踢几脚球，赛几趟跑，捉几回迷藏。风轻悄悄的，草软绵绵的。

桃树、杏树、梨树，你不让我，我不让你，都开满了花赶趟儿。红的像火，粉的像霞，白的像雪。花里带着甜味儿；闭了眼，树上仿佛已经满是桃儿、杏儿、梨儿。花下成千成百的蜜蜂嗡嗡地闹着，大小的蝴蝶飞来飞去。野花遍地是：杂样儿，有名字的，没名字的，散在草丛里像眼睛，像星星，还眨呀眨的。

“吹面不寒杨柳风”，不错的，像母亲的手抚摸着你。风里带来些新翻的泥土的气息，混着青草味儿，还有各种花的香，都在微微润湿的空气里酝酿。鸟儿将巢安在繁花嫩叶当中，高兴起来了，呼朋引伴地卖弄清脆的喉咙，唱出宛转的曲子，跟轻风流水应和着。牛背上牧童的短笛，这时候也成天嘹亮地响着。

——节选自朱自清《春》

匆匆

燕子去了，有再来的时候；杨柳枯了，有再青的时候；桃花谢了，有再开的时候。但是，聪明的，你告诉我，我们的日子为什么一去/不复返呢？——是有人/偷了他们罢：那是谁？又/藏在何处呢？是他们自己/逃走了罢：现在/又到了哪里呢？

我/不知道他们给了我多少日子；但我的手/确乎/是渐渐空虚了。在默默里算着，八千多日子/已经从我手中溜去；像针尖上一滴水/滴在大海里，我的日子/滴在时间的流里，没有声音，也没有影子。我/不禁头涔涔/而泪潸潸了。

去的尽管去了，来的尽管来着；去来的中间，又怎样地匆匆呢？早上我起来的时候，小屋里射进两三方斜斜的太阳。太阳他有脚啊，轻轻悄悄地挪移了；我也茫茫然跟着旋转。于是——洗手的时候，日子从水盆里过去；吃饭的时候，日子从饭碗里过去；默默时，便从凝然的双眼前过去。我觉察他去的匆匆了，伸出手遮挽时，他又从遮挽着的手边过去，天黑时，我躺在床上，他便伶伶俐俐地从我身上跨过，从我脚边飞去了。等我睁开眼和太阳再见，这算又溜走了一日。我掩着面叹息。但是新来的日子的影儿又开始在叹息里闪过了。

——节选自朱自清《匆匆》

海上的日出

天空还是一片浅蓝，很浅很浅的。转眼间，天水相接的地方出现了一道红霞。红霞的范围慢慢扩大，越来越亮。我知道太阳就要从天边升起来了，便目不转睛地望着那里。

果然，过了一会儿，那里出现了太阳的小半边脸，红是红得很，却没有亮光。太阳像负着什么重担似的，慢慢地，一纵一纵地，使劲儿向上升。到了最后，它终于冲破了云霞，完全跳出了海面，颜色真红得可爱。一刹那间，这深红的圆东西发出夺目的亮光，射得人眼睛发痛。它旁边的云也突然有了光彩。

有时候太阳躲进云里。阳光透过云缝直射到水面上，很难分辨出哪里是水，哪里是天，只看见一片灿烂的亮光。

有时候天边有黑云，云还很厚。太阳升起来，人看不见它。它的光芒给黑云镶了一道光亮的金边。后来，太阳慢慢透出重围，出现在天空，把一片片云染成了紫色或者红色。这时候，不仅是太阳、云和海水，连我自己也成了光亮的了。

这不是伟大的奇观么？

——节选自巴金《海上的日出》

我很重要

战后受经济危机的影响，日本失业人数陡增，工厂效益也很不景气。一家濒临倒闭的食品公司为了起死回生，决定裁员三分之一。有三种人名列其中：一种是清洁工，一种是司机，一种是无任何技术的仓管人员。这三种人加起来有30多名。经理找他们谈话，说明了裁员意图。清洁工说："我们很重要，如果没有我们打扫卫生，没有清洁优美、健康有序的工作环境，你们怎么能全身心投入工作？"司机说："我们很重要，这么多产品没有司机怎么能迅速销往市场?”仓管人员说:“我们很重要,战争刚刚过去,许多人挣扎在饥饿线上,如果没有我们,这些食品岂不要被流浪街头的乞丐偷光!”经理觉得他们说的话都很有道理,权衡再三决定不裁员,重新制定了管理策略。最后经理在厂门口悬挂了一块大匾,上面写着:“我很重要。”

从此,每天当职工们来上班,第一眼看到的便是“我很重要”这 4 个字。不管一线职工还是白领阶层,都认为领导很重视他们,因此工作也很卖命,这句话调动了全体职工的积极性,几年后公司迅速崛起,成为日本有名的公司之一。

生命没有高低贵贱之分。一只蜜蜂和一只雄鹰相比虽然不起眼,但它可以传播花粉从而使大自然色彩斑斓。

任何时候都不要看轻了自己。在关键时刻,你敢说“我很重要”吗?试着说出来,你的人生也许会由此揭开新的一页。

——节选自马国福《我很重要》(马国福,《我很重要》,华东师范大学出版社,2009。)

峭壁上的树

是为了摆脱那饥寒交迫的日子,你才无可奈何地跳下悬崖?是为了免遭那场被俘的耻辱,于弹尽粮绝之后你才义无反顾地投落这峭壁?

那一天你确实跳下来了,像俯冲捕猎的雄鹰,像划破静夜的流星。然而,你并没有死,一道峭崖壁缝救助了你,一捧贫瘠的泥土养育了你。生根、发芽、长叶——从此,你就在这里安家落户,日日夜夜,年年岁岁,终于顽强地活了下来,长成一簇令人刮目的风景。这便是故乡那座大山的悬崖峭壁上的一棵摇曳在我记忆中三十年之久的酸枣树。

它高不足尺,叶疏花迟。云缠它,雾迷它,雨抽它,风摧它,霜欺雪压,雷电轰顶。然而,酸枣树并没有被征服。它不低头,不让步,于数不尽的反击和怒号中,炼就了一身铮铮铁骨,凝聚了一腔朗朗硬气。

……

它明知道自己成不了栋梁高树,却还是努力地生长;它明知道自己不可能荫庇四邻,却还是努力地茂盛着。不像山前的桃树,山后的梨树,一个个娇生惯养让人伺候、抚慰,动辄就施性子给点颜色瞧瞧。也不像贪图热闹的杨树柳树们,一个个占据了水肥土美的好地方,便忘乎所以地搔首弄姿,轻飘飘只知炫耀自己。酸枣树默默地兀立着,不鄙位卑,不薄弱小,不惧孤独。与春天紧紧握手,与日月亲切交谈。天光地色,尽纳尽吮。从不需要谁的特别关照与爱抚,完全依靠了自己的力量,长成了那堵峭壁上的生命,让人领略那簇动人的风采。它真诚而没有嫉妒,它纯朴而从不贪婪;抬手向路人致意问候,俯首向胜利者恭贺祝福。那一年秋天,于不知不觉中,它竟结出一粒小小的酸枣。只有一粒,而且几乎小得为人们所不见。

——节选自张庆和《峭壁上的树》(张庆和,《峭壁上的树》,《青苹果》,2008 年 Z1 期。)

我的人生追求

有三种简单然而无比强烈的激情左右了我的一生：对爱的渴望，对知识的探索和对人类苦难的难以忍受的怜悯。这些激情像飓风，无处不在、反复无常地吹拂着我，吹过深重的苦海，濒于绝境。

我寻找爱，首先是因为它使人心醉神迷，这种陶醉是如此的美妙，使我愿意牺牲所有的余生去换取几个小时这样的欣喜。我寻找爱，还因为它解除孤独，在可怕的孤独中，一颗颤抖的灵魂从世界的边缘看到冰冷、无底、死寂的深渊。最后，我寻找爱，还因为在爱的交融中，神秘的缩影中，我看到圣贤和诗人们想象出的天堂的前景。这就是我所寻找的，而且，虽然对人生来说似乎过于美妙，这也是我终于找到了的。

怀着同样的激情我探索知识，我希望能够理解人类的心灵。我希望能够知道群星为何闪烁。我试图领悟毕达哥拉斯所景仰的数字力量，它支配着此消彼涨。仅在不大的一定程度上，我达到了此目的。

——节选自伯特兰·罗素《我的人生追求》

我的世界观

我完全不相信人类会有那种在哲学意义上的自由。每一个人的行为，不仅受着外界的强制，而且要适应内在的必然。叔本华说："人虽然能够做他所想做的，但不能要他所想要的。"这句格言从我青年时代起就给了我真正的启示；在我自己和别人的生活面临困难的时候，它总是使我们得到安慰，并且永远是宽容的源泉。这种体会可以宽大为怀地减轻那种容易使人气馁的责任感，也可以防止我们过于严肃地对待自己和别人；它导致一种特别给幽默以应有地位的人生观。

要追究一个人自己或一切生物生存的意义或目的，从客观的观点看来，我总觉得是愚蠢可笑的。可是每个人都有一定的理想，这种理想决定着他的努力和判断的方向。就在这个意义上，我从来不把安逸和享乐看作生活目的本身——我把这种伦理基础叫做猪栏的理想。照亮我的道路，并且不断地给我新的勇气、以便愉快地正视生活的理想，是善、美和真。要是没有志同道合者之间的亲切感情，要不是全神贯注于客观世界——那个在艺术和科学工作领域里永远达不到的对象，那么在我看来，生活就会是空虚的。我总觉得，人们所努力追求的庸俗目标——财产、虚荣、奢侈的生活——都是可鄙的。

——节选自阿尔伯特·爱因斯坦《我的世界观》

挫折的礼物

有一个博学的人遇见上帝，他生气地问上帝："我是个博学的人，为什么你不给我成名的机会呢？"上帝无奈地回答："你虽然博学，但样样都只尝试了一点儿，不够深入，用什么去成名呢？"

那个人听后便开始苦练钢琴，后来虽然弹得一手好琴却还是没有出名。他又去问上帝："上帝啊！我已经精通了钢琴，为什么您还不给我机会让我出名呢？"

上帝摇摇头说："并不是我不给你机会，而是你抓不住机会。第一次我暗中帮助你去参加钢琴比赛，你缺乏信心，第二次缺乏勇气，又怎么能怪我呢？"

那人听完上帝的话，又苦练数年，建立了自信心，并且鼓足了勇气去参加比赛。他弹得非常出色，却由于裁判的不公正而被别人占去了成名的机会。

那个人心灰意冷地对上帝说："上帝，这一次我已经尽力了，看来上天注定，我不会出名了。"上帝微笑着对他说："其实你已经快成功了，只需最后一跃。"

"最后一跃？"他瞪大了双眼。

上帝点点头说："你已经得到了成功的入场券——挫折。现在你得到了它，成功便成为挫折给你的礼物。"

这一次那个人牢牢记住上帝的话，他果然成功了。

——选自邝文斌《挫折的礼物》（邝文斌，《挫折的礼物》，《思维与智慧》2004年07期）

4.5 普通话水平测试用朗读篇目应试指导

《普通话水平测试实施纲要》（2017年版）中规定的普通话水平测试用朗读作品有六十篇。应试者在备考过程中应熟练掌握这六十篇朗读作品。下面，我们将对这六十篇朗读作品逐一进行分析，找出容易读错的字词，并通过对作品内容的解析和朗读技巧的提示，帮助应试者更好地完成普通话测试的朗读环节。

4.5.1 测试用朗读篇目分析与提示第一部分

作品1号——《白杨礼赞》

那是力争上游的一种树，笔直的干，笔直的枝。它的干呢，通常是丈把高，像是加以人工似的，一丈以内，绝无旁枝；它所有的丫枝呢，一律向上，而且紧紧靠拢，也像是加以人工似的，成为一束，绝无横斜逸出；它的宽大的叶子也是片片向上，几乎没有斜生的，更不用说倒垂了；它的皮，光滑而有银色的晕圈，微微泛出淡青色。这是虽在北方的风雪的压迫下却保持着倔强挺立的一种树！哪怕只有碗来粗细罢，它却努力向上发展，高到丈许，两丈，参天耸立，不折不挠，对抗着西北风。

这就是白杨树，西北极普通的一种树，然而决不是平凡的树！

它没有婆娑的姿态，没有屈曲盘旋的虬枝，也许你要说它不美丽，——如果美是专指"婆娑"或"横斜逸出"之类而言，那么白杨树算不得树中的好女子；但是它却是伟岸，正直，朴质，严肃，也不缺乏温和，更不用提它的坚强不屈与挺拔，它是树中的伟丈夫！当你在积雪初融的高原上走过，看见平坦的大地上傲然挺立这么一株或一排白杨树，难道你就只觉得树只是树，难道你就不想到它的朴质，严肃，坚强不屈，至少也象征了北方的农民；难道你竟一点儿也不联想到，在敌后的广大土地上，到处有坚强不屈，就像这白杨树一样傲然挺立的守卫他们家乡的哨兵！难道你又不更远一点想到这样枝枝叶叶靠紧团结，力求上进的白杨树，宛然象征了今天在华北平原纵横决荡用血写出新中国历史的那种精神和意志。

——节选自茅盾《白杨礼赞》

【提示与解析】

易错字词提示

绝无旁枝　丫枝　横斜逸出　倒垂　淡青色　倔强　丈许　参天耸立　不折不挠

婆娑　屈曲盘旋　虬枝　积雪初融　坚强不屈　宛然　纵横决荡

内容解析与朗读提示

作品采用了象征的手法对白杨树不屈不挠的精神予以了赞美，目的在于表现中国共产党领导下的抗日军民和整个中华民族紧密团结在一起，歌颂抗日军民坚强不屈的革命精神和斗争意志。朗读时，应以赞扬激昂的革命斗争精神为情感基调。朗读时慢中有快。如第一段中的“它的干呢，通常是丈把高，像是加以人工似的，一丈以内，绝无旁枝；它所有的丫枝呢，一律向上，而且紧紧靠拢，也像是加以人工似的，成为一束，绝无横斜逸出”，节奏稍微缓慢；第一段后面的“它却努力向上发展，高到丈许，两丈，参天耸立，不折不挠，对抗着西北风”，这里节奏可以稍微加快，用以体现出白杨树努力生长，力求上进。最后一段中连用四个“难道”，节奏一句比一句强烈，层层递进将白杨树的象征意义由浅入深地展现出来，应注意停顿的处理和重读。

【拼音对照】

Nà shì lìzhēng shàngyóu de yī zhǒng shù，bǐzhí de gàn，bǐ zhí de zhī. Tā de gàn ne，tōngcháng shì zhàng bǎ gāo，xiàngshì jiāyǐ réngōng shìde，yī zhàng yǐnèi，juéwú pángzhī；tā suǒyǒu de yāzhī ne，yīlǜ xiàngshàng，érqiě jǐnjǐn kàolǒng，yě xiàngshì jiāyǐ réngōng shìde，chéngwéi yī shù，juéwú héng xié yì chū；tā de kuāndà de yèzi yě shì piànpiàn xiàngshàng，jīhū méi・yǒu xié shēng de，gèng bùyòng shuō dàochuí le；tā de pí，guānghuá ér yǒu yínsè de yùnquān，wēiwēi fànchū dànqīngsè. Zhè shì suī zài běifāng de fēngxuě de yāpò xià què bǎochízhe jué jiàng tǐnglì de yī zhǒng shù！Nǎpà zhǐyǒu wǎn lái cūxì ba，tā què nǔlì xiàngshàng fāzhǎn，gāo dào zhàng xǔ，liǎng zhàng，cāntiān sǒnglì，bùzhé-bùnáo，duì kàngzhe xīběifēng.

Zhè jiùshì báiyángshù，xīběi jí pǔtōng de yī zhǒng shù，rán'ér jué bù shì píngfán de shù！

Tā méi・yǒu pósuō de zītài，méi・yǒu qūqū pánxuán de qiúzhī，yěxǔ nǐ yào shuō tā bù měilì，——rúguǒ měi shì zhuān zhǐ“pósuō ” huò“héng xié yì chū ” zhīlèi ér yán，nàme báiyángshù suàn・bù・dé shù zhōng de hǎo nǚzǐ；dànshì tā què shì wěi'àn，zhèngzhí，pǔzhì，yánsù，yě bù quēfá wēnhé，gèng bùyòng tí tā de jiānqiáng bùqū yǔ tǐngbá，tā shì shù zhōng de wěizhàngfu！Dāng nǐ zài jīxuě chū róng de gāoyuán・shàng zǒuguò, kàn · jiàn píngtǎn de dàdì · shàng àorán tǐnglì zhème yī zhū huò yī pái báiyángshù, nándào nǐ jiù zhǐ jué · dé shù zhǐshì shù, nándào nǐ jiù bù xiǎngdào tā de pǔzhì, yánsù, jiānqiáng bùqū, zhìshǎo yě xiàngzhēngle běifāng de nóngmín; nándào nǐ jìng yīdiǎnr yě bù liánxiǎng dào, zài díhòu de guǎngdà//tǔdì · shàng, dàochù yǒu jiānqiáng bùqū, jiù xiàng zhè báiyángshù yīyàng àorán tǐnglì de shǒuwèi tāmen jiāxiāng de shàobīng! Nándào nǐ yòu bù gèng yuǎn yīdiǎnr xiǎngdào zhèyàng zhīzhī-yèyè kàojǐn tuánjié, lìqiú shàngjìn de báiyángshù, wǎnrán xiàngzhēngle jīntiān zài Huáběi Píngyuán zònghéng juédàng yòng xuè xiěchū xīn Zhōngguó lìshǐ de nà zhǒng jīngshén hé yìzhì.

——Jiéxuǎn zì Máo Dùn《Báiyáng Lǐzàn》

作品 2 号——《差别》

两个同龄的年轻人同时受雇于一家店铺，并且拿同样的薪水。

可是一段时间后，叫阿诺德的那个小伙子青云直上，而那个叫布鲁诺的小伙子却仍在原地踏步。布鲁诺很不满意老板的不公正待遇。终于有一天他到老板那儿发牢骚了。老板一边耐心地听着他的抱怨，一边在心里盘算着怎样向他解释清楚他和阿诺德之间的差别。

“布鲁诺先生，”老板开口说话了，“您现在到集市上去一下，看看今天早上有什么卖的。”

布鲁诺从集市上回来向老板汇报说，今早集市上只有一个农民拉了一车土豆在卖。

“有多少？”老板问。

布鲁诺赶快戴上帽子又跑到集上，然后回来告诉老板一共四十袋土豆。

“价格是多少？”

布鲁诺又第三次跑到集上问来了价格。

“好吧，”老板对他说，“现在请您坐到这把椅子上一句话也不要说，看看阿诺德怎么说。”

阿诺德很快就从集市上回来了。向老板汇报说到现在为止只有一个农民在卖土豆，一共四十口袋，价格是多少多少；土豆质量很不错，他带回来一个让老板看看。这个农民一个钟头以后还会弄来几箱西红柿，据他看价格非常公道。昨天他们铺子的西红柿卖得很快，库存已经不//多了。他想这么便宜的西红柿，老板肯定会要进一些的，所以他不仅带回了一个西红柿做样品，而且把那个农民也带来了，他现在正在外面等回话呢。

此时老板转向了布鲁诺，说：“现在您肯定知道为什么阿诺德的薪水比您高了吧！”

——节选自张健鹏、胡足青主编《故事时代》中《差别》

【提示与解析】

易错字词提示

阿诺德　布鲁诺　牢骚　四十　椅子　质量

本文中应对“一”字的变调多加注意，例如“一边”“一个”“一共”等。

内容解析与朗读提示

作品讲述了两个年轻人同在一家店铺工作，一个能够创造性地为老板做事，得到重用；另一个不能灵活地处理问题，得不到重视。作者运用对比的手法，凸显了两个年轻人不同的性格特征和办事风格，在朗读中应该将这种对比体现出来。可以用重读一方面对布鲁诺跑到集市上“三”次应予以强调：“布鲁诺赶快戴上帽子又跑到集上”“布鲁诺又第三次跑到集上问来了价格”；另一方面，对阿诺德工作效率高予以强调：“阿诺德很快就从集市上回来了”，“现在您肯定知道为什么阿诺德的薪水比您高了吧!”。朗读过程中应运用好停顿，注意不同人物角色的区分。疑问句“有多少?”、“价格是多少?”应使用升调。

【拼音对照】

Liǎng gè tónglíng de niánqīngrén tóngshí shòugù yú yī jiā diànpù, bìngqiě ná tóngyàng de xīn • shuǐ.

Kěshì yī duàn shíjiān hòu, jiào Ānuòdé de nàge xiǎohuǒzi qīngyún zhíshàng, ér nàgè jiào Bùlǔnuò de xiǎohuǒzi què réng zài yuándì tàbù. Bùlǔnuò hěn bù mǎnyì lǎobǎn de bù gōngzhèng dàiyù. Zhōng yú yǒu yī tiān tā dào lǎobǎn nàr fā láo • sāo le. Lǎobǎn yībiān naìxīn de tīngzhe tā de bào • yuàn, yībiān zài xīn • lǐ pánsuanzhe zěnyàng xiàng tā jiěshì qīngchu tā hé Ānuòdé zhījiān de chābié.

“Bùlǔnuò xiānsheng,” Lǎobǎn kāikǒu shuōhuà le, “Nín xiànzài dào jíshì • shàng qù yīxià, kànkan jīntiān zǎoshang yǒu shénme mài de.”

Bùlǔnuò cóng jí shì • shàng huí • lái xiàng lǎobǎn huìbào shuō, jīnzǎo jíshì • shàng zhǐyǒu yī gè nóngmín lāle yī chē tǔdòu zài mài.

“Yǒu duō • shǎo?” Lǎo bǎn wèn.

Bùlǔnuò gǎnkuài dài • shàng màozi yòu pǎodào jí • shàng, rán hòu huí • lái gàosu lǎobǎn yīgòng sìshí dài tǔdòu.

“Jià gé shì duō • shǎo?”

Bùlǔnuò yòu dì-sān cì pǎodào jí • shàng wènláile jiàgé.

“Hǎo ba,” Lǎobǎn duì tā shuō, “Xiànzài qǐng nín zuòdào zhè bǎ yǐzi • shàng yī jù huà yě bùyào shuō, kànkan Ānuòdé zěnme shuō.”

Ānuòdé hěn kuài jiù cóng jíshì • shàng huí • lái le. Xiàng lǎobǎn huìbào shuō dào xiànzài wéizhǐ zhǐyǒu yī gè nóngmín zài mài tǔdòu, yīgòng sìshí kǒudai , jià gé shì duō • shǎo duō • shǎo; tǔdòu zhìliàng hěn bùcuò, tā dài huí • lái yī gè ràng lǎobǎn kànkan. Zhège nóngmín yī gè zhōngtóu yǐhòu hái huì nònglái jǐ xiāng xīhóngshì, jù tā kàn jiàgé fēicháng gōng • dào. Zuótiān tāmen pùzi de xīhóngshì mài de hěn kuài, kù cún yǐ • jīng bù //duō le. Tā xiǎng zhème piányi de xīhóngshì, lǎobǎn kěndìng huì yào jìn yīxiē de , suǒyǐ tā bùjǐn dàihuíle yī gè xīhóngshì zuò yàngpǐn, érqiě bǎ nàge nóngmín yě dài • lái le, tā xiànzài zhèngzài wài • miàn děng huíhuà ne.

Cǐshí lǎobǎn zhuǎnxiàngle Bùlǔnuò, shuō: "Xiànzài nín kěndìng zhī · dào wèishénme Ānuòdé de xīn · shuǐ bǐ nín gāo le ba!"

——Jiéxuǎn zì Zhāng Jiànpéng、Hú Zúqīng zhǔbiān《Gùshi Shídài》zhōng《Chābié》

作品 3 号——《丑石》

我常常遗憾我家门前的那块丑石：它黑黝黝地卧在那里，牛似的模样；谁也不知道是什么时候留在这里的，谁也不去理会它。只是麦收时节，门前摊了麦子，奶奶总是说：这块丑石，多占地面呀，抽空把它搬走吧。

它不像汉白玉那样的细腻，可以刻字雕花，也不像大青石那样的光滑，可以供来浣纱捶布。它静静地卧在那里，院边的槐阴没有庇覆它，花儿也不再在它身边生长。荒草便繁衍出来，枝蔓上下，慢慢地，它竟锈上了绿苔、黑斑。我们这些做孩子的，也讨厌起它来，曾合伙要搬走它，但力气又不足；虽时时咒骂它，嫌弃它，也无可奈何，只好任它留在那里了。

终有一日，村子里来了一个天文学家。他在我家门前路过，突然发现了这块石头，眼光立即就拉直了。他再没有离开，就住了下来；以后又来了好些人，都说这是一块陨石，从天上落下来已经有二三百年了，是一件了不起的东西。不久便来了车，小心翼翼地将它运走了。

这使我们都很惊奇！这又怪又丑的石头，原来是天上的啊！它补过天，在天上发过热、闪过光，我们的先祖或许仰望过它，它给了他们光明、向往、憧憬；而它落下来了，在污土里，荒草里，一躺就//是几百年了！

我感到自己的无知，也感到了丑石的伟大，我甚至怨恨它这么多年竟会默默地忍受着这一切！而我又立即深深地感到它那种不屈于误解、寂寞的生存的伟大。

——节选自贾平凹《丑石》

【提示与解析】

易错字词提示

黑黝黝　模样　浣纱捶布　庇覆　绿苔　立即　小心翼翼　憧憬

内容解析与朗读提示

这是一篇借物说理的散文，借助一块顽石来说明"丑"与"美"是不可以用世俗的价值观来衡量的，丑石虽然在世俗的眼里是无用又难看的石头，但实际上它确是一块在天空发过光、发过热的"美"石。作者用托物言志的手法，告诉世人看待事物时，应该全面，同时，赞扬了丑石那种"默默忍受"、"不屈于误解、寂寞的生存的伟大"。朗读时语调平缓，在"这使我们都很惊奇！这又怪又丑的石头，原来是天上的啊！它补过天，在天上发过热、闪过光，我们的先祖或许仰望过它，它给了他们光明、向往、憧憬；而它落下来了，在污土里，荒草里，一躺就//是几百年了！"的朗读中，应感情充沛。另外，"这又怪又丑的石头，原来是天上的啊！"中的"啊"应变读为"ya"。注意重读，如"我感到自己的无知，也感到了丑石的伟大”。

【拼音对照】

Wǒ chángcháng yíhàn wǒ jiā mén qián nà kuài chǒu shí：Tā hēiyǒuyǒu de wò zài nà • lǐ，niú shìde múyàng；shéi yě bù zhī • dào shì shénme shíhou liú zài zhè • lǐ de，shéi yě bù qù lǐhuì tā. Zhǐ shì màishōu shíjié ，mén qián tānle màizi，nǎinai zǒngshì shuō：Zhè kuài chǒu shí，duō zhàn dìmiàn ya，chōukòng bǎ tā bānzǒu ba.

Tā bù xiàng hànbáiyù nàyàng de xìnì，kěyǐ kèzì diāohuā，yě bù xiàng dà qīngshí nàyàng de guānghuá，kě yǐ gōng lái huànshā chuíbù. Tā jìngjìng de wò zài nà • lǐ，yuàn biān de huáiyīn méi • yǒu bìfù tā，huā' • ér yě bùzài zài tā shēnbiān shēngzhǎng. Huāngcǎo biàn fányǎn chū • lái，zhīmàn shàngxià，mànmàn de，tā jìng xiùshàngle lǜtái、hēibān. Wǒmen zhèxiē zuò háizi de，yě tǎo yàn • qǐ tā • lái，céng héhuǒ yào bānzǒu tā，dàn lìqi yòu bùzú；suī shíshí zhòumà tā，xiánqì tā，yě wúkě-nài hé，zhǐhǎo rèn tā liú zài nà • lǐ le.

Zhōng yǒu yī rì，cūnzi • lǐ láile yī gè tiānwénxuéjiā. Tā zài wǒ jiā mén qián lùguò，tūrán fāxiànle zhè kuài shítou，yǎnguāng lìjí jiù lāzhí le. Tā zài méi • yǒu líkāi，jiù zhùle xià • lái；yǐhòu yòu láile hǎoxiē rén，dōu shuō zhè shì yī kuài yǔnshí，cóng tiān • shàng luò xià • lái yǐ • jīng yǒu èr-sānbǎi nián le，shì yī jiàn liǎo • bùqǐ de dōngxi. Bùjiǔ biàn láile chē，xiǎoxīn-yìyì de jiāng tā yùnzǒu le.

Zhè shǐ wǒmen dōu hěn jīngqí，zhè yòu guài yòu chǒu de shítou，yuánlái shì tiān • shàng de a！Tā bǔguo tiān，zài tiān • shàng fāguo rè、shǎnguo guāng，wǒmen de xiānzǔ huòxǔ yǎngwàngguo tā，tā gěile tāmen guāngmíng、xiàngwǎng、chōngjǐng；ér tā luò xià • lái le，zài wūtǔ • lǐ，huāngcǎo • lǐ，yī tǎng jiù //shì jǐbǎi nián le！

Wǒ gǎndào zìjǐ de wúzhī，yě gǎndàole chǒu shí de wěidà，wǒ shènzhì yuànhèn tā zhème duō nián jìng huì mòmò de rěnshòuzhe zhè yīqiè！Ér wǒ yòu lìjí shēnshēn de gǎndào tā nà zhǒng bùqū yú wùjiě、jìmò de shēngcún de wěidà.

Jiéxuǎn zì Jiǎ Píngwā《Chǒu Shí》

作品4号——《达瑞的故事》

在达瑞八岁的时候，有一天他想去看电影。因为没有钱，他想是向爸妈要钱，还是自己挣钱。最后他选择了后者。他自己调制了一种汽水，向过路的行人出售。可那时正是寒冷的冬天，没有人买，只有两个人例外——他的爸爸和妈妈。

他偶然有一个和非常成功的商人谈话的机会。当他对商人讲述了自己的“破产史”后，商人给了他两个重要的建议：一是尝试为别人解决一个难题；二是把精力集中在你知道的、你会的和你拥有的东西上。

这两个建议很关键。因为对于一个八岁的孩子而言，他不会做的事情很多。于是他穿过大街小巷，不停地思考：人们会有什么难题，他又如何利用这个机会？

一天，吃早饭时父亲让达瑞去取报纸。美国的送报员总是把报纸从花园篱笆的一个特制的管子里塞进来。假如你想穿着睡衣舒舒服服地吃早饭和看报纸，就必须离开温暖的房间，冒着寒风，到花园去取。虽然路短，但十分麻烦。

当达瑞为父亲取报纸的时候，一个主意诞生了。当天他就按响邻居的门铃，对他们说，每个月只需付给他一美元，他就每天早上把报纸塞到他们的房门底下。大多数人都同意了，很快他有//了七十多个顾客。一个月后，当他拿到自己赚的钱时，觉得自己简直是飞上了天。

很快他又有了新的机会，他让他的顾客每天把垃圾袋放在门前，然后由他早上运到垃圾桶里，每个月加一美元。之后他还想出了许多孩子赚钱的方法，并把它集结成书，书名为《儿童挣钱的二百五十个主意》，为此，达瑞十二岁时就成了畅销书作家，十五岁有了自己的谈话节目，十七岁就拥有了几百万美元。

——节选自［德］博多·舍费尔《达瑞的故事》，刘志明译

【提示与解析】

易错字词提示

调制　篱笆　舒舒服服

内容解析与朗读提示

作品叙述了主人公达瑞的两件小事：失败的汽水销售和成功的送报纸服务。通过两个事件的对比我们可以看出，要想取得成功应该从怎样为别人解决问题的途径去思考，并且做自己力所能及的事情。在朗读时，可以采用自然、深沉的感情基调，并用平实、质朴的声音表达出作者的感受来。在朗读“达瑞十二岁时就成了畅销书作家，十五岁有了自己的谈话节目，十七岁就拥有了几百万美元。”这句时，语速可采用渐快的方式处理。此外，注意重读，例如：“因为对于一个八岁的孩子而言”中的“八”、“人们会有什么难题，他又如何利用这个机会?”中的“什么”和“如何”、“每个月只需付给他一美元”中的“一”。

【拼音对照】

Zài Dáruì bā suì de shíhou，yǒu yī tiān tā xiǎng qù kàn diànyǐng. Yīn · wèi méi · yǒu qián，tā xiǎng shì xiàng bà mā yào qián，háishì zìjǐ zhèngqián. Zuìhòu tā xuǎnzéle hòuzhě. Tā zìjǐ diáozhìle yī zhǒng qìshuǐr，xiàng guòlù de xíngrén chūshòu. Kě nàshí zhèngshì hánlěng de dōngtiān，méi · yǒu rén mǎi，zhǐyǒu liǎng gè rén lìwài——tā de bàba hé māma.

Tā ǒurán yǒu yī gè hé fēicháng chénggōng de shāngrén tánhuà de jī · huì. Dāng tā duì shāngrén jiǎngshùle zìjǐ de “pòchǎnshǐ” hòu，shāngrén gěile tā liǎng gè zhòngyào de jiànyì：yī shì chángshì wèi bié · rén jiějué yī gè nántí；èr shì bǎ jīnglì jízhōng zài nǐ zhī · dào de、nǐ huì de hé nǐ yōngyǒu de dōngxi · shàng.

Zhè liǎng gè jiànyì hěn guānjiàn. Yīn · wèi duìyú yī gè bā suì de háizi ér yán，tā bù huì zuò de shìqing hěn duō. Yúshì tā chuānguo dàjiē xiǎoxiàng, bùtíng de sīkǎo: rénmen huì yǒu shénme nántí, tā yòu rúhé lìyòng zhège jī • huì?

Yī tiān, chī zǎofàn shí fù • qīn ràng Dáruì qù qǔ bàozhǐ. Měiguó de sòngbàoyuán zǒngshì bǎ bàozhǐ cóng huāyuán líba de yī gè tèzhì de guǎnzi • lǐ sāi jìn • lái. Jiǎrú nǐ xiǎng chuānzhe shuìyī shūshū-fúfú de chī zǎofàn hé kàn bàozhǐ, jiù bìxū líkāi wēnnuǎn de fángjiān, màozhe hánfēng, dào huāyuán qù qǔ. Suīrán lù duǎn, dàn shífēn máfan.

Dāng Dáruì wèi fù • qīn qǔ bàozhǐ de shíhou, yī gè zhǔyi dànshēng le. Dàngtiān tā jiù ànxiǎng lín • jū de ménlíng, duì tāmen shuō, měi gè yuè zhǐ xū fùgěi tā yī měiyuán, tā jiù měitiān zǎoshang bǎ bàozhǐ sāidào tāmen de fángmén dǐ • xià. Dàduōshù rén dōu tóngyì le, hěn kuài tā yǒu //le qīshí duō gè gùkè. Yī gè yuè hòu, dāng tā nádào zìjǐ zhuàn de qián shí, jué • dé zìjǐ jiǎnzhí shì fēi • shàngle tiān.

Hěn kuài tā yòu yǒule xīn de jī • huì, tā ràng tā de gùkè měitiān bǎ lājīdài fàng zài mén qián, ránhòu yóu tā zǎoshang yùndào lājītǒng • lǐ, měi gè yuè jiā yī měiyuán. Zhīhòu tā hái xiǎngchūle xǔduō háizi zhuànqián de bànfǎ, bìng bǎ tā jíjié chéng shū, shūmíng wéi《Ér tóng Zhèngqián de Èrbǎi Wǔshí gè Zhǔyi》. Wèicǐ, Dáruì shí'èr suì shí jiù chéngle chàngxiāoshū zuòjiā, shíwǔ suì yǒule zìjǐ de tánhuà jiémù, shíqī suì jiù yōngyǒule jǐ bǎiwàn měiyuán.

——Jiéxuǎn zì [Dé] Bóduō Shěfèi'ěr《Dáruì de Gùshi》, Liú Zhìmíng yì

作品5号——《第一场雪》

这是入冬以来，胶东半岛上第一场雪。

雪纷纷扬扬，下得很大。开始还伴着一阵儿小雨，不久就只见大片大片的雪花，从彤云密布的天空中飘落下来。地面上一会儿就白了。冬天的山村，到了夜里就万籁俱寂，只听得雪花簌簌地不断往下落，树木的枯枝被雪压断了，偶尔咯吱一声响。

大雪整整下了一夜。今天早晨，天放晴了，太阳出来了。推开门一看，嗬！好大的雪啊！山川、河流、树木、房屋，全都罩上了一层厚厚的雪，万里江山，变成了粉妆玉砌的世界。落光了叶子的柳树上挂满了毛茸茸亮晶晶的银条儿；而那些冬夏常青的松树和柏树上，则挂满了蓬松松沉甸甸的雪球儿。一阵风吹来，树枝轻轻地摇晃，美丽的银条儿和雪球儿簌簌地落下来，玉屑似的雪末儿随风飘扬，映着清晨的阳光，显出一道道五光十色的彩虹。

大街上的积雪足有一尺多深，人踩上去，脚底下发出咯吱咯吱的响声。一群群孩子在雪地里堆雪人，掷雪球儿。那欢乐的叫喊声，把树枝上的雪都震落下来了。

俗话说，“瑞雪兆丰年”。这个话有充分的科学根据，并不是一句迷信的成语。寒冬大雪，可以冻死一部分越冬的害虫；融化了的水渗进土层深处，又能供应庄稼生长的需要。

我相信这一场十分及时的大雪，一定会促进明年春季作物，尤其是小麦的丰收。有经验的老农把雪比作是“麦子的棉被”。冬天“棉被”盖的越厚，明春麦子就长得越好，所以又有这样一句谚语：“冬天麦盖三层被，来年枕着馒头睡”。

我想，这就是人们为什么把及时的大雪称为“瑞雪”的道理吧。

——节选自峻青《第一场雪》

【提示与解析】

易错字词提示

一阵儿　彤云密布　一会儿　簌簌地　粉妆玉砌　毛茸茸　银条儿　雪球儿　玉屑

内容解析与朗读提示

作品将时间和逻辑顺序相结合，先描写了大雪的纷纷扬扬，然后描述了放晴之后河川和街道的景色，再讲述大雪对农业的促进作用。通过多种表现手法表现了作者对祖国大好河山的热爱。既有大笔勾勒的壮阔场面，又有细笔描绘的局部。景色朗读时，可采用积极、激昂的情感基调。对于作者描写的美丽的雪景部分，朗读时可通过节奏的调节和语调的升降变化来体现喜悦之情。最后一部分关于雪对农作物有何益处的叙述，朗读时可采用平调。注意读准儿化词语和“簌簌”、“咯吱咯吱”等叠音词。

【拼音对照】

Zhè shì rùdōng yǐlái，Jiāodōng Bàndǎo • shàng dì-yī cháng xuě.

Xuě fēnfēn-yángyáng，xià de hěn dà. Kāishǐ hái bànzhe yīzhènr xiǎoyǔ，bùjiǔ jiù zhǐ jiàn dàpiàn dàpiàn de xuěhuā，cóng tóngyún-mìbù de tiānkōng zhōng piāoluò xià • lái. Dìmiàn • shàng yīhuìr jiù bái le. Dōngtiān de shāncūn，dàole yè • lǐ jiù wànlài-jùjì，zhī tīng de xuěhuā sùsù de bùduàn wǎngxià luò，shùmù de kūzhī bèi xuě yāduàn le，ǒu'ěr gēzhī yī shēng xiǎng.

Dàxuě zhěngzhěng xiàle yī yè. Jīntiān zǎo • chén，tiān fàngqíng le，tài • yáng chū • lái le. Tuīkāi mén yī kàn，hē! Hǎo dà de xuě a! Shānchuān、héliú、shùmù、fángwū，quán dōu zhào • shàngle yī céng hòuhòu de xuě，wànlǐ jiāngshān，biànchéngle fěnzhuāng-yùqì de shìjiè. Luòguāngle yèzi de liǔshù • shàng guàmǎnle máoróngróng liàngjīngjīng de yíntiáor；ér nàxiē dōng-xià chángqīng de sōngshù hé bǎishù • shàng，zé guàmǎnle péngsōngsōng chéndiàndiàn de xuěqiúr. Yī zhèn fēng chuīlái，shùzhī qīngqīng de yáo • huàng，měilì de yíntiáor hé xuěqiúr sùsù de luò xià • lái，yùxiè shìde xuěmòr suí fēng piāoyáng，yìngzhe qīngchén de yángguāng，xiǎnchū yī dàodào wǔguāng-shísè de cǎihóng.

Dàjiē • shàng de jīxuě zú yǒu yī chǐ duō shēn，rén cǎi shàng • qù，jiǎo dǐ • xià fāchū gēzhī gēzhī de xiǎngshēng. Yī qúnqún háizi zài xuědì • lǐ duī xuěrén，zhì xuěqiúr. Nà huānlè de jiàohǎnshēng，bǎ shùzhī • shàng de xuě dōu zhènluò xià • lái le.

Súhuà shuō，“Ruìxuě zhào fēngnián ”. Zhège huà yǒu chōngfèn de kēxué gēnjù，bìng bù shì yī jù míxìn de chéngyǔ. Hándōng dàxuě，kěyǐ dòngsǐ yī bùfen yuèdōng de hàichóng；rónghuàle de shuǐ shènjìn tǔcéng shēnchù，yòu néng gōngyìng zhuāngjia shēngzhǎng de xūyào.

Wǒ xiāngxìn zhè yī chǎng shífēn jíshí de dàxuě，yīdìng huì cùjìn míngnián chūnjì zuòwù，yóuqí shì xiǎomài de fēngshōu. Yǒu jīngyàn de lǎonóng bǎ xuě bǐzuò shì “màizi de miánbèi” . Dōngtiān “miánbèi” gài de yuè hòu，míngchūn màizi jiù zhǎng de yuè hǎo，suǒyǐ yòu yǒu zhèyàng yī jù yànyǔ：“Dōngtiān mài gài sān céng bèi，láinián zhěnzhe mántou shuì” .

Wǒ xiǎng ，zhè jiùshì rénmen wèishénme bǎ jíshí de dàxuě chēngwéi “ruìxuě” de dào · lǐ ba.

——Jiéxuǎn zì Jùn Qīng《Dì-yī Chǎng Xuě》

作品 6 号——《读书人是幸福人》

我常想读书人是世间幸福人，因为他除了拥有现实的世界之外，还拥有另一个更为浩瀚也更为丰富的世界。现实的世界是人人都有的，而后一个世界却为读书人所独有。由此我又想，那些失去或不能阅读的人是多么的不幸，他们的丧失是不可补偿的。世间有诸多的不平等，财富的不平等，权力的不平等，而阅读能力的拥有或丧失却体现为精神的不平等。

一个人的一生，只能经历自己拥有的那一份欣悦，那一份苦难，也许再加上他亲自闻知的那一些关于自身以外的经历和经验。然而，人们通过阅读，却能进入不同时空的诸多他人的世界。这样，具有阅读能力的人，无形间获得了超越有限生命的无限可能性。阅读不仅使他多识了草木虫鱼之名，而且可以上溯远古下及未来，饱览存在的与非存在的奇风异俗。

更为重要的是，读书加惠于人们的不仅是知识的增广，而且还在于精神的感化与陶冶。人们从读书学做人，从那些往哲先贤以及当代才俊的著述中学得他们的人格。人们从《论语》中学得智慧的思考，从《史记》中学得严肃的历史精神，从《正气歌》中学得人格的刚烈，从马克思学得人世//的激情，从鲁迅学得批判精神，从托尔斯泰学得道德的执著。歌德的诗句刻写着睿智的人生，拜伦的诗句呼唤着奋斗的热情。一个读书人，一个有机会拥有超乎个人生命体验的幸运人。

——节选自谢冕《读书人是幸福人》

【提示与解析】

易错字词提示

上溯　奇风异俗　陶冶　往哲先贤　当代才俊　睿智

内容解析与朗读提示

作品通过运用分论点的形式，层层深入，从而证明“读书人是幸福人”这个中心论点。虽然现实的世界有太多的不平等，但人们可以通过阅读来争取精神世界里的平等的，只要你肯去阅读，就能够得到丰富的知识。注意把握“读书”和“幸福”之间关系的深刻含义，领会“读书”对人生的重要影响。在朗读时，语气应严肃、语调可采用降调来肯定所提出的论点。朗读中，注意停顿，如“人们从《论语》中/学得智慧的思考，从《史记》中/学得严肃的历史精神，从《正气歌》中/学得人格的刚烈”；注意重音，如“从马克思学得人世的激情，从鲁迅学得批判精神，从托尔斯泰学得道德的执着。”中的“激情”、“批判精神”、“执著”。

【拼音对照】

Wǒ cháng xiǎng dúshūrén shì shìjiān xìngfú rén，yīn • wèi tā chúle yōngyǒu xiànshí de shìjiè zhīwài，hái yōngyǒu lìng yī gè gèng wéi hàohàn yě gèng wéi fēngfù de shìjiè. Xiànshí de shìjiè shì rénrén dōu yǒu de，ér hòu yī gè shìjiè què wéi dúshūrén suǒ dúyǒu. Yóu cǐ wǒ xiǎng ，nàxiē shīqù huò bùnéng yuèdú de rén shì duōme de bùxìng，tāmen de sàngshī shì bùkě bǔcháng de. Shìjiān yǒu zhūduō de bù píngděng，cáifù de bù píngděng，quán lì de bù píngděng，ér yuèdú nénglì de yōngyǒu huò sàngshī què tǐxiàn wéi jīngshén de bù píngděng.

Yī gè rén de yīshēng，zhǐnéng jīnglì zìjǐ yōngyǒu de nà yī fèn xīnyuè，nà yī fèn kǔnán，yěxǔ zài jiā • shàng tā qīnzì wén zhī de nà yīxiē guānyú zìshēn yǐwài de jīnglì hé jīngyàn. Rán'ér，rénmen tōngguò yuèdú，què néng jìnrù bùtóng shíkōng de zhūduō tārén de shìjiè. Zhèyàng，jùyǒu yuèdú nénglì de rén，wúxíng jiān huòdéle chāoyuè yǒuxiàn shēngmìng de wú xiàn kěnéngxìng. Yuèdú bùjǐn shǐ tā duō shíle cǎo-mù-chóng-yú zhī míng，érqiě kěyǐ shàngsù yuǎngǔ xià jí wèilái，bǎolǎn cúnzài de yǔ fēicúnzài de qīfēng-yìsú.

Gèng wéi zhòngyào de shì，dúshū jiāhuì yú rénmen de bùjǐn shì zhīshi de zēngguǎng，érqiě hái zàiyú jīngshén de gǎnhuà yǔ táoyě. Rénmen cóng dúshū xué zuò rén，cóng nàxiē wǎngzhé xiānxián yǐjí dāngdài cáijùn de zhùshù zhōng xuédé tāmen de réngé. Rénmen cóng《Lúnyǔ》zhōng xuédé zhìhuì de sīkǎo，cóng《Shǐjì》zhōng xuédé yánsù de lìshǐ jīngshén，cóng《Zhèngqìgē》zhōng xuédé réngé de gāngliè，cóng Mǎkèsī xuédé rénshì//de jīqíng，cóng Lǔ Xùn xuéde pīpàn jīngshén，cóng Tuō'ěrsītài xuéde dàodé de zhízhuó. Gēdé de shījù kèxiězhe ruìzhì de rénshēng，Bàilún de shījù hūhuànzhe fèndòu de rèqíng. Yī gè dúshūrén，yī gè yǒu jī • huì yōngyǒu chāohū gèrén shēngmìng tǐyàn de xìngyùnrén.

——Jiéxuǎn zì Xiè Miǎn《Dúshūrén Shì Xìngfú Rén》

作品 7 号——《二十美金的价值》

一天，爸爸下班回到家已经很晚了，他很累也有点儿烦，他发现五岁的儿子靠在门旁正等着他。

“爸，我可以问您一个问题吗？”

“什么问题？”“爸，您一小时可以赚多少钱？”“这与你无关，你为什么问这个问题？”父亲生气地说。

“我只是想知道，请您告诉我，您一小时赚多少钱？”小孩儿哀求道。“假如你一定要知道的话，我一小时赚二十美金。”

"哦，"小孩儿低下了头，接着又说，"爸，可以借我十美金吗？"父亲发怒了："如果你只是要借钱去买毫无意义的玩具的话，给我回到你的房间睡觉去。好好想想为什么你会那么自私。我每天辛苦工作，没时间和你玩儿小孩子的游戏。"

小孩儿默默地回到自己的房间关上门。

父亲坐下来还在生气。后来，他平静下来了。心想他可能对孩子太凶了——或许孩子真的很想买什么东西，再说他平时很少要过钱。

父亲走进孩子的房间："你睡了吗？""爸，还没有，我还醒着。"孩子回答。

"我刚才可能对你太凶了，"父亲说，"我不应该发那么大的火儿——这是你要的十美金。""爸，谢谢您。"孩子高兴地从枕头下拿出一些被弄皱的钞票，慢慢地数着。

"为什么你已经有钱了还要？"父亲不解地问。

"因为原来不够，但现在凑够了。"孩子回答："爸，我现在有//二十美金了，我可以向您买一个小时的时间吗？明天请早一点回家——我想和您一起吃晚餐。"

——节选自唐继柳编译《二十美金的价值》

【提示与解析】

易错字词提示

注意儿化词语，如"有点儿""小孩儿""玩儿""火儿"等。

内容解析与朗读提示

作品讲述了一个发生在父子之间的温馨故事。小男孩向父亲借钱时，父子之间的对话表现出父亲不耐烦的心情，如"如果你只是要借钱去买毫无意义的玩具的话，给我回到你的房间睡觉去。好好想想为什么你会那么自私。我每天辛苦工作，没时间和你玩儿小孩子的游戏。"，此处父亲的语言带有命令、责备的意味，情绪激动，可采用升调，语速渐快。当父亲意识到自己语气太重，没有考虑到孩子的感受时，他来到孩子房间，询问孩子要钱的真正原因，这时朗读的节奏应该放慢，语调舒缓，体现出父亲对孩子的愧疚和爱。注意重音，如"为什么你已经有钱了还要？"中的"已经有""还"。

【拼音对照】

Yī tiān，bàba xiàbān huídào jiā yǐ • jīng hěn wǎn le，tā hěn lèi yě yǒu diǎnr fán，tā fāxiàn wǔ suì de érzi kào zài mén páng zhèng děngzhe tā.

"Bà，wǒ kěyǐ wèn nín yī gè wèntí ma?"

"Shénme wèntí?" "Bà，nín yī xiǎoshí kěyǐ zhuàn duō • shǎo qián?" "Zhè yǔ nǐ wúguān，nǐ wèishénme wèn zhège wèntí?" Fù • qīn shēngqì de shuō.

"Wǒ zhǐshì xiǎng zhī • dào，qǐng nín gàosù wǒ，nín yī xiǎoshí zhuàn duō • shǎo qián?" Xiǎoháir āiqiú dào. "Jiǎrú nǐ yīdìng yào zhī • dào de huà，wǒ yī xiǎoshí zhuàn èrshí měijīn."

"Ò，" Xiǎoháir dīxiàle tóu，jiēzhe yòu shuō， "Bà，kěyǐ jiè wǒ shí měijīn ma?" Fù • qīn fānù le："Rúguǒ nǐ zhǐshì yào jiè qián qù mǎi háowú yìyì de wánjù de huà，gěi wǒ huídào nǐ de fángjiān shuìjiào · qù. Hǎohǎo xiǎngxiang wèishénme nǐ huì nàme zìsī. Wǒ měitiān xīnkǔ gōngzuò, méi shíjiān hé nǐ wánr xiǎoháizi de yóuxì."

Xiǎoháir mòmò de huídào zìjǐ de fángjiān guān · shàng mén.

Fù · qīn zuò xià · lái hái zai shēngqì. Hòulái, tā píngjìng xià · lái le. Xīnxiǎng tā kěnéng duì háizi tài xiōng le——huòxǔ háizi zhēnde hěn xiǎng mǎi shénme dōngxi, zài shuō tā píngshí hěn shǎo yàoguò qián.

Fù · qīn zǒujìn háizi de fángjiān: "Nǐ shuìle ma?" "Bà, hái méi · yǒu, wǒ hái xǐngzhe." Háizi huídá.

"Wǒ gāngcái kěnéng duì nǐ tài xiōng le," Fù · qīn shuō, "Wǒ bù yīnggāi fā nàme dà de huǒr——zhè shì nǐ yào de shí měijīn." "Bà, xièxie nín." Háizi gāoxìng de cóng zhěntou · xià náchū yīxiē bèi nòngzhòu de chāopiào, mànmàn de shùzhe.

"Wèishénme nǐ yǐ · jīng yǒu qián le hái yào?" Fù · qīn bùjiě de wèn.

"Yīn · wèi yuánlái bùgòu, dàn xiànzài còugòu le." Háizi huí dá: "Bà, wǒ xiànzài yǒu //èrshí měijīn le, wǒ kěyǐ xiàng nín mǎi yī gè xiǎoshí de shíjiān ma? Míngtiān qǐng zǎo yīdiǎnr huíjiā——wǒ xiǎng hé nín yīqǐ chī wǎncān."

—— Jiéxuǎn zì Táng Jìliǔ biānyì《Èrshí Měijīn de Jiàzhí》

作品8号——《繁星》

我爱月夜，但我也爱星天。从前在家乡七八月的夜晚在庭院里纳凉的时候，我最爱看天上密密麻麻的繁星。望着星天，我就会忘记一切，仿佛回到了母亲的怀里似的。

三年前在南京我住的地方有一道后门，每晚我打开后门，便看见一个静寂的夜。下面是一片菜园，上面是星群密布的蓝天。星光在我们的肉眼里虽然微小，然而它使我们觉得光明无处不在。那时候我正在读一些天文学的书，也认得一些星星，好像它们就是我的朋友，它们常常在和我谈话一样。

如今在海上，每晚和繁星相对，我把它们认得很熟了。我躺在舱面上，仰望天空。深蓝色的天空里悬着无数半明半昧的星。船在动，星也在动，它们是这样低，真是摇摇欲坠呢！渐渐地我的眼睛模糊了，我好像看见无数萤火虫在我的周围飞舞。海上的夜是柔和的，是静寂的，是梦幻的。我望着许多认识的星，我仿佛看见它们在对我眨眼，我仿佛听见它们在小声说话。这时我忘记了一切。在星的怀抱中我微笑着，我沉睡着。我觉得自己是一个小孩子，现在睡在母亲的怀里了。

有一夜，那个在哥伦波上船的英国人指给我看天上的巨人。他用手指着：//那四颗明亮的星是头，下面的几颗是身子，这几颗是手，那几颗是腿和脚，还有三颗星算是腰带。经他这一番指点，我果然看清楚了天上的那个巨人。看，那个巨人还在跑呢。

——节选自巴金《繁星》

【提示与解析】

易错字词提示

纳凉　繁星　半明半昧　摇摇欲坠　萤火虫　哥伦波

内容解析与朗读提示

作品中三次写繁星，因为年龄、阅历、心情和时间、地点、氛围的不同，表现出的意境和感受也不同。朗读时要注意三次写繁星时行文感情处理的不同：第一次是在自家院子，卧看时，所见的天空有限，显得深而远，有回到母亲怀里的感觉。第二次是在南京的菜园地，作者当时挣脱出了封建家庭的牢笼，觉得星星很亲切，光明无所不在。第三次则是在海上，看到了一幅船动星移的画面，一个"跑"字，写出了"巨人"星座的形状，暗示了船在前进，表达了作者涌动的激情。作者通过拟人手法赋予星空以生命，感情细腻，朗读时语调舒缓。

【拼音对照】

Wǒ ài yuèyè，dàn wǒ yě ài xīngtiān. Cóngqián zài jiāxiāng qī-bāyuè de yèwǎn zài tíngyuàn • lǐ nàliáng de shíhou，wǒ zuì ài kàn tiān • shàng mìmì-mámá de fánxīng. Wàngzhe xīngtiān，Wǒ jiù huì wàngjì yīqiē，fǎngfú huídàole mǔ • qīn de huái • lǐ shìde.

Sān nián qián zài Nánjīng wǒ zhù de dìfāng yǒu yī dào hòumén，měi wǎn wǒ dǎkāi hòumén，biàn kàn • jiàn yī gè jìngjì de yè. Xià • miàn shì yī piàn càiyuán，shàng • miàn shì xīngqún mìbù de lántiān. Xīngguāng zài wǒmen de ròuyǎn • lǐ suīrán wēixiǎo，rán'ér tā shǐ wǒmen jué • dé guāngmíng wúchǔ-bù zài. Nà shíhou wǒ zhèngzài dú yīxiē tiānwénxué de shū，yě rènde yīxiē xīngxing，hǎoxiàng tāmen jiùshì wǒ de péngyou，tāmén chángcháng zài hé wǒ tánhuà yīyàng.

Rújīn zài hǎi • shàng，měi wǎn hé fánxīng xiāngduì，wǒ bǎ tāmen rèndé hěn shú le. Wǒ tǎng zài cāngmiàn • shàng，yǎngwàng tiānkōng. Shēnlánsè de tiānkōng • lǐ xuánzhe wúshù bànmíng-bànmèi de xīng. Chuán zài dòng，xīng yě zài dòng，tāmen shì zhèyàng dī，zhēn shì yáoyáo-yù zhuì ne！Jiànjiàn de wǒ de yǎnjing móhu le，wǒ hǎoxiàng kàn • jiàn wúshù yínghuǒchóng zài wǒ de zhōuwéi fēiwǔ. Hǎi • shàng de yè shì róuhé de，shì jìngjì de，shì mènghuàn de. Wǒ wàngzhe xǔduō rènshi de xīng，wǒ fǎngfú kàn • jiàn tāmen zài duì wǒ zhǎyǎn，wǒ fǎngfú tīng • jiàn tāmen zài xiǎoshēng shuōhuà. Zhèshí wǒ wàngjìle yīqiè. Zài xīng de huáibào zhōng wǒ wēixiàozhe，wǒ chénshuìzhe. Wǒ jué • dé zìjǐ shì yī gè xiǎoháizi，xiànzài shuì zài mǔ • qīn de huái • lǐ le.

Yǒu yī yè，nàge zài Gēlúnbō shàng chuán de Yīngguórén zhǐ gěi wǒ kàn tiān • shàng de jùrén. Tā yòng shǒu zhǐzhe：//Nà sì kē míngliàng de xīng shì tóu，xià • miàn de jǐ kē shì shēnzi，zhè jǐ kē shì shǒu，nà jǐ kē shì tuǐ hé jiǎo，háiyǒu sān kē xīng suàn shì yāodài. Jīng tā zhè yīfān zhǐdiǎn，wǒ guǒrán kàn qīngchule nàge tiān • shàng de jùrén. Kàn，nàge jùrén hái zài pǎo ne！

—— Jiéxuǎn zì Bā Jīn《Fánxīng》

作品 9 号——《风筝畅想曲》

假日到河滩上转转，看见许多孩子在放风筝。一根根长长的引线，一头系在天上，一头系在地上，孩子同风筝都在天与地之间悠荡，连心也被悠荡得恍恍惚惚了，好像又回到了童年。

儿时放的风筝，大多是自己的长辈或家人编扎的，几根削得很薄的篾，用细纱线扎成各种鸟兽的造型，糊上雪白的纸片，再用彩笔勾勒出面孔与翅膀的图案。通常扎得最多的是"老雕""美人儿""花蝴蝶"等。

我们家前院就有位叔叔，擅扎风筝，远近闻名。他扎得风筝不只体形好看，色彩艳丽，放飞得高远，还在风筝上绷一叶用蒲苇削成的膜片，经风一吹，发出"嗡嗡"的声响，仿佛是风筝的歌唱，在蓝天下播扬，给开阔的天地增添了无尽的韵味，给驰荡的童心带来几分疯狂。

我们那条胡同的左邻右舍的孩子们放的风筝几乎都是叔叔编扎的。他的风筝不卖钱，谁上门去要，就给谁，他乐意自己贴钱买材料。

后来，这位叔叔去了海外，放风筝也渐与孩子们远离了。不过年年叔叔给家乡写信，总不忘提起儿时的放风筝。香港回归之后，他的家信中说到，他这只被故乡放飞到海外的风筝，尽管飘荡游弋，经沐风雨，可那线头儿一直在故乡和//亲人手中牵着，如今飘得太累了，也该要回归到家乡和亲人身边来了。

是的，我想，不光是叔叔，我们每个人都是风筝，在妈妈手中牵着，从小放到大，再从家乡放到祖国最需要的地方去啊！

——节选自李恒瑞《风筝畅想曲》

【提示与解析】

易错字词提示

假日　悠荡　恍恍惚惚　编扎　美人儿　蒲苇　膜片　嗡嗡　几分疯狂　胡同　材料　儿时　飘荡游弋　经沐风雨　线头儿

内容解析与朗读提示

这是一篇表现童年美好回忆的作品，语言清新自然。作者以风筝贯穿全文，并赋予风筝以不同的意象。首先叙述自己所见孩子放风筝的情景引出童年的思绪。然后描写童年时风筝的类型及自家前院擅长制作风筝的叔叔。此时风筝意味着对儿时生活的怀念。最后在与叔叔的家信中，叔叔以风筝自喻，表现了其独自漂泊的孤单及对亲人故土的思念之情。蕴含着我们每一个人都像风筝一样，在广阔天空中翱翔，无论飞到哪里，都离不开祖国母亲，离不开家乡和亲人。朗读时应情绪饱满，作品的最后一段语调可采用升调。注意第二段中的几个连续的动词："削""扎""糊""勾勒"。

【拼音对照】

Jiàrì dào hétān • shàng zhuànzhuan, kàn • jiàn xǔduō háizi zài fàng fēngzheng. Yīgēngēn chángcháng de yǐnxiàn, yītóur jì zài tiān • shàng, yī tóur jì zài dì • shàng, háizi tóng fēngzheng dōu zài tiān yǔ dì zhījiān yōudàng, lián xīn yě bèi yōudàng de huǎnghuǎng-hūhū le, hǎoxiàng yòu huídào le tóngnián.

Érshí fàng de fēngzheng，dàduō shì zìjǐ de zhǎngbèi huò jiārén biānzā de，jǐ gēn xiāo de hěn báo de miè，yòng xì shāxiàn zāchéng gè zhǒng niǎo shòu de zàoxíng，hú • shàng xuěbái de zhǐpiàn，zài yòng cǎibǐ gōulè chū miànkǒng yǔ chìbǎng de tú'àn. Tōngcháng zā de zuì duō de shì “lǎodiāo” “měirénr” “huā húdié” děng.

Wǒmen jiā qiányuàn jiù yǒu wèi shūshu，shàn zā fēngzheng，yuǎn-jìn wénmíng. Tā zā de fēngzheng bùzhǐ tǐxíng hǎokàn，sècǎi yànlì，fàngfēi de gāo yuǎn，hái zài fēngzheng • shàng bēng yī yè yòng púwěi xiāochéng de mópiàn，jīng fēng yī chuī，fāchū “wēngwēng” de shēngxiǎng，fǎngfú shì fēngzheng de gēchàng，zài lántiān • xià bō yáng，gěi kāikuò de tiāndì zēngtiānle wújìn de yùnwèi，gěi chídàng de tóngxīn dàilái jǐ fēn fēngkuáng.

Wǒmen nà tiáo hútòngr de zuǒlín-yòushè de háizimen fàng de fēngzheng jīhū dōu shì shūshu biānzā de. Tā de fēngzheng bù mài qián，shéi shàngmén qù yào，jiù gěi shéi，tā lèyì zìjǐ tiē qián mǎi cáiliào.

Hòulái，zhèwèi shūshu qùle hǎiwài，fàng fēngzheng yě jiàn yǔ háizi men yuǎnlí le. Bùguò niánnián shūshu gěi jiāxiāng xiěxìn，zǒng bù wàng tíqǐ érshí de fàng fēngzheng. Xiānggǎng huíguī zhīhòu，tā zài jiāxìn zhōng shuōdào，tā zhè zhī bèi gùxiāng fàngfēi dào hǎiwài de fēngzheng，jǐnguǎn piāodàng yóuyì，jīng mù fēngyǔ，kě nà xiàntóur yīzhí zài gùxiāng hé//qīnrén shǒu zhōng qiānzhe，rújīn piāo de tài lèi le，yě gāi yào huíguī dào jiāxiāng hé qīnrén shēnbiān lái le.

Shìde. Wǒ xiǎng，bùguāng shì shūshu，wǒmen měi gè rén dōu shì fēngzheng，zài māma shǒu zhōng qiānzhe，cóngxiǎo fàngdào dà，zài cóng jiāxiāng fàngdào zǔguò zuì xūyào de dìfang qù a!

——Jiéxuǎn zì Lǐ Héngruì《Fēngzheng Chàngxiǎngqǔ》

作品10号——《父亲的爱》

爸不懂得怎样表达爱，使我们一家人融洽相处的是我妈。他只是每天上班下班，而妈则把我们做过的错事开列清单，然后由他来责骂我们。

有一次我偷了一块糖果，他要我把它送回去，告诉卖糖的说是我偷来的，说我愿意替他拆箱卸货作为赔偿。但妈妈却明白我只是个孩子。

我在运动场打秋千跌断了腿，在前往医院的途中一直抱着我的，是我妈。爸把汽车停在急诊室门口，他们叫他驶开，说那空位是留给紧急车辆停放的。爸听了便叫嚷道：“你以为这是什么车？旅游车？”

在我生日会上，爸总是显得有些不大相称。他只是忙于吹气球，布置餐桌，做杂务。把插着蜡烛的蛋糕推过来让我吹的，是我妈。

我翻阅照相册时，人们总是问：“你爸爸是什么样子的？”天晓得！他老是忙着替别人拍照。妈和我笑容可掬地一起拍的照片，多得不可胜数。

我记得妈有一次叫他教我骑自行车。我叫他别放手，但他却说是应该放手的时候了。

我摔倒之后，妈跑过来扶我，爸却挥手要她走开。我当时生气极了，决心要给他点儿颜色看。于是我马上爬上自行车，而且自己骑给他看。他只是微笑。

我念大学时，所有的家信都是妈写的。他//除了寄支票外，还寄过一封短柬给我，说因为我不在草坪上踢足球了，所以他的草坪长得很美。

每次我打电话回家，他似乎都想跟我说话，但结果总是说"我叫你妈来接。"

我结婚时，掉眼泪的是我妈。他只是大声地擤了一下鼻子，便走出房间。

我从小到大都听他说"你到哪里去？什么时候回家？汽车有没有汽油？不，不准去。"爸完全不知道怎样表达爱。除非……

会不会是他已经表达了，而我却未能察觉？

——节选自［美］艾尔玛·邦贝克《父亲的爱》

【提示与解析】

易错字词提示

清单　拆箱卸货　叫嚷　笑容可掬　短柬　擤

内容解析与朗读提示

人们总是说父爱是深沉的，这篇作品表现的就是一位父亲在生活的点滴之中默默地表达着自己对子女的爱，这种爱是真挚的、深沉的，不需要用太多言语去表达的。作者将父亲和母亲表达对孩子关爱的行为进行了比较，借以突出父爱的深沉。因此，在朗读时，要注意强调父亲和母亲在表达对孩子关爱上的差别。如"我摔倒之后，妈跑过来扶我，爸却挥手要她走开"，"我结婚时，掉眼泪的是我妈。他只是大声地擤了一下鼻子，便走出房间。"另外，还应注意语调和语速，如"爸听了便叫嚷道：'你以为这是什么车？旅游车？'"，应采用升调，语速渐快，体现出父亲在孩子遇到危险时紧张、焦急的心情。

【拼音对照】

Bà bù dǒng · dé zěnyàng biǎodá ài，shǐ wǒmen yī jiā rén róngqià xiāngchǔ de shì wǒ mā. Tā zhǐshì měi tiān shàngbān xiàbān，ér mā zé bǎ wǒmen zuòguo de cuòshì kāiliè qīngdān，ránhòu yóu tā lái zémà wǒmen.

Yǒu yī cì wǒ tōule yī kuài tángguǒ，tā yào wǒ bǎ tā sòng huí · qù，gàosu mài táng de shuō shì wǒ tōu · lái de，shuō wǒ yuàn · yì tì tā chāi xiāng xiè huò zuòwéi péicháng. Dàn māma què míngbai wǒ zhǐshì gè háizi.

Wǒ zài yùndòngchǎng dǎ qiūqiān diēduànle tuǐ，zài qiánwǎng yīyuàn de túzhōng yīzhí bàozhe wǒ de，shì wǒ mā. Bà bǎ qìchē tíng zài jízhěnshì ménkǒu，tāmen jiào tā shǐkāi，shuō nà kōngwèi shì liúgěi jǐnjí chēliàng tíngfàng de. Bà tīngle biàn jiàorǎng dào："Nǐ yǐwéi zhè shì shénme chē？Lǚyóuchē？"

Zài wǒ shēngri huì · shàng，bà zǒngshì xiǎn · dé yǒuxiē bùdà xiāngchèn. Tā zhǐshì máng yú chuī qìqiú，bùzhì cānzhuō，zuò záwù. Bǎ chāzhe làzhú de dàngāo tuī guò · lái ràng wǒ chuī de，shì wǒ mā.

Wǒ fānyuè zhàoxiàngcè shí，rénmen zǒngshì wèn：“Nǐ bàba shì shénme yàngzi de?” Tiān xiǎo · dé! Tā lǎoshì mángzhe tì bié · rén pāizhào. Mā hé wǒ xiàoróng-kějū de yīqǐ pāi de zhàopiàn，duō de bùkě-shèngshù.

Wǒ jì · dé mā yǒu yī cì jiào tā jiāo wǒ qí zìxíngchē. Wǒ jiào tā bié fàngshǒu，dàn tā què shuō shì yīnggāi fàngshǒu de shíhou le. Wǒ shuāidǎo zhīhòu，mā pǎo guò · lái fú wǒ，bà què huīshǒu yào tā zǒukāi. Wǒ dàngshí shēngqì jí le，juéxīn yào gěi tā diǎnr yánsè kàn. Yúshì wǒ mǎshàng pá · shàng zìxíngchē，érqiě zìjǐ qí gěi tā kàn. Tā zhǐshì wēixiào.

Wǒ niàn dàxué shí，suǒyǒu de jiāxìn dōu shì mā xiě de. Tā //chúle jì zhīpiào wài，hái jìguo yī fēng duǎn jiǎn gěi wǒ，shuō yīn · wèi wǒ bù zài cǎopíng · shàng tī zúqiú le，suǒyǐ tā de cǎopíng zhǎng de hěn měi.

Měi cì wǒ dǎ diànhuà huíjiā，tā sìhū dōu xiǎng gēn wǒ shuōhuà，dàn jiéguǒ zǒngshì shuō：“Wǒ jiào nǐ mā lái jiē.”

Wǒ jiéhūn shí，diào yǎnlèi de shì wǒ mā. Tā zhǐshì dàshēng xǐngle yīxià bízi，biàn zǒuchū fángjiān.

Wǒ cóng xiǎo dào dà dōu tīng tā shuō：“Nǐ dào nǎ · lǐ qù? Shénme shíhou huíjiā? Qìchē yǒu méi · yǒu qìyóu? Bù，bù zhǔn qù.” Bà wánquán bù zhī · dào zěnyàng biǎodá ài. Chúfēi……

Huì bù huì shì tā yǐ · jīng biǎodá le，ér wǒ què wèi néng chájué?

——Jiéxuǎn zì [Měi] Ài'ěrmǎ Bāngbèikè《Fù · qīn de Ài》

4.5.2 测试用朗读篇目分析与提示第二部分

作品 11 号——《国家荣誉感》

一个大问题一直盘踞在我脑袋里：

世界杯怎么会有如此巨大的吸引力？除去足球本身的魅力之外，还有什么超乎其上而更伟大的东西？

近来观看世界杯，忽然从中得到了答案：是由于一种无上崇高的精神情感——国家荣誉感！

地球上的人都会有国家的概念，但未必时时都有国家的感情。往往人到异国，思念家乡，心怀故国，这国家概念就变得有血有肉，爱国之情来得非常具体。而现代社会，科技昌达，信息快捷，事事上网，世界真是太小太小，国家的界限似乎也不那么清晰了。再说足球正在快速世界化，平日里各国球员频繁转会，往来随意，致使越来越多的国家联赛都具有国际的因素。球员们不论国籍，只效力于自己的俱乐部，他们比赛时的激情中完全没有爱国主义的因子。

然而，到了世界杯大赛，天下大变。各国球员都回国效力，穿上与光荣的国旗同样色彩的服装。在每一场比赛前，还高唱国歌以宣誓对自己祖国的挚爱与忠诚。一种血缘情感开始在全身的血管里燃烧起来，而且立刻热血沸腾。

在历史时代，国家间经常发生对抗，好男儿戎装卫国。国家的荣誉往往需要以自己的生命去//换取。但在和平时代，唯有这种国家之间大规模对抗性的大赛，才可以唤起那种遥远而神圣的情感，那就是：为祖国而战！

——节选自冯骥才《国家荣誉感》

【提示与解析】

易错字词提示

盘踞　荣誉感　心怀故国　有血有肉　昌达　事事　宣誓　热血沸腾

内容解析与朗读提示

作者透过世界杯足球赛，阐述国家荣誉感的重要性与影响力。文中采用对比的手法表现出了不同时间、不同地点人们对国家荣誉感的态度。朗读时应该要注意语调自然、感情真切、节奏适中。在最后两段的朗读中，可采用升调，体现出激昂的情绪。“世界杯怎么会有如此巨大的吸引力？除去足球本身的魅力之外，还有什么超乎其上而更伟大的东西？”应采用升调。“科技昌达，信息快捷，事事上网”语速应渐快。注意重音，如“国家的荣誉往往需要以自己的生命去换取”中的“生命”。注意本文中出现的几个“血”字，在读音上的差别。

【拼音对照】

Yī gè dà wèntí yīzhí pánjù zài wǒ nǎodai • lǐ：

Shìjièbēi zěnme huì yǒu rúcǐ jùdà de xīyǐnlì？Chúqù zúqiú běnshēn de mèilì zhīwài，hái yǒu shénme chāohūqíshàng ér gèng wěidà de dōngxi？

Jìnlái guānkàn shìjièbēi，hūrán cóngzhōng dédàole dá'àn：Shì yóuyú yī zhǒng wúshàng chónggāo de jīngshén qínggǎn——guójiā róngyùgǎn！

Dìqiú • shàng de rén dōu huì yǒu guójiā de gàiniàn，dàn wèibì shíshí dōu yǒu guójiā de gǎnqíng. Wǎngwǎng rén dào yìguó，sīniàn jiāxiāng，xīn huái gùguó，zhè guójiā gàiniàn jiù biànde yǒu xiě yǒu ròu，àiguó zhī qíng lái de fēicháng jùtǐ. Ér xiàndài shèhuì，kējì chāngdá，xìnxī kuàijié，shìshì shàngwǎng，shìjiè zhēn shì tài xiǎo tài xiǎo，guójiā de jièxiàn sìhū yě bù nàme qīngxī le. Zàishuō zúqiú zhèngzài kuàisù shìjièhuà，píngrì • lǐ gè guó qiúyuán pínfán zhuǎn huì，wǎnglái suíyì，zhìshǐ yuèláiyuèduō de guójiā liánsài dōu jùyǒu guójì de yīnsù. Qiúyuánmen bùlùn guójí，zhī xiàolì yú zìjǐ de jùlèbù，tāmen bǐsài shí de jīqíng zhōng wánquán méi • yǒu àiguózhǔyì de yīnzǐ.

Rán'ér，dàole shìjièbēi dàsài，tiānxià dàbiàn. Gè guó qiúyuán dōu huíguó xiàolì，chuān • shàng yǔ guāngróng de guóqí tóngyàng sècǎi de fúzhuāng. Zài měi yī chǎng bǐsài qián，hái gāochàng guógē yǐ xuānshì duì zìjǐ zǔguó de zhì'ài yǔ zhōngchéng. Yī zhǒng xuèyuán qínggǎn kāishǐ zài quánshēn de xuèguǎn • lǐ ránshāo qǐ • lái，érqiě lìkè rèxuè fèiténg.

Zài lìshǐ shídài，guójiā jiān jīngcháng fāshēng duìkàng，hǎo nán'ér róngzhuāng wèiguó. Guójiā de róngyù wǎngwǎng xūyào yǐ zìjǐ de shēngmìng qù huàn//qǔ. Dànzài hépíng shídài，wéiyǒu zhè zhǒng guójiā zhījiān dàguīmó duìkàngxìng de dàsài，cái kěyǐ huànqǐ nà zhǒng yáoyuǎn ér shénshèng de qínggǎn，nà jiùshì：Wèi zǔguó ér zhàn!

——Jiéxuǎn zì Féng Jìcái《Guójiā Róngyùgǎn》

作品12号——《海滨仲夏夜》

夕阳落山不久，西方的天空，还燃烧着一片橘红色的晚霞。大海，也被这霞光染成了红色，而且比天空的景色更要壮观。因为它是活动的，每当一排排波浪涌起的时候，那映照在浪峰上的霞光，又红又亮，简直就像一片片霍霍燃烧着的火焰，闪烁着，消失了。而后面的一排，又闪烁着，滚动着，涌了过来。

天空的霞光渐渐地淡下去了，深红的颜色变成了绯红，绯红又变为浅红。最后，当这一切红光都消失了的时候，那突然显得高而远了的天空，则呈现出一片肃穆的神色。最早出现的启明星，在这蓝色的天幕上闪烁起来了。它是那么大，那么亮，整个广漠的天幕上只有它在那里放射着令人注目的光辉，活像一盏悬挂在高空的明灯。

夜色加浓，苍空中的"明灯"越来越多了。而城市各处的真的灯火也次第亮了起来，尤其是围绕在海港周围山坡上的那一片灯光，从半空倒映在乌蓝的海面上，随着波浪，晃动着，闪烁着，像一串流动着的珍珠，和那一片片密布在苍穹里的星斗互相辉映，煞是好看。

在这幽美的夜色中，我踏着软绵绵的沙滩，沿着海边，慢慢地向前走去。海水，轻轻地抚摸着细软的沙滩，发出温柔的//刷刷声。晚来的海风，清新而又凉爽。我的心里，有着说不出的兴奋和愉快。

夜风轻飘飘地吹拂着，空气中飘荡着一种大海和田禾相混合的香味儿，柔软的沙滩上还残留着白天太阳炙晒的余温。那些在各个工作岗位上劳动了一天的人们，三三两两地来到这软绵绵的沙滩上，他们浴着凉爽的海风，望着那缀满了星星的夜空，尽情地说笑，尽情地休憩。

——节选自峻青《海滨仲夏夜》

【提示与解析】

易错字词提示

橘红色　霍霍　绯红　令人注目　煞　苍穹

内容解析与朗读提示

这是一篇优美的写景散文。作者抓住夕阳西下之后，天空中光线和色彩的变化，描绘了夏夜海滨独有的景色，以及在这种景色下闲适、愉悦的城市生活，表达了对生活的赞美之情。第二段和第三段运用了比喻的手法：将明星比喻成明灯，生动形象地表现了启明星大和亮的特点；将灯光比喻成流动的珍珠，生动形象地表现了灯光的多和闪烁的特点。在朗读时，要热情真切，饱含着对生活的热爱之情，对大自然的赞美之感。此外，还应把握好需要读作轻声的词语，如“软绵绵的”“慢慢地”“轻轻地”“细软的”等。处理好停顿，如“那突然显得高/而远了的天空”。

【拼音对照】

Xīyáng luòshān bùjiǔ，xīfāng de tiānkōng，hái ránshāozhe yī piàn júhóngsè de wǎnxiá. Dàhǎi，yě bèi zhè xiáguāng rǎnchéngle hóngsè，érqiě bǐ tiānkōng de jǐngsè gèng yào zhuàngguān. Yīn • wèi tā shì huó • dòng de，měidāng yīpáipái bōlàng yǒngqǐ de shíhou，nà yìngzhào zài làngfēng • shàng de xiáguāng，yòu hóng yòu liàng，jiǎnzhí jiù xiàng yīpiànpiàn huòhuò ránshāozhe de huǒyàn，shǎnshuò zhe，xiāoshī le. Ér hòu • miàn de yī pái，yòu shǎnshuòzhe，gǔndòngzhe，yǒngle guò • lái.

Tiānkōng de xiáguāng jiànjiàn de dàn xià • qù le，shēnhóng de yánsè biànchéngle fēihóng，fēihóng yòu biànwéi qiǎnhóng. Zuìhòu，dāng zhè yīqiè hóngguāng dōu xiāoshīle de shíhou，nà tūrán xiǎn • dé gāo ér yuǎn le de tiānkōng，zé chéngxiàn chū yī piàn sùmù de shénsè. Zuì zǎo chūxiàn de qǐmíngxīng，zài zhè lánsè de tiānmù • shàng shǎnshuò qǐ • lái le. Tā shì nàme dà，nàme liàng，zhěng gè guǎngmò de tiān mù • shàng zhǐyǒu tā zài nà • lǐ fàngshèzhe lìng rén zhùmù de guānghuī，huóxiàng yī zhǎn xuánguà zài gāokōng de míngdēng.

Yèsè jiā nóng，cāngkōng zhōng de “míngdēng” yuèláiyuè duō le. Ér chéngshì gè chù de zhēn de dēnghuǒ yě cìdì liàngle qǐ • lái，yóuqí shì wéirào zài hǎigǎng zhōuwéi shānpō • shàng de nà yī piàn dēngguāng，cóng bànkōng dàoyìng zài wūlán de hǎi miàn • shàng，suízhe bōlàng，huàngdòngzhe，shǎnshuòzhe，xiàng yī chuàn liúdòngzhe de zhēnzhū，hé nà yīpiànpiàn mìbù zài cāngqióng • lǐ de xīngdǒu hùxiāng huīyìng，shà shì hǎokàn.

Zài zhè yōuměi de yèsè zhōng，wǒ tàzhe ruǎnmiánmián de shātān，yánzhe hǎibiān，mànmàn de xiàngqián zǒu • qù. Hǎishuǐ，qīngqīng de fǔmōzhe xìruǎn de shātān，fāchū wēnróu de//shuāshuā shēng. Wǎnlái de hǎifēng，qīngxīn ér yòu liángshuǎng. Wǒ de xīn • lǐ，yǒuzhe shuō • bùchū de xīngfèn hé yúkuài.

Yèfēng qīngpiāopiāo de chuīfúzhe，kōngqì zhōng piāodàngzhe yī zhǒng dàhǎi hé tiánhé xiāng hùnhé de xiāngwèir，róuruǎn de shātān • shàng hái cánliúzhe bái • tiān tài • yáng zhìshài de yúwēn. Nàxiē zài gè gè gōngzuò gǎngwèi • shàng láodòngle yī tiān de rénmen，sānsān-liǎngliǎng de láidào zhè ruǎnmiánmián de shātān • shàng，tāmen yùzhe liángshuǎng de hǎifēng，wàngzhe nà zhuìmǎnle xīngxing de yèkōng，jìnqíng de shuòxiào，jìngqíng de xiūqì.

——Jiéxuǎn zì Jùn Qīng《Hǎibīn Zhòngxià Yè》

作品 13 号——《海洋与生命》

生命在海洋里诞生绝不是偶然的，海洋的物理和化学性质，使它成为孕育原始生命的摇篮。

我们知道，水是生物的重要组成部分，许多动物组织的含水量在百分之八十以上，而一些海洋生物的含水量高达百分之九十五。水是新陈代谢的重要媒介，没有它，体内的一系列生理和生物化学反应就无法进行，生命也就停止。因此，在短时期内动物缺水要比缺少食物更加危险。水对今天的生命是如此重要，它对脆弱的原始生命，更是举足轻重了。生命在海洋里诞生，就不会有缺水之忧。

水是一种良好的溶剂。海洋中含有许多生命所必需的无机盐，如氯化钠、氯化钾、碳酸盐、磷酸盐，还有溶解氧，原始生命可以毫不费力地从中吸取它所需要的元素。

水具有很高的热容量，加之海洋浩大，任凭夏季烈日曝晒，冬季寒风扫荡，它的温度变化却比较小。因此，巨大的海洋就像是天然的“温箱”，是孕育原始生命的温床。

阳光虽然为生命所必需，但是阳光中的紫外线却有扼杀原始生命的危险。水能有效地吸收紫外线，因而又为原始生命提供了天然的“屏障”。

这一切都是原始生命得以产生和发展的必要条件。

——节选自童裳亮《海洋与生命》

【提示与解析】

易错字词提示

孕育　氯化钠　氯化钾　碳酸盐　磷酸盐　溶解氧　曝晒　扼杀

内容解析与朗读提示

这篇作品虽然是一篇说明文，但是字里行间又有着抒情之意，表达了对生命之源——水的赞美之情。作品从“摇篮”、“牧场”两方面说明海洋的重要作用，揭示海洋孕育生命、供养生命的道理，阐述了海洋过去和现在与生命的密切关系，使人们清楚地看到海洋在生命的诞生及发展过程中所起到的作用。在朗读时要注意，将客观说明与情感表达恰当地结合起来。语调可采用平调。还要注意语句的停顿，如“在短时期内/动物缺水/要比缺少食物/更加危险”。还有“如氯化钠、氯化钾、碳酸盐、磷酸盐，还有溶解氧”这句话中专业名词之间也要注意停顿，但是停顿时间不宜过长，要有连贯性。

【拼音对照】

Shēngmìng zài hǎiyáng • lǐ dànshēng jué bù shì ǒurán de，hǎiyáng de wùlǐ hé huàxué xìngzhì，shǐ tā chéngwéi yùnyù yuánshǐ shēngmìng de yáolán.

Wǒmen zhī • dào，shuǐ shì shēngwù de zhòngyào zǔchéng bùfen，xǔduō dòngwù zǔzhī de hánshuǐliàng zài bǎi fēn zhī bāshí yǐshàng，ér yīxiē hǎiyáng shēngwù de hánshuǐliàng gāodá bǎi fēn zhī jiǔshíwǔ. Shuǐ shì xīnchén-dàixiè de zhòngyào méijiè，méi • yǒu tā，tǐnèi de yīxìliè shēnglǐ hé shēngwù huàxué fǎnyìng jiù wúfǎ jìnxíng，shēngmìng yě jiù tíngzhǐ. Yīncǐ，zài duǎn shíqī nèi dòngwù quē shuǐ yào bǐ quēshǎo shíwù gèngjiā wēixiǎn. Shuǐ duì jīntiān de shēngmìng shì rúcǐ zhòngyào，tā duì cuìruò de yuánshǐ shēngmìng，gèng shì jǔzú-qīngzhòng le. Shēngmìng zài hǎiyáng • lǐ dànshēng，jiù bù huì yǒu quē shuǐ zhī yōu.

Shuǐ shì yī zhǒng liánghǎo de róngjì. Hǎiyáng zhōng hányǒu xǔduō shēngmìng suǒ bìxū de wújīyán, rú lǜhuànà、lǜhuàjiǎ、tànsuānyán、línsuānyán, háiyǒu róngjiěyǎng, yuánshǐ shēngmìng kěyǐ háobù fèilì de cóngzhōng xīqǔ tā suǒ xūyào de yuánsù.

Shuǐ jùyǒu hěn gāo de rè róngliàng, jiāzhī hǎiyáng hàodà, rènpíng xiàjì lièrì pùshài, dōngjì hánfēng sǎodàng, tā de wēndù biànhuà què bǐjiào xiǎo. Yīncǐ, jùdà de hǎiyáng jiù xiàng shì tiānrán de "wēn xiāng", shì yùnyù yuánshǐ shēngmìng de wēnchuáng.

Yángguāng suīrán wéi shēngmìng suǒ bìxū, dànshì yángguāng zhōng de zǐwàixiàn què yǒu èshā yuánshǐ shēngmìng de wēixiǎn. Shuǐ néng yǒuxiào de xīshōu zǐwàixiàn, yīn'ér yòu wèi yuánshǐ shēngmìng tígōngle tiānrán de "píngzhàng".

Zhè yīqiè dōu shì yuánshǐ shēngmìng déyǐ chǎnshēng hé fāzhǎn de bìyào tiáojiàn.

——Jiéxuǎn zì Tóng Chángliàng《Hǎiyáng yǔ Shēngmìng》

作品 14 号——《和时间赛跑》

读小学的时候，我的外祖母去世了。外祖母生前最疼爱我，我无法排除自己的忧伤，每天在学校的操场上一圈儿又一圈儿地跑着，跑得累倒在地上，扑在草坪上痛哭。

那哀痛的日子，断断续续地持续了很久，爸爸妈妈也不知道如何安慰我。他们知道与其骗我说外祖母睡着了，还不如对我说实话：外祖母永远不会回来了。

“什么是永远不会回来呢?”我问着。

“所有时间里的事物，都永远不会回来。你的昨天过去，它就永远变成昨天，你不能再回到昨天。爸爸以前也和你一样小，现在也不能回到你这么小的童年了；有一天你会长大，你会像外祖母一样老；有一天你度过了你的时间，就永远不会回来了。”爸爸说。

爸爸等于给我一个谜语，这谜语比课本上的“日历挂在墙壁，一天撕去一页，使我心里着急”和“一寸光阴一寸金，寸金难买寸光阴”还让我感到可怕；也比作文本上的“光阴似箭，日月如梭”更让我觉得有一种说不出的滋味。

时间过得那么飞快，使我的小心眼儿里不只是着急，还有悲伤。有一天我放学回家，看到太阳快落山了，就下决心说：“我要比太阳更快地回家。”我狂奔回去，站在庭院前喘气的时候，看到太阳//还露着半边脸，我高兴地跳跃起来，那一天我跑赢了太阳。以后我就时常做那样的游戏，有时和太阳赛跑，有时和西北风比快，有时一个暑假才能做完的作业，我十天就做完了；那时我三年级，常常把哥哥五年级的作业拿来做。每一次比赛胜过时间，我就快乐得不知道怎么形容。

如果将来我有什么要教给我的孩子，我会告诉他：假若你一直和时间比赛，你就可以成功!

——节选自（台湾）林清玄《和时间赛跑》

【提示与解析】

易错字词提示

一圈儿又一圈儿　哀痛　光阴似箭　日月如梭

内容解析与朗读提示

作品以外祖母的去世为起点，展开了作者对“时间”的思考。在朗读这篇文章时，要注意文章前后部分感情基调的区别：我们在读前半段的时候，要表现出悲痛、不解、低沉的心情；而在读后半部分的时候则要带有坚定、沉稳。注意停顿，如“他们知道/与其骗我/说外祖母睡着了”。在朗读第五段时，应注意把握节奏，“一寸光阴一寸金，寸金难买寸光阴”“光阴似箭，日月如梭”节奏渐快，用以体现作者面对时间流逝而产生的紧迫感。“我狂奔回去，站在庭院前喘气的时候，看到太阳还露着半边脸，我高兴地跳跃起来，那一天我跑赢了太阳。”此句可采用升调，体现作者的喜悦之情。

【拼音对照】

Dú xiǎoxué de shíhou，wǒ de wàizǔmǔ qùshì le. Wàizǔmǔ shēngqián zuì téng'ài wǒ，wǒ wúfǎ páichú zìjǐ de yōushāng，měi tiān zài xuéxiào de cāochǎng • shàng yīquānr yòu yī quānr de pǎozhe，pǎo de lèidǎo zài dì • shàng，pūzài cǎopíng • shàng tòngkū.

Nà āitòng de rìzǐ，duànduàn-xùxù de chíxùle hěn jiǔ，bàba māma yě bù zhī • dào rúhé ānwèi wǒ. Tāmen zhī • dào yǔqí piàn wǒ shuō wàizǔmǔ shuìzháole，hái bùrú duì wǒ shuō shíhuà：Wàizǔmǔ yǒngyuǎn bù huì huí • lái le.

“Shénme shì yǒngyuǎn bù huì huí • lái ne?” Wǒ wènzhe.

“Suǒyǒu shíjiān • lǐ de shìwù，dōu yǒngyuǎn bù huì huí • lái. Nǐ de zuótiān guò • qù，tā jiù yǒngyuǎn biàn chéng zuótiān，nǐ bùnéng zài huídào zuótiān. Bàba yǐqián yě hé nǐ yīyàng xiǎo，xiànzài yě bùnéng huídào nǐ zhème xiǎo de tóngnián le；yǒu yī tiān nǐ huì zhǎngdà，nǐ huì xiàng wàizǔmǔ yīyàng lǎo；yǒu yī tiān nǐ dùguole nǐ de shíjiān，jiù yǒngyuǎn bù huì huí • lái le.” Bàba shuō.

Bàba děngyú gěi wǒ yī gè míyǔ，zhè míyǔ bǐ kèběn • shàng de “Rìlì guà zài qiángbì，yī tiān sī • qù yī yè，shǐ wǒ xīn • lǐ zháojí” hé “Yī cùn guāngyīn yī cùn jīn，cùn jīn nán mǎi cùn guāngyīn” hái ràng wǒ gǎndào kěpà；yě bǐ zuòwénběn • shàng de “Guāngyīn sì jiàn，rìyuè rú suō” gèng ràng wǒ jué • dé yǒu yī zhǒng shuō • bùchū de zīwèi.

Shíjiān guò de nàme fēikuài，shǐ wǒ de xiǎo xīnyǎnr • lǐ bù zhǐshì zháojí，háiyǒu bēishāng. Yǒu yī tiān wǒ fàngxué huíjiā，kàndào tài • yáng kuài luòshān le，jiù xià juéxīn shuō：“Wǒ yào bǐ tài • yáng gèng kuài de huíjiā.” Wǒ kuángbēn huíqù，zhànzài tíngyuàn qián chuǎnqì de shíhou，kàndào tài • yáng //hái lòuzhe bànbiān liǎn，wǒ gāoxìng de tiàoyuè qǐ • lái，nà yī tiān wǒ pǎoyíngle tài • yáng. Yǐhòu wǒ jiù shícháng zuò nàyàng de yóuxì，yǒushí hé tài • yáng sàipǎo，yǒushí hé xīběifēng bǐ kuài，yǒushí yī gè shǔjià cái néng zuòwán de zuòyè，wǒ shí tiān jiù zuòwán le；nà shí wǒ sān niánjí，chángcháng bǎ gēge wǔ niánjí de zuòyè ná・lái zuò. Měi yī cì bǐsài shèngguo shíjiān，wǒ jiù kuàilè de bù zhī・dào zěnme xíngróng.

Rúguǒ jiānglái wǒ yǒu shénme yào jiāogěi wǒ de háizi，wǒ huì gàosu tā：Jiǎruò nǐ yīzhí hé shíjiān bǐsài，nǐ jiù kěyǐ chénggōng!

——Jiéxuǎn zì（Táiwān）Lín Qīngxuán《Hé Shījiān Sàipǎo》

作品 15 号——《胡适的白话电报》

三十年代初，胡适在北京大学任教授。讲课时他常常对白话文大加称赞，引起一些只喜欢文言文而不喜欢白话文的学生的不满。

一次，胡适正讲得得意的时候，一位姓魏的学生突然站了起来，生气地问："胡先生，难道说白话文就毫无缺点吗?"胡适微笑着回答说："没有。"那位学生更加激动了："肯定有！白话文废话太多，打电报用字多，花钱多。"胡适的目光顿时变亮了。轻声地解释说："不一定吧！前几天有位朋友给我打来电报，请我去政府部门工作，我决定不去，就回电拒绝了。复电是用白话写的，看来也很省字。请同学们根据我这个意思，用文言文写一个回电，看看究竟是白话文省字，还是文言文省字?"胡教授刚说完，同学们立刻认真地写了起来。

十五分钟过去，胡适让同学举手，报告用字的数目，然后挑了一份用字最少的文言电报稿，电文是这样写的："才疏学浅，恐难胜任，不堪从命。"白话文的意思是：学问不深，恐怕很难担任这个工作，不能服从安排。

胡适说，这份写得确实不错，仅用了十二个字。但我的白话电报却只用了五个字："干不了，谢谢!"

胡适又解释说："干不了"就有才疏学浅、恐难胜任的意思；"谢谢"既//对朋友的介绍表示感谢，又有拒绝的意思。所以，废话多不多，并不看它是文言文还是白话文，只要注意选用字词，白话文是可以比文言文更省字的。

——节选自陈灼主编《实用汉语中级教程》（上）中《胡适的白话电报》

【提示与解析】

易错字词提示

才疏学浅　恐难胜任　不堪从命

内容解析与朗读提示

作品讲述的是胡适提倡并积极推广使用白话文的一个小故事。作品中的对话部分要特别注意学生和胡适两种角色语言的区别。注意语调，如"一位姓魏的学生突然站了起来，生气地问：'胡先生，难道说白话文就毫无缺点吗?'"，可采用升调；"胡适微笑着回答说：'没有。'"应采用降调表示肯定。注意重音，如"胡适说，这份写得确实不错，仅用了十二个字。"中的"十二"、"但我的白话电报却只用了五个字"中的"五"，借重读来强调白话文比文言文更有优势。"才疏学浅，恐难胜任，不堪从命"一句应注意停顿，但时间不宜过长，要保持连贯性。

【拼音对照】

Sānshí niándài chū，Hú Shì zài Běijīng Dàxué rèn jiàoshòu. Jiǎngkè shí tā chángcháng duì báihuàwén dàjiā chēngzàn，yǐnqǐ yīxiē zhǐ xǐhuan wényánwén ér bù xǐhuan báihuàwén de xuésheng de bùmǎn.

Yī cì，Hú Shì zhèng jiǎng de déyì de shíhou，yī wèi xìng Wèi de xuésheng tūrán zhànle qǐ • lái，shēngqì de wèn：“Hú xiānsheng，nándào shuō báihuàwén jiù háowú quēdiǎn ma?” Hú Shì wēixiàozhe huídá shuō：“méi • yǒu. ” Nà wèi xuésheng gèngjiā jīdòng le：“Kěndìng yǒu！Báihuàwén fèihuà tài duō，dǎ diànbào yòng zì duō，huāqián duō. ” Hú Shì de mùguāng dùnshí biànliàng le. Qīngshēng de jiěshì shuō：“Bù yīdìng ba！Qián jǐ tiān yǒu wèi péngyou gěi wǒ dǎ • lái diànbào，qǐng wǒ qù zhèngfǔ bùmén gōngzuò，wǒ juédìng bù qù，jiù huídiàn jùjué le. Fùdiàn shì yòng báihuà xiě de，kànlái yě hěn shěng zì. Qǐng tóngxuémen gēnjù wǒ zhège yìsi，yòng wényánwén xiě yī gè huídiàn，kànkan jiūjìng shì báihuàwén shěng zì，hái shì wényánwén shěng zì?” Hú jiàoshòu gāng shuōwán，tóngxuémen lìkè rènzhēn de xiěle qǐ • lái.

Shíwǔ fēnzhōng guò • qù，Hú Shì ràng tóngxué jǔshǒu，bàogào yòng zì de shùmù，ránhòu tiāole yī fèn yòng zì zuì shǎo de wényán diànbàogǎo，diànwén shì zhèyàng xiě de：“Cáishū-xuéqiǎn，kǒng nán shèngrèn，bùkān cóngmìng. ” Báihuàwén de yìsi shì：Xuéwen bù shēn，kǒngpà hěn nán dānrèn zhège gōng zuò，bùnéng fúcóng ānpái.

Hú Shì shuō，zhè fèn xiě de quèshí bùcuò，jǐn yòngle shí'èr gè zì. Dàn wǒ de báihuà diànbào què zhǐ yòngle wǔ gè zì：“Gàn • bùliǎo，xièxie!”

Hú shì yòu jiěshì shuō：“gàn • bùliǎo” jiù yǒu cáishū-xuéqiǎn、kǒng nán shèngrèn de yìsi； “Xièxie ” jì //duì péngyou de jièshào biǎoshì gǎnxiè，yòu yǒu jùjué de yìsi. Suǒyǐ，fèi huà duō • bù duō，bìng bù kàn tā shì wényánwén hái shì báihuàwén，zhǐyào zhùyì xuǎnyòng zìcí，báihuàwén shì kěyǐ bǐ wényánwén gèng shěng zì de.

——Jiéxuǎn zì Chén Zhuó Zhǔbiān《Shíyòng Hānyǔ Zhōngjí Jiàochéng》（shàng）zhōng《Hú Shì de Báihuà Diànbào》

作品 16 号——《火光》

很久以前，在一个漆黑的秋天的夜晚，我泛舟在西伯利亚一条阴森森的河上。船到一个转弯处，只见前面黑黢黢的山峰下面，一星火光蓦地一闪。

火光又明又亮，好像就在眼前……

“好啦，谢天谢地！”我高兴地说，“马上就到过夜的地方啦！”

船夫扭头朝身后的火光望了一眼，又不以为然地划起桨来。

“远着呢！”

我不相信他的话，因为火光冲破朦胧的夜色，明明在那儿闪烁。不过船夫是对的，事实上，火光的确还远着呢。

这些黑夜的火光的特点是：驱散黑暗，闪闪发亮，近在眼前，令人神往。乍一看，再划几下就到了……其实却还远着呢！……

我们在漆黑如墨的河上又划了很久。一个个峡谷和悬崖，迎面驶来，又向后移去，仿佛消失在茫茫的远方，而火光却依然停在前头，闪闪发亮，令人神往——依然是这么近，又依然是那么远……

现在，无论是这条被悬崖峭壁的阴影笼罩的漆黑的河流，还是那一星明亮的火光，都经常浮现在我的脑际，在这以前和在这以后，曾有许多火光，似乎近在咫尺，不止使我一人心驰神往。可是生活之河却仍然在那阴森森的两岸之间流着，而火光也依旧非常遥远。因此，必须加劲划桨……

然而，火光啊……毕竟……毕竟就//在前头！……

——节选自［俄］柯罗连科《火光》，张铁夫译

【提示与解析】

易错字词提示

西伯利亚　阴森森　黑黢黢　悬崖峭壁　近在咫尺

内容解析与朗读提示

作品是一首散文诗，展现了黑暗中的火光，能够冲破朦胧的夜色，尽管它也许很远，但是却能给人力量，给人希望，指引人们走向光明。文章融入了作者对人生的深刻理解，并以“火光”鼓励青年人：希望就在前方，只要努力，坚持不懈，绝不言放弃，最终一定会抵达光明的彼岸。在朗读时要注意语调，如“‘好啦，谢天谢地！’我高兴地说，‘马上就到过夜的地方啦！’”应采用升调，语速渐快。“令人神往——依然是这么近，又依然是那么远……”平调，语速渐缓。注意停顿，如“火光啊……毕竟……毕竟就在前头！”“驱散黑暗，闪闪发亮，近在眼前，令人神往。”

【拼音对照】

Hěn jiǔ yǐqián, zài yī gè qīhēi de qiūtiān de yèwǎn, wǒ fàn zhōu zài Xībólìyà yī tiáo yīnsēnsēn de hé • shàng. Chuán dào yī gè zhuǎnwān chù, zhǐ jiàn qián • miàn hēiqūqū de shānfēng xià • miàn, yī xīng huǒguāng mò • dì yī shǎn.

Huǒ guāng yòu míng yòu liàng, hǎoxiàng jiù zài yǎnqián……

“Hǎo la, xiètiān-xièdì!” Wǒ gāoxìng de shuō, “Mǎshàng jiù dào guòyè de dìfang la!”

Chuánfū niǔtóu cháo shēnhòu de huǒguāng wàng le yī yǎn, yòu bùyǐwéirán de huá • qǐ jiǎng • lái.

“Yuǎnzhe ne!”

Wǒ bù xiāngxìn tā de huà, yīn • wèi huǒguāng chōngpò ménglóng de yèsè, míngmíng zài nàr shǎnshuò. Bùguò chuánfū shì duì de, shìshí • shàng, huǒguāng díquè hái yuǎnzhe ne.

Zhèxiē hēiyè de huǒguāng de tèdiǎn shì：Qū sàn hēi'àn，shǎnshǎn fāliàng，jìn zài yǎnqián，lìng rén shénwǎng. Zhà yī kàn，zài huá jǐ xià jiù dào le……Qíshí què hái yuǎnzhe ne！……

Wǒmen zài qīhēi rú mò de hé • shàng yòu huále hěn jiǔ. Yīgègè xiágǔ hé xuányá，yíngmiàn shǐ • lái，yòu xiàng hòu yí • qù，fǎng fú xiāoshī zài mángmáng de yuǎnfāng，ér huǒguāng què yīrán tíng zài qiántou，shǎnshǎn fāliàng，lìngrénshénwǎng——yīrán shì zhème jìn，yòu yīrán shì nàme yuǎn……

Xiànzài，wúlùn shì zhè tiáo bèi xuányá—qiàobì de yīnyǐng lǒngzhào de qīhēi de héliú，háishì nà yī xīng míngliàng de huǒguāng，dōu jīngcháng fúxiàn zài wǒ de nǎojì，zài zhè yǐqián hé zài zhè yǐhòu，céng yǒu xǔduō huǒguāng，sìhū jìn zài zhǐchǐ，bùzhǐ shǐ wǒ yī rén xīnchí-shénwǎng. Kěshì shēnghuó zhī hé què réngrán zài nà yīnsēnsēn de liǎng'àn zhījiān liúzhe，ér huǒguāng yě yījiù fēicháng yáoyuǎn. Yīncǐ，bìxū jiājìn huá jiǎng……

Rán'ér，huǒguāng a……bìjìng……bìjìng jiù//zài qiántou！……

——Jiéxuǎn zì［É］Kēluóliánkē《Huǒguāng》，Zhāng Tiěfū yì

作品 17 号——《济南的冬天》

对于一个在北平住惯的人，像我，冬天要是不刮风，便觉得是奇迹；济南的冬天是没有风声的。对于一个刚由伦敦回来的人，像我，冬天要能看得见日光，便觉得是怪事；济南的冬天是响晴的。自然，在热带的地方，日光是永远那么毒，响亮的天气，反有点儿叫人害怕。可是，在北方的冬天，而能有温晴的天气，济南真得算个宝地。

设若单单是有阳光，那也算不了出奇。请闭上眼睛想：一个老城，有山有水，全在天底下晒着阳光，暖和安适地睡着，只等春风来把它们唤醒，这是不是理想的境界？小山把济南围了个圈儿，只有北边缺着点儿口儿。这一圈小山在冬天特别可爱，好像是把济南放在一个小摇篮里，它们安静不动地低声地说："你们放心吧，这儿准保暖和。"真的，济南的人们在冬天是面上含笑的。他们一看那些小山，心中便觉得有了着落，有了依靠。他们由天上看到山上，便不知不觉地想起：明天也许就是春天了吧？这样的温暖，今天夜里山草也许就绿起来了吧？就是这点儿幻想不能一时实现，他们也并不着急，因为这样慈善的冬天，干什么还希望别的呢！

最妙的是下点儿小雪呀。看吧，山上的矮松越发的青黑，树尖儿上顶//着一髻儿白花，好像日本看护妇。山尖儿全白了，给蓝天镶上一道银边儿。山坡上，有的地方雪厚点儿，有的地方草色还露着；这样，一道儿白，一道儿暗黄，给山们穿上一件带水纹儿的花衣；看着看着，这件花衣好像被风儿吹动，叫你希望看见一点儿更美的山的肌肤。等到快日落的时候，微黄的阳光斜射在山腰上，那点儿薄雪好像忽然害羞，微微露出点儿粉色。就是下小雪吧，济南是受不住大雪的，那些小山太秀气。

——节选自老舍《济南的冬天》

【提示与解析】

易错字词提示

响晴　暖和安适　暖和　树尖儿　一髻儿

内容解析与朗读提示

老舍先生话家常似地向我们介绍了冬天济南的景色，语言显得很朴实，也很亲切。在老舍先生的笔下，我们看到了一个温暖的济南的冬天，也能感受到作者对济南冬天的喜爱之情。在朗读时要饱含热爱和赞叹的情感，语调以舒缓为主，如第二段表现济南冬天人们生活得舒心、惬意，语调是舒缓的。还应该注意几个感叹句和问句的语气语调的把握。凸显出济南冬天景色的特点的是下小雪的时候，因此，“最妙的是下点小雪呀”一句中，“妙”和“小”两个字应该重读。另外，读准文中的儿化词语，如“圈儿”“树尖儿”“一髻儿”“一道儿”等。同时，注意“风儿”在这里不能当做儿化词语处理。

【拼音对照】

Duìyú yī gè zài Běipíng zhùguàn de rén，xiàng wǒ，dōngtiān yàoshì bù guāfēng，biàn jué · dé shì qíjì；Jǐnán de dōngtiān shì méi · yǒu fēngshēngde. Duìyú yī gè gāng yóu Lúndūn huí · lái de rén，xiàng wǒ，dōngtiān yào néng kàn de jiàn rìguāng，biàn jué · dé shì guàishì；Jǐnán de dōngtiān shì xiǎngqíng de. Zìrán，zài rèdài de dìfang，rìguāng yǒngyuǎn shì nàme dú，xiǎngliàng de tiānqì，fǎn yǒudiǎnr jiào rén hàipà. Kěshì，zài běifāng de dōngtiān，ér néng yǒu wēnqíng de tiānqì，Jǐnán zhēn děi suàn gè bǎodì.

Shèruò dāndān shì yǒu yángguāng，nà yě suàn · bùliǎo chūqí. Qǐng bì · shàng yǎnjing xiǎng：Yī gè lǎochéng，yǒu shān yǒu shuǐ，quán zài tiān dǐ · xià shàizhe yángguāng，nuǎnhuo ānshì de shuìzhe，zhǐ děng chūnfēng lái bǎ tāmen huànxǐng，zhè shì · bùshì lǐxiǎng de jìngjiè? Xiǎoshān zhěng bǎ Jǐnán wéile gè quānr，zhǐyǒu běi · biān quēzhe diǎnr kǒur. Zhè yī quān xiǎoshān zài dōngtiān tèbié kě'ài，hǎoxiàng shì bǎ Jǐnán fàng zài yī gè xiǎo yáolán · lǐ，tāmen ānjìng bù dòng de dīshēng de shuō：“Nǐmen fàngxīn ba，zhèr zhǔnbǎo nuǎnhuo.” zhēn de，Jǐnán de rénmen zài dōngtiān shì miàn · shàng hánxiào de. Tāmen yī kàn nàxiē xiǎoshān，xīnzhōng biàn jué · dé yǒule zhuóluò，yǒule yīkào. Tāmen yóu tiān · shàng kàndào shān · shàng，biàn bùzhī-bùjué de xiǎngqǐ：“Míngtiān yěxǔ jiùshì chūntiān le ba? Zhèyàng de wēnnuǎn，jīntiān yè · lǐ shāncǎo yěxǔ jiù lǜqǐ · lái le ba?” Jiùshì zhè diǎnr huànxiǎng bùnéng yīshí shíxiàn，tāmen yě bìng bù zháojí，yīn · wèi zhèyàng císhàn de dōngtiān，gànshénme hái xīwàng biéde ne!

Zuì miào de shì xià diǎnr xiǎoxuě ya. Kàn ba，shān · shàng de ǎisōng yuèfā de qīnghēi，shùjiānr · shàng//dǐng zhe yī jìr báihuā，hǎoxiàng Rìběn kānhùfù. Shānjiānr quán bái le，gěi lántiān xiāng · shàng yī dào yínbiānr. Shānpō · shàng，yǒude dìfang xuě hòudiǎnr，yǒude dìfang cǎose hái lòuzhe；zhèyàng，yī dàor bái，yī dàor ànhuáng， gěi shānmen chuān • shàng yī jiàn dài shuǐwénr de huāyī; kànzhe kànzhe, zhè jiàn huāyī hǎoxiàng bèi fēng'ér chuīdòng, jiào nǐ xīwàng kàn • jiàn yīdiǎnr gèng měi de shān de jīfū. Děngdào kuài rìluò de shíhou, wēihuáng de yángguāng xié shè zài shānyāo • shàng, nà diǎnr báo xuě hǎoxiàng hūrán hàixiū, wēiwēi lòuchū diǎnr fěnsè. Jiùshì xià xiǎoxuě ba, Jǐnán shì shòu • bùzhù dàxuě de, nàxiē xiǎoshān tài xiùqi.

——Jiéxuǎn zì Lǎo Shě《Jǐnán de Dōngtiān》

作品18号——《家乡的桥》

纯朴的家乡村边有一条河，曲曲弯弯，河中架一弯石桥，弓样的小桥横跨两岸。

每天，不管是鸡鸣晓月，日丽中天，还是月华泻地，小桥都印下串串足迹，洒落串串汗珠。那是乡亲为了追求多棱的希望，兑现美好的遐想。弯弯小桥，不时荡过轻吟低唱，不时露出舒心的笑容。

因而，我稚小的心灵，曾将心声献给小桥：你是一弯银色的新月，给人间普照光辉；你是一把闪亮的镰刀，割刈着欢笑的花果；你是一根晃悠悠的扁担，挑起了彩色的明天！哦，小桥走进我的梦中。

我在飘泊他乡的岁月，心中总涌动着故乡的河水，梦中总看到弓样的小桥。当我访南疆探北国，眼帘闯进座座雄伟的长桥时，我的梦变得丰满了，增添了赤橙黄绿青蓝紫。

三十多年过去，我带着满头霜花回到故乡，第一紧要的便是去看望小桥。

啊！小桥呢？它躲起来了？河中一道长虹，浴着朝霞熠熠闪光。哦，雄浑的大桥敞开胸怀，汽车的呼啸、摩托的笛音、自行车的叮铃，合奏着进行交响乐；南来的钢筋、花布，北往的柑橙、家禽，绘出交流欢悦图……

啊！蜕变的桥，传递了家乡进步的消息，透露了家乡富裕的声音。时代的春风，美好的追求，我蓦地记起儿时唱//给小桥的歌，哦，明艳艳的太阳照耀了，芳香甜蜜的花果捧来了，五彩斑斓的岁月拉开了！

我心中涌动的河水，激荡起甜美的浪花。我仰望一碧蓝天，心底轻声呼喊：家乡的桥啊，我梦中的桥！

——节选自郑莹《家乡的桥》

【提示与解析】

易错字词提示

日丽中天　月华泻地　串串　多棱　遐想　轻吟低唱　割刈　熠熠　柑橙　蓦地

内容解析与朗读提示

作者通过对家乡的桥的描写，表达了对故乡的热爱，对今天美好生活的赞美。朗读时要饱含着深深的自豪感与赞美之情。注意语调的抑扬顿挫，把握好节奏。第二段中，作者用拟人的手法来描写小桥，在朗读时语调舒缓。第三段中的排比句，语气要慢慢变强，特别要把握好最后一个排比句中的感叹号，语调可采用升调。第六段中出现的多项并列词组，如“汽车的呼啸、摩托的笛音、自行车的叮铃”朗读时节奏渐快。另外，“家乡的桥啊，我梦中的桥！”一句应采用升调来表现情感的升华。

【拼音对照】

Chúnpǔ de jiāxiāng cūnbiān yǒu yī tiáo hé，qūqū-wānwān，hé zhōng jià yī wān shíqiáo，gōng yàng de xiǎoqiáo héngkuà liǎng'àn.

Měi tiān，bùguǎn shì jī míng xiǎo yuè，rì lì zhōng tiān，háishì yuè huá xiè dì，xiǎoqiáo dōu yìnxià chuànchuàn zújì，sǎluò chuànchuàn hànzhū. Nà shì xiāngqīn wèile zhuīqiú duōléng de xīwàng，duìxiàn měihǎo de xiáxiǎng. Wānwān xiǎoqiáo，bùshí dàngguò qīng yín-dīchàng，bùshí lùchū shūxīn de xiàoróng.

Yīn'ér，wǒ zhìxiǎo de xīnlíng，céng jiāng xīnshēng xiàngěi xiǎoqiáo：Nǐ shì yī wān yínsè de xīnyuè，gěi rénjiān pǔzhào guānghuī；nǐ shì yī bǎ shǎnliàng de liándāo，gēyìzhe huānxiào de huāguǒ；nǐ shì yī gēn huàngyōuyōu de biǎndan，tiāoqǐle cǎisè de míngtiān！Ò，xiǎoqiáo zǒujìn wǒ de mèng zhōng.

Wǒ zài piāobó tāxiāng de suìyuè，xīnzhōng zǒng yǒngdòngzhe gùxiāng de héshuǐ，mèngzhōng zǒng kàndào gōng yàng de xiǎoqiáo. Dāng wǒ fǎng nánjiāng tàn běiguó，yǎnlián chuǎngjìn zuòzuò xióngwěi de chángqiáo shí，wǒ de mèng biàn de fēngmǎn le，zēngtiānle chì-chéng-huáng-lǜ-qīng-lán-zǐ.

Sānshí duō nián guò · qù，wǒ dàizhe mǎntóu shuānghuā huídào gùxiāng，dì-yī jǐnyào de biànshì qù kànwàng xiǎoqiáo.

À! Xiǎo qiáo ne？Tā duǒ qǐ · lái le？Hé zhōng yī dào chánghóng，yùzhe zhāoxiá yìyì shǎnguāng. Ò，xiónghún de dàqiáo chǎngkāi xiōnghuái，qìchē de hūxiào、mótuō de díyīn、zìxíngchē de dīnglíng，hézòuzhe jìnxíng jiāoxiǎngyuè；nán lái de gāngjīn、huā bù，běi wǎng de gān chéng、jiāqín，huìchū jiāoliú huānyuètú……

À! Tuìbiàn de qiáo，chuándìle jiāxiāng jìnbù de xiāoxi，tòulùle jiāxiāng fùyù de shēngyīn. Shídài de chūnfēng，měihǎo de zhuīqiú，wǒ mòdì jìqǐ érshí chàng //gěi xiǎoqiáo de gē，ò，míngyànyàn de tài · yáng zhàoyào le，fāngxiāng tiánmì de huāguǒ pěnglái le，wǔcǎi bānlán de suì yuè lākāi le!

Wǒ xīnzhōng yǒngdòng de héshuǐ，jīdàng qǐ tiánměi de lànghuā. Wǒ yǎngwàng yī bì lántiān，xīndǐ qīngshēng hūhǎn：Jiāxiāng de qiáo a，wǒ mèng zhōng de qiáo!

——Jiéxuǎn zì Zhèng Yíng《Jiāxiāng de Qiáo》

作品19号——《坚守你的高贵》

三百多年前，建筑设计师莱伊恩受命设计了英国温泽市政府大厅。他运用工程力学的知识，依据自己多年的实践，巧妙地设计了只用一根柱子支撑的大厅天花板。一年以后，市政府权威人士进行工程验收时，却说只用一根柱子支撑天花板太危险，要求莱伊恩再多加几根柱子。

莱伊恩自信只要一根坚固的柱子足以保证大厅安全，他的“固执”惹恼了市政官员，险些被送上法庭。他非常苦恼；坚持自己原先的主张吧，市政官员肯定会另找人修改设计；不坚持吧，又有悖自己为人的准则。矛盾了很长一段时间，莱伊恩终于想出了一条妙计，他在大厅里增加了四根柱子，不过这些柱子并未与天花板接触，只不过是装装样子。

三百多年过去了，这个秘密始终没有被人发现。直到前两年，市政府准备修缮大厅的天花板，才发现莱伊恩当年的“弄虚作假”。消息传出后，世界各国的建筑专家和游客云集，当地政府对此也不加掩饰，在新世纪到来之际，特意将大厅作为一个旅游景点对外开放，旨在引导人们崇尚和相信科学。

作为一名建筑师，莱伊恩并不是最出色的。但作为一个人，他无疑非常伟大，这种//伟大表现在他始终恪守着自己的原则，给高贵的心灵一个美丽的住所，哪怕是遭遇到最大的阻力，也要想办法抵达胜利。

——节选自游宇明《坚守你的高贵》

【提示与解析】

易错字词提示

莱伊恩　温泽市　悖　修缮　旨在　恪守

内容解析与朗读提示

作品讲述了一位设计师恪守自己原则的故事。一方面表现出莱伊恩的睿智，另一方面表现出敢于承认并展示错误不仅不会给英国人抹黑，他们这种勇敢的作风与勇气还会赢得世人的尊重。朗读时应以平稳、沉稳为基调。最后一段应用降调表示肯定。注意停顿，如“建筑设计师莱伊恩/受命设计了/英国/温泽市/政府大厅”。注意重音部分，如“莱伊恩自信只要一根坚固的柱子足以保证大厅安全”中的“一根”、“三百多年过去了，这个秘密始终没有被人发现”中的“三”和“始终”。

【拼音对照】

Sānbǎi duō nián qián，jiànzhù shèjìshī Láiyī’ēn shòumìng shèjìle Yīngguó Wēnzé shìzhèngfǔ dàtīng. Tā yùnyòng gōngchéng lìxué de zhīshi，yījù zìjǐ duōnián de shíjiàn，qiǎomiào de shèjìle zhǐ yòng yī gēn zhùzi zhīchēng de dàtīng tiānhuābǎn. Yī nián yǐhòu，shìzhèngfǔ quánwēi rénshì jìnxíng gōngchéng yànshōu shí，què shuō zhǐ yòng yī gēn zhùzi zhīchēng tiānhuābǎn tài wēixiǎn，yāoqiú Láiyī’ēn zài duō jiā jǐ gēn zhùzi.

Láiyī’ēn zìxìn zhǐyào yī gēn jiāngù de zhùzi zúyǐ bǎozhèng dàtīng ānquán，tā de “gù · zhí” rěnǎole shìzhèng guānyuán，xiǎnxiē bèi sòng · shàng fǎtíng. Tā fēicháng kǔnǎo；jiānchí zìjǐ yuánxiān de zhǔzhāng ba，shìzhèng guānyuán kěndìng huì lìng zhǎo rén xiūgǎi shèjì；bù jiānchí ba，yòu yǒu bèi zìjǐ wèirén de zhǔnzé. Máodùnle hěn cháng yīduàn shíjiān，Láiyī’ēn zhōngyú xiǎngchūle yī tiáo miàojì，tā zài dàtīng · lǐ zēngjiāle sì gēn zhùzi，bùguò zhèxiē zhùzi bìng wèi yǔ tiānhuābǎn jiēchù，zhǐ · bùguò shì zhuāngzhuang yàngzi.

Sānbǎi duō nián guò · qù le，zhège mìmì shǐzhōng méi · yǒu bèi rén fāxiàn. Zhídào qián liǎng nián，shìzhèngfǔ zhǔnbèi xiūshàn dàtīng de tiānhuābǎn，cái fāxiàn Láiyī'ēn dàngnián de "nòngxū-zuòjiǎ" . Xiāoxi chuánchū hòu，shìjiè gè guó de jiànzhù zhuānjiā hé yóukè yúnjí，dāngdì zhèngfǔ duìcǐ yě bù jiā yǎnshì，zài xīn shìjì dàolái zhī jì，tèyì jiāng dàtīng zuòwéi yī gè lǚyóu jǐngdiǎn duìwài kāifàng，zhǐ zài yǐndǎo rénmen chóngshàng hé xiāngxìn kēxué.

Zuòwéi yī míng jiànzhùshī，Láiyī'ēn bìng bù shì zuì chūsè de. Dàn zuòwéi yī gè rén，tā wúyí fēicháng wěidà，zhè zhǒng //wěidà biǎoxiàn zài tā shǐzhōng kèshǒuzhe zìjǐ de yuánzé，gěi gāoguì de xīnlíng yī gè měilì de zhùsuǒ，nǎpà shì zāoyù dào zuì dà de zǔlì，yě yào xiǎng bànfǎ dǐdá shènglì.

——Jiéxuǎn zì Yóu Yǔmíng《Jiānshǒu Nǐ de Gāoguì》

作品 20 号——《金子》

自从传言有人在萨文河畔散步时无意发现了金子后，这里便常有来自四面八方的淘金者。他们都想成为富翁，于是寻遍了整个河床，还在河床上挖出很多大坑，希望借助它们找到更多的金子。的确，有一些人找到了，但另外一些人因为一无所得而只好扫兴归去。

也有不甘心落空的，便驻扎在这里，继续寻找。彼得·弗雷特就是其中一员。他在河床附近买了一块没人要的土地，一个人默默地工作。他为了找金子，已把所有的钱都押在这块土地上。他埋头苦干了几个月，直到土地全变成了坑坑洼洼，他失望了——他翻遍了整块土地，但连一丁点儿金子都没看见。

六个月后，他连买面包的钱都没有了。于是他准备离开这儿到别处去谋生。

就在他即将离去的前一个晚上，天下起了倾盆大雨，并且一下就是三天三夜。雨终于停了，彼得走出小木屋，发现眼前的土地看上去好像和以前不一样：坑坑洼洼已被大水冲刷平整，松软的土地上长出一层绿茸茸的小草。

"这里没找到金子，"彼得忽有所悟地说，"但这土地很肥沃，我可以用来种花，并且拿到镇上去卖给那些富人，他们一定会买些花装扮他们华丽的客//厅。如果真是这样的话，那么我一定会赚许多钱。有朝一日我也会成为富人……"

于是他留了下来。彼得花了不少精力培育花苗，不久田地里长满了美丽娇艳的各色鲜花。

五年以后，彼得终于实现了他的梦想——成了一个富翁。"我是唯一的一个找到真金的人！"他时常不无骄傲地告诉别人，"别人在这儿找不到金子后便远远地离开，而我的'金子'是在这块土地里，只有诚实的人用勤劳才能采集到。"

——节选自陶猛译《金子》

【提示与解析】

易错字词提示

萨文河畔　驻扎　彼得·弗雷特　坑坑洼洼　一丁点儿　坑坑洼洼　绿茸茸　有朝一日

内容解析与朗读提示

本作品讲述了淘金者彼得·弗雷特通过自己的勤劳与智慧获得“真金”的小故事。文章采用叙述方式，完成了整个故事的描述。对于这类本身情节曲折的文章可以采用平调的形式朗读，让听众在舒缓中更关注于情节的发展。朗读文章的前一部分，语气要略带失望之情，语调低沉一些，而朗读后一部分时，则要通过声音技巧将主人公顿悟之后的欢喜给表现出来，如“我是唯一的一个找到真金的人!”语调应欢愉一些，注意重音“唯一”“真金”，让故事情节引领听众的阅读情绪。

【拼音对照】

Zìcóng chuányán yǒu rén zài Sàwén hépàn sànbù shí wúyì fāxiànle jīnzi hòu, zhè • lǐ biàn cháng yǒu láizì sìmiàn-bāfāng de táojīnzhě. Tāmen dōu xiǎng chéngwéi fùwēng, yúshì xúnbiànle zhěnggè héchuáng, hái zài héchuáng • shàng wāchū hěnduō dàkēng, xīwàng jièzhù tāmen zhǎodào gèng duō de jīnzi. Díquè, yǒu yīxiē rén zhǎodào le, dàn lìngwài yīxiē rén yīn • wèi yīwú-suǒdé ér zhǐhǎo sǎoxìng guīqù.

Yě yǒu bù gānxīn luòkōng de, biàn zhùzhā zài zhè • lǐ, jìxù xúnzhǎo. Bǐdé Fúléitè jiùshì qízhōng yī yuán。Tā zài héchuáng fùjìn mǎile yī kuài méi rén yào de tǔdì, yī gè rén mòmò de gōngzuò. Tā wèile zhǎo jīnzi, yǐ bǎ suǒyǒu de qián dōu yā zài zhè kuài tǔdì • shàng. Tā máitóu-kǔgànle jǐ gè yuè, zhídào tǔdì quán biànchéngle kēngkēng-wāwā, tā shīwàng le ——tā fānbiànle zhěngkuài tǔdì, dàn lián yī dīngdiǎnr jīnzǐ dōu méi kàn • jiàn.

Liù gè yuè hòu, tā lián mǎi miànbāo de qián dōu méi • yǒu le. Yúshì tā zhǔnbèi líkāi zhèr dào biéchù qù móushēng.

Jiù zài tā jíjiāng líqù de qián yī gè wǎnshang, tiān xiàqǐle qīngpén-dàyǔ, bìngqiě yīxià jiùshì sān tiān sān yè. Yǔ zhōngyú tíng le, Bǐdé zǒuchū xiǎo mùwū, fāxiàn yǎnqián de tǔdì kàn shàng • qù hǎoxiàng hé yǐqián bù yīyàng: Kēngkeng-wāwā yǐ bèi dàshuǐ chōngshuā píngzhěng, sōngruǎn de tǔdì • shàng zhǎngchū yī céng lǜróngróng de xiǎocǎo.

“Zhè • lǐ méi zhǎodào jīnzi,” Bǐdé hū yǒu suǒ wù de shuō, “Dàn zhè tǔdì hěn féiwò, wǒ kěyǐ yònglái zhòng huā, bìngqiě nádào zhèn • shàng qù màigěi nàxiē fùrén, tāmen yīdìng huì mǎi xiē huā zhuāngbàn tāmen huálì de kètīng//Rúguǒ zhēn shì zhèyàng de huà, nàme wǒ yīdìng huì zhuàn xǔduō qián. yǒuzhāo-yīrì wǒ yě huì chéngwéi fùrén……”

Yúshì tā liú le xià • lái. Bǐdé huā le bù shǎo jīnglì péi yù huāmiáo, bùjiǔ tiándì • lǐ zhǎngmǎnle měilì jiāoyàn de gè sè xiānhuā.

Wǔ nián yǐhòu, Bǐdé zhōngyú shíxiànle tā de mèngxiǎng——chéngle yī gè fùwēng. “Wǒ shì wéiyī de yī gè zhǎodào zhēnjīn de rén!” Tā shícháng bùwú jiāo'ào de gàosu bié • rén, “Bié • rén zài zhèr zhǎo • bùdào jīnzi hòu biàn yuǎnyuǎn de líkāi, ér wǒ de ‘jīnzi’shì zài zhè kuài tǔdì · lǐ，zhǐyǒu chéng · shí de rén yòng qínláo cáinéng cǎijí dào.”

——Jiéxuǎn zì Táo Měng yì《Jīnzi》

4.5.3 测试用朗读篇目分析与提示第三部分

作品21号——《捐诚》

我在加拿大学习期间遇到过两次募捐，那情景至今使我难以忘怀。

一天，我在渥太华的街上被两个男孩子拦住去路。他们十来岁，穿得整整齐齐，每人头上戴着个做工精巧、色彩鲜艳的纸帽，上面写着“为帮助患小儿麻痹的伙伴募捐。”其中的一个，不由分说就坐在小凳上给我擦起皮鞋来，另一个则彬彬有礼地发问：“小姐，您是哪国人？喜欢渥太华吗？”“小姐，在你们国家有没有小孩儿患小儿麻痹？谁给他们医疗费？”一连串的问题，使我这个有生以来头一次在众目睽睽之下让别人擦鞋的异乡人，从近乎狼狈的窘态中解脱出来。我们像朋友一样聊起天儿来……

几个月之后，也是在街上。一些十字路口处或车站坐着几位老人。他们满头银发，身穿各种老式军装，上面布满了大大小小形形色色的徽章、奖章，每人手捧一大束鲜花，有水仙、石竹、玫瑰及叫不出名字的，一色雪白。匆匆过往的行人纷纷止步，把钱投进这些老人身旁的白色木箱内，然后向他们微微鞠躬，从他们手中接过一朵花。我看了一会儿，有人投一两元，有人投几百元，还有人掏出支票填好后投进木箱。那些老军人毫不注意人们捐多少钱，一直不//停地向人们低声道谢。同行的朋友告诉我，这是为纪念二次大战中参战的勇士，募捐救济残废军人和烈士遗孀，每年一次；认捐的人可谓踊跃，而且秩序井然，气氛庄严。有些地方，人们还耐心地排着队。我想，这是因为他们都知道：正是这些老人们的流血牺牲换来了包括他们信仰自由在内的许许多多。

我两次把那微不足道的一点儿钱捧给他们，只想对他们说声“谢谢”。

——节选自青白《捐诚》

【提示与解析】

易错字词提示

募捐　渥太华　整整齐齐　小儿麻痹　众目睽睽　窘态　徽章　鞠躬　救济

内容解析与朗读提示

作品以“我”的两次见闻为故事背景，讲述了“我”在异国他乡感受到的真诚。第一次是一群儿童向“我”募捐，他们通过诚实劳动，获得善款，让人不禁佩服起这些孩子；第二次是一群老军人的募捐，没有过多的言语，却满含真诚。这些使“我”感动的小事，都是平淡的生活的一部分，所以在朗读的时候，语气轻和，语调缓和，轻轻讲述即可。在第二段，“我”与孩子们的交涉部分，尽量体悟，进而读出孩子的天真与坦诚，和“我”所体现出来的窘态。另外，注意一些生字的读音。本文注重了主人公的心理描写，可使用感情重音方式使朗读的作品色彩丰富起来，如“我想，这是因为他们都知道：正是这些老人们的流血牺牲换来了包括他们信仰自由在内的许许多多。”此句先升后降调，语速由快到缓慢，注意重音“正是”、“换来了”、“许许多多”，让文章充满生气，有较强的感染力。

【拼音对照】

Wǒ zài jiānádà xué xí qījiān yùdàoguo liǎng cì mùjuān，nà qíngjǐng zhìjīn shǐ wǒ nányǐ-wànghuái.

Yī tiān，wǒ zài Wòtàihuá de jiē · shàng bèi liǎng gè nánháizi lánzhù qùlù. Tāmen shí lái suì，chuān de zhěngzhěng-qíqí，měi rén tóu · shàng dàizhe gè zuògōng jīngqiǎo、sècǎi xiānyàn de zhǐmào，shàng · miàn xiězhe “Wèi bāngzhù huàn xiǎo'ér mábì de huǒbàn mùjuān.” Qízhōng de yī gè，bùyóu-fēnshuō jiù zuò zài xiǎodèng · shàng gěi wǒ cā · qǐ píxié · lái，lìng yī gè zé bīnbīn-yǒulǐ de fāwèn：“Xiǎo · jiě，nín shì nǎ guó rén? Xǐhuan Wòtàihuá ma?” “Xiǎo · jiě，zài nǐmen guójiā yǒu méi · yǒu xiǎoháir huàn xiǎo'ér mábì? Shéi gěi tāmen yīliáofèi?” Yīliánchuàn de wèntí，shǐ wǒ zhège yǒushēng-yǐlái tóu yī cì zài zhòngmù-kuíkuí zhīxià ràng bié · rén cā xié de yìxiāngrén，cóng jìnhū lángbèi de jiǒngtài zhōng jiětuō chū · lái. Wǒmen xiàng péngyou yīyàng liáo · qǐ tiānr · lái……

Jǐ gè yuè zhīhòu，yě shì zài jiē · shàng. Yīxiē shízì lùkǒuchù huò chēzhàn zuòzhe jǐ wèi lǎorén. Tāmen mǎntóu yínfà，shēn chuān gè zhǒng lǎoshì jūnzhuāng，shàng · miàn bùmǎnle dàdà-xiǎoxiǎo xíngxíng-sèsè de huīzhāng、jiǎngzhāng，měi rén shǒu pěng yī dà shù xiānhuā. Yǒu shuǐxiān、shízhú、méi · guī jí jiào · bùchū míngzi de，yīsè xuěbái. Cōngcōng guòwǎng de xíngrén fēnfēn zhǐbù，bǎ qián tóujìn zhèxiē lǎorén shēnpáng de báisè mùxiāng nèi，ránhòu xiàng tāmen wēiwēi jūgōng，cóng tāmen shǒu zhōng jiēguo yī duǒ huā. Wǒ kànle yīhuìr，yǒu rén tóu yī-liǎng yuán，yǒu rén tóu jǐbǎi yuán，hái yǒu rén tāochū zhīpiào tiánhǎo hòu tóujìn mùxiāng. Nàxiē lǎojūnrén háobù zhùyì rénmen juān duō · shǎo qián，yīzhí bù//tíng dì xiàng rénmen dīshēng dàoxiè. Tóngxíng de péngyou gàosu wǒ，zhè shì wèi jìniàn Èr Cì Dàzhàn zhōng cānzhàn de yǒngshì，mùjuān jiùjì cánfèi jūnrén hé lièshì yíshuāng，měinián yī cì；rèn juān de rén kěwèi yǒngyuè，érqiě zhìxù jǐngrán，qì · fēn zhuāngyán. Yǒuxiē dìfāng，rénmen hái nàixīn de páizhe duì. Wǒ xiǎng，zhè shì yīn · wèi tāmen dōu zhī · dào：Zhèng shì zhèxiē lǎorénmen de liúxuè xīshēng huànláile bāokuò tāmen xìnyǎng zìyóu zài nèi de xǔxǔ-duōduō.

Wǒ liǎng cì bǎ nà wēibùzúdào de yīdiǎnr qián pěnggěi tāmen，zhǐ xiǎng duì tāmen shuō shēng “xièxie”.

——Jiéxuǎn zì Qīng Bái《Juān Chéng》

作品 22 号——《可爱的小鸟》

没有一片绿叶，没有一缕炊烟，没有一粒泥土，没有一丝花香，只有水的世界，云的海洋。

一阵台风袭过，一只孤单的小鸟无家可归，落到被卷到洋里的木板上，乘流而下，姗姗而来，近了，近了！……

忽然，小鸟张开翅膀，在人们头顶盘旋了几圈儿，“噗啦”一声落到了船上。许是累了？还是发现了“新大陆”？水手撵它它不走，抓它，它乖乖地落在掌心。可爱的小鸟和善良的水手结成了朋友。

瞧，它多美丽，娇巧的小嘴，啄理着绿色的羽毛，鸭子样的扁脚，呈现出春草的鹅黄。水手们把它带到舱里，给它“搭铺”，让它在船上安家落户，每天，把分到的一塑料筒淡水匀给它喝，把从祖国带来的鲜美的鱼肉分给它吃，天长日久，小鸟和水手的感情日趋笃厚。清晨，当第一束阳光射进舷窗时，它便敞开美丽的歌喉，唱啊唱，嘤嘤有韵，宛如春水淙淙。人类给它以生命，它毫不悭吝地把自己的艺术青春奉献给了哺育它的人。可能都是这样？艺术家们的青春只会献给尊敬他们的人。

小鸟给远航生活蒙上了一层浪漫色调。返航时，人们爱不释手，恋恋不舍地想把它带到异乡。可小鸟憔悴了，给水，不喝！喂肉，不吃！油亮的羽毛失去了光泽。

是啊，我//们有自己的祖国，小鸟也有它的归宿，人和动物都是一样啊，哪儿也不如故乡好！

慈爱的水手们决定放开它，让它回到大海的摇篮去，回到蓝色的故乡去。离别前，这个大自然的朋友与水手们留影纪念。它站在许多人的头上，肩上，掌上，胳膊上，与喂养过它的人们，一起融进那蓝色的画面……

——节选自王文杰《可爱的小鸟》

【提示与解析】

易错字词提示

一缕炊烟　姗姗　乘流而下　噗啦　撵　啄理　塑料　日趋笃厚　一束　舷窗　嘤嘤　淙淙　悭吝　哺育

内容解析与朗读提示

作品写海员在航行途中偶遇一只小鸟，培养出浓厚的感情，待返航的时候却不得不分离的故事。同时也写出了小鸟和人，都有着眷恋故乡的感情，文章结尾将这种情愫升华，点名宗旨：“人和动物都是一样啊，哪儿也不如故乡好”。第一段连续几个并列的分句，朗读时应在数量词处加以重读，以表现环境的特殊性。第三段小鸟出现，在朗读时应轻快明了，表现出水手们见到“新朋友”时的喜悦。最后一段感情上升，朗读时注意情绪的控制，可通过重音控制来表现内心节奏强烈，情绪激动的情况。另外，注意语速语调，如“清晨，当第一束阳光射进舷窗时，它便敞开美丽的歌喉，唱啊唱，嘤嘤有韵，宛如春水淙淙。”此句语速渐快，升调。

【拼音对照】

Méi • yǒu yī piàn lǜyè，méi • yǒu yī lǚ chuīyān，méi • yǒu yī lì nítǔ，méi • yǒu yī sī huāxiāng，zhǐyǒu shuǐ de shìjiè，yún de hǎiyáng.

Yī zhèn táifēng xíguò，yī zhī gūdān de xiǎoniǎo wújiā-kěguī，luòdào bèi juǎndào yáng • lǐ de mùbǎn • shàng，chéng liú ér xià，shānshān ér lái，jìn le，jìn le！……

Hūrán，xiǎoniǎo zhāngkāi chìbǎng，zài rénmen tóudǐng pánxuánle jǐ quānr，"pūlā" yī shēng luòdàole chuán • shàng. Xǔ shì lèi le？Háishì fāxiànle "xīn dàlù"？Shuǐshǒu niǎn tā tā bù zǒu，zhuā tā，tā guāiguāi de luò zài zhǎngxīn. Kě'ài de xiǎo niǎo hé shànliáng de shuǐshǒu jiéchéngle péngyou.

Qiáo，tā duō měilì，jiāoqiǎo de xiǎozuǐ，zhuólǐzhe lǜsè de yǔmáo，yāzi yàng de biǎnjiǎo，chéngxiàn chū chūncǎo de é huáng. Shuǐshǒumen bǎ tā dàidào cāng • lǐ，gěi tā "dā pù"，ràng tā zài chuán • shàng ānjiā-luòhù，měi tiān，bǎ fēndào de yī sùliàotǒng dànshuǐ yúngěi tā hē，bǎ cóng zǔguó dài • lái de xiānměi de yúròu fēngěi tā chī，tiāncháng-rìjiǔ，xiǎoniǎo hé shuǐshǒu de gǎnqíng rìqū dǔhòu. Qīngchén，dāng dì-yī shù yángguāng shèjìn xiánchuāng shí，tā biàn chǎngkāi měilì de gēhóu，chàng a chàng，yīngyīng-yǒuyùn，wǎnrú chūnshuǐ cóngcóng. Rénlèi gěi tā yǐ shēngmìng，tā háobù qiānlìn de bǎ zìjǐ de yìshù qīngchūn fèngxiàn gěile bǔyù tā de rén. Kěnéng dōu shì zhèyàng？Yìshùjiāmen de qīngchūn zhǐ huì xiàngěi zūnjìng tāmen derén.

Xiǎoniǎo gěi yuǎnháng shēnghuó méng • shàngle yī céng làngmàn sèdiào，Fǎnháng shí，rénmen àibùshìshǒu，liànliàn-bùshě de xiǎng bǎ tā dàidào yìxiāng. Kě xiǎoniǎo qiáocuì le，gěi shuǐ，bù hē！Wèi ròu，bù chī！Yóuliàng de yǔmáo shīqùle guāngzé.

Shì a，wǒ//men yǒu zìjǐ de zǔguó，xiǎoniǎo yě yǒu tā de guīsù，rén hé dòngwù dōu shì yīyàng a，nǎr yě bùrú gùxiāng hǎo！

Cí'ài de shuǐshǒumen juédìng fàngkāi tā，ràng tā huídào dàhǎi de yáolán • qù，huídào lánsè de gùxiāng • qù. Líbié qián，zhège dàzìrán de péngyou yǔ shuǐshǒumen liúyǐng jìniàn. Tā zhàn zài xǔduō rén de tóu • shàng，jiān • shàng，zhǎng • shàng，gēbo • shàng，yǔ wèiyǎngguo tā de rénmen，yīqǐ róngjìn nà lánsè de huàmiàn……

——Jiéxuǎn zì Wáng Wénjié《Kě'ài de Xiǎoniǎo》

作品 23 号——《课不能停》

纽约的冬天常有大风雪，扑面的雪花不但令人难以睁开眼睛，甚至呼吸都会吸入冰冷的雪花。有时前一天晚上还是一片晴朗，第二天拉开窗帘，却已经积雪盈尺，连门都推不开了。

遇到这样的情况，公司、商店常会停止上班，学校也通过广播，宣布停课。

但令人不解的是，唯有公立小学，仍然开放。只见黄色的校车，艰难地在路边接孩子，老师则一大早就口中喷着热气，铲去车子前后的积雪，小心翼翼地开车去学校。

据统计，十年来纽约的公立小学只因为超级暴风雪停过七次课。这是多么令人惊讶的事。犯得着在大人都无须上班的时候让孩子去学校吗？小学的老师也太倒霉了吧？

于是，每逢大雪而小学不停课时，都有家长打电话去骂。妙的是，每个打电话的人，反应全一样——先是怒气冲冲地责问，然后满口道歉，最后笑容满面地挂上电话。原因是，学校告诉家长：在纽约有许多百万富翁，但也有不少贫困的家庭。后者白天开不起暖气，供不起午餐，孩子的营养全靠学校里免费的中饭，甚至可以多拿些回家当晚餐。学校停课一天，穷孩子就受一天冻，挨一天饿，所以老师们宁愿自己苦一点儿，也不能停课。//

或许有家长会说：何不让富裕的孩子在家里，让贫穷的孩子去学校享受暖气和营养午餐呢？

学校的答复是：我们不愿意让那些穷苦的孩子感到他们是在接受救济，因为施舍的最高原则是保持受施者的尊严。

——节选自（台湾）刘墉《课不能停》

【提示与解析】

易错字词提示

扑面　眼睛　盈尺　仍然　喷　富翁　供不起　挨一天饿　宁愿　救济

内容解析与朗读提示

作品先是通过对大风雪中依然上课的小学生与其他放假的人相比，表示不可理解。文章设置了诸多悬念，最终给出温暖解答，因为“学校停课一天，穷孩子就受一天冻，挨一天饿”。文章整体上，句子简单而生活化，读之轻松愉悦。对于这类文章的朗读，应注意情感感受的作用，朗读时要抓住作品的感情线索，确定朗读时的感情基调，还要引起听众的感情共鸣。另外，朗读时应注意重音和变调。如“连门都推不开了”一句，“门”要重读，“学校也通过广播，宣布停课”一句，“学校”应当重读，来凸显小学继续上课的“不合理性”，朗读时加以注意区分。

【拼音对照】

Niǔyuē de dōngtiān cháng yǒu dà fēngxuě，pūmiàn de xuěhuā bùdàn lìng rén nányǐ zhēngkāi yǎnjing，shènzhì hūxī dōu huì xīrù bīnglěng de xuěhuā. Yǒushí qián yī tiān wǎnshang háishì yī piàn qínglǎng，dì-èr tiān lākāi chuānglián，què yǐ • jīng jīxuě yíng chǐ，lián mén dōu tuī • bùkāi le.

Yùdào zhèyàng de qíngkuàng，gōngsī、shāngdiàn cháng huì tíngzhǐ shàngbān，xuéxiào yě tōngguò guǎngbō xuān bù tíng kè.

Dàn lìng rén bùjiě de shì，wéi yǒu gōnglì xiǎoxué，réngrán kāifàng. Zhǐ jiàn huángsè de xiàochē，jiānnán de zài lùbiān jiē háizi，lǎoshī zé yīdàzǎo jiù kǒuzhōng pēnzhe rèqì，chǎnqù chēzi qiánhòu de jīxuě，xiǎoxīn-yìyì de kāichē qù xuéxiào.

Jù tǒngjì，shí nián lái Niǔyuē de gōnglì xiǎoxué zhī yīn • wèi chāojí bàofēngxuě tíngguo qī cì kè. Zhè shì duōme lìng rén jīngyà de shì. Fàndezháo zài dà • rén dōu wúxū shàngbān de shíhou ràng háizi qù xuéxiào ma? Xiǎoxué de lǎoshī yě tài dǎoméile ba?

Yúshì，měiféng dàxuě ér xiǎoxué bù tíngkè shí，dōu yǒu jiāzhǎng dǎ diànhuà qù mà. Miào de shì，měi gè dǎ diànhuà de rén，fǎnyìng quán yī yàng——xiān shì nùqìchōngchōng de zéwèn，ránhòu mǎnkǒu dàoqiàn，zuìhòu xiàoróng mǎnmiàn de guà • shàng diàn huà. Yuányīn shì，xuéxiào gàosu jiāzhǎng：Zài Niǔyuē yǒu xǔduō bǎiwàn fùwēng，dàn yě yǒu bùshǎo pínkùn de jiātíng. Hòuzhě bái • tiān kāi • bùqǐ nuǎnqì，gōng • bùqǐ wǔcān，háizi de yíngyǎng quán kào xuéxiào • lǐ miǎnfèi de zhōngfàn shènzhì kěyǐ duō ná xiē huíjiā dàng wǎncān. Xuéxiào tíng kè yī tiān，qióng háizi jiù shòu yī tiān dòng，ái yī tiān è，suǒyǐ lǎoshīmen nìngyuàn zìjǐ kǔ yīdiǎnr，yě bù néng tíng//kè.

Huòxǔ yǒu jiāzhǎng huì shuō：Hé bù ràng fùyù de háizi zài jiā • lǐ，ràng pínqióng de háizi qù xuéxiào xiǎngshòu nuǎnqì hé yíngyǎng wǔcān ne?

Xuéxiào de dá • fù shì：Wǒmen bùyuàn ràng nàxiē qióngkǔ de háizi gǎndào tāmen shì zài jiēshòu jiùjì，yīn • wèi shīshě de zuìgāo yuánzé shì bǎochí shòushīzhě de zūnyán.

——Jiéxuǎn zì（Táiwān）Liú Yōng《Kè Bùnéng Tíng》

作品24号——《莲花和樱花》

十年，在历史上不过是一瞬间。只要稍加注意，人们就会发现：在这一瞬间里，各种事物都悄悄经历了自己的千变万化。

这次重新访日，我处处感到亲切和熟悉，也在许多方面发觉了日本的变化。就拿奈良的一个角落来说吧，我重游了为之感受很深的唐招提寺，在寺内各处匆匆走了一遍，庭院依旧，但意想不到还看到了一些新的东西。其中之一，就是近几年从中国移植来的“友谊之莲”。

在存放鉴真遗像的那个院子里，几株中国莲昂然挺立，翠绿的宽大荷叶正迎风而舞，显得十分愉快。开花的季节已过，荷花朵朵已变为莲蓬累累。莲子的颜色正在由青转紫，看来已经成熟了。

我禁不住想：“因”已转化为“果”。

中国的莲花开在日本，日本的樱花开在中国，这不是偶然。我希望这样一种盛况延续不衰。可能有人不欣赏花，但决不会有人欣赏落在自己面前的炮弹。

在这些日子里，我看到了不少多年不见的老朋友，又结识了一些新朋友。大家喜欢涉及的话题之一，就是古长安和古奈良。那还用得着问吗，朋友们缅怀过去，正是瞩望未来。瞩目于未来的人们必将获得未来。

我不例外，也希望一个美好的未来。

为//了中日人民之间的友谊，我将不浪费今后生命的每一瞬间。

——节选自严文井《莲花和樱花》

【提示与解析】

易错字词提示

瞬间　悄悄　熟悉　奈良　友谊　昂然　莲蓬累累　涉及　缅怀　瞩望

内容解析与朗读提示

作品通过写我重访日本，见到移植日本的中国莲，而生发的对中日友谊的无限期许。通篇文字清新自然，有富于哲理。对于这类文字的朗读，应节奏语势沉缓，多抑少扬，多重少轻，音强而着力，注意词语密度疏，表现庄重、肃穆的气氛和对未来美好期望的情感，如“开花的季节已过，荷花朵朵已变为莲蓬累累。莲子的颜色正在由青转紫，看来已经成熟了。”这句话承上启下，朗读时语调平缓，降调，注意重音“莲蓬累累”“成熟”。

【拼音对照】

Shí nián，zài lìshǐ · shàng bùguò shì yī shùnjiān. Zhǐyào shāo jiā zhùyì，rénmen jiù huì fāxiàn：Zài zhè yī shùnjiān · lǐ，gè zhǒng shìwù dōu qiāoqiāo jīnglìle zìjǐ de qiānbiàn-wànhuà.

Zhè cì chóngxīn fǎng Rì，wǒ chùchù gǎndào qīnqiè hé shú · xī，yě zài xǔduō fāngmiàn fājuéle Rìběn de biànhuà. Jiù ná Nàiliáng de yī gè jiǎoluò lái shuō ba，wǒ chóngyóule wèi zhī gǎnshòu hěn shēn de Táng Zhāotísì，zài sìnèi gè chù cōngcōng zǒule yī biàn，tíngyuàn yījiù，dàn yìxiǎngbùdào hái kàndàole yīxiē xīn de dōngxi. Qízhōng zhīyī，jiùshì jìn jǐ nián cóng Zhōngguó yízhí lái de “yǒuyì zhī lián” .

Zài cúnfàng Jiànzhēn yíxiàng de nàge yuànzi · lǐ，jǐ zhū Zhōngguó lián ángrán tǐnglì，cuìlǜ de kuāndà héyè zhèng yíng fēng ér wǔ，xiǎn · dé shífēn yúkuài. Kāihuā de jìjié yǐ guò，héhuā duǒduǒ yǐ biàn wéi liánpeng léiléi. Liánzǐ de yánsè zhèngzài yóu qīng zhuǎn zǐ，kàn · lái yǐ · jīng chéngshú le.

Wǒ jīn · bùzhù xiǎng：“Yīn” yǐ zhuǎnhuà wéi “guǒ” .

Zhōngguó de liánhuā kāi zài Rìběn，Rìběn de yīnghuā kāi zài Zhōngguó，zhè bù shì ǒurán. Wǒ xīwàng zhèyàng yī zhǒng shèngkuàng yánxù bù shuāi. Kěnéng yǒu rén bù xīnshǎng huā，dàn jué bùhuì yǒu rén xīnshǎng luò zài zìjǐ miànqián de pàodàn.

Zài zhèxiē rìzi · lǐ，wǒ kàndàole bùshǎo duō nián bù jiàn de lǎopéngyou，yòu jiéshíle yīxiē xīn péngyou. Dàjiā xǐhuān shèjí de huàtí zhīyī，jiùshì gǔ Cháng'ān hé gǔ Nàiliáng. Nà hái yòngdezháo wèn ma，péngyoumen miǎnhuái guòqù，zhèngshì zhǔ wàng wèilái. Zhǔmù yú wèilái de rénmen bìjiāng huòdé wèilái.

Wǒ bù lìwài，yě xīwàng yī gè měihǎo de wèilái.

Wèi//le Zhōng-Rì rénmín zhījiān de yǒuyì，wǒ jiāng bù làngfèi jīnhòu shēngmìng de měi yī shùnjiān.

——Jiéxuǎn zì Yán Wénjǐng《Liánhuā hé Yīnghuā》

作品 25 号——《绿》

梅雨潭闪闪的绿色招引着我们，我们开始追捉她那离合的神光了。揪着草，攀着乱石，小心探身下去，又鞠躬过了一个石穹门，便到了汪汪一碧的潭边了。

瀑布在襟袖之间，但是我的心中已没有瀑布了。我的心随潭水的绿而摇荡。那醉人的绿呀！仿佛一张极大极大的荷叶铺着，满是奇异的绿呀。我想张开两臂抱住她，但这是怎样一个妄想啊。

站在水边，望到那面，居然觉着有些远呢！这平铺着、厚积着的绿，着实可爱。她松松地皱缬着，像少妇拖着的裙幅；她滑滑的明亮着，像涂了“明油”一般，有鸡蛋清那样软，那样嫩；她又不杂些尘滓，宛然一块温润的碧玉，只清清的一色——但你却看不透她！

我曾见过北京什刹海拂地的绿杨，脱不了鹅黄的底子，似乎太淡了。我又曾见过杭州虎跑寺近旁高峻而深密的“绿壁”，丛叠着无穷的碧草与绿叶的，那又似乎太浓了。其余呢，西湖的波太明了，秦淮河的也太暗了。可爱的，我将什么来比拟你呢？我怎么比拟得出呢？大约潭是很深的，故能蕴蓄着这样奇异的绿；仿佛蔚蓝的天融了一块在里面似的，这才这般的鲜润啊。

那醉人的绿呀！我若能裁你以为带，我将赠给那轻盈的//舞女，她必能临风飘举了。我若能挹你以为眼，我将赠给那善歌的盲妹，她必明眸善睐了。我舍不得你，我怎舍得你呢？我用手拍着你，抚摩着你，如同一个十二三岁的小姑娘。我又掬你入口，便是吻着她了。我送你一个名字，我从此叫你“女儿绿”，好吗？

第二次到仙岩的时候，我不禁惊诧于梅雨谭的绿了。

——节选自朱自清《绿》

【提示与解析】

易错字词提示

追捉 石穹门 襟袖 居然 妄想 着实 皱缬 裙幅 尘滓 什刹海 比拟 蕴蓄 挹 明眸善睐 掬

内容解析与朗读提示

作品抒发了作者对一潭碧波的无限热爱之情，通过比喻、通感、对比等手法，深深刻画出作者对这一潭碧波的特殊的爱。将这绿色融入了心间，品读作品，与作者之感受，似乎只可意会。这类文章朗读起来重点在于停连的运用，控制好朗读语流中声音的暂时休止和接续。是作品内容、情感表达的需要，在适当的地方利用停连，造成声音的暂时间歇和延读，帮助听者更好地理解和感受作品的思想内容。朗读中注意语气词语的发音变化，如“啊”、“呢”、“吗”等都在作品的多处出现。另外，如第四段中列举了什刹海、虎跑寺、西湖、秦淮河等地的绿，却都只是为了抑彼扬此，因而在朗读时，前面几处例子轻轻带过，语调清淡、平实即可，从“可爱的，……”一句后，情绪渐入激昂，声调上升。

【拼音对照】

Méiyǔtán shǎnshǎn de lǜsè zhāoyǐnzhe wǒmen，wǒmen kāishǐ zhuīzhuō tā nà líhé de shénguāng le. Jiūzhe cǎo，pānzhe luàn shí，xiǎo • xīn tànshēn xià • qù，yòu jūgōng guòle yī gè shíqióngmén，biàn dàole wāngwāng yī bì de tán biān le.

Pùbù zài jīnxiù zhījiān，dànshì wǒ de xīnzhōng yǐ méi • yǒu pùbù le. Wǒ de xīn suí tánshuǐ de lǜ ér yáodàng. Nà zuìrén de lǜ ya！ Fǎngfú yī zhāng jí dà jí dà de héyè pūzhe，mǎnshì qíyì de lǜ ya. Wǒ xiǎng zhāngkāi liǎngbì bàozhù tā，dàn zhè shì zěnyàng yī gè wàngxiǎng a.

Zhàn zài shuǐbiān，wàngdào nà • miàn，jūrán juézhe yǒu xiē yuǎn ne! Zhè píngpūzhe、hòujīzhe de lǜ，zhuóshí kě'ài. Tā sōngsōng de zhòuxiézhe，xiàng shàofù tuōzhe de qúnfú；tā huáhuá de míngliàngzhe，xiàng túle "míngyóu" yībān，yǒu jīdànqīng nàyàng ruǎn，nàyàng nèn；tā yòu bù zá xiē chénzǐ，wǎnrán yī kuài wēnrùn de bìyù，zhǐ qīngqīng de yī sè——dàn nǐ què kàn • bù tòu tā!

Wǒ céng jiànguo Běijīng Shíchàhǎi fúdì de lǜyáng，tuō • bùliǎo éhuáng de dǐzi，sìhū tài dàn le. Wǒ yòu céng jiànguo Háng zhōu Hǔpáosì jìnpáng gāojùn ér shēnmì de "lǜbì"，cóngdiézhe wúqióng de bìcǎo yǔ lǜyè de，nà yòu sìhū tài nóng le. Qíyú ne，Xīhú de bō tài míng le，Qínhuái Hé de yě tài àn le. Kě'ài de，wǒ jiāng shénme lái bǐnǐ nǐ ne? Wǒ zěnme bǐnǐ de chū ne? Dàyuē tán shì hěn shēn de，gù néng yùnxùzhe zhèyàng qíyì de lǜ；fǎngfú wèilán de tiān róngle yī kuài zài lǐ • miàn shìde，zhè cái zhèbān de xiānrùn a.

Nà zuìrén de lǜ ya! Wǒ ruò néng cái nǐ yǐ wéi dài，wǒ jiāng zènggěi nà qīngyíng de// wǔnǚ，tā bìnéng línfēng piāojǔ le. Wǒ ruò néng yì nǐ yǐ wéi yǎn，wǒ jiāng zènggěi nà shàn gē de mángmèi，tā bì míngmóu-shànlài le. Wǒ shě • bù • dé nǐ，wǒ zěn shě • dé nǐ ne? Wǒ yòng shǒu pāizhe nǐ，fǔmózhe nǐ，rútóng yī gè shí'èr-sān suì de xiǎogūniang. Wǒ yòu jū nǐrùkǒu，biànshì wěnzhe tā le. Wǒ sòng nǐ yī gè míngzi，wǒcóngcǐ jiào nǐ "nǚ'erlǜ"，hǎo ma?

Dì-èr cì dào Xiānyán de shíhou，wǒ bùjīn jīngchà yú Méiyǔtán de lǜ le.

——Jiéxuǎn zì Zhū Zìqīng《Lǜ》

作品 26 号——《落花生》

我们家的后园有半亩空地，母亲说："让它荒着怪可惜的，你们那么爱吃花生，就开辟出来种花生吧。"我们姐弟几个都很高兴，买种，翻地，播种，浇水，没过几个月，居然收获了。

母亲说："今晚我们过一个收获节，请你们父亲也来尝尝我们的新花生，好不好?"我们都说好。母亲把花生做成了好几样食品，还吩咐就在后园的茅亭里过这个节。

晚上天色不太好，可是父亲也来了，实在很难得。

父亲说："你们爱吃花生吗?"

我们争着答应："爱!"

"谁能把花生的好处说出来?"

姐姐说："花生的味儿美。"

哥哥说："花生可以榨油。"

我说："花生的价钱便宜，谁都可以买来吃，都喜欢吃，这就是它的好处。"

父亲说："花生的好处很多，有一样最可贵：它的果实埋在地里，不像桃子、石榴、苹果那样，把鲜红嫩绿的果实高高地挂在枝头上，使人一见就生爱慕之心。你们看它矮矮地长在地上，等到成熟了，也不能立刻分辨出来它有没有果实，必须挖出来才知道。”

我们都说是，母亲也点点头。

父亲接下去说：“所以你们要像花生，它虽然不好看，可是很有用，不是外表好看而没有实用的东西。”

我说：“那么，人要做有用的人，不要做只讲体面，而对别人没有好处的人了。”//

父亲说：“对。这是我对你们的希望。”

我们谈到夜深才散。花生做的食品都吃完了，父亲的话却深深地印在我的心上。

——节选自许地山《落花生》

【提示与解析】

易错字词提示

空地　买种　播种　居然　尝尝　答应　好处　成熟　东西

内容解析与朗读提示

这篇文章通过一家人过“收获节”，席间就花生而产生的对话，表达了父亲的期许，“所以你们要像花生，它虽然不好看，可是很有用”这样的人生道理。文章质朴无华，几处对话，体现了明显的人物性格。文中大量地运用对话的形式，朗读时注意分析人物性格，对话部分朗读语调、情绪，要符合说话人身份。运用好人物语势，使得朗读时声音升降平曲、高低起伏具有变化。注意部分词语的辨音，如“买种”和“播种”。

【拼音对照】

Wǒmen jiā de hòuyuán yǒu bàn mǔ kòngdì，mǔ • qīn shuō：“Ràng tā huāngzhe guài kěxī de，nǐmen nàme ài chī huāshēng，jiù kāipì chū • lái zhòng huāshēng bā.” Wǒmen jiě-dì jǐ gè dōu hěn gāoxìng，mǎizhǒng，fāndì，bōzhǒng，jiāoshuǐ，méi guò jǐ gè yuè，jū rán shōuhuò le.

Mǔ • qīn shuō：“Jīnwǎn wǒmen guò yī gè shōuhuòjié，qǐng nǐmen fù • qīn yě lái chángchang wǒmen de xīn huāshēng，hǎo • bù hǎo?” Wǒmen dōu shuō hǎo. Mǔ • qīn bǎ huāshēng zuòchéngle hǎo jǐ yàng shípǐn，hái fēnfù jiù zài hòuyuán de máotíng • lǐ guò zhège jié.

Wǎnshang tiānsè bù tài hǎo，kěshì fù • qīn yě lái le，shízài hěn nándé.

Fù • qīn shuō：“Nǐmen ài chī huāshēng ma?”

Wǒmen zhēngzhe dāying：“Ài!”

“Shéi néng bǎ huāshēng de hǎo • chù shuō chū • lái?”

Jiějie shuō：“Huāshēng de wèir měi.”

Gēge shuō：“Huāshēng kěyǐ zhàyóu.”

Wǒ shuō：“Huāshēng de jià • qián piányi，shéi dōu kěyǐ mǎi • lái chī，dōu xǐhuan chī. Zhè jiùshì tā de hǎo • chù.”

Fù · qīn shuō："Huāshēng de hǎo · chù hěn duō，yǒu yī yàng zuì kěguì：Tā de guǒshí mái zài dì · lǐ，bù xiàng táozi、shíliu、píngguǒ nàyàng，bǎ xiānhóng nènlǜ de guǒshí gāogāo de guà zài zhītóu · shàng ，shǐ rén yī jiàn jiù shēng àimù zhī xīn. Nǐmen kàn tā ǎi'ǎi de zhǎng zài dì · shàng，děngdào chéngshú le，yě bùnéng lìkè fēnbiàn chū · lái tā yǒu méi · yǒu guǒshí，bìxū wā chū · lái cái zhī · dào."

Wǒmen dōu shuō shì，mǔ · qīn yě diǎndiǎn tóu.

Fù · qīn jiē xià · qù shuō："Suǒyǐ nǐmen yào xiàng huāshēng，tā suīrán bù hǎokàn，kěshì hěn yǒuyòng，bù shì wàibiǎo hǎo kàn ér méi · yǒu shíyòng de dōngxi."

Wǒ shuō："Nàme，rén yào zuò yǒuyòng de rén，bùyào zuò zhǐ jiǎng tǐ · miàn，ér duì bié · rén méi · yǒu hǎo · chù de rén le." //

Fù · qīn shuō："Duì. Zhè shì wǒ duì nǐmen de xīwàng."

Wǒmen tándào yè shēn cái sàn. Huāshēng zuò de shípín dōu chīwán le，fù · qīn de huà què shēnshēn de yìn zài wǒ de xīn · shàng.

——Jiéxuǎn zì Xǔ Dìshān《Luòhuāshēng》

作品 27 号——《麻雀》

我打猎归来，沿着花园的林荫路走着。狗跑在我前边。

突然，狗放慢脚步，蹑足潜行，好像嗅到了前边有什么野物。

我顺着林荫路望去，看见了一只嘴边还带黄色、头上生着柔毛的小麻雀。风猛烈地吹打着林荫路上的白桦树，麻雀从巢里跌落下来，呆呆地伏在地上，孤立无援地张开两只羽毛还未丰满的小翅膀。

我的狗慢慢向它靠近。忽然，从附近一棵树上飞下一只黑胸脯的老麻雀，像一颗石子似的落到狗的跟前。老麻雀全身倒竖着羽毛，惊恐万状，发出绝望、凄惨的叫声，接着向露出牙齿、大张着的狗嘴扑去。

老麻雀是猛扑下来救护幼雀的。它用身体掩护着自己的幼儿……但它整个小小的身体因恐怖而战栗着，它小小的声音也变得粗暴嘶哑，它在牺牲自己！

在它看来，狗该是多么庞大的怪物啊！然而，它还是不能站在自己高高的、安全的树枝上……一种比它的理智更强烈的力量，使它从那儿扑下身来。

我的狗站住了，向后退了退……看来，它也感到了这种力量。

我赶紧唤住惊慌失措的狗，然后我怀着崇敬的心情，走开了。

是啊，请不要见笑。我崇敬那只小小的、英勇的鸟儿，我崇敬它那种爱的冲动和力量。

爱，我想，比//死和死的恐惧更强大。只有依靠它，依靠这种爱，生命才能维持下去，发展下去。

——节选自［俄］屠格涅夫《麻雀》，巴金译

【提示与解析】

易错字词提示

蹑足潜行　白桦树　孤立无援　凄惨　掩护　崇敬

内容解析与朗读提示

作品通过“我”归来途中遇到的一件“麻雀救子”的故事，来生发出对爱的思考。小小的鸟儿为了保护自己的孩子，即使在面对的是强大的危险时，也奋不顾身，不惜牺牲自己，也要保全自己的幼崽，作者认为这是“爱的冲动和力量”。文章体现出的是一种对于生命之伟大的崇敬与尊重，在朗读时也应感悟作者的这种情怀，并将其体现出来。可通过节律的技巧，由音素之外的其他因素，如声音的高低、轻重、长短、快慢、间歇和音色等来体现文章由慢而快的情节发展过程。在朗读中，把握好停连、速度、语调等方面。如文中“突然”“忽然”“然而”等词，凸显了对事态发展的关注，朗读时应重读予以表现。另外，在描述麻雀与狗对峙时的状态时，作者连用了几个形容性词语，如“倒竖着羽毛，惊恐万状，发出绝望、凄惨的叫声”，这种文字朗读时应节奏语速较快，多扬少抑，声音强劲而有力，用来表现紧张急迫的情形和抒发激越的情怀。另外，注意“啊”字变音，如“在它看来，狗该是多么庞大的怪物啊!”，此句“啊”读成“哇”。

【拼音对照】

Wǒ dǎliè guīlái，yánzhe huāyuán de línyīnlù zǒuzhe. Gǒu pǎo zài wǒ qián • biān.

Tūrán，gǒu fàngmàn jiǎobù，nièzú-qiánxíng，hǎoxiàng xiùdàole qián • biān yǒu shénme yěwù.

Wǒ shùnzhe línyīnlù wàng • qù，kàn • jiànle yī zhī zuǐ biān hái dài huángsè、tóu • shàng shēngzhe róumáo de xiǎo máquè. Fēng měngliè de chuīdǎzhe línyīnlù • shàng de báihuàshù，máquè cóng cháo • lǐ diēluò xià • lái，dāidāi de fú zài dì • shàng，gūlì wúyuán de zhāngkāi liǎng zhī yǔmáo hái wèi fēngmǎn de xiǎo chìbǎng.

Wǒ de gǒu mànmàn xiàng tā kàojìn. Hūrán，cóng fùjìn yī kē shù • shàng fēi • xià yī zhī hēi xiōngpú de lǎo máquè，xiàng yī kē shízǐ shìde luòdào gǒu de gēn • qián. Lǎo máquè quánshēn dàoshùzhe yǔmáo，jīngkǒng-wànzhuàng，fāchū juéwàng、qīcǎn de jiàoshēng，jiēzhe xiàng lòuchū yáchǐ、dà zhāngzhe de gǒuzuǐ pū • qù.

Lǎo máquè shì měng pū xià • lái jiùhù yòuquè de. Tā yòng shēntǐ yǎnhùzhe zìji de yòu'ér……Dàn tā zhěnggè xiǎoxiǎo de shēntǐ yīn kǒngbù ér zhànlìzhe，tā xiǎoxiǎo de shēngyīn yě biànde cūbào sīyǎ，tā zài xīshēng zìjǐ!

Zài tā kànlái，gǒu gāi shì gè duōme pángdà de guàiwu a! Rán'ér，tā háishì bùnéng zhàn zài zìjǐ gāogāo de、ānquán de shùzhī • shàng……Yī zhǒng bǐ tā de lǐzhì gèng qiángliè de lì • liàng，shǐ tā cóng nàr pū • xià shēn • lái.

Wǒ de gǒu zhànzhù le，xiàng hòu tuìle tuì……Kànlái，tā yě gǎndàole zhè zhǒng lì • liàng.

Wǒ gǎnjǐn huànzhù jīnghuāng-shīcuò de gǒu，ránhòu wǒ huáizhe chóngjìng de xīnqíng，zǒukāi le.

Shì a，qǐng bùyào jiànxiào. Wǒ chóngjìng nà zhī xiǎoxiǎo de、yīngyǒng de niǎo'•ér，wǒ chóngjìng tā nà zhǒng ài de chōng dòng hé lì•liàng.

Ài，wǒ//xiǎng，bǐ sǐ hé sǐ de kǒngjù gèng qiángdà. Zhǐyǒu yīkào tā，yīkào zhè zhǒng ài，shēngmìng cái néng wéichí xià•qù，fāzhǎn xià•q-ù.

——Jié xuǎn zì［É］Túgénièfū《Máquè》，BāJīn yì

作品 28 号——《迷途笛音》

那年我六岁。离我家仅一箭之遥的小山坡旁，有一个早已被废弃的采石场，双亲从来不准我去那儿，其实那儿风景十分迷人。

一个夏季的下午，我随着一群小伙伴偷偷上那儿去了。就在我们穿越了一条孤寂的小路后，他们却把我一个人留在原地，然后奔向“更危险的地带”了。

等他们走后，我惊慌失措地发现，再也找不到要回家的那条孤寂的小道了。像只无头的苍蝇，我到处乱钻，衣裤上挂满了芒刺。太阳已经落山，而此时此刻，家里一定开始吃晚餐了，双亲正盼着我回家……想着想着，我不由得背靠着一棵树，伤心地呜呜大哭起来……

突然，不远处传来了声声柳笛。我像找到了救星，急忙循声走去。一条小道边的树桩上坐着一位吹笛人，手里还正削着什么。走近细看，他不就是被大家称为“乡巴佬儿”的卡廷吗？

“你好，小家伙儿，”卡廷说，“看天气多美，你是出来散步的吧？”

我怯生生地点点头，答道：“我要回家了。”

“请耐心等上几分钟，”卡廷说，“瞧，我正在削一支柳笛，差不多就要做好了，完工后就送给你吧！”

卡廷边削边不时把尚未成形的柳笛放在嘴里试吹一下。没过多久，一支柳笛便递到我手中。我俩在一阵阵清脆悦耳的笛音//中，踏上了归途……

当时，我心中只充满感激，而今天，当我自己也成了祖父时，却突然领悟到他用心之良苦！那天当他听到我的哭声时，便判定我一定迷了路，但他并不想在孩子面前扮演“救星”的角色，于是吹响柳笛以便让我发现他，并跟着他走出困境！就这样，卡廷先生以乡下人的纯朴，保护了一个小男孩儿强烈的自尊。

——节选自唐若水译《迷途笛音》

【提示与解析】

易错字词提示

废弃　惊慌失措　钻　此时此刻　循声　卡廷　怯生生

内容解析与朗读提示

作品通过“我”的一次迷路并路遇救星的经历，讲述了一个老人是如何保护了一个孩子的自尊的故事。故事发展起初，平和无奇，到了“我”迷路之时，有了矛盾起伏，再到路遇救星，出现转机时，文章情绪转入温情。所以在朗读时，应该把这种情绪的变化表现出来。节律控制应由紧张至舒缓来体现主人公的心理变化历程。在朗读中，把握好停连、速度、语调等方面。可以按照情节发展顺序，先是稍稍平缓的语速和语调，第三段语速稍缓并注意重音的朗读，如“伤心地呜呜大哭起来”，“伤心地”重读，并在后边有所停顿。遇到卡廷出现转机的时候，应语调稍稍升高，表现出一种高兴的情绪。另外，还要揣摩其中对话角色的语气，要适当符合说话人身份。

【拼音对照】

Nànián wǒ liù suì. Lí wǒ jiā jìn yī jiàn zhī yáo de xiǎo shānpō páng，yǒu yī gè zǎo yǐ bèi fèiqì de cǎishíchǎng，shuāngqīn cónglái bùzhǔn wǒ qù nàr，qíshí nàr fēngjǐng shífēn mírén.

Yī gè xiàjì de xiàwǔ，wǒ suízhe yī qún xiǎohuǒbànr tōutōu shàng nàr qù le. Jiù zài wǒmen chuānyuèle yī tiáo gūjì de xiǎolù hòu，tāmen què bǎ wǒ yī gè rén liú zài yuán dì，ránhòu bēnxiàng “gèng wēixiǎn de dìdài” le.

Děng tāmen zǒuhòu，wǒ jīnghuāng-shīcuò de fāxiàn，zài yě zhǎo • bùdào yào huíjiā de nà tiáo gūjì de xiǎodào le. Xiàng zhī wú tóu de cāngying，wǒ dàochǔ luàn zuān，yīkù • shàng guàmǎnle mángcì. Tài • yáng yǐ • jīng luò shān，ér cǐshí cǐkè，jiā • lǐ yīdìng kāishǐ chī wǎncān le，shuāngqīn zhèng pànzhe wǒ huíjiā…… Xiǎngzhe xiǎngzhe，wǒ bùyóudé bèi kàozhe yī kē shù，shāngxīn de wūwū dàkū qǐ • lái……

Tūrán，bù yuǎnchù chuán • láile shēngshēng liǔdí. Wǒ xiàng zhǎodàole jiùxīng，jímáng xúnshēng zǒuqù. Yī tiáo xiǎodào biān de shùzhuāng • shàng zuòzhe yī wèi chuīdí rén，shǒu • lǐ hái zhèng xiāozhe shénme. Zǒujìn xì kàn，tā bù jiùshì bèi dàjiā chēng wéi “xiāngbalǎor” de Kǎtíng ma?

“Nǐ hǎo，xiǎojiāhuor，” Kǎtíng shuō，“kàn tiānqì duō měi，nǐ shì chū • lái sànbù de ba?”

Wǒ qièshēngshēng de diǎndiǎn tóu，dádào：“Wǒ yào huíjiā le.”

“Qǐng nàixīn děng • shàng jǐ fēnzhōng，” Kǎtíng shuō，“Qiáo，wǒ zhèngzài xiāo yī zhī liǔdí，chà • bùduō jiù yào zuòhǎo le，wángōng hòu jiù sònggěi nǐ ba!”

Kǎtíng biān xiāo biān bùshí bǎ shàng wèi chéngxíng de liǔdí fàng zài zuǐ • lǐ shìchuī yīxià. Méi guò duōjiǔ，yī zhī liǔdí biàn dìdào wǒ shǒu zhōng. Wǒ liǎ zài yī zhènzhèn qīngcuì yuè'ěr de díyīn//zhōng，tà • shàng le guītú……

Dāngshí，wǒ xīnzhōng zhǐ chōngmǎn gǎn • jī，ér jīntiān，dāng wǒ zìjǐ yě chéngle zǔfù shí，què túrán lǐngwù dào tā yòngxīn zhī liángkǔ! Nà tiān dāng tā tīngdào wǒ de kūshēng shí，biàn pàndìng wǒ yīdìng míle lù，dàn tā bìng bù xiǎng zài háizi miànqián bànyǎn “jiùxīng” de juésè，yúshì chuīxiǎng liǔdí yǐbiàn ràng wǒ néng fāxiàn tā，bìng gēnzhe tā zǒuchū kùnjìng! Jiù zhèyàng，Kǎtíng xiānsheng yǐ xiāngxiarén de chúnpǔ，bǎohùle yī gè xiǎonánháir qiánglié de zìzūn.

——Jié xuǎn zì Táng Ruòshuǐ yì《Mítú Díyīn》

作品 29 号——《莫高窟》

在浩瀚无垠的沙漠里，有一片美丽的绿洲，绿洲里藏着一颗闪光的珍珠。这颗珍珠就是敦煌莫高窟。它坐落在我国甘肃省敦煌市三危山和鸣沙山的怀抱中。

鸣沙山东麓是平均高度为十七米的崖壁。在一千六百多米长的崖壁上，凿有大小洞窟七百余个，形成了规模宏伟的石窟群。其中四百九十二个洞窟中，共有彩色塑像两千一百余尊，各种壁画共四万五千多平方米。莫高窟是我国古代无数艺术匠师留给人类的珍贵文化遗产。

莫高窟的彩塑，每一尊都是一件精美的艺术品。最大的有九层楼那么高，最小的还不如一个手掌大。这些彩塑个性鲜明，神态各异。有慈眉善目的菩萨，有威风凛凛的天王，还有强壮勇猛的力士……

莫高窟壁画的内容丰富多彩，有的是描绘古代劳动人民打猎、捕鱼、耕田、收割的情景，有的是描绘人们奏乐、舞蹈、演杂技的场面，还有的是描绘大自然的美丽风光。其中最引人注目的是飞天。壁画上的飞天，有的臂挎花篮，采摘鲜花；有的反弹琵琶，轻拨银弦；有的倒悬身子，自天而降；有的彩带飘拂，漫天遨游；有的舒展着双臂，翩翩起舞。看着这些精美动人的壁画，就像走进了//灿烂辉煌的艺术殿堂。

莫高窟里还有一个面积不大的洞窟——藏经洞。洞里曾藏有我国古代的各种经卷、文书、帛画、刺绣、铜像等共六万多件。由于清朝政府腐败无能，大量珍贵的文物被外国强盗掠走。仅存的部分经卷，现在陈列于北京故宫等处。

莫高窟是举世闻名的艺术宝库。这里的每一尊彩塑、每一幅壁画、每一件文物，都是中国古代人民智慧的结晶。

——节选自小学《语文》第六册中《莫高窟》

【提示与解析】

易错字词提示

浩瀚无垠　敦煌　莫高窟　东麓　凿　彩塑　凛凛　银弦　倒悬　遨游　翩翩起舞

内容解析与朗读提示

作品描绘了坐落在敦煌的莫高窟的盛状，昭示着前人的伟大智慧，也深刻体现了作者的无限自豪之情。作品从大的范围概括了莫高窟的状况，有分别从彩塑和壁画两个方面进行介绍，使读者也犹如亲见一般。朗读时应该节奏语势沉缓，多抑少扬，多重少轻，音强而着力，词语密疏，来表现庄重、肃穆的气氛。作品中有不少并列分句，这种采用排比的手法，加强了句子的工整性，也提高了阅读的节奏美感。所以在朗读时，应注意停顿，把这种节奏感读出来。部分文字可采用曲连的朗读方式，即在连接处有一定空隙，但又连环相接，迂回向前，如“这些彩塑个性鲜明，神态各异。有慈眉善目的菩萨，有威风凛凛的天王，还有强壮勇猛的力士……”另外，注意断句，如“它坐落在/我国甘肃省/敦煌市/三危山和鸣沙山的怀抱中。”

【拼音对照】

Zài hàohàn wúyín de shāmò • lǐ，yǒu yī piàn měilì de lùzhōu，lùzhōu • lǐ cángzhe yī kē shǎnguāng de zhēnzhū. Zhè kē zhēn zhū jiùshì Dūnhuáng Mògāokū. Tā zuòluò zài wǒguó Gānsù Shěng Dūnhuáng Shì Sānwēi Shān hé Míngshā Shān de huáibào zhōng.

Míngshā Shān dōnglù shì píngjūn gāodù wéi shíqī mǐ de yábì. Zài yīqiān liùbǎi duō mǐ cháng de yábì • shàng，záo yǒu dà xiǎo dòngkū qībǎi yú gè，xíngchéngle guīmó hóngwěi de shíkūqún. Qízhōng sìbǎi jiǔshí'èr gè dòngkū zhōng，gòng yǒu cǎisè sùxiàng liǎngqiān yībǎi yú zūn，gè zhǒng bìhuà gòng sìwàn wǔqiān duō píngfāngmǐ. Mògāokū shì wǒguó gǔdài wúshù yìshù jiàngshī liúgěi rénlèi de zhēnguì wénhuà yíchǎn.

Mògāokū de cǎisù，měi yī zūn dōu shì yī jiàn jīngměi de yìshùpǐn. Zuì dà de yǒu jiǔ céng lóu nàme gāo，zuì xiǎo de hái bùrú yī gè shǒuzhǎng dà. Zhèxiē cǎisù gèxìng xiānmíng，shéntài-gèyì. Yǒu címéi-shànmù de pú • sà，yǒu wēifēng-lǐnlǐn de tiānwáng，háiyǒu qiángzhuàng yǒngměng de lìshì……

Mògāokū bìhuà de nèiróng fēngfù-duōcǎi，yǒude shì miáohuì gǔdài láodòng rénmín dǎliè、bǔyú、gēngtián、shōugē de qíngjǐng，yǒude shì miáohuì rénmen zòuyuè、wǔdǎo、yǎn zájì de chǎngmiàn，háiyǒude shì miáohuì dàzìrán de měilì fēngguāng. Qízhōng zuì yǐnrén-zhùmù de shì fēitiān. Bìhuà • shàng de fēitiān，yǒu de bì kuà huālán，cǎizhāi xiānhuā；yǒude fǎn tán pí • pá，qīng bō yínxián；yǒude dào xuán shēnzi，zì tiān ér jiàng；yǒude cǎidài piāofú，màntiān áo yóu；yǒude shūzhǎnzhe shuāngbì，piānpiān-qǐwǔ. Kànzhe zhèxiē jīngměi dòngrén de bìhuà，jiù xiàng zǒujìnle//cànlàn huīhuáng de yìshù diàntáng.

Mògāokū • lǐ háiyǒu yī gè miànjī bù dà de dòngkū——cángjīngdòng. Dòng • lǐ céng cángyǒu wǒguó gǔdài de gè zhǒng jīngjuàn、wénshū、bóhuà、cìxiù、tóngxiàng děng gòng liùwàn duō jiàn. Yóuyú Qīngcháo zhèngfǔ fǔbài wúnéng，dàliàng zhēnguì de wénwù bèi wàiguó qiángdào lüèzǒu. Jǐncún de bùfen jīngjuàn，xiànzài chénliè yú Běijīng Gùgōng děng chù.

Mògāokū shì jǔshì-wénmíng de yìshù bǎokù. Zhè • lǐ de měi yī zūn cǎisù、měi yī fú bìhuà、měi yī jiàn wénwù，dōu shì Zhōngguó gǔdài rénmín zhìhuì de jiéjīng.

——Jié xuǎn zì xiǎoxué《Yǔwén》dì-liù cè zhōng《Mògāokū》

作品 30 号——《牡丹的拒绝》

其实你在很久以前并不喜欢牡丹，因为它总被人作为富贵膜拜。后来你目睹了一次牡丹的落花，你相信所有的人都会为之感动：一阵清风徐来，娇艳鲜嫩的盛期牡丹忽然整朵整朵地坠落，铺撒一地绚丽的花瓣。那花瓣落地时依然鲜艳夺目，如同一只奉上祭坛的大鸟脱落的羽毛，低吟着壮烈的悲歌离去。

牡丹没有花谢花败之时，要么烁于枝头，要么归于泥土，它跨越萎顿和衰老，由青春而死亡，由美丽而消遁。它虽美却不吝惜生命，即使告别也要展示给人最后一次的惊心动魄。

所以在这阴冷的四月里，奇迹不会发生。任凭游人扫兴和诅咒，牡丹依然安之若素。它不苟且、不俯就、不妥协、不媚俗，甘愿自己冷落自己。它遵循自己的花期自己的规律，它有权利为自己选择每年一度的盛大节日。它为什么不拒绝寒冷？

天南海北的看花人，依然络绎不绝地涌入洛阳城。人们不会因牡丹的拒绝而拒绝它的美。如果它再被贬谪十次，也许它就会繁衍出十个洛阳牡丹城。

于是你在无言的遗憾中感悟到，富贵与高贵只是一字之差。同人一样，花儿也是有灵性的，更有品位之高低。品位这东西为气为魂为//筋骨为神韵，只可意会。你叹服牡丹卓尔不群之姿，方知品位是多么容易被世人忽略或是漠视的美。

——节选自张抗抗《牡丹的拒绝》

【提示与解析】

易错字词提示

其实　膜拜　铺撒　绚丽　烁　萎顿　吝惜　诅咒　络绎不绝　繁衍　为神韵　卓尔不群

内容解析与朗读提示

作者以美丽的想象来渲染牡丹怒放时的辉煌与灿烂，花落时的绚丽与壮烈，强化了牡丹完美而又高贵的形象。朗读时，应注意感受作者态度转变之后对待牡丹的情绪，并将其表现出来。作品中塑造牡丹的完美及具有灵性和品位的形象，刺激着我们的感观。朗读时，就需要调动起这些形象客体去感染听众，达到朗读的目的。例如："要么烁于枝头，要么归于泥土，它跨越萎顿和衰老，由青春而死亡，由美丽而消遁。"应根据描写的起伏变化调整自己的语速与音调，做到"慢而不拖"的效果。另外，要注意并列分句或并列短语出现时的句子停顿。如"它不苟且、不俯就、不妥协、不媚俗""为气为魂为筋骨为神韵"等。

【拼音对照】

Qíshí nǐ zài hěn jiǔ yǐqián bìng bù xǐhuan mǔ • dān，Yīn • wèi tā zǒng bèi rén zuòwéi fùguì móbài. Hòulái nǐ mùdǔle yī cì mǔ • dān de luòhuā，nǐ xiāngxìn suǒyǒu de rén dōu huì wéi zhī gǎndòng：Yī zhèn qīngfēng xúlái，jiāoyàn xiānnèn de shèngqī mǔ • dān hūrán zhěng duǒ zhěng duǒ de zhuìluò，pūsàn yīdì xuànlì de huābàn. Nà huābàn luòdì shí yīrán xiānyàn duómù，rútóng yī zhī fèng • shàng jìtán de dàniǎo tuōluò de yǔmáo，dīyínzhe zhuàngliè de bēigē líqù.

Mǔ • dān méi • yǒu huāxiè-huābài zhī shí，yàome shuòyú zhītóu，yàome guīyú nítǔ，tā kuàyuè wěidùn hé shuāilǎo，yóu qīng chūn ér sǐwáng，yóu měilì ér xiāodùn. Tā suī měi què bù lìnxī shēngmìng，jíshǐ gàobié yě yào zhǎnshì gěi rén zuìhòu yī cì jīngxīn-dòngpò.

Suǒyǐ zài zhè yīnlěng de sìyuè • lǐ，qíjì bù huì fāshēng. Rènpíng yóurén sǎoxìng hé zǔzhòu，mǔ • dān yīrán ānzhī-ruòsù. Tā bù gǒuqiě、bù fǔjiù、bù tuǒxié、bù mèisú， gānyuàn zìjǐ lěngluò zìjǐ. Tā zūnxún zìjǐ de huāqī zìjǐ de guīlǜ，tā yǒu quán lì wèi zìjǐ xuǎnzé měinián yī dù de shèngdà jiérì. Tā wèishénme bù jùjué hánlěng?

Tiānnán-hǎiběi de kàn huā rén，yīrán luòyì-bùjué de yǒngrù Luòyáng Chéng. Rénmen bù huì yīn mǔ・dān de jùjué ér jùjué tā de měi. Rúguǒ tā zài bèi biǎnzhé shí cì，yěxǔ tā jiùhuì fányǎn chū shí gè Luòyáng mǔ・dān chéng.

Yúshì nǐ zài wúyán de yíhàn zhōng gǎnwù dào，fùguì yǔ gāoguì zhǐshì yī zì zhī chā. Tóng rén yīyàng，huā'ér yě shì yǒu língxìng de，gèng yǒu pǐnwèi zhī gāodī. Pǐnwèi zhè dōngxi wéi qì wéi hún wéi//jīngǔ wéi shényùn，zhī kě yìhuì. Nǐ tànfú mǔ・dān zhuó'ěr-bùqún zhī zī，fāng zhī pǐnwèi shì duōme róng・yì bèi shìrén hūlüè huò mòshì de měi.

——Jié xuǎn zì zhāng kàngkàng《Mǔ・dān de jùjué》

4.5.4 测试用朗读篇目分析与提示第四部分

作品31号——《“能吞能吐”的森林》

森林涵养水源，保持水土，防止水旱灾害的作用非常大。据专家测算，一片十万亩面积的森林，相当于一个两百万立方米的水库，这正如农谚所说的：“山上多栽树，等于修水库。雨多它能吞，雨少它能吐。”

说起森林的功劳，那还多得很。它除了为人类提供木材及许多种生产、生活的原料之外，在维护生态环境方面也是功劳卓著。它用另一种“能吞能吐”的特殊功能孕育了人类。因为地球在形成之初，大气中的二氧化碳含量很高，氧气很少，气温也高，生物是难以生存的。大约在四亿年之前，陆地才产生了森林。森林慢慢将大气中的二氧化碳吸收，同时吐出新鲜氧气，调节气温：这才具备了人类生存的条件，地球上才最终有了人类。

森林，是地球生态系统的主体，是大自然的总调度室，是地球的绿色之肺。森林维护地球生态环境的这种“能吞能吐”的特殊功能是其他任何物体都不能取代的。然而，由于地球上的燃烧物增多，二氧化碳的排放量急剧增加，使得地球生态环境急剧恶化，主要表现为全球气候变暖，水分蒸发加快，改变了气流的循环，使气候变化加剧，从而引发热浪、飓风、暴雨、洪涝及干旱。

为了//使地球的这个“能吞能吐”的绿色之肺恢复健壮，以改善生态环境，抑制全球变暖，减少水旱等自然灾害，我们应该大力造林、护林，使每一座荒山都绿起来。

——节选自《中考语文课外阅读试题精选》中《“能吞能吐”的森林》

【提示与解析】

易错字词提示

涵养　农谚　功劳卓著　调度　飓风　洪涝

内容解析与朗读提示

这篇选段介绍了森林无可替代的功能，也提到了森林遭到破坏后，地球上出现的一系列灾害，最终呼吁人们要保护森林。朗读时应该控制好重音与节奏。如："主要表现为全球气候变暖，水分蒸发加快，改变了气流的循环，使气候变化加剧，从而引发热浪、飓风、暴雨、洪涝及干旱。"这部分就可以采用沉稳的节奏控制，语势沉缓，多抑少扬，多重少轻，音强而着力，词语密度疏，用来表现庄重、抑郁的情感会很有效果。在例如第一、二段陈述森林对人类发展的重要性，这是积极的方面，朗读时应适当提高音调，轻松明快。第三段转说森林遭到破坏后地球环境也随着发生消极变化，朗读时应将声调有所放低，有一定的悲伤感。到了最后一段，呼吁人类保护森林，朗读时就应该稍显激昂一些，但不宜过高。

【拼音对照】

Sēnlín hányǎng shuǐyuán，bǎochí shuǐtǔ，fángzhǐ shuǐhàn zāihài de zuòyòng fēicháng dà. Jù zhuānjiā cèsuàn，yī piàn shíwàn mǔ miànjī de sēnlín，xiāngdāngyú yī gè liǎngbǎi wàn lìfāngmǐ de shuǐkù，zhè zhèng rú nóngyàn suǒ shuō de："Shān • shàng duō zāi shù，děngyú xiū shuǐkù. Yǔ duō tā néng tūn，yǔ shǎo tā néng tǔ."

Shuōqǐ sēnlín de gōng • láo，nà hái duō de hěn. Tā chúle wèi rénlèi tígōng mùcái jí xǔduō zhǒng shēngchǎn、shēnghuó de yuánliào zhīwài，zài wéihù shēngtài huánjìng fāngmiàn yě shì gōng • láo zhuózhù. tā yòng lìng yī zhǒng "néngtūn-néngtǔ" de tèshū gōngnéng yùnyùle rénlèi. Yīn • wèi dìqiú zài xíngchéng zhīchū，dàqì zhōng de èryǎnghuàtàn hánliàng hěn gāo，yǎngqì hěn shǎo，qìwēn yě gāo，shēngwù shì nányǐ shēngcún de. Dàyuē zài sìyì nián zhīqián，lùdì cái chǎnshēngle sēnlín. Sēnlín mànmàn jiāng dàqì zhōng de èryǎnghuàtàn xīshōu，tóngshí tǔ • chū xīn • xiān yǎngqì，tiáojié qìwēn：Zhè cái jùbèile rénlèi shēngcún de tiáojiàn，dìqiú • shàng cái zuìzhōng yǒule rénlèi.

Sēnlín，shì dìqiú shēngtài xìtǒng de zhǔtǐ，shì dàzìrán de zǒng diàodùshì，shì dìqiú de lǜsè zhī fèi. Sēnlín wéihù dìqiú shēngtài huánjìng de zhè zhǒng "néngtūn-néngtǔ" de tèshū gōngnéng shì qítā rènhé wùtǐ dōu bùnéng qǔdài de. Rán'ér，yóu yú dìqiú • shàng de ránshāowù zēngduō，èryǎnghuàtàn de páifàngliàng jíjù zēngjiā，shǐ • dé dìqiú shēngtài huánjìng jíjù èhuà，zhǔyào biǎoxiàn wéi quánqiú qìhòu biàn nuǎn，shuǐfèn zhēngfā jiākuài，gǎibiànle qìliú de xúnhuán，shǐ qìhòu biànhuà jiājù，cóng'ér yǐnfā rèlàng、jùfēng、bàoyǔ、hónglào jí gānhàn.

Wèile//shǐ dìqiú de zhègè "néngtūn-néngtǔ" de lǜsè zhī fèi huīfù jiànzhuàng，yǐ gǎishàn shēngtài huánjìng，yìzhì quánqiú biàn nuǎn，jiǎnshǎo shuǐhàn děng zìrán zāihài，wǒmen yīnggāi dàlì zàolín、hùlín，shǐ měi yī zuò huāngshān dōu lǜ qǐ • lái.

——Jiéxuǎn zì《Zhōngkǎo Yǔwén Kèwài Yuèdú Shìtí Jīngxuǎn》zhōng《"Néngtūn-néngtǔ" de Sēnlín》

作品 32 号——《朋友和其他》

朋友即将远行。

暮春时节，又邀了几位朋友在家小聚。虽然都是极熟的朋友，却是终年难得一见，偶尔电话里相遇，也无非是几句寻常话。一锅小米稀饭，一碟大头菜，一盘自家酿制的泡菜，一只巷口买回的烤鸭，简简单单，不像请客，倒像家人团聚。

其实，友情也好，爱情也好，久而久之都会转化为亲情。

说也奇怪，和新朋友会谈文学、谈哲学、谈人生道理等等，和老朋友却只话家常，柴米油盐，细细碎碎，种种琐事。很多时候，心灵的契合已经不需要太多的言语来表达。

朋友新烫了个头，不敢回家见母亲，恐怕惊骇了老人家，却欢天喜地来见我们，老朋友颇能以一种趣味性的眼光欣赏这个改变。

年少的时候，我们差不多都在为别人而活，为苦口婆心的父母活，为循循善诱的师长活，为许多观念、许多传统的约束力而活。年岁逐增，渐渐挣脱外在的限制与束缚，开始懂得为自己活，照自己的方式做一些自己喜欢的事，不在乎别人的批评意见，不在乎别人的诋毁流言，只在乎那一份随心所欲的舒坦自然。偶尔，也能够纵容自己放浪一下，并且有一种恶作剧的窃喜。

就让生命顺其自然，水到渠成吧，犹如窗前的//乌桕，自生自落之间，自有一份圆融丰满的喜悦。春雨轻轻落着，没有诗，没有酒，有的只是一份相知相属的自在自得。

夜色在笑语中渐渐沉落，朋友起身告辞，没有挽留，没有送别，甚至也没有问归期。

已经过了大喜大悲的岁月，已经过了伤感流泪的年华，知道了聚散原来是这样的自然和顺理成章，懂得这点，便懂得珍惜每一次相聚的温馨，离别便也欢喜。

——节选自（台湾）杏林子《朋友和其他》

【提示与解析】

易错字词提示

即将　暮春　酿制　契合　极熟　惊骇　循循善诱　诋毁　乌桕　挣脱　约束

内容解析与朗读提示

这篇选段从与老朋友的小聚出发，通过讲述与老朋友交往没有束缚，自然自在，进而想到人生之事，提出了“让生命顺其自然”的观点。文章平静安逸，满含对生命形式的无限期许，朗读应采用平实厚重的语调来增加朗读的表达效果。语调上应该用降抑调，表达文中内在的感情。朗读时，注意调子逐渐由高降低，末字低而短。本文的排比与短句较多，朗读时，应用表达音节的停顿以加强节奏感，如“一锅小米稀饭，一碟大头菜，一盘自家酿制的泡菜，一只巷口买回的烤鸭，简简单单，不像请客，倒像家人团聚”，在“一锅……，一碟……，一盘……，一只……”的并列中，朗读起来，每个小分句间的停顿应短促，并注意连贯，让听者自然地被融入其中。

【拼音对照】

Péngyou jíjiāng yuǎnxíng.

Mùchūn shíjié，yòu yāole jǐ wèi péngyou zài jiā xiǎojù. Suīrán dōu shì jí shú de péngyou，què shì zhōngnián nándé yī jiàn，ǒu'ěr diànhuà • lǐ xiāngyù，yě wúfēi shì jǐ jù xúnchánghuà. Yī guō xiǎomǐ xīfàn，yī dié dàtóucài，yī pán zìjiā niàng zhì de pàocài，yī zhī xiàngkǒu mǎihuí de kǎoyā，jiǎnjiǎn-dāndān，bù xiàng qǐngkè，dǎo xiàng jiārén tuánjù.

Qíshí，yǒuqíng yě hǎo，àiqíng yě hǎo，jiǔ'érjiǔzhī dōu huì zhuǎnhuà wéi qīnqíng.

Shuō yě qíguài，hé xīn péngyou huì tán wénxué、tán zhéxué、tán rénshēng dào • lǐ děngděng，hé lǎo péngyou què zhǐ huà jiācháng，chái-mǐ-yóu-yán，xìxì-suìsuì，zhǒngzhǒng suǒshì. Hěn duō shíhou，xīnlíng de qìhé yǐ • jīng bù xūyào tài duō de yányǔ lái biǎodá.

Péngyou xīn tàngle gè tóu，bùgǎn huíjiā jiàn mǔ • qīn，kǒngpà jīnghàile lǎo • rén • jiā，què huāntiān-xǐdì lái jiàn wǒmen，lǎo péngyou pō néng yǐ yī zhǒng qùwèixìng de yǎnguāng xīnshǎng zhège gǎibiàn.

Niánshào de shíhou，wǒmen chà • bùduō dōu zài wèi bié • rén ér huó，wèi kǔkǒu-póxīn de fùmǔ huó，wèi xúnxún-shànyòu de zhīzhǎng huó，wèi xǔduō guānniàn、xǔduō chuántǒng de yuēshùlì ér huó. Niánsuì zhú zēng，jiànjiàn zhèngtuō wàizài de xiànzhì yǔ shùfù，kāishǐ dǒng • dé wèi zìjǐ huó，zhào zìjǐ de fāngshì zuò yīxiē zìjǐ xǐhuan de shì，bù zàihu bié • rén de pīpíng yì • jiàn，bù zàihu bié • rén de dǐhuǐ liúyán，zhǐ zàihu nà yī fēn suíxīn-suǒyù de shūtan zìrán. Ou'ěr，yě nénggòu zòngróng zìjǐ fànglàng yīxià，bìngqiě yǒu yī zhǒng èzuòjù de qièxǐ.

Jiù ràng shēngmìng shùn qí zìrán，shuǐdào-qúchéng ba，yóurú chuāng qián de// wūjiù，zìshēng-zìluò zhījiān，zì yǒu yī fèn yuánróng fēngmǎn de xǐyuè. Chūnyǔ qīngqīng luòzhe，méi • yǒu shī，méi • yǒu jiǔ，yǒude zhǐshì yī fèn xiāng zhī xiāng zhǔ de zìzài zìdé.

Yèsè zài xiàoyǔ zhōng jiànjiàn chénluò，péngyou qǐshēn gàocí，méi • yǒu wǎnliú，méi • yǒu sòngbié，shènzhì yě méi • yǒu wèn guīqī.

Yǐ • jīng guòle dàxǐ-dàbēi de suìyuè，yǐ • jīng guòle shānggǎn liúlèi de niánhuá，zhī • dàole jù-sàn yuánlái shì zhèyàng de zìrán hé shùnlǐ-chéngzhāng，dǒng • dé zhè diǎn，biàn dǒng • dé zhēnxī měi yī cì xiāngjù de wēnxīn，líbié biàn yě huānxǐ.

——Jiéxuǎn zì (Táiwān) xìng Línzǐ《Péngyou hé Qítā》

作品 33 号——《散步》

我们在田野散步：我，我的母亲，我的妻子和儿子。

母亲本不愿出来的。她老了，身体不好，走远一点儿就觉得很累。我说，正因为如此，才应该多走走。母亲信服地点点头，便去拿外套。她现在很听我的话，就像我小时候很听她的话一样。

这南方初春的田野，大块小块的新绿随意地铺着，有的浓，有的淡，树上的嫩芽也密了，田里的冬水也咕咕地起着水泡。这一切都使人想着一样东西——生命。

我和母亲走在前面，我的妻子和儿子走在后面。小家伙突然叫起来："前面是妈妈和儿子，后面也是妈妈和儿子。”我们都笑了。

后来发生了分歧：母亲要走大路，大路平顺；我的儿子要走小路，小路有意思。不过，一切都取决于我。我的母亲老了，她早已习惯听从她强壮的儿子；我的儿子还小，他还习惯听从他高大的父亲；妻子呢，在外面，她总是听我的。一霎时我感到了责任的重大。我想找一个两全的办法，找不出；我想拆散一家人，分成两路，各得其所，终不愿意。我决定委屈儿子，因为我伴同他的时日还长。我说：“走大路。”

但是母亲摸摸孙儿的小脑瓜，变了主意：“还是走小路吧。”她的眼随小路望去：那里有金色的菜花，两行整齐的桑树，//尽头一口水波粼粼的鱼塘。“我走不过去的地方，你就背着我。”母亲对我说。

这样，我们在阳光下，向着那菜花、桑树和鱼塘走去。到了一处，我蹲下来，背起了母亲；妻子也蹲下来，背起了儿子。我和妻子都是慢慢地，稳稳地，走得很仔细，好像我背上的同她背上的加起来，就是整个世界。

——节选自莫怀戚《散步》

【提示与解析】

易错字词提示

南方　散步　一点儿　应该　初春　嫩芽　取决于　孙儿　主意　粼粼

内容解析与朗读提示

这是一篇充满温情的文章，一个既是儿子，又是父亲的“我”，当面对小小的选择时，难以两全，最终是母亲为“我”做出了决定，尤其最后一句，感人至深，“我走不过去的地方，你就背着我。”文章两次提到“我”的责任，一次是母亲和儿子意见出现分歧时，该我做决定了，我觉得我责任重大；另一次，则是文末，母亲的话，无疑是我幸福的责任。全篇基调安逸温暖，这类文章着重体现情感。朗读时可以采用重音轻读的方式来表现对情感的疏泄，有时用减轻音量的方法，将重音低沉地轻轻吐出，能起到意想不到的效果。一般在表达这种极为复杂而细腻的感情时，多用这种方法。例如最后一段：“这样，我们在阳光下，向着那菜花、桑树和鱼塘走去。……稳稳地，走得很仔细，好像我背上的同她背上的加起来，就是整个世界。”前面对话段落朗读时也应放慢语速，体会其中温情，并将其自然表达出来。

【拼音对照】

Wǒmen zài tiányě sànbù：Wǒ，wǒ de mǔ • qīn，wǒ de qī • zǐ hé érzi.

Mǔ • qīn běn bùyuàn chū • lái de. Tā lǎo le，shēntǐ bù hǎo，zǒu yuǎn yīdiǎnr jiù jué • dé hěn lèi. Wǒ shuō，zhèng yīn • wèi rúcǐ，cái yīnggāi duō zǒuzou. Mǔ • qīn xìnfú de diǎndiǎn tóu，biàn qù ná wàitào. Tā xiànzài hěn tīng wǒ de huà，jiù xiàng wǒ xiǎoshíhou hěn tīng tā de huà yīyàng.

Zhè nánfāng chūchūn de tiányě，dàkuài xiǎokuài de xīnlǜ suíyì de pūzhe，yǒude nóng，yǒude dàn，shù • shàng de nènyá yě mì le，tián • lǐ de dōngshuǐ yě gūgū de qǐzhe shuǐpào. Zhè yīqiē dōu shì rén xiǎngzhe yī yàng dōngxi——shēngmìng.

Wǒ hé mǔ · qīn zǒu zài qián · miàn，wǒ de qī · zǐ hé érzi zǒu zài hòu · miàn. Xiǎojiāhuo tūrán jiào qǐ · lái：“Qián · miàn shì māma hé érzi，hòu · miàn yě shì māma hé érzi.” Wǒmen dōu xiào le.

Hòulái fāshēngle fēnqí：Mǔ · qīn yào zǒu dàlù，dàlù píngshùn；Wǒ de érzǐ yào zǒu xiǎolù，xiǎolù yǒu yìsi. Bùguò，yīqiè dōu qǔjuéyú wǒ. Wǒ de mǔ · qīn lǎo le，tā zǎoyǐ xíguàn tīngcóng tā qiángzhuàng de érzi；Wǒ de érzi hái xiǎo，tā hái xíguàn tīngcóng tā gāodà de fù · qīn；qī · zǐ ne，zài wài · miàn，tā zǒngshì tīng wǒ de. Yīshàshí wǒ gǎndàole zérèn de zhòngdà. Wǒ xiǎng yī gè liǎngquán de bànfǎ，zhǎo bù chū；wǒ xiǎng chāisàn yī jiā rén，fēnchéng liǎng lù，gèdé-qísuǒ，zhōng bù yuàn · yì. Wǒ juédìng wěiqu érzi，yīn · wèi wǒ bàntóng tā de shírì hái cháng. Wǒ shuō：“Zǒu dàlù.”

Dànshì mǔ · qīn mōmo sūn'ér de xiǎo nǎoguār，biànle zhǔyi：“Háishì zǒu xiǎolù ba.” Tā de yǎn suí xiǎolù wàng · qù：Nà · lǐ yǒu jīnsè de càihuā，liǎng háng zhěngqí de sāngshù，//jìntóu yī kǒu shuǐbō línlín de yútáng. “Wǒ zǒu bù guò · qù de dìfang，nǐ jiù bèizhe wǒ.” Mǔ · qīn duì wǒ shuō.

Zhèyàng，wǒmen zài yángguāng · xià，xiàngzhe nà càihuā、sāngshù hé yútáng zǒu · qù. Dàole yī chù，wǒ dūn xià · lái，bēiqǐle mǔ · qīn；qī · zǐ yě dūn xià · lái，bēiqǐle érzi. Wǒ hé qī · zǐ dōu shì mànmàn de，wěnwěn de，zǒu de hěn zǐxì，hǎoxiàng wǒ bèi · shàng de tóng tā bèi · shàng de jiā qǐ · lái，jiùshì zhěnggè shìjiè.

——Jiéxuǎn zì Mò Huáiqī《Sànbù》

作品 34 号——《神秘的“无底洞”》

地球上是否真的存在“无底洞”？按说地球是圆的，由地壳、地幔和地核三层组成，真正的“无底洞”是不应存在的，我们所看到的各种山洞、裂口、裂缝，甚至火山口也都只是地壳浅部的一种现象。然而中国一些古籍却多次提到海外有个深奥莫测的无底洞。事实上地球上确实有这样一个“无底洞”。

它位于希腊亚各斯古城的海滨。由于濒临大海，大涨潮时，汹涌的海水便会排山倒海般地涌入洞中，形成一股湍湍的急流。据测，每天流入洞内的海水量达三万多吨。奇怪的是，如此大量的海水灌入洞中，却从来没有把洞灌满。曾有人怀疑，这个“无底洞”，会不会就像石灰岩地区的漏斗、竖井、落水洞一类的地形。然而从二十世纪三十年代以来，人们就做了多种努力企图寻找它的出口，却都是枉费心机。

为了揭开这个秘密，一九五八年美国地理学会派出一支考察队，他们把一种经久不变的带色染料溶解在海水中，观察染料是如何随着海水一起沉下去。接着又察看了附近海面以及岛上的各条河、湖，满怀希望地寻找这种带颜色的水，结果令人失望。难道是海水量太大把有色水稀释得太淡，以致无法发现？

至今谁也不知道为什么这里的海水会没完没了地“漏”下去。这个“无底洞”的出口又在哪里，每天大量的海水究竟都流到哪里去了？

——节选自罗伯特·罗威尔《神秘的“无底洞”》

【提示与解析】

易错字词提示

地壳　地幔　事实上　海滨　湍湍　枉费心机　稀释

内容解析与朗读提示

这篇选段属于说明文范畴的科技理论文章，文章开始引出“无底洞”这个话题，进而解释对真实存在的“无底洞”进行解释，说明“无底洞”是存在的，并介绍了科学家们对“无底洞”探索的努力。对于此类文章，采用平调的方式朗读即可。朗读时语调始终平直舒缓，没有显著的高低变化。但为了避免朗读生硬，在断句停连方面应重点考虑，如“地球上是否真的存在‘无底洞’？按说地球是圆的，由地壳、地幔和地核三层组成。”这部分停顿时间相对较长，句尾声音顺势而落，声止气也尽。在朗读这篇文章的时候，应采取客观理性的口吻，语调平缓自然。文中两处疑问句在朗读时要凸显出来，以加强文章的吸引力。

【拼音对照】

Dìqiú • shàng shìfǒu zhēn de cúnzài “wúdǐdòng”? Ànshuō dìqiú shì yuán de，yóu dìqiào、dìmàn hé dìhé sān céng zǔchéng，zhēnzhèng de “wúdǐdòng” shì bù yīng cúnzài de，wǒmen suǒ kàndào de gè zhǒng shāndòng、lièkǒu、lièfèng，shènzhì huǒshānkǒu yě dōu zhǐshì dìqiào qiǎnbù de yī zhǒng xiànxiàng. Rán'ér zhōngguó yīxiē gǔjí què duō cì tídào hǎiwài yǒu gè shēn'ào-mòcè de wúdǐdòng. Shìshí • shàng dìqiú • shàng quèshí yǒu zhèyàng yī gè “wúdǐdòng” .

Tā wèiyú Xīlà Yàgèsī gǔchéng de hǎibīn. Yóuyú bīnlín dàhǎi，dà zhǎngcháo shí，xiōngyǒng de hǎishuǐ biàn huì páishān-dǎohǎi bān de yǒngrù dòng zhōng，xíngchéng yī gǔ tuāntuān de jíliú. Jù cè，měi tiān liúrù dòng nèi de hǎishuǐliàng dá sānwàn duō dūn. Qíguài de shì，rúcǐ dàliàng de hǎishuǐ guànrù dòng zhōng，què cónglái méi • yǒu bǎ dòng guànmǎn. Céng yǒu rén huái yí，zhège “wúdǐdòng”，huì • bùhuì jiù xiàng shíhuīyán dìqū de lòudǒu、shùjǐng、luòshuǐdòng yīlèi de dìxíng. Rán'ér cóng èrshí shìjì sānshí niándài yǐlái，rénmen jiù zuòle duō zhǒng nǔlì qǐtú xúnzhǎo tā de chūkǒu，què dōu shì wǎngfèi-xīnjī.

Wèile jiēkāi zhège mìmì，yī jiǔ wǔ bā nián Měiguó Dìlǐ Xuéhuì pàichū yī zhī kǎochádui，tāmen bǎ yī zhǒng jīngjiǔ-bùbiàn de dài sè rǎnliào róngjiě zài hǎishuǐ zhōng，guānchá rǎnliào shì rúhé suízhe hǎishuǐ yīqǐ chén xià • qù. Jiēzhe yòu chákànle fùjìn hǎimiàn yǐjí dǎo • shàng de gè tiáo hé、hú，mǎnhuái xīwàng de xúnzhǎo zhè zhǒng dài yánsè de shuǐ，jiéguǒ lìng rén shīwàng. Nándào shì hǎishuǐliàng tài dà bǎ yǒusèshuǐ xīshì de tài dàn，yǐ zhì wúfǎ fāxiàn? //

Zhìjīn shéi yě bù zhī • dào wèishénme zhè • lǐ de hǎishuǐ huì méiwán-méiliǎo de "lòu" xià • qù，zhège "wúdǐdòng" de chūkǒu yòu zài nǎ • lǐ，měi tiān dàliàng de hǎishuǐ jiūjìng dōu liúdào nǎ • lǐ qù le?

——Jiéxuǎn zì Luóbótè Luówēi'ěr《Shénmì de "Wúdǐdòng"》

作品 35 号——《世间最美的坟墓》

我在俄国见到的景物再没有比托尔斯泰墓更宏伟、更感人的。

完全按照托尔斯泰的愿望，他的坟墓成了世间最美的，给人印象最深刻的坟墓。它只是树林中的一个小小的长方形土丘，上面开满鲜花——没有十字架，没有墓碑，没有墓志铭，连托尔斯泰这个名字也没有。

这位比谁都感到受自己的声名所累的伟人，却像偶尔被发现的流浪汉，不为人知的士兵，不留名姓地被人埋葬了。谁都可以踏进他最后的安息地，围在四周稀疏的木栅栏是不关闭的——保护列夫 • 托尔斯泰得以安息的没有任何别的东西，惟有人们的敬意；而通常，人们却总是怀着好奇，去破坏伟人墓地的宁静。

这里，逼人的朴素禁锢住任何一种观赏的闲情，并且不容许你大声说话。风儿俯临，在这座无名者之墓的树木之间飒飒响着，和暖的阳光在坟头儿嬉戏；冬天，白雪温柔地覆盖这片幽暗的土地。无论你在夏天或冬天经过这儿，你都想像不到，这个小小的、隆起的长方体里安放着一位当代最伟大的人物。

然而，恰恰是这座不留姓名的坟墓，比所有挖空心思用大理石和奢华装饰建造的坟墓更扣人心弦。在今天这个特殊的日子//里，到他的安息地来的成百上千人中间，没有一个有勇气，哪怕仅仅从这幽暗的土丘上摘下一朵花留作纪念。人们重新感到，世界上再没有比托尔斯泰最后留下的、这座纪念碑式的朴素坟墓，更打动人心的了。

——节选自［奥］茨威格《世间最美的坟墓》，张厚仁译

【提示与解析】

易错字词提示

土丘　声明所累　稀疏　木栅栏　禁锢　好奇　圭土地　扣人心弦

内容解析与朗读提示

这篇选段赞美了列夫 • 托尔斯泰墓所体现出的那种朴素的伟大，基调沉郁，情感浓厚，表达了作者对伟人托尔斯泰的景仰之情。文章通过将托尔斯泰墓与其他伟人宏伟的墓相对比，表现墓的朴素无华，也正是因为坟墓的朴素，更显出了作家的伟大。朗读时应注意对比的语调，通过语调的转化，形成反差，以达到作者所要表现的情感。如"到他的安息地来的成百上千人中间，没有一个有勇气，哪怕仅仅从这幽暗的土丘上摘下一朵花留作纪念"，其中"没有一个有勇气"处，语调沉稳、刚健，表明确定无疑地是来凭吊的每个人都尊敬这位伟人。

【拼音对照】

Wǒ zài Éguó jiàndào de jǐngwù zài méi • yǒu bǐ Tuō'ěrsītài mù gèng hóngwěi、gèng gǎnrén de le.

Wánquán ànzhào Tuō'ěrsītài de yuànwàng，tā de fénmù chéngle shìjiān zuì měi de，gěi rén yìnxiàng zuì shēnkè de fénmù. Tā zhǐshì shùlín zhōng de yī gè xiǎoxiǎo de chángfāngxíng tǔqiū，shàng • miàn kāimǎn xiānhuā—méi • yǒu shízìjià，méi • yǒu mùbēi，méi • yǒu mùzhìmíng，lián Tuō'ěrsītài zhègè míng zi yě méi • yǒu.

Zhè wèi bǐ shéi dōu gǎndào shòu zìjǐ de shēngmíng suǒ lěi de wěirén，què xiàng ǒu'ěr bèi fāxiàn de liúlànghàn，bù wéi rén zhī de shìbīng，bù liú míngxìng de bèi rén máizàng le. Shéi dōu kěyǐ tàjìn tā zuìhòu de ānxīdì，wéi zài sìzhōu xīshū de mù zhàlan shì bù guānbì de——bǎohù Lièfū Tuō'ěrsītài déyǐ ānxī de méi • yǒu rènhé biéde dōngxi，wéiyǒu rénmen de jìngyì；ér tōngcháng，rénmen què zǒngshì huáizhe hàoqí，qù pòhuài wěirén mùdì de níngjìng.

Zhè • lǐ，bīrén de pǔsù jìngù zhù rènhé yī zhǒng guānshǎng de xiánqíng，bìngqiě bù róngxǔ nǐ dàshēng shuōhuà. Fēng' • ér fǔ lín，zài zhè zuò wúmíngzhě zhī mù de shùmù zhījiān sàsà xiǎngzhe，hénuǎn de yángguāng zài féntóur xīxì；dōngtiān，báixuě wēnróu de fùgài zhè piàn yōu'àn de tǔdì. Wúlùn nǐ zài xiàtiān huò dōngtiān jīngguò zhèr，nǐ dōu xiǎngxiàng bù dào，zhègè xiǎoxiǎo de、lóngqǐ de chángfāngtǐ • lǐ ānfàngzhe yī wèi dāngdài zuì wěidà de rénwù.

Rán'ér，qiàqià shì zhè zuò bù liú xìngmíng de fénmù，bǐ suǒyǒu wākōng xīnsi yòng dàlǐshí hé shēhuá zhuāngshì jiànzào de fénmù gèng kòurénxīnxián. Zài jīntiān zhège tèshū de rìzi • lǐ，//dào tā de ānxīdì lái de chéng bǎi shàng qiān rén zhōngjiān，méi • yǒu yī gè yǒu yǒngqì，nǎpà jǐnjǐn cóng zhè yōu'àn de tǔqiū • shàng zhāixià yī duǒ huā liúzuò jìniàn. Rénmen chóngxīn gǎndào，shìjiè • shàng zài méi • yǒu bǐ Tuō'ěrsītài zuìhòu liúxià de、zhè zuò jìniànbēi shì de pǔsù fénmù，gèng dǎdòng rénxīn de le.

——Jiéxuǎn zì［Ào］Cíwēigé《Shìjiān Zuì Měi de Fénmù》，Zhāng Hòurén yì

作品 36 号——《苏州园林》

我国的建筑，从古代的宫殿到近代的一般住房，绝大部分是对称的，左边怎么样，右边怎么样。苏州园林可绝不讲究对称，好像故意避免似的。东边有了一个亭子或者一道回廊，西边决不会来一个同样的亭子或者一道同样的回廊。这是为什么？我想，用图画来比方，对称的建筑是图案画，不是美术画，而园林是美术画，美术画要求自然之趣，是不讲究对称的。

苏州园林里都有假山和池沼。

假山的堆叠，可以说是一项艺术而不仅是技术。或者是重峦叠嶂，或者是几座小山配合着竹子花木，全在乎设计者和匠师们生平多阅历，胸中有丘壑，才能使游览者攀登的时候忘却苏州城市，只觉得身在山间。

至于池沼，大多引用活水。有些园林池沼宽敞，就把池沼作为全园的中心，其他景物配合着布置。水面假如成河道模样，往往安排桥梁。假如安排两座以上的桥梁，那就一座一个样，决不雷同。

池沼或河道的边沿很少砌齐整的石岸，总是高低屈曲任其自然。还在那儿布置几块玲珑的石头，或者种些花草。这也是为了取得从各个角度看都成一幅画的效果。池沼里养着金鱼或各色鲤鱼，夏秋季节荷花或睡莲开//放，游览者看"鱼戏莲叶间"，又是入画的一景。

——节选自叶圣陶《苏州园林》

【提示与解析】

易错字词提示

一般　对称　池沼　重峦叠嶂　丘壑　模样　砌　屈曲

内容解析与朗读提示

本文章融说明、记叙、议论为一体，概括地介绍苏州园林，以生动的描述形容景物，以通俗的议论来分析原理。可谓写景文中精品。让读者观之如身临其境，如在画中之感。文章文风惬意、自然。对于此类文章应注意以舒缓的节奏朗读，语势平稳，声音轻柔而不着力，对于描绘场面和美丽的景色类的文章，多可采用此法。例如：池沼或河道的边沿很少砌齐整的石岸，总是高低屈曲任其自然。还在那儿布置几块玲珑的石头，或者种些花草。这也是为了取得从各个角度看都成一幅画的效果。写景的排比类句子，如"或者是重峦叠嶂，或者是几座小山配合着竹子花木，全在乎设计者和匠师们生平多阅历，胸中有丘壑，才能使游览者攀登的时候忘却苏州城市，只觉得身在山间"，应注意停顿和连接。

【拼音对照】

Wǒguó de jiànzhù，cóng gǔdài de gōngdiàn dào jìndài de yībān zhùfáng，jué dà bùfen shì duìchèn de，zuǒ • biān zěnmeyàng，yòu • biān zěnmeyàng. Sūzhōu yuánlín kě juébù jiǎng • jiū duìchèn，hǎoxiàng gùyì bìmiǎn shìde. Dōng • biān yǒule yī gè tíngzi huòzhě yī dào huíláng，xī • biān juébù huì lái yī gè tóngyàng de tíngzi huòzhě yī dào tóngyàng de huíláng. Zhè shì wèishénme? Wǒ xiǎng，yòng túhuà lái bǐfang，duìchèn de jiànzhù shì tú'ànhuà，bù shì měishùhuà，ér yuánlín shì měishùhuà，měishùhuà yāoqiú zìrán zhī qù，shì bù jiǎng • jiū duìchèn de.

Sūzhōu yuánlín • lǐ dōu yǒu jiǎshān hé chízhǎo.

Jiǎshān de duīdié，kěyǐ shuō shì yī xiàng yìshù ér bùjǐn shì jìshù. Huòzhě shì zhòngluán-diézhàng，huòzhě shì jǐ zuò xiǎoshān pèihézhe zhúzi huāmù，quán zàihu shèjìzhě hé jiàngshīmen shēngpíng duō yuèlì，xiōng zhōng yǒu qiūhè，cái néng shǐ yóulǎnzhě pāndēng de shíhou wàngquè Sūzhōu chéngshì，zhǐ juéde zài shān jiān.

Zhìyú chízhǎo，dàduō yǐnyòng huóshuǐ. Yǒuxiē yuánlín chízhǎo kuān • chǎng，jiù bǎ chízhǎo zuòwéi quán yuán de zhōngxīn，qítā jǐngwù pèihézhe bùzhì. Shuǐmiàn jiǎrú chéng hédào múyàng，wǎngwǎng ānpái qiáoliáng. Jiǎrú ānpái liǎng zuò yǐshàng de qiáoliáng，nà jiù yī zuò yī gè yàng，jué bù léitóng.

Chízhǎo huò hédào de biānyán hěn shǎo qì qízhěng de shí'àn，zǒngshì gāodī qūqū rèn qí zìrán. Hái zài nàr bùzhì jǐ kuài línglóng de shítou，huòzhě zhòng xiē huācǎo. Zhè yě shì wèile qǔdé cóng gègè jiǎodù kàn dōu chéng yī fú huà de xiàoguǒ. Chízhǎo • lǐ yǎngzhe jīnyú huò gè sè lǐyú，xià-qiū jìjié héhuā huò shuìlián kāi//fàng，yóulǎnzhě kàn "yú xì lián yè jiān"，yòu shì rù huà de yī jǐng.

——Jiéxuǎn zì Yè Shèngtáo《Sūzhōu Yuánlín》

作品 37 号——《态度创造快乐》

一位访美中国女作家，在纽约遇到一位卖花的老太太。老太太穿着破旧，身体虚弱，但脸上的神情却是那样祥和兴奋。女作家挑了一朵花说："看起来，你很高兴。"老太太面带微笑地说："是的，一切都这么美好，我为什么不高兴呢？""对烦恼，你倒真能看得开。"女作家又说了一句。没料到，老太太的回答更令女作家大吃一惊："耶稣在星期五被钉上十字架时，是全世界最糟糕的一天，可三天后就是复活节。所以，当我遇到不幸时，就会等待三天，这样一切就恢复正常了。"

"等待三天"，多么富于哲理的话语，多么乐观的生活方式。它把烦恼和痛苦抛下，全力去收获快乐。

沈从文在"文革"期间，陷入了非人的境地。可他毫不在意，他在咸宁时给他的表侄、画家黄永玉写信说："这里的荷花真好，你若来……"身陷苦难却仍为荷花的盛开欣喜赞叹不已，这是一种趋于澄明的境界，一种旷达洒脱的胸襟，一种面临磨难坦荡从容的气度，一种对生活童子般的热爱和对美好事物无限向往的生命情感。

由此可见，影响一个人快乐的，有时并不是困境及磨难，而是一个人的心态。如果把自己浸泡在积极、乐观、向上的心态中，快乐必然会//占据你的每一天。

—— 节选自《态度创造快乐》

【提示与解析】

易错字词提示

老太太　兴奋　咸宁　澄明　旷达　胸襟　耶稣

内容解析与朗读提示

这篇选段以一位访美女作家遇到乐观向上的老人，引发出对待生活的人生哲理，即："影响一个人快乐的，有时并不是困境及磨难，而是一个人的心态。"这篇文章文风优美洒脱，朗读时应怀有积极向上的心理，轻快明了，富于跳跃感，以表现出对于生活热爱的感情。朗读时注意语速、停顿，如"身陷苦难/却仍为荷花的盛开/欣喜赞叹不已，这是一种趋于澄明的境界，一种旷达洒脱的胸襟，一种面临磨难/坦荡从容的气度，一种对生活童子般的热爱/和对美好事物无限向往的/生命情感。"此句语调逐渐升高，语速渐快。

【拼音对照】

Yī wèi fǎng Měi Zhōngguó nǚzuòjiā, zài Niǔyuē yùdào yī wèi mài huā de lǎotàitai. Lǎotàitai chuānzhuó pòjiù, shēntǐ xū ruò, dàn liǎn • shàng de shénqíng què shì nàyàng xiánghé xīngfèn. Nǚzuòjiā tiāole yī duǒ huā shuō: "Kàn qǐ • lái, nǐ hěn gāoxìng." Lǎotàitai miàn dài wēixiào de shuō: "Shìde, yīqiè dōu zhème měihǎo, wǒ wèishénme bù gāoxìng ne?" "Duì fánnǎo, nǐ dào zhēn néng kàndekāi." Nǚzuòjiā yòu shuōle yī jù. Méi liàodào, lǎotàitai de huídá gèng lìng nǚzuòjiā dàchī-yījīng: "Yēsū zài xīngqīwǔ bèi dìng • shàng shízìjià shí, shì quán shìjiè zuì zāogāo de yī tiān, kě sān tiān hòu jiùshì Fùhuójié. Suǒyǐ, dāng wǒ yùdào bùxìng shí, jiù huì děngdài sān tiān, zhèyàng yīqiè jiù huīfù zhèngcháng le."

"Děngdài sān tiān", duōme fùyú zhélǐ de huàyǔ, duōme lèguān de shēnghuó fāngshì. Tā bǎ fánnǎo hé tòngkǔ pāo • xià, quánlì qù shōuhuò kuàilè.

Shěn Cóngwén zài "wén-gé" qījiān, xiànrùle fēirén de jìngdì. Kě tā háobù zàiyì, tā zài Xiánníng shí gěi tā de biǎozhí、huàjiā Huáng Yǒngyù xiěxìn shuō: "Zhè • lǐ de héhuā zhēn hǎo, nǐ ruò lái……" Shěn xiàn kǔnán què réng wèi héhuā de shèngkāi xīnxǐ zàntàn bùyǐ, zhè shì yī zhǒng qūyú chéngmíng de jìngjiè, yī zhǒng kuàngdá sǎ • tuō de xiōngjīn, yī zhǒng miànlín mónán tǎndàng cóngróng de qìdù, yī zhǒng duì shēnghuó tóngzǐ bān de rè'ài hé duì měihǎo shìwù wúxiàn xiàngwǎng de shēngmìng qínggǎn.

Yóucǐ-kějiàn, yǐngxiǎng yī gè rén kuàilè de, yǒushí bìng bù shì kùnjìng jí mónàn, ér shì yī gè rén de xīntài. Rúguǒ bǎ zìjǐ jìnpào zài jījí、lèguān、xiàngshàng de xīntài zhōng, kuàilè bìrán huì//zhànjù nǐ de měi yī tiān.

——Jiéxuǎn zì《Tài • dù Chuàngzào Kuàilè》

作品 38 号——《泰山极顶》

泰山极顶看日出，历来被描绘成十分壮观的奇景。有人说：登泰山而看不到日出，就像一出大戏没有戏眼，味儿终究有点儿寡淡。

我去爬山那天，正赶上个难得的好天，万里长空，云彩丝儿都不见。素常，烟雾腾腾的山头，显得眉目分明。同伴们都欣喜地说："明天早晨准可以看见日出了。"我也是抱着这种想头，爬上山去。

一路从山脚往上爬，细看山景，我觉得挂在眼前的不是五岳独尊的泰山，却像一幅规模惊人的青绿山水画，从下面倒展开来。在画卷中最先露出的是山根儿底那座明朝建筑岱宗坊，慢慢地便现出王母池、斗母宫、经石峪。山是一层比一层深，一叠比一叠奇，层层叠叠，不知还会有多深多奇。万山丛中，时而点染着极其工细的人物。王母池旁的吕祖殿里有不少尊明塑，塑着吕洞宾等一些人，姿态神情是那样有生气，你看了，不禁会脱口赞叹说："活啦。"

画卷继续展开，绿阴森森的柏洞露面不太久，便来到对松山。两面奇峰对峙着，满山峰都是奇形怪状的老松，年纪怕都有上千岁了，颜色竟那么浓，浓得好像要流下来似的。来到这儿，你不妨权当一次画里的写意人物，坐在路旁的对松亭里，看看山色，听听流//水和松涛。

一时间，我又觉得自己不仅是在看画卷，却又像是在零零乱乱翻着一卷历史稿本。

——节选自杨朔《泰山极顶》

【提示与解析】

易错字词提示

寡淡　终究　素常　腾腾　想头　岱宗坊　经石峪　柏洞

内容解析与朗读提示

这篇选段先是说“登泰山而看不到日出，就像一出大戏没有戏眼”，以引出对泰山游览的抒怀，有身临其境之感。景色层层展开，奇异之景也逐渐展现在人们眼前，令人感受到美不胜收的壮观。以“我”从山脚向上的所见为线索，依次展开各种悦人心目的景色。朗读时应把握节奏，如“山是一层比一层深，一叠比一叠奇，层层叠叠，不知还会有多深多奇”一句，节奏逐渐加快，表达出眼见的景物之多、之奇，以及观赏者心理的变化。还要注意轻声和儿化，如“云彩丝儿”“想头”等。

【拼音对照】

Tài Shān jí dǐng kàn rìchū，lìlái bèi miáohuì chéng shífēn zhuàngguān de qíjǐng. Yǒu rén shuō：Dēng Tài Shān ér kàn • bù dào rìchū，jiù xiàng yī chū dàxì méi • yǒu xìyǎn，wèir zhōngjiū yǒu diǎnr guǎdàn.

Wǒ qù páshān nà tiān，zhèng gǎn • shàng gè nándé de hǎotiān，wànlǐ chángkōng，yúncaisīr dōu bù jiàn. Sùcháng，yānwù téng téng de shāntóu，xiǎn • dé méi • mù fēnmíng. Tóngbànmen dōu xīnxǐ de shuō：“Míngtiān zǎo • chén zhǔn kěyǐ kàn • jiàn rìchū le.” Wǒ yě shì bàozhe zhè zhǒng xiǎngtou，pá • shàng shān • qù.

Yīlù cóng shānjiǎo wǎngshàng pá，xì kàn shānjǐng，wǒ jué • dé guà zài yǎnqián de bù shì Wǔ Yuè dú zūn de Tài Shān，què xiàng yī fú guīmó jīngrén de qīnglǜ shānshuǐhuà，cóng xià • miàn dào zhǎn kāi • lái. Zài huàjuàn zhōng zuì xiān lòuchū de shì shāngēnr dǐ nà zuò Míngcháo jiànzhù Dàizōngfāng，mànmàn de biàn xiànchū Wángmǔchí、Dǒumǔgōng、Jīngshíyù. Shān shì yī céng bǐ yī céng shēn，yī dié bǐ yī dié qí，céngcéng-diédié，bù zhī hái huì yǒu duō shēn duō qí. Wàn shān cóng zhōng，shí'ér diǎnrǎnzhe jíqí gōngxì de rénwù. Wángmǔchí páng de Lǚzǔdiàn • lǐ yǒu bùshǎo zūn míngsù，sùzhe Lǚ Dòngbīn děng yīxiē rén，zī tài shénqíng shì nàyàng yǒu shēngqì，nǐ kàn le，bùjīn huì tuōkǒu zàntàn shuō：“Huó la.”

Huàjuàn jìxù zhǎnkāi，lǜyīn sēnsēn de Bǎidòng lòumiàn bù tài jiǔ，biàn láidào Duìsōngshān. Liǎngmiàn qífēng duìzhìzhe，mǎn shānfēng dōu shì qíxíng-guàizhuàng de lǎosōng，niánjì pà dōu yǒu shàng qiān suì le，yánsè jìng nàme nóng，nóng de hǎo xiàng yào liú xià • lái shìde. Láidào zhèr，nǐ bùfáng quándàng yī cì huà • lǐ de xiěyì rénwù, zuò zài lùpáng de Duìsōngtíng · lǐ, kànkan shānsè, tīngting liú//shuǐ hé sōngtāo.

Yī shíjiān, wǒ yòu jué · dé zìjǐ bùjǐn shì zài kàn huàjuàn, què yòu xiàng shì zài línglíng-luànluàn fānzhe yī juàn lìshǐ gǎoběn.

——Jiéxuǎn zì Yáng Shuò《Tài Shān Jí Dǐng》

作品 39 号——《陶行知的“四块糖果”》

育才小学校长陶行知在校园看到学生王友用泥块砸自己班上的同学，陶行知当即喝止了他，并令他放学后到校长室去。无疑，陶行知是要好好教育这个“顽皮”的学生。那么他是如何教育的呢？

放学后，陶行知来到校长室，王友已经等在门口准备挨训了。可一见面，陶行知却掏出一块糖果送给王友，并说：“这是奖给你的，因为你按时来到这里，而我却迟到了。”王友惊疑地接过糖果。

随后，陶行知又掏出一块糖果放到他手里，说：“这第二块糖果也是奖给你的，因为当我不让你再打人时，你立即就住手了，这说明你很尊重我，我应该奖你。”王友更惊疑了，他眼睛睁得大大的。

陶行知又掏出第三块糖果塞到王友手里，说：“我调查过了，你用泥块砸那些男生，是因为他们不守游戏规则，欺负女生；你砸他们，说明你很正直善良，且有批评不良行为的勇气，应该奖励你啊！”王友感动极了，他流着眼泪后悔地喊道：“陶……陶校长，你打我两下吧！我砸的不是坏人，而是自己的同学啊……”

陶行知满意地笑了，他随即掏出第四块糖果递给王友，说：“为你正确地认识错误，我再奖给你一块糖果，只可惜我只有这一块糖果了。我的糖果//没有了，我看我们的谈话也该结束了吧！”说完，就走出了校长室。

——节选自《教师博览·百期精华》中《陶行知的“四块糖果”》

【提示与解析】

易错字词提示

当即　喝止　立即　随即

内容解析与朗读提示

这篇选段讲述教育家陶行知的教育方法，他没有用传统的方式批评学生，而是用四块糖果使一个犯错误的孩子认识到错误，这种行为体现了一个伟大教育家的魅力。事情是一件小事，但满含陶行知对于一个孩子的关爱，在朗读过程中，第一段校长喝止孩子的时候，应有一定的力度，表现出一种威严，之后校长对孩子的讲话则是温暖而柔软的，朗读的时候也应注意这种情感的变化，并将其表现出来。孩子的话，充满惭愧与悔过，同样地，应该在朗读时表现出来。注意语音知识，“……应该奖励你啊！”中“啊”字读成“呀”。

【拼音对照】

Yùcái Xiǎoxué xiàozhǎng Táo Xíngzhī zài xiàoyuán kàndào xuéshēng Wáng Yǒu yòng níkuài zá zìjǐ bān • shàng de tóngxué，Táo Xíngzhī dāngjí hèzhǐle tā，bìng lìng tā fàngxué hòu dào xiàozhǎngshì qù. Wúyí，Táo Xíngzhī shì yào hǎohǎo jiàoyù zhège “wánpí” de xuésheng. Nàme tā shì rúhé jiàoyù de ne?

Fàngxué hòu，Táo Xíngzhī láidào xiàozhǎngshì，Wáng Yǒu yǐ • jīng děng zài ménkǒu zhǔnbèi āi xùn le. Kě yī jiànmiàn，Táo Xíngzhī què tāochū yī kuài tángguǒ sònggěi Wáng Yǒu，bìng shuō：“Zhè shì jiǎnggěi nǐ de，yīn • wèi nǐ ànshí láidào zhè • lǐ，ér wǒ què chídào le.” Wáng Yǒu jīngyí de jiēguo tángguǒ.

Suíhòu，Táo Xíngzhī yòu tāochū yī kuài tángguǒ fàngdào tā shǒu • lǐ，shuō：“Zhè dì-èr kuài tángguǒ yě shì jiǎnggěi nǐ de，yīn • wèi dāng wǒ bùràng nǐ zài dǎrén shí，nǐ lìjí jiù zhùshǒu le，zhè shuōmíng nǐ hěn zūnzhòng wǒ，wǒ yīnggāi jiǎng nǐ.” Wáng Yǒu gèng jīngyí le，tā yǎnjing zhēng de dàdà de.

Táo Xíngzhī yòu tāochū dì-sān kuài tángguǒ sāidào Wáng Yǒu shǒu • lǐ，shuō：“Wǒ diàocháguo le，nǐ yòng níkuài zá nàxiē nánshēng，shì yīn • wèi tāmen bù shǒu yóuxì guīzé，qīfu nǚshēng；nǐ zá tāmen，shuōmíng nǐ hěn zhèngzhí shànliáng，qiě yǒu pīpíng bùliáng xíngwéi de yǒngqì，yīnggāi jiǎnglì nǐ a!” Wáng Yǒu gǎndòng jí le，tā liúzhe yǎnlèi hòuhuǐ dì hǎndào：“Táo…… Táo xiàozhǎng，nǐ dǎ wǒ liǎng xià ba! Wǒ zá de bù shì huàirén，ér shì zìjǐ de tóngxué a……”

Táo Xíngzhī mǎnyì de xiào le，tā suíjí tāochū dì-sì kuài tángguǒ dìgěi Wáng Yǒu，shuō：“Wéi nǐ zhèngquè de rènshi cuò • wù，wǒ zài jiǎnggěi nǐ yī kuài tángguǒ，zhǐ kěxī wǒ zhǐyǒu zhè yī kuài tángguǒ le. Wǒ de tángguǒ//méi • yǒu le，wǒ kàn wǒmen de tánhuà yě gāi jiéshù le ba!” Shuōwán，jiù zǒuchūle xiàozhǎngshì.

——Jiéxuǎn zì《Jiàoshī Bólǎn • Bǎiqī Jīnghuá》zhōng《Táo Xíngzhī de “Sì Kuài Tángguǒ”》

作品 40 号——《提醒幸福》

享受幸福是需要学习的，当它即将来临的时刻需要提醒。人可以自然而然地学会感官的享乐，却无法天生地掌握幸福的韵律。灵魂的快意同器官的舒适像一对孪生兄弟，时而相傍相依，时而南辕北辙。

幸福是一种心灵的震颤。它像会倾听音乐的耳朵一样，需要不断地训练。简而言之，幸福就是没有痛苦的时刻。它出现的频率并不像我们想象的那样少。人们常常只是在幸福的金马车已经驶过去很远时，才拣起地上的金鬃毛说，原来我见过它。

人们喜爱回味幸福的标本，却忽略它披着露水散发清香的时刻。那时候我们往往步履匆匆，瞻前顾后不知在忙着什么。

世上有预报台风的，有预报蝗灾的，有预报瘟疫的，有预报地震的。没有人预报幸福。

其实幸福和世界万物一样，有它的征兆。

幸福常常是朦胧的，很有节制地向我们喷洒甘霖。你不要总希望轰轰烈烈的幸福，它多半只是悄悄地扑面而来。你也不要企图把水龙头拧得更大，那样它会很快地流失。你需要静静地以平和之心，体验它的真谛。

幸福绝大多数是朴素的。它不会像信号弹似的，在很高的天际闪烁红色的光芒。它披着本色的外衣，亲//切温暖地包裹起我们。

幸福不喜欢喧嚣浮华，它常常在暗淡中降临。贫困中相濡以沫的一块糕饼，患难中心心相印的一个眼神，父亲一次粗糙的抚摸，女友一张温馨的字条……这都是千金难买的幸福啊。像一粒粒缀在旧绸子上的红宝石，在凄凉中愈发熠熠夺目。

——节选自毕淑敏《提醒幸福》

【提示与解析】

易错字词提示

享受　韵律　孪生　相傍　南辕北辙　震颤　频率　金鬃毛　步履　瞻前顾后　蝗灾　瘟疫　征兆　水龙头　喧嚣　熠熠夺目

内容解析与朗读提示

这篇选段以其深刻的思想，揭示幸福的真谛，道出了幸福是需要学习的，是需要提醒的。文章散发着哲理的气息，又不乏美感，朗读时应语气平缓，富含韧性。如“人们喜爱回味幸福的标本，却忽略它披着露水散发清香的时刻。那时候 我们往往步履匆匆，瞻前顾后不知在忙着什么”一句，语速放慢，有一种品味的感觉，可以使句子变得优美。另外，应注意断句问题，如“灵魂的快意/同器官的舒适/像一对孪生兄弟，时而/相傍相依，时而/南辕北辙”，这样读起来使文章节奏感增强。注意语音知识，“这都是千金难买的幸福啊。”“啊”字读成“哇”。

【拼音对照】

Xiǎngshòu xìngfú shì xūyào xuéxí de，dāng tā jíjiāng láilín de shíkè xūyào tíxǐng. Rén kěyǐ zìrán'érrán de xuéhuì gǎn guān de xiǎnglè，què wúfǎ tiānshēng de zhǎngwò xìngfú de yùnlǜ. Línghún de kuàiyì tóng qìguān de shūshì xiàng yī duì luánshēng xiōngdì，shí'ér xiāngbàng-xiāngyī，shí'ér nányuán-běizhé.

Xìngfú shì yī zhǒng xīnlíng de zhènchàn. Tā xiàng huì qīngtīng yīnyuè de ěrduo yīyàng，xūyào bùduàn de xùnliàn. Jiǎn'éryánzhī，xìngfú jiùshì méi • yǒu tòngkǔ de shíkè. Tā chūxiàn de pínlǜ bìng bù xiàng wǒmen xiǎngxiàng de nàyàng shǎo. Rénmen chángcháng zhǐshì zài xìngfú de jīn mǎchē yǐ • jīng shǐ guò • qù hěn yuǎn shí，cái jiǎnqǐ dì • shàng de jīn zōng máoshuō，yuánlái wǒ jiànguo tā.

Rénmen xǐ'ài huíwèi xìngfú de biāoběn，què hūlüè tā pīzhe lù • shuǐ sànfā qīngxiāng de shíkè. Nà shíhou wǒmen wǎngwǎng bùlǚ cōngcōng，zhānqián-gùhòu bù zhīzài mángzhe shénme.

Shì · shàng yǒu yù · bào táifēng de，yǒu yùbào huángzāi de，yǒu yùbào wēnyì de，yǒu yùbào dìzhèn de. Méi · yǒu rén yùbào xìngfú.

Qíshí xìngfú hé shìjiè wànwù yīyàng，yǒu tā de zhēngzhào.

Xìngfú chángcháng shì ménglóng de，hěn yǒu jiézhì de xiàng wǒmen pēnsǎ gānlín. Nǐ bùyào zǒng xīwàng hōnghōng-lièliè de xìngfú，tā duōbàn zhǐshì qiāoqiāo depūmiàn ér lái. Nǐ yě bùyào qǐtú bǎ shuǐlóngtóu nǐng de gèng dà，nàyàng tā huì hěn kuài de liúshī. Nǐ xūyào jìngjìng de yǐ pínghé zhī xīn，tǐyàn tā de zhēn dì.

Xìngfú jué dà duōshù shì pǔsù de. Tā bù huì xiàng xìnhàodàn shìde，zài hěn gāo de tiānjì shǎnshuò hóngsè de guāngmáng. Tā pīzhe běnsè de wài//yī，qīnqiè wēnnuǎn de bāoguǒqǐ wǒmen.

Xìngfú bù xǐhuan xuānxiāo fúhuá，tā chángcháng zài àndàn zhōng jiànglín. Pínkùn zhōng xiāngrúyǐmò de yī kuài gāobǐng，huànnàn zhōng xīnxīn-xiāngyìn de yī gè yǎnshén，fù · qīn yī cì cūcāo de fǔmō，nǚyǒu yī zhāng wēnxīn de zìtiáo …… Zhè dōu shì qiānjīn nán mǎi de xìngfú a. Xiàng yī lìlì zhuì zài jiù chóuzi · shàng de hóngbǎoshí，zài qīliáng zhōng yùfā yìyì duómù.

——Jiéxuǎn zì Bì Shūmǐn《Tíxǐng Xìngfú》

4.5.5 测试用朗读篇目分析与提示第五部分

作品41号——《天才的造就》

在里约热内卢的一个贫民窟里，有一个男孩子，他非常喜欢足球，可是又买不起，于是就踢塑料盒，踢汽水瓶，踢从垃圾箱里拣来的椰子壳儿。他在胡同里踢，在能找到的任何一片空地上踢。

有一天，当他在一处干涸的水塘里猛踢一个猪膀胱时，被一位足球教练看见了。他发现这个男孩儿踢得很像是那么回事，就主动提出要送给他一个足球。小男孩儿得到足球后踢得更卖劲儿了。不久，他就能准确地把球踢进远处随意摆放的一个水桶里。

圣诞节到了，孩子的妈妈说："我们没有钱买圣诞礼物送给我们的恩人，就让我们为他祈祷吧。"

小男孩儿跟随妈妈祈祷完毕，向妈妈要了一把铲子便跑了出去。他来到一座别墅前的花园里，开始挖坑。就在他快要挖好坑的时候，从别墅里走出一个人来，问小孩儿在干什么，孩子抬起满是汗珠的脸蛋儿，说："教练，圣诞节到了，我没有礼物送给您，我愿给您的圣诞树挖一个树坑。"教练把小男孩儿从树坑里拉上来，说，我今天得到了世界上最好的礼物。明天你就到我的训练场去吧。

三年后，这位十七岁的男孩儿在第六届足球锦标赛上独进二十一球，为巴西第一次捧回了金杯。一个原来不//为世人所知的名字——贝利，随之传遍世界。

——节选自刘燕敏《天才的造就》

【提示与解析】

易错字词提示

里约热内卢　干涸　猪膀胱　卖劲　脸蛋儿

内容解析与朗读提示

节选文章讲述了球王贝利儿时对于足球的喜爱，在艰苦的环境下仍然保持乐观、积极的生活态度，最终被足球教练发现并取得成功的故事。朗读中要注意语速快慢的适当结合。比如“于是就踢塑料盒，踢汽水瓶，踢从垃圾箱里拣来的椰子壳。”前两句要快一些，而后一句则可以缓慢一些。在把握语速的同时，也要注意句子中需要重读的音，如“非常喜欢”“任何”“猛踢”“最好的”“第一次”等。另外，这篇文章中的长句子较多，要注意句子的停顿，如“有一天，当他在/一处干涸的水塘里/猛踢一个猪膀胱时，被一位足球教练/看见了”。

【拼音对照】

Zài Lǐyuērènèilú de yī gè pínmínkū • lǐ，yǒu yī gè nánháizi，tā fēicháng xǐhuan zúqiú，kěshì yòu mǎi • bùqǐ，yúshì jiù tī sùliàohér，tī qìshuǐpíng，tī cóng lājīxiāng • lǐ jiǎnlái de yēzikér. Tā zài hútòng • lǐ tī，zài néng zhǎodào de rènhé yī piàn kōngdì • shàng tī.

Yǒu yī tiān，dāng tā zài yī chù gānhé de shuǐtáng • lǐ měng tī yī gè zhū pángguāng shí，bèi yī wèi zúqiú jiàoliàn kàn • jiàn le. Tā fāxiàn zhège nánháir tī de hěn xiàng shì nàme huí shì，jiù zhǔdòng tíchū yào sònggěi tā yī gè zúqiú. Xiǎonánháir dédào zúqiú hòu tī de gèng màijìnr le. Bùjiǔ，tā jiù néng zhǔnquè de bǎ qiú tījìn yuǎnchù suíyì bǎifàng de yīgè shuǐtǒng • lǐ.

Shèngdànjié dào le，háizi de māma shuō：“Wǒmen méi • yǒu qián mǎi shèngdàn lǐwù sònggěi wǒmen de ēnrén，jiù ràng wǒmen wéi tā qídǎo ba.”

Xiǎonánháir gēnsuí māma qídǎo wánbì，xiàng māma yàole yī bǎ chǎnzi biàn pǎole chū • qù. Tā láidào yī zuò biéshù qián de huāyuán • lǐ，kāishǐ wā kēng. Jiù zài tā kuài yào wāhǎo de shíhou，cóng biéshù • lǐ zǒuchū yī gè rén • lái，wèn xiǎoháir zài gàn shénme，háizi táiqǐ mǎn shì hànzhū de liǎndànr，shuō：“Jiàoliàn，Shèngdànjié dào le，wǒ méi • yǒu lǐwù sònggěi nín，wǒ yuàn gěi nín de shèngdànshù wā yīgèshùkēng.” Jiàoliàn bǎ xiǎonánháir cóng shùkēng • lǐ lā shàng • lái，shuō，wǒ jīntiān dédàole shìjiè • shàng zuìhǎo de lǐwù. Míngtiān nǐ jiù dào wǒ de xùnliànchǎng qù ba.

Sān nián hòu，zhè wèi shíqī suì de nánháir zài dì-liù jiè zúqiú jǐnbiāosài • shàng dú jìn èrshíyī qiú，wèi Bāxī dì-yī cì pěnghuíle jīnbēi. Yī gè yuán//lái bùwéi shìrén suǒ zhī de míngzi——Bèilì，suí zhī chuánbiàn shìjiè.

——Jiéxuǎn zì Liú Yànmǐn《Tiāncái de Zàojiù》

作品 42 号——《我的母亲独一无二》

记得我十三岁时，和母亲住在法国东南部的耐斯城。母亲没有丈夫，也没有亲戚，够清苦的，但她经常能拿出令人吃惊的东西，摆在我面前。她从来不吃肉，一再说自己是素食者。然而有一天，我发现母亲正仔细地用一小块碎面包擦那给我煎牛排用的油锅。我明白了她称自己为素食者的真正原因。

我十六岁时，母亲成了耐斯市美蒙旅馆的女经理。这时，她更忙碌了。一天，她瘫在椅子上，脸色苍白，嘴唇发灰。马上找来医生，做出诊断：她摄取了过多的胰岛素。直到这时我才知道母亲多年一直对我隐瞒的疾痛——糖尿病。

她的头歪向枕头一边，痛苦地用手抓挠胸口。床架上方，则挂着一枚我一九三二年赢得耐斯市少年乒乓球冠军的银质奖章。

啊，是对我的美好前途的憧憬支撑着她活下去，为了给她那荒唐的梦至少加一点儿真实的色彩，我只能继续努力，与时间竞争，直至一九三八年我被征入空军。巴黎很快失陷，我辗转调到英国皇家空军。刚到英国就接到了母亲的来信。这些信是由在瑞士的一个朋友秘密地转到伦敦，送到我手中的。

现在我要回家了，胸前佩戴着醒目的绿黑两色的解放十字绶//带，上面挂着五六枚我终生难忘的勋章，肩上还佩戴着军官肩章。到达旅馆时，没有一个人跟我打招呼。原来，我母亲在三年半以前就已经离开人间了。

在她死前的几天中，她写了近二百五十封信，把这些信交给她在瑞士的朋友，请这个朋友定时寄给我。就这样，在母亲死后的三年半的时间里，我一直从她身上吸取着力量和勇气——这使我能够继续战斗到胜利那一天。

——节选自［法］罗曼·加里《我的母亲独一无二》

【提示与解析】

易错字词提示

耐斯城　素食者　美蒙旅馆　摄取　胰岛素　憧憬　辗转　绶带

内容解析与朗读提示

文章表现了一位女性给予儿子的伟大母爱。文章的语言虽然朴实，但是细细品来，却有着挡不住的温情。母亲谎称自己是素食者，隐瞒自己的疾病，将儿子的银质奖杯放在床边当成自己的力量之源，这三个故事看起来很普通，但是所传达的爱意却是不普通的。并且，为了能够让自己的孩子安心地战斗在自己的事业上，在自己病危的时候，没有呼唤孩子回来陪她，反而为孩子写了 250 封信，给予儿子精神的力量。

儿子凯旋归，母亲却早已离世了。是母亲的爱，带来了儿子的那些荣誉。这是一位多么坚强的母亲！因此在我们朗读的时候应该带着崇敬，带着感激，带着对母爱的赞扬之情，这样才能表现出作品的内涵。同时，这是一篇回忆性质的散文，读的时候语速要缓慢一些。

【拼音对照】

Jì · dé wǒ shísān suì shí，hé mǔ · qīn zhù zài Fǎguó dōngnánbù de Nàisī Chéng. Mǔ · qīn méi · yǒu zhàng · fu，yě méi · yǒu qīnqi，gòu qīngkǔ de，dàn tā jīngcháng néng ná · chū lìng rén chījīng de dōngxi，bǎi zài wǒ miànqián. Tā cónglái bù chīròu，yīzài shuō zìjǐ shì sùshízhě. Rán'ér yǒu yī tiān，wǒ fāxiàn mǔ · qīn zhèng zǐxì de yòng yī xiǎo kuàir suì miànbāo cā nà gěi wǒ jiān niúpái yòng de yóuguō. Wǒ míngbaile tā chēng zìjǐ wéi sùshízhě de zhēnzhèng yuányīn.

Wǒ shíliù suì shí，mǔ · qīn chéngle Nàisī Shì Měiméng lǚguǎn de nǚ jīnglǐ. Zhèshí，tā gèng mánglù le. Yī tiān，tā tān zài yǐzǐ · shàng，liǎnsè cāngbái，zuǐchún fā huī. Mǎshàng zhǎolái yīshēng，zuò · chū zhěnduàn：Tā shèqǔle guòduō de yídǎosù. Zhídào zhèshí wǒ cái zhī · dào mǔ · qīn duōnián yīzhí duì wǒ yǐnmán de jítòng——tángniàobìng.

Tā de tóu wāixiàng zhěntou yībiān，tòngkǔ de yòng shǒu zhuānao xiōngkǒu. Chuángjià shàngfāng，zé guàzhe yī méi wǒ yī jiǔ sān èr nián yíngdé Nàisī Shì shàonián pīngpāngqiú guànjūn de yínzhì jiǎngzhāng.

À，shì duì wǒ de měihǎo qiántú de chōngjǐng zhīchēngzhe tā huó xià · qù，wèile gěi tā nà huāng · táng de mèng zhìshǎo jiā yīdiǎnr zhēnshí de sècǎi，wǒ zhǐnéng jìxù nǔlì，yǔ shíjiān jìngzhēng，zhízhì yī jiǔ sān bā nián wǒ bèi zhēng rù kōngjūn. Bālí hěn kuài shīxiàn，wǒ zhǎnzhuǎn diàodào Yīngguó Huángjiā Kōngjūn. Gāng dào Yīngguó jiù jiēdàole mǔ · qīn de láixìn. Zhèxiē xìn shì yóu zài Ruìshì de yī gè péngyou mìmì de zhuǎndào Lúndūn，sòngdào wǒ shǒuzhōng de.

Xiànzài wǒ yào huíjiā le，xiōngqián pèidàizhe xǐngmù de lù-hēi liǎng sè de jiěfàng shízì shòu//dài，shàng · miàn guàzhe wǔ-liù méi wǒ zhōngshēn nánwàng de xūnzhāng，jiān · shàng hái pèidàizhe jūnguān jiānzhāng. Dàodá lǚguǎn shí，méi · yǒu yī gè rén gēn wǒ dǎ zhāohu. Yuánlái，wǒ mǔ · qīn zài sān nián bàn yǐqián jiù yǐ · jīng líkāi rénjiān le.

Zái tā sǐ qián de jǐ tiān zhōng，tā xiěle jìn èrbǎi wǔshí fēng xìn，bǎ zhèxiē xìn jiāogěi tā zài Ruìshì de péngyou，qǐng zhège péngyou dìngshí jì gěi wǒ. Jiù zhèyàng，zài mǔ · qīn sǐ hòu de sān nián bàn de shíjiān · lǐ，wǒ yīzhí cóng tā shēn · shàng xīqǔzhe lì · liàng hé yǒngqì——zhè shǐ wǒ nénggòu jìxù zhàndòu dào shènglì nà yī tiān.

——Jiéxuǎn zì [Fǎ] Luómàn Jiālǐ《Wǒ de Mǔ · qīn Dúyīwú'èr》

作品 43 号——《我的信念》

生活对于任何人都非易事，我们必须有坚韧不拔的精神。最要紧的，还是我们自己要有信心。我们必须相信，我们对每一件事情都具有天赋的才能，并且，无论付出任何代价，都要把这件事完成。当事情结束的时候，你要能问心无愧地说："我已经尽我所能了。"

有一年的春天，我因病被迫在家里休息数周。我注视着我的女儿们所养的蚕正在结茧，这使我很感兴趣。望着这些蚕执著地、勤奋地工作，我感到我和它们非常相似。像它们一样，我总是耐心地把自己的努力集中在一个目标上。我之所以如此，或许是因为有某种力量在鞭策着我——正如蚕被鞭策着去结茧一般。

近五十年来，我致力于科学研究，而研究，就是对真理的探讨。我有许多美好快乐的记忆。少女时期我在巴黎大学，孤独地过着求学的岁月；在后来献身科学的整个时期，我丈夫和我专心致志，像在梦幻中一般，坐在简陋的书房里艰辛地研究，后来我们就在那里发现了镭。

我永远追求安静的工作和简单的家庭生活。为了实现这个理想，我竭力保持宁静的环境，以免受人事的干扰和盛名的拖累。

我深信，在科学方面我们有对事业而不//是对财富的兴趣。我的唯一奢望是在一个自由国家中，以一个自由学者的身份从事研究工作。

我一直沉醉于世界的优美之中，我所热爱的科学也不断增加它崭新的远景。我认定科学本身就具有伟大的美。

——节选自［波兰］玛丽·居里《我的信念》，剑捷译

【提示与解析】

易错字词提示

坚韧不拔　结茧　鞭策　专心致志　镭　拖累　崭新

内容解析与朗读提示

这篇短文展示了一个人在事业和人生都取得巨大成功的情况下能够继续宠辱不惊，是很值得敬佩的，居里夫人给我们做出了榜样。作品以平实的语言，通过生活中的小感悟、小细节，向我们讲述了事业和人生追求的真正动力。我们在朗读时应该以一种平静的口吻来道出作者想要让我们明白的道理：坚韧不拔、顽强不息，经得起名和利的考验，这些是构成一个人事业成功的必备品质。另外，作品的整个感情基调都很坚定，表现了居里夫人对于科学事业坚定不移的态度，因此我们在朗读的时候，停顿的地方不能过多，停顿的时间也不能过长。

【拼音对照】

Shēnghuó duìyú rènhé rén dōu fēi yì shì，wǒmen bìxū yǒu jiānrèn-bùbá de jīngshén. Zuì yàojǐn de，háishì wǒmen zìjǐ yào yǒu xìnxīn. Wǒmen bìxū xiāngxìn，wǒmen duì měi yī jiàn shìqing dōu jùyǒu tiānfù de cáinéng，bìngqiě，wúlùn fùchū rènhé dàijià，dōu yào bǎ zhè jiàn shì wánchéng. Dāng shìqing jiéshù de shíhou，nǐ yào néng wènxīn-wúkuì de shuō：“Wǒ yǐ · jīng jìn wǒ suǒ néng le.”

Yǒu yī nián de chūntiān，wǒ yīn bìng bèipò zài jiā · lǐ xiūxi shù zhōu. Wǒ zhùshìzhe wǒ de nǚ'érmen suǒ yǎng de cán zhèngzài jié jiǎn，zhè shǐ wǒ hěn gǎn xìngqù. Wàngzhe zhèxiē cán zhízhuó de、qínfèn de gōngzuò，wǒ gǎndào wǒ hé tāmen fēicháng xiāngsì. Xiàng tāmen yīyàng，wǒ zǒngshì nài xīn de bǎ zìjǐ de nǔlì jízhōng zài yī gè mùbiāo · shàng. Wǒ zhīsuǒyǐ rúcǐ, huòxǔ shì yīn · wèi yǒu mǒu zhǒng lì · liàng zài biāncèzhe wǒ——zhèng rú cán bèi biāncèzhe qù jié jiǎn yībān.

Jìn wǔshí nián lái, wǒ zhìlìyú kēxué yánjiū, ér yánjiū, jiùshì duì zhēnlǐ de tàntǎo. Wǒ yǒu xǔduō měihǎo kuàilè de jìyì. Shàonǚ shíqī wǒ zài Bālí Dàxué, gūdú de guòzhe qiúxué de suìyuè; zài hòulái xiànshēn kēxué de zhěnggè shíqī, wǒ zhàngfu hé wǒ zhuānxīn-zhìzhì, xiàng zài mènghuàn zhōng yībān, zuò zài jiǎnlòu de shūfáng · lǐ jiānxīn de yánjiū, hòulái wǒmen jiù zài nà · lǐ fāxiàn le léi.

Wǒ yǒngyuǎn zhuīqiú ānjìng de gōngzuò hé jiǎndān de jiātíng shēnghuó. Wèile shíxiàn zhège lǐxiǎng, wǒ jiélì bǎochí níngjìng de huánjìng, yǐmiǎn shòu rénshì de gānrǎo hé shèngmíng de tuōlěi.

Wǒ shēnxìn, zài kēxué fāngmiàn wǒmen yǒu duì shìyè ér bù//shìduì cáifù de xìngqù. Wǒ de wéiyī shēwàng shì zài yī gē zìyóu guójiā zhōng, yǐ yī gē zìyóu xuézhě de shēn · fèn cóngshì yánjiū gōngzuò.

Wǒ yīzhí chénzuì yú shìjiè de yōuměi zhīzhōng, wǒ suǒ rè'ài de kēxué yě bùduàn zēngjiā tā zhǎnxīn de yuǎnjǐng. Wǒ rèndìng kēxué běnshēn jiù jùyǒu wěidà de měi.

——Jiéxuǎn zì [Bōlán] Mǎlì Jūlǐ《Wǒ de Xìnniàn》, Jiàn Jié yì

作品 44 号——《我为什么当教师》

我为什么非要教书不可？是因为我喜欢当教师的时间安排表和生活节奏。七、八、九三个月给我提供了进行回顾、研究、写作的良机，并将三者有机融合，而善于回顾、研究和总结正是优秀教师素质中不可缺少的成分。

干这行给了我多种多样的“甘泉”去品尝，找优秀的书籍去研读，到“象牙塔”和实际世界里去发现。教学工作给我提供了继续学习的时间保证，以及多种途径、机遇和挑战。

然而，我爱这一行的真正原因，是爱我的学生。学生们在我的眼前成长、变化。当教师意味着亲历“创造”过程的发生——恰似亲手赋予一团泥土以生命，没有什么比目睹它开始呼吸更激动人心的了。

权利我也有了：我有权利去启发诱导，去激发智慧的火花，去问费心思考的问题，去赞扬回答的尝试，去推荐书籍，去指点迷津。还有什么别的权利能与之相比呢？

而且，教书还给我金钱和权利之外的东西，那就是爱心。不仅有对学生的爱，对书籍的爱，对知识的爱，还有教师才能感受到的对“特别”学生的爱。这些学生，有如冥顽不灵的泥块，由于接受了老师的炽爱才勃发了生机。

所以，我爱教书，还因为，在那些勃发生机的“特别”学//生身上，我有时发现自己和他们呼吸相通，忧乐与共。

——节选自 [美] 彼得 · 基 · 贝得勒《我为什么当教师》

【提示与解析】

易错字词提示

启发诱导　指点迷津　冥顽不灵　炽爱

内容解析与朗读提示

作品向我们展示了一位教师对于自己岗位的热爱。全文感情基调积极乐观，文字间流露出对学生的关爱。第四段中的六个排比句，“我有权利去启发诱导，去激发智慧的火花，去问费心思考的问题，去赞扬回答的尝试，去推荐书籍，去指点迷津。”则应该采取抑扬相间的语调方式比较妥当。上述的语调掌握方式同样适用于第五段中的排比句。另外，注意停顿，如“我有权利/去启发诱导，去激发/智慧的火花，去问/费心思考的问题，去赞扬/回答的尝试，去/推荐书籍，去/指点迷津。”

【拼音对照】

Wǒ wèishénme fēi yào jiāoshū bùkě? Shì yīn · wèi wǒ xǐhuan dāng jiàoshī de shíjiān ānpáibiǎo hé shēnghuó jiézòu. Qī、bā、jiǔ sān gè yuè gěi wǒ tígōngle jìnxíng huígù、yánjiū、xiězuò de liángjī，bìng jiāng sānzhě yǒujī rónghé，ér shànyú huígù、yánjiū hé zǒngjié zhèngshì yōuxiù jiàoshī sùzhì zhōng bùkě quēshǎo de chéng · fèn.

Gàn zhè háng gěile wǒ duōzhǒng-duōyàng de “gānquán” qù pǐncháng，zhǎo yōuxiù de shūjí qù yándú，dào “xiàngyátǎ” hé shíjì shìjiè · lǐ qù fāxiàn. Jiàoxué gōngzuò gěi wǒ tígōngle jìxù xuéxí de shíjiān bǎozhèng，yǐjí duōzhǒng tújìng、jīyù hé tiǎozhàn.

Rán'ér，wǒ ài zhè yī háng de zhēnzhèng yuányīn，shì ài wǒ de xuésheng. Xuéshengmen zài wǒ de yǎnqián chéngzhǎng、biànhuà. Dāng jiàoshī yìwèizhe qīnlì “chuàngzào” guòchéng de fāshēng——qiàsì qīnshǒu fùyǔ yī tuán nítǔ yǐ shēngmìng，méi · yǒu shénme bǐ mùdǔ tā kāishǐ hūxī gèng jīdòng rénxīn de le.

Quánlì wǒ yě yǒu le：Wǒ yǒu quánlì qù qǐfā yòudǎo，qù jīfā zhìhuì de huǒhuā，qù wèn fèixīn sīkǎo de wèntí，qù zànyáng huídá de chángshì，qù tuījiàn shūjí，qù zhǐdiǎn míjīn. Háiyǒu shénme biéde quánlì néng yǔ zhī xiāng bǐ ne?

Érqiě，jiāoshū hái gěi wǒ jīnqián hé quánlì zhīwài de dōngxi，nà jiùshì àixīn. Bùjǐn yǒu duì xuésheng de ài，duì shūjí de ài，duì zhīshi de ài，háiyǒu jiàoshī cái néng gǎnshòudào de duì “tèbié” xuésheng de ài. Zhèxiē xuésheng，yǒurú míngwán-bùlíng de níkuài，yóu yú jiēshòule lǎoshī de chì'ài cái bófāle shēngjī.

Suǒyǐ，wǒ ài jiāoshū，hái yīn · wèi，zài nàxiē bófā shēngjī de “tèbié” xué// sheng shēn · shàng，wǒ yǒushí fāxiàn zìjǐ hé tāmen hūxī xiāngtōng，yōulè yǔ gòng.

——Jiéxuǎn zì [Měi] Bǐdé Jī Bèidélè《Wǒ Wèishénme Dāng Jiàoshī》

作品 45 号——《西部文化和西部开发》

中国西部我们通常是指黄河与秦岭相连一线以西，包括西北和西南的十二个省、市、自治区。这块广袤的土地面积为五百四十六万平方公里，占国土总面积的百分之五十七；人口二点八亿，占全国总人口的百分之二十三。

西部是华夏文明的源头。华夏祖先的脚步是顺着水边走的；长江上游出土过元谋人牙齿化石，距今约一百七十万年；黄河中游出土过蓝田人头盖骨，距今约七十万年。这两处古人类都比距今约五十万年的北京猿人资格更老。

西部地区是华夏文明的重要发源地。秦皇汉武以后，东西方文化在这里交汇融合，从而有了丝绸之路的驼铃声声，佛院深寺的暮鼓晨钟。敦煌莫高窟是世界文化史上的一个奇迹，它在继承汉晋艺术传统的基础上，形成了自己兼收并蓄的恢宏气度，展现出精美绝伦的艺术形式和博大精深的文化内涵。秦始皇兵马俑、西夏王陵、楼兰古国、布达拉宫、三星堆、大足石刻等历史文化遗产，同样为世界所瞩目，成为中华文化重要的象征。

西部地区又是少数民族及其文化的集萃地，几乎包括了我国所有的少数民族。在一些偏远的少数民族地区，仍保留//了一些久远时代的艺术品种，成为珍贵的"活化石"。如纳西古乐、戏曲、剪纸、刺绣、岩画等民间艺术和宗教艺术。特色鲜明、丰富多彩，犹如一个巨大的民族民间文化艺术宝库。

我们要充分重视和利用这些得天独厚的资源优势，建立良好的民族民间文化生态环境，为西部大开发做出贡献。

——节选自《中考语文课外阅读试题精选》中《西部文化和西部开发》

【提示与解析】

易错字词提示

广袤　元谋　头盖骨　驼铃声声　佛院深寺　暮鼓晨钟　兼收并蓄　恢宏气度
精美绝伦　博大精深　西夏王陵　楼兰古国　布达拉宫　三星堆　大足石刻　集萃地

内容解析与朗读提示

该作品表现了作者对中国西部地区的热爱与自豪之情，因此在朗读该作品时应感情饱满。第一段是对西部地区的地理要素的简单介绍，在朗读时语调不需要有过多的高低变化，第二、三、四段分别阐述了西部的重要性，在第三、四段中出现了有较多并列词组的句子，在朗读该类句子时，语速要稍快，注意停顿，吐字清晰，如"始皇兵马俑、西夏王陵、楼兰古国、布达拉宫、三星堆、大足石刻等历史文化遗产"。另外，在强调西部对于华夏文明的重要性的时候，如"西部地区是华夏文明的重要发源地，秦皇汉武以后，东西方文化在这里交汇融合，从而有了丝绸之路的驼铃声声，佛院深寺的暮鼓晨钟。"朗读时要节奏舒缓、降调。

【拼音对照】

Zhōngguó xībù wǒmen tōngcháng shì zhǐ Huáng Hé yǔ Qín Lǐng xiānglián yī xiàn yǐxī，bāokuò xīběi hé xīnán de shí'èr gè shěng、shì、zìzhìqū. Zhè kuài guǎngmào de tǔdì miànjī wéi wǔbǎi sìshíliù wàn píngfāng gōnglǐ，zhàn guótǔ zǒng miànjī de bǎi fēn zhī wǔshíqī；rénkǒu èr diǎn bā yì，zhàn quánguó zǒng rénkǒu de bǎi fēn zhī èrshísān.

Xībù shì Huáxià wénmíng de yuántóu. Huáxià zǔxiān de jiǎobù shì shùnzhe shuǐbiān zǒu de；Cháng Jiāng shàngyóu chūtǔguo Yuánmóurén yáchǐ huàshí，jù jīn yuē yībǎi qīshí wàn nián; Huáng Hé zhōngyóu chūtǔguo Lántiánrén tóugàigǔ, jù jīn yuē qīshí wàn nián. Zhè liǎng chù gǔ rénlèi dōu bǐ jù jīn yuē wǔshí wàn nián de Běijīng yuánrén zī • gé gèng lǎo.

Xībù dìqū shì Huá Xià wénmíng de zhòngyào fāyuándì. Qínhuáng Hànwǔ yǐhòu, dōng-xīfāng wénhuà zài zhè • lǐ jiāohuì rónghé, cóng'ér yǒule sīchóu zhī lù de tuólíng shēngshēng, fó yuàn shēn sì de mùgǔ-chénzhōng. Dūnhuáng Mògāokū shì shìjiè wénhuàshǐ • shàng de yī gè qíjì, tā zài jìchéng Hàn Jìn yìshù chuántǒng de jīchǔ • shàng, xíngchéngle zìjǐ jiānshōu-bìngxù de huīhóng qìdù, zhǎnxiànchū jīngměi-juélún de yìshù xíngshì hé bódà—jīngshēn de wénhuà nèihán. Qínshǐhuáng Bīngmǎyǒng、Xīxià wánglíng、Lóulán gǔguó、Bùdálāgōng、Sānxīngduī、Dàzú shíkè děng lìshǐ wénhuà yíchǎn, tóngyàng wéi shìjiè suǒ zhǔmù, chéngwéi Zhōnghuá wénhuà zhòngyào de xiàngzhēng.

Xībù dìqū yòu shì shǎoshù mínzú jíqí wénhuà de jícuìdì, jīhū bāokuòle wǒguó suǒyǒu de shǎoshù mínzú. Zài yīxiē piānyuǎn de shǎoshù mínzú dìqū, réng bǎoliú//le yīxiē jiǔyuǎn shídài de yìshù pǐnzhǒng, chéngwéi zhēnguì de “huó huàshí” . rú Nàxī gǔyuè、xìqǔ、jiǎnzhǐ、cìxiù、yánhuà děng mínjiān yìshù hé zōngjiào yìshù. Tèsè xiānmíng、fēngfù-duōcǎi, yóurú yī gè jùdà de mínzú mínjiān wénhuà yìshù bǎokù.

Wǒmen yào chōngfèn zhòngshì hé lìyòng zhèxiē détiān-dúhòu de zīyuán yōushì, jiànlì liánghǎo de mínzú mínjiān wénhuà shēngtài huánjìng, wèi xībù dà kāifā zuòchū gòngxiàn.

——Jiéxuǎn zì《Zhōngkǎo Yǔwén Kèwài Yuèdú Shìtí Jīngxuǎn》
zhōng《Xībù Wénhuà hé Xībù Kāifā 》

作品 46 号——《喜悦》

高兴，这是一种具体的被看得到摸得着的事物所唤起的情绪。它是心理的，更是生理的。它容易来也容易去，谁也不应该对它视而不见失之交臂，谁也不应该总是做那些使自己不高兴也使旁人不高兴的事。让我们说一件最容易做也最令人高兴的事吧，尊重你自己，也尊重别人，这是每一个人的权利，我还要说这是每一个人的义务。

快乐，它是一种富有概括性的生存状态、工作状态。它几乎是先验的，它来自生命本身的活力，来自宇宙、地球和人间的吸引，它是世界的丰富、绚丽、阔大、悠久的体现。快乐还是一种力量，是埋在地下的根脉。消灭一个人的快乐比挖掘掉一棵大树的根要难得多。

欢欣，这是一种青春的、诗意的情感。它来自面向着未来伸开双臂奔跑的冲力，它来自一种轻松而又神秘、朦胧而又隐秘的激动，它是激情即将到来的预兆，它又是大雨过后的比下雨还要美妙得多也久远得多的回味……

喜悦，它是一种带有形而上色彩的修养和境界。与其说它是一种情绪，不如说它是一种智慧、一种超拔、一种悲天悯人的宽容和理解，一种饱经沧桑的充实和自信，一种光明的理性，一种坚定//的成熟，一种战胜了烦恼和庸俗的清明澄澈。它是一潭清水，它是一抹朝霞，它是无边的平原，它是沉默的地平线，多一点儿、再多一点儿喜悦吧，它是翅膀，也是归巢。它是一杯美酒，也是一朵永远开不败的莲花。

——节选自王蒙《喜悦》

【提示与解析】

易错字词提示

绚丽　超拔　悲天悯人　饱经沧桑　成熟　澄澈　一抹

内容解析与朗读提示

这是一篇充满着美好情感的散文，作者通过这些美好的文字想要让读者认识到生活中充满着快乐、欢欣和喜悦是多么幸福的一件事情。因此在朗读的时候，节奏要轻盈欢快，做到快中有慢、快慢相间，语调也要处理得抑扬顿挫，充满韵律美。文章中，“与其说它是一种情绪，不如说它是一种智慧、一种超拔、一种悲天悯人的宽容和理解，一种饱经沧桑的充实和自信，一种光明的理性，一种坚定的成熟，一种战胜了烦恼和庸俗的清明澄澈。”整个句子的感情基调是上扬的，语速渐快，在朗读的时候要注意语法停顿。

【拼音对照】

Gāoxìng，zhè shì yī zhǒng jùtǐ de bèi kàndedào mōdezháo de shìwù suǒ huànqǐ de qíng • xù. Tā shì xīnlǐ de，gèng shì shēnglǐ de. Tā róng • yì lái yě róng • yì qù，shéi yě bù yīnggāi duì tā shì'érbùjiàn shīzhījiāobì，shéi yě bù yīnggāi zǒngshì zuò nàxiē shǐ zìjǐ bù gāoxīng yě shǐ pángrén bù gāoxīng de shì. Ràng wǒmen shuō yī jiàn zuì róng • yì zuò yě zuì lìng rén gāoxīng de shì ba，zūnzhòng nǐ zìjǐ，yě zūnzhòng bié • rén，zhè shì měi yī gè rén de quánlì，wǒ háiyào shuō zhè shì měi yī gè rén de yìwù.

Kuàilè，tā shì yī zhǒng fùyǒu gàikuòxìng de shēngcún zhuàngtài、gōngzuò zhuàngtài. Tā jīhū shì xiānyàn de，tā láizì shēngmìng běnshēn de huólì，láizì yǔzhòu、dìqiú hé rénjiān de xīyǐn，tā shì shìjiè de fēngfù、xuànlì、kuòdà、yōujiǔ de tǐxiàn. Kuàilè háishì yī zhǒng lì • liàng，shì mái zài dìxià de gēnmài. Xiāomiè yī gè rén de kuàilè bǐ wājué diào yī kē dàshù de gēn yào nán de duō.

Huānxīn，zhè shì yī zhǒng qīngchūn de、shīyì de qínggǎn. Tā láizì miànxiàngzhe wèilái shēnkāi shuāngbì bēnpǎo de chōnglì，tā láizì yī zhǒng qīngsōng ér yòu shénmì、ménglóng ér yòu yǐnmì de jīdòng，tā shì jīqíng jíjiāng dàolái de yùzhào，tā yòu shì dàyǔ gòuhòu de bǐ xiàyǔ háiyào měimiào de duō yě jiǔyuǎn dé duō de huíwèi……

Xǐyuè，tā shì yī zhǒng dàiyǒu xíng ér shàng sècǎi de xiūyǎng hé jìngjiè. Yǔqí shuō tā shì yī zhǒng qíng • xù，bùrú shuō tā shì yī zhǒng zhìhuì、yī zhǒng chāobá、yī zhǒng bēitiān-mǐnrén de kuānróng hé lǐjiě，yī zhǒng bǎojīng-cāngsāng de chōngshí hé zìxìn，yī zhǒng guāngmíng de lǐxìng，yī zhǒng jiāndìng//de chéngshú，yī zhǒng zhànshèngle fánnǎo hé yōngsú de qīngmíng chéngchè. Tā shì yī tán qīngshuǐ，tā shì yī mǒ zhāoxiá， tā shì wúbiān de píngyuán，tā shì chénmò de dìpíngxiàn，Duō yīdiǎnr、zài duō yīdiǎnr xǐyuè ba，tā shì chìbǎng，yě shì guīcháo. Tā shì yī bēi měijiǔ，yě shì yī duǒ yǒngyuǎn kāi bù bài de liánhuā.

——Jiéxuǎn zì Wáng Méng《Xǐyuè》

作品 47 号——《香港：最贵的一棵树》

在湾仔，香港最热闹的地方，有一棵榕树，它是最贵的一棵树，不光在香港，在全世界，都是最贵的。

树，活的树，又不卖何言其贵？只因它老，它粗，是香港百年沧桑的活见证，香港人不忍看着它被砍伐，或者被移走，便跟要占用这片山坡的建筑者谈条件：可以在这儿建大楼盖商厦，但一不准砍树，二不准挪树，必须把它原地精心养起来，成为香港闹市中的一景。太古大厦的建设者最后签了合同，占用这个大山坡建豪华商厦的先决条件是同意保护这棵老树。

树长在半山坡上，计划将树下面的成千上万吨山石全部掏空取走，腾出地方来盖楼，把树架在大楼上面，仿佛它原本是长在楼顶上似的。建设者就地造了一个直径十八米、深十米的大花盆，先固定好这棵老树，再在大花盆底下盖楼。光这一项就花了两千三百八十九万港币，堪称是最昂贵的保护措施了。

太古大厦落成之后，人们可以乘滚动扶梯一次到位，来到太古大厦的顶层，出后门，那儿是一片自然景色。一棵大树出现在人们面前，树干有一米半粗，树冠直径足有二十多米，独木成林，非常壮观，形成一座以它为中心的小公园，取名叫“榕圃”。树前面//插着铜牌，说明缘由。此情此景，如不看铜牌的说明，绝对想不到巨树根底下还有一座宏伟的现代大楼。

——节选自舒乙《香港：最贵的一棵树》

【提示与解析】

易错字词提示

挪　合同　堪称　榕圃

内容解析与朗读提示

这篇选段向人们介绍了一棵最贵的树，这棵树贵的不是它的材质和品种，贵在人们爱护它，花了大价钱保护它。可是，人们为什么会愿意花大价钱来保护它呢？这就是作品要向我们解答的疑惑了。因此，我们在朗读时，要运用声音技巧，准确地传达文意。如“最热闹”“最贵”“全世界”等带有强调性的词语，朗读时需要重读，这样能够更好地表现出对于这棵树那么贵的疑惑。再比如第三段中的“成千上万吨山石”“直径十八米、深十米”“两千三百八十九万”等描述性词语，也需要重读，语气的加强能够让我们明白这个树真正的价值所在。

【拼音对照】

Zài Wānzǎi，Xiānggǎng zuì rènao de dìfang，yǒu yī kē róngshù，tā shì zuì guì de yī kē shù，bùguāng zài Xiānggǎng，zài quánshìjiè，dōu shì zuì guì de.

Shù，huó de shù，yòu bù mài hé yán qí guì? Zhī yīn tā lǎo，tā cū，shì Xiānggǎng bǎinián cāngsāng de huó jiànzhèng，Xiānggǎngrén bùrěn kànzhe tā bèi kǎnfá，huòzhě bèi yízǒu，biàn gēn yào zhànyòng zhè piàn shānpō de jiànzhùzhě tán tiáojiàn：Kěyǐ zài zhèr jiàn dàlóu gài shāngshà，dàn yī bùzhǔn kǎn shù，èr bùzhǔn nuó shù，bìxū bǎ tā yuándì jīngxīn yǎng qǐ · lái，chéngwéi Xiānggǎng nàoshì zhōng de yī jǐng. Tàigǔ Dàshà de jiànshèzhě zuìhòu qiānle hétong，zhànyòng zhège dà shānpō jiàn háohuá shāngshà de xiānjué tiáojiàn shì tóngyì bǎohù zhè kē lǎoshù.

Shù zhǎng zài bànshānpō · shàng，jìhuà jiāng shù xià · miàn de chéngqiān-shàngwàn dūn shānshí quánbù tāokōng qǔzǒu，téngchū dìfang · lái gài lóu，bǎ shù jià zài dàlóu shàng · miàn，fǎngfú tā yuánběn shì zhǎng zài lóudǐng · shàng shìde. Jiànshèzhě jiùdì zàole yī gè zhíjìng shíbā mǐ、shēn shí mǐ de dà huāpén，xiān gùdìng hǎo zhè kē lǎoshù，zài zài dà huāpén dǐ · xià gài lóu. Guāng zhè yī xiàng jiù huāle liǎngqiān sānbǎi bāshíjiǔ wàn gǎngbì，kānchēng shì zuì ánggùi de bǎohù cuòshī le.

Tàigǔ Dàshà luòchéng zhīhòu，rénmen kěyǐ chéng gǔndòng fútī yī cì dàowèi，láidào Tàigǔ Dàshà de dǐngcéng，chū hòumén，nàr shì yī piàn zìrán jǐngsè. Yī kē dàshù chūxiàn zài rénmen miànqián，shùgàn yǒu yī mǐ bàn cū，shūguān zhíjìng zú yǒu èrshí duō mǐ，dúmù-chénglín，fēicháng zhuàngguān，xíngchéng yī zuò yǐ tā wéi zhōngxīn de xiǎo gōngyuán，qǔ míng jiào “Róngpǔ” . Shù qián · miàn//chāzhe tóngpái，shuōmíng yuányóu. Cǐqíng cǐjǐng，rú bù kàn tóngpái de shuōmíng，juéduì xiǎng · bùdào jùshùgēn dǐ · xià hái yǒu yī zuò hóngwěi de xiàndài dàlóu.

——Jiéxuǎn zì Shū Yǐ《Xiānggǎng：Zuì guì de Yī Kē Shù》

作品 48 号——《小鸟的天堂》

我们的船渐渐地逼近榕树了。我有机会看清它的真面目：是一棵大树，有数不清的丫枝，枝上又生根，有许多根一直垂到地上，伸进泥土里。一部分树枝垂到水面，从远处看，就像一棵大树斜躺在水面上一样。

现在正是枝繁叶茂的时节。这棵榕树好像在把它的全部生命力展示给我们看。那么多的绿叶，一簇堆在另一簇的上面，不留一点儿缝隙。翠绿的颜色明亮地在我们的眼前闪耀，似乎每一片树叶上都有一个新的生命在颤动，这美丽的南国的树！

船在树下泊了片刻，岸上很湿，我们没有上去。朋友说这里是“鸟的天堂”，有许多鸟在这棵树上做窝，农民不许人去捉它们。我仿佛听见几只鸟扑翅的声音，但是等到我的眼睛注意地看那里时，我却看不见一只鸟的影子。只有无数的树根立在地上，像许多根木桩。地是湿的，大概涨潮时河水常常冲上岸去。“鸟的天堂”里没有一只鸟，我这样想到。船开了，一个朋友拨着船，缓缓地流到河中间去。

第二天，我们划着船到一个朋友的家乡去，就是那个有山有塔的地方。从学校出发，我们又经过那“鸟的天堂”。

这一次是在早晨，阳光照在水面上，也照在树梢上。一切都//显得非常光明。我们的船也在树下泊了片刻。

起初四周非常清静，后来忽然起了一声鸟叫。我们把手一拍，便看见一只大鸟飞了起来，接着又看见第二只，第三只。我们继续拍掌，很快地这个树林就变得很热闹了。到处都是鸟声，到处都是鸟影。大的，小的，花的，黑的，有的站在枝上叫，有的飞起来，在扑翅膀。

——节选自巴金《小鸟的天堂》

【提示与解析】

易错字词提示

枝繁叶茂　一簇　缝隙　颤动　泊了　拨着　树梢

内容解析与朗读提示

巴金先生在作品中向我们展示了一棵神奇的榕树，在这棵树上住满了鸟儿们。他两次经过这棵树，看到了两次不同的景象。大榕树的庞大、茂盛，成为了鸟儿们的天堂，体现了作者对大自然的热爱，对生命的热爱。在朗读时，语速不宜过快，语调应该舒缓，语气亲切，充满着热爱赞美之情。另外，掌握相应的语音知识，文章中“一”字变调和轻音较多，如“一直”“一部分”“一簇”“早晨”“水面上”“树梢上”等。

【拼音对照】

Wǒmen de chuán jiànjiàn de bījìn róngshù le. Wǒ yǒu jī • huì kànqīng tā de zhēn miànmù：Shì yī kē dàshù，yǒu shǔ • bùqīng de yāzhī，zhī • shàng yòu shēnggēn，yǒu xǔduō gēn yīzhí chuídào dì • shàng，shēnjìn nítǔ • lǐ. Yī bùfēn shùzhī chuídào shuǐmiàn，cóng yuǎnchù kàn，jiù xiàng yī kē dàshù xié tǎng zài shuǐmiàn • shàng yīyàng.

Xiànzài zhèngshì zhīfán-yèmào de shíjié. Zhè kē róngshù hǎoxiàng zài bǎ tā de quánbù shēngmìnglì zhǎnshì gěi wǒmen kàn. Nàme duō de lǜ yè，yī cù duī zài lìng yī cù de shàng • miàn，bù liú yīdiǎnr fèngxì. Cuìlǜ de yánsè míngliàng de zài wǒmen de yǎnqián shǎnyào，sìhū měi yī piàn shùyè • shàng dōu yǒu yī gè xīn de shēngmìng zài chàndòng，zhè měilì de nánguó de shù!

Chuán zài shù • xià bóle piànkè，àn • shàng hěn shī，wǒmen méi • yǒu shàng • qù. Péngyou shuō zhè • lǐ shì “niǎo de tiāntáng”，yǒu xǔduō niǎo zài zhè kē shù • shàng zuò wō，nóngmín bùxǔ rén qù zhuō tāmen. Wǒ fǎngfú tīng • jiàn jǐ zhī niǎo pū chì de shēngyīn，dànshì děngdào wǒ de yǎnjing zhùyì de kàn nà • lǐ shí，wǒ què kàn • bùjiàn yī zhī niǎo de yǐngzi. Zhǐyǒu wúshù de shùgēn lì zài dì • shàng，xiàng xǔduō gēn mùzhuāng. Dì shì shī de，dàgài zhǎngcháo shí héshuǐ chángcháng chōng • shàng àn • qù. “Niǎo de tiāntáng” • lǐ méi • yǒu yī zhī niǎo，wǒ zhèyàng xiǎngdào. Chuán kāi le，yī gè péngyou bōzhe chuán，huǎnhuǎn de liúdào hé zhōngjiān qù.

Dì-èr tiān, wǒmen huázhe chuán dào yī gè péngyou de jiāxiāng qù, jiùshì nàgè yǒu shān yǒu tǎ de dìfang. Cóng xuéxiào chūfā, wǒmen yòu jīngguò nà "niǎo de tiāntáng".

Zhè yī cì shì zài zǎo · chén, yángguāng zhào zài shuǐmiàn · shàng, yě zhào zài shùshāo · shàng. Yīqiè dōu//xiǎn · dé fēicháng guāngmíng. Wǒmen de chuán yě zài shù · xià bóle piànkè.

Qǐchū sìzhōuwéi fēicháng qīngjìng, Hòulái hūrán qǐle yī shēng niǎojiào. Wǒmen bǎ shǒu yī pāi, biàn kàn · jiàn yī zhī dàniǎo fēile qǐlái, jiēzhe yòu kànjiàn dì-èr zhī, dì-sān zhī. Wǒmēn jìxù pāizhǎng, hěn kuài de zhège shùlín jiù biàn de hěn rènao le. Dàochù dōu shì niǎo shēng, dàochù dōu shì niǎo yǐng. Dà de, xiǎo de, huā de, hēi de, yǒude zhàn zài zhī · shàng jiào, yǒude fēi qǐ · lái, zài pū chìbǎng.

——Jiéxuǎn zì Bā Jīn《Xiǎoniǎo de Tiāntáng》

作品 49 号——《野草》

有这样一个故事。

有人问：世界上什么东西的气力最大？回答纷纭得很，有的说"象"，有的说"狮"，有人开玩笑似的说：是"金刚"，金刚有多少气力，当然大家全不知道。

结果，这一切答案完全不对，世界上气力最大的，是植物的种子。一粒种子所可以显现出来的力，简直是超越一切。

人的头盖骨，结合得非常致密与坚固，生理学家和解剖学者用尽了一切的方法，要把它完整地分出来，都没有这种力气。后来忽然有人发明了一个方法，就是把一些植物的种子放在要剖析的头盖骨里，给它以温度与湿度，使它发芽。一发芽，这些种子便以可怕的力量，将一切机械力所不能分开的骨骼，完整地分开了。植物种子的力量之大，如此如此。

这，也许特殊了一点儿，常人不容易理解。那么，你看见过笋的成长吗？你看见过被压在瓦砾和石块下面的一棵小草的生长吗？它为着向往阳光，为着达成它的生之意志，不管上面的石块如何重，石与石之间如何狭，它必定要曲曲折折地，但是顽强不屈地透到地面上来。它的根往土壤钻，它的芽往地面挺，这是一种不可抗拒的力，阻止它的石块，结果也被它掀翻，一粒种子的力量之大，如//此如此。

没有一个人将小草叫做"大力士"，但是它的力量之大，的确是世界无比。这种力是一般人看不见的生命力。只要生命存在，这种力就要显现。上面的石块，丝毫不足以阻挡。因为它是一种"长期抗战"的力；有弹性，能屈能伸的力；有韧性，不达目的不止的力。

——节选自夏衍《野草》

【提示与解析】

易错字词提示

气力　致密　解剖　湿度　机械力　瓦砾　生之意志　往土壤钻　不可抗拒　掀翻

内容解析与朗读提示

这是一篇具有启迪意义的作品。小草和种子虽然微不足道，但却有着惊人的力量，它们能屈能伸，积极乐观，能够冲破一切阻力，达到自己的目标。在朗读时，感情基调应该客观而又坚定，除最后一段采用升调外，其余采用平调。如第五段中的“它为着向往阳光，为着达成它的生之意志，不管上面的石块如何重，石与石之间如何狭，它必定要曲曲折折地，但是顽强不屈地透到地面上来。”这句话，我们在朗读时语调要随着文意的推进而变得激越、高昂。另外，朗读时注意词语的准确性，如“气力”“头盖骨”，很多应试者误读成“力气”“头骨盖”。

【拼音对照】

Yǒu zhèyàng yī gè gùshi.

Yǒu rén wèn：Shìjiè • shàng shénme dōngxi de qìlì zuì dà? Huídá fēnyún de hěn，yǒude shuō “xiàng”，yǒude shuō “shī”，yǒu rén kāi wánxiào shìde shuō：shì “Jīngāng”，Jīngāng yǒu duō • shǎo qìlì，dāngrán dàjiā quán bù zhī • dào.

Jiéguǒ，zhè yīqiè dá'àn wánquán bù duì，shìjiè • shàng qìlì zuì dà de，shì zhíwù de zhǒngzi. Yī lì zhǒngzi suǒ kěyǐ xiǎnxiàn chū • lái de lì，jiǎnzhí shì chāoyuè yīqiē.

Rén de tóugàigǔ，jiéhé de fēicháng zhìmì yǔ jiāngù，shēnglǐxuéjiā hé jiěpōuxuézhě yòngjìnle yīqiè de fāngfǎ，yào bǎ tā wánzhěng de fēn chū • lái，dōu méi • yǒu zhè zhǒng lìqì. Hòulái hūrán yǒu rén fāmíngle yī gè fāngfǎ，jiùshì bǎ yīxiē zhíwù de zhǒngzi fàng zài yào pōuxī de tóugàigǔ • lǐ，gěi tā yǐ wēndù yǔ shīdù，shǐ tā fāyá. Yī fāyá，zhèxiē zhǒngzi biàn yǐ kěpà de lì • liàng，jiāng yīqiè jīxièlì suǒ bùnéng fēnkāi de gǔgé，wánzhěng de fēnkāi le. Zhíwù zhǒngzi de lì • liàng zhī dà，rúcǐ rúcǐ.

Zhè，yěxǔ tèshūle yīdiǎnr，chángrén bù róng • yì lǐjiě. Nàme，nǐ kàn • jiànguo sǔn de chéngzhǎng ma? Nǐ kàn • jiànguo bèi yā zài wǎlì hé shíkuài xià • miàn de yī kē xiǎocǎo de shēngzhǎng ma? Tā wèizhe xiàngwǎng yángguāng，wèizhe dáchéng tā de shēng zhī yìzhì，bùguǎn shàng • miàn de shíkuài rúhé zhòng，shí yǔ shí zhījiān rúhé xiá，tā bìdìng yào qūqū-zhézhé de，dànshì wánqiáng-bùqū de tòudào dìmiàn shàng • lái. Tā de gēn wǎng tǔrǎng zuān，tā de yáwǎng dìmiàn tǐng，zhèshì yī zhǒng bùkě kàngjù de lì，zǔzhǐ tā de shíkuài，jiéguǒ yě bèi tā xiānfān，yī lì zhǒngzǐ de lì • liàng zhī dà，rú//cǐ rúcǐ.

Méi • yǒu yī gè rén jiāng xiǎo cǎo Jiàozuò “dàlìshì”，dànshì tā de lì • liàng zhī dà，díquè shì shìjiè wúbǐ. zhè zhǒng lì shì yībān rén kàn • bùjiàn de shēngmìnglì. Zhǐyào shēngmìng cúnzài，zhèzhǒng lì jiù yào xiǎnxiàn. Shàng • miàn de shíkuài，sīháo bù zúyǐ zǔdǎng. Yīn • wèi tā shì yīzhǒng “chángqī kàngzhàn” de lì；yǒu tánxìng，néngqū-néngshēn de lì；yǒu rènxìng，bù dá mùdì bù zhǐ de lì.

——Jiéxuǎn zì Xià Yǎn《Yěcǎo》

作品 50 号——《匆匆》

燕子去了，有再来的时候；杨柳枯了，有再青的时候；桃花谢了，有再开的时候。但是，聪明的，你告诉我，我们的日子为什么一去不复返呢？——是有人偷了他们罢：那是谁？又藏在何处呢？是他们自己逃走了罢：现在又到了哪里呢？

去的尽管去了，来的尽管来着；去来的中间，又怎样地匆匆呢？早上我起来的时候，小屋里射进两三方斜斜的太阳。太阳他有脚啊，轻轻悄悄地挪移了；我也茫茫然跟着旋转。于是——洗手的时候，日子从水盆里过去；吃饭的时候，日子从饭碗里过去；默默时，便从凝然的双眼前过去。我觉察他去的匆匆了，伸出手遮挽时，他又从遮挽着的手边过去；天黑时，我躺在床上，他便伶伶俐俐地从我身上跨过，从我脚边飞去了。等我睁开眼和太阳再见，这算又溜走了一日。我掩着面叹息。但是新来的日子的影儿又开始在叹息里闪过了。

在逃去如飞的日子里，在千门万户的世界里的我能做些什么呢？只有徘徊罢了，只有匆匆罢了；在八千多日的匆匆里，除徘徊外，又剩些什么呢？过去的日子如轻烟，被微风吹散了，如薄雾，被初阳蒸融了；我留着些什么痕迹呢？我何曾留着像游丝样的痕迹呢？我赤裸裸来//到这世界，转眼间也将赤裸裸的回去罢？但不能平的，为什么偏要白白走这遭啊？

你聪明的，告诉我，我们的日子为什么一去不复返呢？

——节选自朱自清《匆匆》

【提示与解析】

易错字词提示

燕子　时候　枯了　聪明　告诉　日子　尽管　太阳　挪移　旋转　凝然　遮挽　伶伶俐俐　影儿　薄雾　蒸融　赤裸裸

内容解析与朗读提示

本文以细致的笔法刻画出了时光流逝的踪迹，引发了读者对于时光匆匆而逝的思考。文章以三个排比句开头，“燕子去了，有再来的时候；杨柳枯了，有再青的时候；桃花谢了，有再开的时候。”与之相反的是“我们的日子为什么一去不复返呢？”由此引发读者思考。这篇文章很好地诠释出散文固有的“形散神不散”的特点，文中短句较多，朗读时应注意节奏和换气，注意情感变化，如“洗手的时候，日子从水盆里过去；吃饭的时候，日子从饭碗里过去；默默时，便从凝然的双眼前过去。”看不见、摸不着的时间，在作者笔下被“具体化”了，是对时间的思索，应以自然的、深沉的基调去朗读。时间“逃去如飞”，当你叹息的时候，“新来的日子的影儿又开始在叹息里闪过了。”过往的日子像“轻烟”、像“薄雾”，被“吹散”了、被“蒸融”了。慨叹“为什么偏要白白走这一遭啊？”点明了珍惜时间的主旨，应该用一种激动的口吻朗读。文末“我们的日子为什么一去不复返呢？”与开头前后呼应。本文中有很多轻声词语，在朗读的过程中需要多加注意。同时，不是所有重叠式的词语都读作轻声，本文中的“匆匆”“白白”“伶伶俐俐”都不能读作轻声。

【拼音对照】

Yànzi qùle，yǒu zài lái de shíhou；yángliǔ kūle，yǒu zài qīng de shíhou；táohuā xièle，yǒu zài kāi de shíhou. Dànshì，cōng • míng de，nǐ gàosu wǒ，wǒmen de rìzi wèishénme yī qù bù fùfǎn ne？——Shì yǒu rén tōule tāmen ba：nà shì shuí？Yòu cáng zài héchù ne？Shì tāmen zìjǐ táozǒule ba：xiànzài yòu dàole nǎ • lǐ ne？

Qù de jǐngguǎn qùle，lái de jǐngguǎn láizhe；qù lái de zhōngjiān，yòu zěnyàng de cōngcōng ne？Zǎoshang wǒ qǐ • lái de shíhou，xiǎowū • lǐ shèjìn liǎng-sān fāng xiéxié de tài • yáng. Tài • yáng tā yǒu jiǎo a，qīngqīngqiāoqiāo de nuóyí le；wǒ yě mángmángrán gēnzhe xuánzhuǎn. Yúshì——xǐshǒu de shíhou，rìzi cóng shuǐpén • lǐ guò • qù；chīfàn de shíhou，rìzi cóng fànwǎn • lǐ guò • qù；mòmò shí，biàn cóng níngrán de shuāngyǎn qián guò • qù. Wǒ juéchá tā qù de cōngcōng le，shēnchū shǒu zhēwǎn shí，tā yòu cóng zhēwǎnzhe de shǒu biān guò • qù；tiānhēi shí，wǒ tǎng zài chuáng • shàng，tā biàn línglínglìlì de cóng wǒ shēn • shàng kuàguò，cóng wǒ jiǎo biān fēiqù le. Děng wǒ zhēngkāi yǎn hé tài • yáng zài jiàn，zhè suàn yòu liūzǒule yī rì. Wǒ yǎnzhe miàn tànxī. Dànshì xīn lái de rìzi de yǐng • ér yòu kāishǐ zài tànxī • lǐ shǎnguòle.

Zài táo qù rú fēi de rìzi • lǐ，zài qiānmén-wànhù de shìjiè • lǐ de wǒ néng zuò xiē shénme ne？Zhǐyǒu páihuái bàle，zhǐyǒu cōngcōng bàle；zài bāqiān duō rì de cōngcōng • lǐ，chú páihuái wài，yòu shèng xiē shénme ne？Guò • qù de rìzi rú qīngyān，bèi wēifēng chuīsànle，rú bówù，bèi chūyáng zhēngróngle；wǒ liúzhe xiē shénme hénjì ne？Wǒ hécéng liúzhe xiàng yóusī yàng de hénjì ne？Wǒ chìluǒluǒ lái// dào zhè shìjiè，zhuǎnyǎnjiān yě jiāng chìluǒluǒ de huí • qù ba？Dàn bù néng píng de，wèishénme piān yào báibái zǒu zhè yīzāo a？

Nǐ cōng • míng de，gàosu wǒ，wǒmen de rìzi wèishénme yī qù bù fùfǎn ne？

——Jiéxuǎn zì Zhū Zìqīng《Cōngcōng》

4.5.6 测试用朗读篇目分析与提示第六部分

作品 51 号——《一个美丽的故事》

有个塌鼻子的小男孩儿，因为两岁时得过脑炎，智力受损，学习起来很吃力。打个比方，别人写作文能写二三百字，他却只能写三五行。但即便这样的作文，他同样能写得很动人。

那是一次作文课，题目是《愿望》。他极其认真地想了半天，然后极认真地写，那作文极短。只有三句话：我有两个愿望，第一个是，妈妈天天笑眯眯地看着我说："你真聪明。"第二个是，老师天天笑眯眯地看着我说："你一点儿也不笨。"

于是，就是这篇作文，深深地打动了他的老师，那位妈妈式的老师不仅给了他最高分，在班上带感情地朗读了这篇作文，还一笔一画地批道：你很聪明，你的作文写得非常感人，请放心，妈妈肯定会格外喜欢你的，老师肯定会格外喜欢你的，大家肯定会格外喜欢你的。

捧着作文本，他笑了，蹦蹦跳跳地回家了，像只喜鹊。但他并没有把作文本拿给妈妈看，他是在等待，等待着一个美好的时刻。

那个时刻终于到了，是妈妈的生日——一个阳光灿烂的星期天：那天，他起得特别早，把作文本装在一个亲手做的美丽的大信封里，等着妈妈醒来。妈妈刚刚睁眼醒来，他就笑眯眯地走到妈妈跟前说："妈妈，今天是您的生日，我要//送给您一件礼物。"

果然，看着这篇作文，妈妈甜甜地涌出了两行热泪，一把搂住小男孩儿，搂得很紧很紧。

是的，智力可以受损，但爱永远不会。

——节选自张玉庭《一个美丽的故事》

【提示与解析】

易错字词提示

塌　脑炎　受损　即便　格外　捧着　蹦蹦跳跳　喜鹊

内容解析与朗读提示

这篇选段故事简单、感人，朗读时应准确传神地把这种感动表达出来，在感动的环节上，做到松弛有度，把握好节奏。文中的三次感动，第一次是在孩子写出那篇简短的作文的时候。孩子的作文句法简单，言辞稀少，却无不体现出孩子那颗天真自然的心，朗读时应注意把这种天真善良表现出来；第二次是老师给出的温暖激励的批语，朗读时要掌握老师当时的心理，把老师对孩子的爱和鼓励表现出来；第三次是在孩子将那篇满分作文盛在信封里当做生日礼物送给妈妈的时候，朗读时语调舒缓，但要让人感受到孩子喜悦的心情。

【拼音对照】

Yǒu gè tā bízi de xiǎonánháir，yīn • wèi liǎng suì shí déguo nǎoyán，zhìlì shòusǔn，xuéxí qǐ • lái hěn chīlì. Dǎ gè bǐfang，bié • rén xiě zuòwén néng xiě èr-sān bǎi zì，tā què zhǐnéng xiě sān-wǔ háng. Dàn jíbiàn zhèyàng de zuòwén，tā tóngyàng néng xiě de hěn dòngrén.

Nà shì yī cì zuòwénkè，tímù shì《Yuànwàng》. Tā jíqí rènzhēn de xiǎngle bàntiān，ránhòu jí rènzhēn de xiě，nà zuòwén jí duǎn. Zhǐyǒu sān jù huà：Wǒ yǒu liǎng gè yuànwàng，dì-yī gè shì，māma tiāntiān xiàomīmī de kànzhe wǒ shuō："Nǐ zhēn cōng • míng，" dì-èr gè shì，lǎoshī tiāntiān xiàomīmī de kànzhe wǒ shuō："Nǐ yīdiǎnr yě bù bèn."

Yúshì，jiùshì zhè piān zuòwén，shēnshēn de dǎdòngle tā de lǎoshī，nà wèi māma shì de lǎoshī bùjǐn gěile tā zuì gāo fēn，zài bān • shàng dài gǎnqíng de lǎngdúle zhè piān zuòwén，hái yībǐ-yīhuà de pīdào：Nǐ hěn cōng • míng，nǐ de zuòwén xiě de fēicháng gǎnrén，qǐng fàngxīn，māma kěndìng huì géwài xǐhuan nǐ de，lǎoshī kěndìng huì géwài xǐhuan nǐ de，dàjiā kěndìng huì géwài xǐhuan nǐ de.

Pěngzhe zuòwénběn，tā xiào le，bèngbèng-tiàotiào de huí jiā le，xiàng zhī xǐ · què. Dàn tā bìng méi · yǒu bǎ zuòwénběn nágěi māma kàn，tā shì zài děngdài，děngdàizhe yī gè měihǎo de shíkè.

Nàge shíkè zhōngyú dào le，shì māma de shēng · rì——yī gè yángguāng cànlàn de xīngqītiān：Nà tiān，tā qǐ de tèbié zǎo，bǎ zuòwénběn zhuāng zài yī gè qīnshǒu zuò de měilì de dà xìnfēng · lǐ，děngzhe māma xǐng · lái. Mā ma gānggāng zhēng yǎn xǐng · lái，tā jiù xiàomīmī de zǒudào māma gēn · qián shuō："māma，jīntiān shì nín de shēng · rì，wǒ yào//sònggěi nín yī jiàn lǐwù."

Guǒrán，kànzhe zhè piān zuòwén，māma tiántián de yǒngchūle liǎng háng rèlèi，yī bǎ lǒuzhù xiǎonánháir，lǒude hěn jǐn hěn jǐn.

Shìde，zhìlì kěyǐ shòu sǔn，dàn ài yǒngyuǎn bù huì.

——Jiéxuǎn zì Zhāng Yùtíng《Yī gè Měilì de Gùshì》

作品 52 号——《永远的记忆》

小学的时候，有一次我们去海边远足，妈妈没有做便饭，给了我十块钱买午餐。好像走了很久，很久，终于到海边了，大家坐下来便吃饭，荒凉的海边没有商店，我一个人跑到防风林外面去，级任老师要大家把吃剩的饭菜分给我一点儿。有两三个男生留下一点儿给我，还有一个女生，她的米饭拌了酱油，很香。我吃完的时候，她笑眯眯地看着我，短头发，脸圆圆的。

她的名字叫翁香玉。

每天放学的时候，她走的是经过我们家的一条小路，带着一位比她小的男孩儿，可能是弟弟。小路边是一条清澈见底的小溪，两旁竹阴覆盖，我总是远远地跟在她后面，夏日的午后特别炎热，走到半路她会停下来，拿手帕在溪水里浸湿，为小男孩儿擦脸。我也在后面停下来，把肮脏的手帕弄湿了擦脸，再一路远远跟着她回家。

后来我们家搬到镇上去了，过几年我也上了中学。有一天放学回家，在火车上，看见斜对面一位短头发、圆圆脸的女孩儿，一身素净的白衣黑裙。我想她一定不认识我了。火车很快到站了，我随着人群挤向门口，她也走近了，叫我的名字。这是她第一次和我说话。

她笑眯眯的，和我一起走过月台。以后就没有再见过//她了。

这篇文章收在我出版的《少年心事》这本书里。

书出版后半年，有一天我忽然收到出版社转来的一封信，信封上是陌生的字迹，但清楚地写着我的本名。

信里面说她看到了这篇文章心里非常激动，没想到在离开家乡，漂泊异地这么久之后，会看见自己仍然在一个人的记忆里，她自己也深深记得这其中的每一幕，只是没有想到越过遥远的时空，竟然另一个人也深深记得。

——节选自苦伶《永远的记忆》

【提示与解析】

易错字词提示

便饭　荒凉　防风林　翁　清澈　肮脏　笑眯眯

内容解析与朗读提示

这篇选段叙述了童年时的一件小事，以此为出发点，把记忆深处的童年表露出来，表达了作者对当时帮助过自己的女孩儿的感激之情。朗读时，感情基调轻松自然，语调舒缓。在读到表现喜悦或者感动的语句时，只需用重音调节即可，如“我吃完的时候，她笑眯眯地看着我，短头发，脸圆圆的”，将重音放在“笑眯眯”“圆圆的”上；再如“她笑眯眯的，和我一起走过月台。以后就没有再见过她了”，将重音放在“笑眯眯”“再见”上。另外，这句话要注意朗读技巧，“再见”并不能成为词组读出来，而需要停顿，“再/见”。

【拼音对照】

Xiǎoxué de shíhou，yǒu yī cì wǒmen qù hǎibiān yuǎnzú，māma méi · yǒu zuò biànfàn，gěile wǒ shí kuài qián mǎi wǔcān. Hǎoxiàng zǒule hěn jiǔ，hěn jiǔ，zhōngyú dào hǎibiān le，dàjiā zuò xià · lái biàn chīfàn，huāngliáng de hǎibiān méi · yǒu shāngdiàn，wǒ yī gè rén pǎodào fángfēnglín wài · miàn qù，jírèn lǎoshī yào dàjiā bǎ chīshèng de fàncài fēngěi wǒ yīdiǎnr. Yǒu liǎng-sān gè nánshēng liú · xià yīdiǎnr gěi wǒ，hái yǒu yī gè nǚshēng，tā de mǐfàn bànle jiàngyóu，hěn xiāng. Wǒ chīwán de shíhou，tā xiàomīmī de kànzhe wǒ，duǎn tóufa，liǎn yuányuán de.

Tā de míngzi jiào Wēng Xiāngyù.

Měi tiān fàngxué de shíhou，tā zǒu de shì jīngguò wǒmen jiā de yī tiáo xiǎolù，dàizhe yī wèi bǐ tā xiǎo de nánháir，kěnéng shì dìdi. Xiǎolù biān shì yī tiáo qīngchè jiàn dǐ de xiǎoxī，liǎngpáng zhúyīn fùgài，wǒ zǒngshì yuǎnyuǎn de gēn zài tā hòu · miàn. Xiàrì de wǔhòu tèbié yánrè，zǒudào bànlù tā huì tíng xià · lái，ná shǒupà zài xīshuǐ · lǐ jìnshī，wèi xiǎonánháir cā liǎn. Wǒ yě zài hòu · miàn tíng xià · lái，bǎ āngzāng de shǒupà nòngshīle cā liǎn，zài yīlù yuǎnyuǎn gēnzhe tā huíjiā.

Hòulái wǒmen jiā bāndào zhèn · shàng qù le，guò jǐ nián wǒ yě shàngle zhōngxué. Yǒu yī tiān fàngxué huíjiā，zài huǒchē · shàng，kàn · jiàn xiéduìmiàn yī wèi duǎn tóufa、yuányuán liǎn de nǚháir，yī shēn sùjing de bái yī hēi qún. Wǒ xiǎng tā yīdìng bù rènshi wǒ le. Huǒchē hěn kuài dào zhàn le，wǒ suízhe rénqún jǐ xiàng ménkǒu，tā yě zǒujìnle，jiào wǒ de míngzi. Zhè shì tā dì-yī cì hé wǒ shuōhuà.

Tā xiàomīmī de，hé wǒ yīqǐ zǒuguò yuètái. Yǐhòu jiù méi · yǒu zài jiànguo//tā le.

Zhè piān wénzhāng shōu zài wǒ chūbǎn de《Shàonián Xīnshì》zhè běn shū · lǐ.

Shū chūbǎn hòu bàn nián，yǒu yī tiān wǒ hūrán shōudào chūbǎnshè zhuǎn lái de yī fēng xìn，xìnfēng · shàng shì mòshēng de zìjì，dàn qīngchǔ de xiězhe wǒ de běnmíng.

Xìn lǐ • miàn shuō tā kàndàole zhè piān wénzhāng xìn • lǐ fēicháng jīdòng, méi xiǎngdào zài líkāi jiāxiāng, piāobó yìdì zhème jiǔzhīhòu, huì kàn • jiàn zījǐ réngrán zài yī gè rén de jìyì • lǐ, tā zījǐ yě shēnshēn jì • de zhè qízhōng de měi yī mù, zhǐshì měi xiěngdào yuèguo yáoyuǎn de shíkōng, jìngrán lìng yī gè rén yě shēnshēn jì • dé.

——Jiéxuǎn zì Kǔ Líng《Yǒngyuǎn de Jìyì》

作品 53 号——《语言的魅力》

在繁华的巴黎大街的路旁，站着一个衣衫褴褛、头发斑白、双目失明的老人。他不像其他乞丐那样伸手向过路行人乞讨，而是在身旁立一块木牌，上面写着："我什么也看不见!"街上过往的行人很多，看了木牌上的字都无动于衷，有的还淡淡一笑，便姗姗而去了。

这天中午，法国著名诗人让 • 彼浩勒也经过这里。他看看木牌上的字，问盲老人："老人家，今天上午有人给你钱吗?"

盲老人叹息着回答："我，我什么也没有得到。"说着，脸上的神情非常悲伤。

让 • 彼浩勒听了，拿起笔悄悄地在那行字的前面添上了"春天到了，可是"几个字，就匆匆地离开了。

晚上，让 • 彼浩勒又经过这里，问那个盲老人下午的情况。盲老人笑着回答说："先生，不知为什么，下午给我钱的人多极了!"让 • 彼浩勒听了，摸着胡子满意地笑了。

"春天到了，可是我什么也看不见!"这富有诗意的语言，产生这么大的作用，就在于它有非常浓厚的感情色彩。是的，春天是美好的，那蓝天白云，那绿树红花，那莺歌燕舞，那流水人家，怎么不叫人陶醉呢?但这良辰美景，对于一个双目失明的人来说，只是一片漆黑。当人们想到这个盲老人，一生中竟连万紫千红的春天//都不曾看到，怎能不对他产生同情之心呢?

——节选自小学《语文》第六册中《语言的魅力》

【提示与解析】

易错字词提示

繁华　衣衫褴褛　姗姗　无动于衷　匆匆　莺歌燕舞

内容解析与朗读提示

这篇选段富于诗意，以法国著名诗人让 • 彼浩勒路遇盲老人，并为他题词，使老人乞讨获得成功的经历证明语言的魅力。选段几处对话以极少的笔墨勾勒出两个人物的个性，朗读时，应注意体会其中性格的表现，并将其表达出来。第一、二、三、四段以让 • 彼浩勒的故事为主，朗读时，应采用舒缓、讲述的口吻，并根据情节的发展，语调从冷冽渐入和暖，以此表达出老人的成功，以及让 • 彼浩勒助人后的喜悦。在第五段中，是对语言让老人成功的议论，朗读这段时，应注意语音的感染力，如"是的，春天是美好的，那蓝天白云，那绿树红花，那莺歌燕舞，那流水人家，怎么不叫人陶醉呢?"，整个语句需要用升调，其中，"春天""陶醉"等需要重读，这样，读起来来让人有美的感受。

【拼音对照】

Zài fánhuá de Bālí dàjiē de lùpáng，zhànzhe yī gè yīshān lánlǚ、tóufa bānbái、shuāngmù shīmíng de lǎorén. Tā bù xiàng qítā qǐgài nàyàng shēnshǒu xiàng guòlù xíngrén qǐtǎo，ér shì zài shēnpáng lì yī kuài mùpái，shàng · miàn xiězhe：“Wǒ shénme yě kàn · bùjiàn!” Jiē · shàng guòwǎng de xíngrén hěn duō，kànle mùpái · shàng de zì dōu wúdòngyúzhōng，yǒude hái dàndàn yī xiào，biàn shānshān ér qù le.

Zhè tiān zhōngwǔ，Fǎguó zhùmíng shīrén Ràng Bǐhàolè yě jīngguò zhè · lǐ. Tā kànkan mùpái · shàng de zì，wèn máng lǎorén：“Lǎo · rén · jiā，jīntiān shàngwǔ yǒu rén gěi nǐ qián ma?”

Máng lǎorén tànxīzhe huídá：“Wǒ，wǒ shénme yě méi · yǒu dédào.” Shuōzhe，liǎn · shàng de shénqíng fēicháng bēishāng.

Ràng Bǐhàolè tīng le，náqǐ bǐ qiāoqiāo de zài nà háng zì de qián · miàn tiān · shàngle “chūntiān dào le，kěshì” jǐ gè zì，jiù cōngcōng de líkāi le.

Wǎnshang，Ràng Bǐhàolè yòu jīngguò zhè · lǐ，wèn nàge máng lǎorén xiàwǔ de qíngkuàng. Máng lǎorén xiàozhe huídá shuō：“Xiānsheng，bù zhī wèishénme，xiàwǔ gěi wǒ qián de rén duō jí le!” Ràng Bǐhàolè tīng le，mōzhe húzi mǎnyì de xiào le.

“Chūntiān dào le，kěshì wǒ shénme yě kàn · bù jiàn!” Zhè fùyǒu shīyì de yǔyán，chǎnshēng zhème dà de zuòyòng，jiù zàiyú tā yǒu fēicháng nónghòu de gǎnqíng sècǎi. Shìde，chūntiān shì měihǎo de，nà lántiān báiyún，nà lǜshù hónghuā，nà yīnggē-yànwǔ，nà liúshuǐ rénjiā，zěnme bù jiào rén táozuì ne? Dàn zhè liángchén měijǐng，duìyú yī gè shuāngmù shīmíng de rén lái shuō，zhǐshì yī piàn qīhēi. Dāng rénmen xiǎngdào zhègè máng lǎorén，yīshēng zhōng jìng lián wànzǐ-qiānhóng de chūntiān//dōu bùcéng kàndào，zěn néng bù duì tā chǎnshēng tóngqíng zhī xīn ne?

——Jié xuǎn zì xiǎoxué《Yǔwén》dì-liù cè zhōng《Yǔyán de Mèilì》

作品 54 号——《赠你四味长寿药》

有一次，苏东坡的朋友张鹗拿着一张宣纸来求他写一幅字，而且希望他写一点儿关于养生方面的内容。苏东坡思索了一会儿，点点头说：“我得到了一个养生长寿古方，药只有四味，今天就赠给你吧。”于是，东坡的狼毫在纸上挥洒起来，上面写着：“一曰无事以当贵，二曰早寝以当富，三曰安步以当车，四曰晚食以当肉。”

这哪里有药？张鹗一脸茫然地问。苏东坡笑着解释说，养生长寿的要诀，全在这四句里面。

所谓“无事以当贵”，是指人不要把功名利禄、荣辱过失考虑得太多，如能在情志上潇洒大度，随遇而安，无事以求，这比富贵更能使人终其天年。

“早寝以当富”，指吃好穿好、财货充足，并非就能使你长寿。对老年人来说，养成良好的起居习惯，尤其是早睡早起，比获得任何财富更加宝贵。

“安步以当车”，指人不要过于讲求安逸、肢体不劳，而应多以步行来替代骑马乘车，多运动才可以强健体魄，通畅气血。

“晚食以当肉”，意思是人应该用已饥方食、未饱先止代替对美味佳肴的贪吃无厌。他进一步解释，饿了以后才进食，虽然是粗茶淡饭，但其香甜可口会胜过山珍；如果饱了还要勉强吃，即使美味佳肴摆在眼前也难以//下咽。

苏东坡的四味“长寿药”，实际上是强调了情志、睡眠、运动、饮食四个方面对养生长寿的重要性，这种养生观点即使在今天仍然值得借鉴。

——节选自蒲昭和《赠你四味长寿药》

【提示与解析】

易错字词提示

鹗　思索　挥洒　要诀　起居　体魄　气血　佳肴　下咽　当

内容解析与朗读提示

这篇选段讲述了苏东坡的一件轶事，从苏东坡和其朋友的对话情景中，生发出对人生态度的阐述。第三、四、五、六段承接前文，用几个并列段讲“无事以当贵，早寝以当富，安步以当车，晚食以当肉”的具体内涵。另外，在这句话中，并列的短语颇多，应注意朗读时的停顿。本文文风平和闲逸，朗读时不可激昂陈词，语气应和缓自然。朗读者应以心平气和的声调感染听众。朗读时还应抓住中心词来重读，如“我得到了一个养生长寿古方，药只有四味，今天就赠给你吧”中，“养生长寿”“药”就应该重读。

【拼音对照】

Yǒu yī cì，Sū Dōngpō de péngyou Zhāng È názhe yī zhāng xuānzhǐ lái qiú tā xiě yī fú zì，érqiě xīwàng tā xiě yīdiǎnr guānyú yǎngshēng fāngmiàn de nèiróng. Sū Dōngpō sīsuǒle yīhuìr，diǎndiǎn tóu shuō：“Wǒ dédàole yī gè yǎngshēng chángshòu gǔfāng，yào zhǐyǒu sì wèi，jīntiān jiù zènggěi nǐ ba.” Yúshì，Dōngpō de lángháo zài zhǐ • shàng huīsǎ qǐ • lái，shàng • miàn xiězhe：“Yī yuē wú shì yǐ dàng guì，èr yuē zǎo qǐn yǐdàng fù，sān yuē ān bù yǐdàng chē，sì yuē wǎn shí yǐdàng ròu.”?

Zhè nǎ • lǐ yǒu yào? Zhāng È yīliǎn mángrán de wèn. Sū Dōngpō xiàozhe jiěshì shuō，yǎngshēng chángshòu de yàojué，quán zài zhè sì jù lǐ • miàn.

Suǒwèi “wú shì yǐ dàng guì”，shì zhǐ rén bùyào bǎ gōngmíng lìlù、róngrǔ guòshī kǎolǜ de tài duō，rú néng zài qíngzhì • shàng xiāosǎ dàdù，suíyù'ér'ān，wú shì yǐ qiú，zhè bǐ fùguì gèng néng shǐ rén zhōng qí tiānnián.

“Zǎo qǐn yǐdàng fù”，zhǐ chīhǎo chuānhǎo、cáihuò chōngzú，bìngfēi jiù néng shǐ nǐ chángshòu. Duì lǎoniánrén lái shuō，yǎngchéng liánghǎo de qǐjū xíguàn，yóuqí shì zǎo shuì zǎo qǐ，bǐ huòdé rènhé cáifù gèngjiā bǎoguì.

“Ān bù yǐ dàng chē”，zhǐ rén bùyào guòyú jiǎngqiú ānyì、zhītǐ bù láo，ér yīng duō yǐ bùxíng lái tìdài qímǎ chéngchē，duō yùndòng cái kěyǐ qiángjiàn tǐpò， tōngchàng qìxuè.

“Wǎn shí yǐdàng ròu”，yìsī shì rén yīnggāi yòng yǐ jī fāng shí、wèi bǎo xiān zhǐ dàitì duì měiwèi jiāyáo de tānchī wú yàn. Tā jìnyī bù jiěshì，èle yǐhòu cái jìnshí，suīrán shì cūchá-dànfàn，dàn qí xiāngtián kěkǒu huì shèngguò shānzhēn；rúguǒ bǎole háiyào miǎnqiǎng chī，jíshǐ měiwèi jiāyáo bǎi zài yǎnqián yě nányǐ//xiàyān.

Sū Dōngpō de sì wèi “chángshòuyào”，shíjì · shàng shì qiángdiàole qíngzhì、shuìmián、yùndòng、yǐnshí sì gè fāngmiàn duì yǎngshēng chángshòu de zhòngyàoxìng，zhè zhǒng yǎngshēng guāndiǎn jíshǐ zài jīntiān réngrán zhí · dé jièjiàn.

——Jiéxuǎn zì Pú Zhāohé《Zèng Nǐ Sì Wèi Chángshòuyào》

作品 55 号——《站在历史的枝头微笑》

人活着，最要紧的是寻觅到那片代表着生命绿色和人类希望的丛林，然后选一高高的枝头站在那里观览人生，消化痛苦，孕育歌声，愉悦世界！

这可真是一种潇洒的人生态度，这可真是一种心境爽朗的情感风貌。

站在历史的枝头微笑，可以减免许多烦恼。在那里，你可以从众生相所包含的甜酸苦辣、百味人生中寻找你自己；你境遇中的那点儿苦痛，也许相比之下，再也难以占据一席之地；你会较容易地获得从不悦中解脱灵魂的力量，使之不致变得灰色。

人站得高些，不但能有幸早些领略到希望的曙光，还能有幸发现生命的立体的诗篇。每一个人的人生，都是这诗篇中的一个词、一个句子或者一个标点。你可能没有成为一个美丽的词，一个引人注目的句子，一个惊叹号，但你依然是这生命的立体诗篇中的一个音节、一个停顿、一个必不可少的组成部分。这足以使你放弃前嫌，萌生为人类孕育新的歌声的兴致，为世界带来更多的诗意。

最可怕的人生见解，是把多维的生存图景看成平面。因为那平面上刻下的大多是凝固了的历史——过去的遗迹；但活着的人们，活得却是充满着新生智慧的，由//不断逝去的“现在”组成的未来。人生不能像某些鱼类躺着游，人生也不能像某些兽类爬着走，而应该站着向前行，这才是人类应有的生存姿态。

——节选自［美］本杰明·拉什《站在历史的枝头微笑》

【提示与解析】

易错字词提示

寻觅　枝头　愉悦　爽朗　烦恼　众生相　有幸　音节

内容解析与朗读提示

这篇选段以积极的态度、向上的思想，表达出作者积极乐观的人生观，把一个健康的灵魂展现在读者面前。朗读这篇文章时，朗读者也应该抱有积极的态度，语气向上，却不失平缓，但切忌过于昂扬语调。另外，要十分注意长句的断句，既要让听众清楚地理解句意，又要使语调富于变化，以使听众准确地接收信息。如“最要紧的/是寻觅到那片/代表着生命绿色/和人类希望的丛林”、“你会/较容易地获得/从不悦中/解脱灵魂的/力量”等句。

【拼音对照】

Rén huózhe，zuì yàojǐn de shì xúnmì dào nà piàn dàibiǎozhe shēngmìng lǜsè hé rénlèi xīwàng de cónglín，ránhòu xuǎn yī gāogāo de zhītóu zhàn zài nà • lǐ guānlǎn rénshēng，xiāohuà tòngkǔ，yùnyù gēshēng，yúyuè shìjiè!

Zhè kě zhēn shì yī zhǒng xiāosǎ de rénshēng tài • dù，zhè kě zhēn shì yī zhǒng xīnjìng shuǎnglǎng de qínggǎn fēngmào.

Zhàn zài lìshǐ de zhītóu wēixiào，kěyǐ jiǎnmiǎn xǔduō fánnǎo. Zài nà • lǐ，nǐ kěyǐ cóng zhòngshēngxiàng suǒ bāohán de tián-suān-kǔ-là、bǎiwèi rénshēng zhōng xúnzhǎo nǐ zìjǐ，nǐ jìngyù zhōng de nà diǎnr kǔtòng，yěxǔ xiāngbǐ zhīxià，zài yě nányǐ zhànjù yī xí zhī dì，nǐ huì jiào róng • yì de huòdé cóng bùyuè zhōng jiětuō línghún de lì • liàng，shǐ zhī bùzhì biànde huīsè.

Rén zhàn de gāo xiē，bùdàn néng yǒuxìng zǎo xiē lǐnglüè dào xīwàng de shǔguāng，hái néng yǒuxìng fāxiàn shēngmìng de lìtǐ de shīpiān. Měi yī gè rén de rénshēng，dōu shì zhè shīpiān zhōng de yī gè cí、yī gè jùzi huòzhě yī gè biāodiǎn. Nǐ kěnéng méi • yǒu chéngwéi yī gè měilì de cí，yī gè yǐnrén-zhùmù dì jùzi，yī gè jīngtànhào，dàn nǐ yīrán shì zhè shēngmìng de lìtǐ shīpiān zhōng de yī gè yīnjié、yī gè tíngdùn、yī gè bìbùkěshǎo de zǔchéng bùfen. Zhè zúyǐ shǐ nǐ fàngqì qiánxián，méngshēng wèi rénlèi yùnyù xīn de gēshēng de xìngzhì，wèi shìjiè dài • lái gèng duō de shīyì.

Zuì kěpà de rénshēng jiànjiě，shì bǎ duōwéi de shēngcún tújǐng kànchéng píngmiàn. Yīn • wèi nà píngmiàn • shàng kèxià de dàduō shì nínggùle de lìshǐ——guòqù de yíjì；dàn huózhe de rénmen，huó de què shì chōngmǎnzhe xīnshēng zhìhuì de，yóu//bùduàn shìqù de “xiànzài” zǔchéng de wèilái. Rénshēng bùnéng xiàng mǒu xiē yúlèi tǎngzhe yóu，rénshēng yě bùnéng xiàng mǒu xiē shòulèi pázhe zǒu，ér yīng gāi zhànzhe xiàngqián xíng，zhè cái shì rénlèi yīngyǒu de shēngcún zītài.

——Jiéxuǎn zì [Měi] Běnjiémíng Lāshí《Zhàn Zài Lìshǐ de Zhītóu Wēixiào》

作品 56 号——《中国的宝岛——台湾》

中国的第一大岛、台湾省的主岛台湾，位于中国大陆架的东南方，地处东海和南海之间，隔着台湾海峡和大陆相望。天气晴朗的时候，站在福建沿海较高的地方，就可以隐隐约约地望见岛上的高山和云朵。

台湾岛形状狭长，从东到西，最宽处只有一百四十多公里；由南至北，最长的地方约有三百九十多公里。地形像一个纺织用的梭子。

台湾岛上的山脉纵贯南北，中间的中央山脉犹如全岛的脊梁。西部为海拔近四千米的玉山山脉，是中国东部的最高峰。全岛约有三分之一的地方是平地，其余为山地。岛内有缎带般的瀑布，蓝宝石似的湖泊，四季常青的森林和果园，自然景色十分优美。西南部的阿里山和日月潭，台北市郊的大屯山风景区，都是闻名世界的游览胜地。

台湾岛地处热带和温带之间，四面环海，雨水充足，气温受到海洋的调剂，冬暖夏凉，四季如春，这给水稻和果木生长提供了优越的条件。水稻、甘蔗、樟脑是台湾的“三宝”。岛上还盛产鲜果和鱼虾。

台湾岛还是一个闻名世界的“蝴蝶王国”。岛上的蝴蝶共有四百多个品种，其中有不少是世界稀有的珍贵品种。岛上还有不少鸟语花香的蝴//蝶谷，岛上居民利用蝴蝶制作的标本和艺术品，远销许多国家。

——节选自《中国的宝岛——台湾》

【提示与解析】

易错字词提示

隐隐约约　狭长　梭子　脊梁　其余　似的　湖泊　调剂

内容解析与朗读提示

这篇选段介绍台湾地理风物，使人读之如临其境，如视其真，其美景仿佛就在眼前。朗读时应该语气轻快、自然流畅，应颇多注意的就是断句。如“从东到西，……；由南到北，……”分号的停顿应比逗号稍长。再如“岛内有缎带般的瀑布，蓝宝石似的湖泊，四季常青的森林和果园，……”、“西南部的阿里山和日月潭，台北市郊的大屯山风景区，……”几处分句间的停顿时间稍短。还有几处需重读的地方，如“蓝宝石似的……，四季常青的……”等处，朗读时需加注意。

【拼音对照】

Zhōngguó de dì-yī dàdǎo、Táiwān Shěng de zhǔdǎo Táiwān，wèiyú Zhōngguó dàlùjià de dōngnánfāng，dìchǔ Dōng Hǎi hé Nán Hǎi zhījiān，gézhe Táiwān Hǎixiá hé Dàlù xiāngwàng. Tiānqì qínglǎng de shíhou，zhàn zài Fújiàn yánhǎi jiào gāo de dìfang，jiù kěyǐ yǐnyǐn-yuēyuē de wàng • jiàn dǎo • shàng de gāoshān hé yúnduǒ.

Táiwān Dǎo xíngzhuàng xiácháng，cóng dōng dào xī，zuì kuān chǔ zhǐyǒu yībǎi sìshí duō gōnglǐ；yóu nán zhì běi，zuì cháng de dìfang yuē yǒu sānbǎi jiǔshí duō gōnglǐ. Dìxíng xiàng yī gè fǎngzhī yòng de suōzi.

Táiwān Dǎo • shàng de shānmài zòngguàn nánběi，zhōngjiān de Zhōngyāng Shānmài yóurú quándǎo de jǐliang. Xībù wéi hǎibá jìn sìqiān mǐ de Yù Shān shānmài，shì Zhōngguó dōngbù de zuì gāo fēng. Quándǎo yuē yǒu sān fēn zhī yī de dìfang shì píngdì，qíyú wéi shāndì. Dǎonèi yǒu duàndài bān de pùbù，lánbǎoshí shìde húpō，sìjì chángqīng de sēnlín hé guǒyuán，zìrán jǐngsè shífēn yōuměi. Xīnánbù de Ālǐ Shān hé Rìyuè Tán，Táiběi shìjiāo de Dàtúnshān fēngjǐngqū，dōu shì wénmíng shìjiè de yóulǎn shèngdì.

Táiwān Dǎo dìchǔ rèdài hé wēndài zhījiān，sìmiàn huán hǎi，yǔshuǐ chōngzú， qìwēn shòudào hǎiyáng de tiáojì, dōng nuǎn xià liáng, sìjì rú chūn, zhègěi shuǐdào hé guǒmù shēngzhǎng tígōngle yōuyuè de tiáojiàn. Shuǐdào、gānzhe、zhāngnǎo shì Táiwān de “sān bǎo”. Dǎo · shàng hái shèngchǎn xiānguǒ hé yúxiā.

Táiwān Dǎo háishì yī gè wénmíng shìjiè de “húdié wángguó”. Dǎo · shàng de húdié gòng yǒu sìbǎi duō gè pǐnzhǒng, qízhōng yǒu bùshǎo shì shìjiè xīyǒu de zhēnguì pǐnzhǒng. Dǎo · shàng háiyǒu bùshǎo niǎoyǔ-huāxiāng de hú//dié gǔ, dǎo · shàng jūmín lìyòng húdié zhìzuò de biāoběn hé yìshùpǐn, yuǎnxiāo xǔduō guójiā.

——Jiéxuǎn zì《Zhōngguó de Bǎodǎo——Táiwān》

作品 57 号——《中国的牛》

对于中国的牛，我有着一种特别尊敬的感情。

留给我印象最深的，要算在田垄上的一次“相遇”。

一群朋友郊游，我领头在狭窄的阡陌上走，怎料迎面来了几头耕牛，狭道容不下人和牛，终有一方要让路。它们还没有走近，我们已经预计斗不过畜生，恐怕难免踩到田地泥水里，弄得鞋袜又泥又湿了。正踟蹰的时候，带头的一头牛，在离我们不远的地方停下来，抬起头看看，稍迟疑一下，就自动走下田去。一队耕牛，全跟着它离开阡陌，从我们身边经过。

我们都呆了，回过头来，看着深褐色的牛队，在路的尽头消失，忽然觉得自己受了很大的恩惠。

中国的牛，永远沉默地为人做着沉重的工作。在大地上，在晨光或烈日下，它拖着沉重的犁，低头一步又一步，拖出了身后一列又一列松土，好让人们下种。等到满地金黄或农闲时候，它可能还得担当搬运负重的工作；或终日绕着石磨，朝同一方向，走不计程的路。

在它沉默的劳动中，人便得到应得的收成。

那时候，也许，它可以松一肩重担，站在树下，吃几口嫩草。偶尔摇摇尾巴，摆摆耳朵，赶走飞附身上的苍蝇，已经算是它最闲适的生活了。

中国的牛，没有成群奔跑的习//惯，永远沉沉实实的，默默地工作，平心静气。这就是中国的牛！

——节选自小思《中国的牛》

【提示与解析】

易错字词提示

阡陌　狭道　预料　畜生　踟蹰　恩惠　沉重　下种

内容解析与朗读提示

这篇朗读选段，表达了作者对牛的赞美，情怀深厚。文章开头直抒胸臆，说出自己对牛的“一种特别尊敬的感情”。后文则以一次“相遇”的小矛盾，折射了牛的精神，又以介绍牛的特性来赞美牛的品格。在朗读时，为了表达第三段中“我们”和牛的小矛盾，应采用稍缓慢而略有抱怨的语气，以体现当时的心情。在后来与牛的“交涉”中，矛盾化解，使“我”对牛的情绪大为改观，所以朗读时，应沉着有力，在和缓中表现对牛的赞美。如“中国的牛，永远沉默地为人做着沉重的工作”、“中国的牛，没有成群奔跑的习惯，永远沉沉实实的，默默地工作，平心静气。这就是中国的牛！”这种由衷的赞美和感动，要求在朗读时把握深厚沉稳的基调。

【拼音对照】

Duìyú Zhōngguó de niú，wǒ yǒu zhe yī zhǒng tèbié zūnjìng de gǎnqíng.

Liúgěi wǒ yìnxiàng zuì shēn de，yào suàn zài tián lǒng • shàng de yī cì “xiāngyù”.

Yī qún péngyou jiāoyóu，wǒ lǐngtóu zài xiázhǎi de qiānmò • shàng zǒu，zěnliào yíngmiàn láile jǐ tóu gēngniú，xiádào róng • bùxià rén hé niú，zhōng yǒu yīfāng yào rànglù. Tāmen hái méi • yǒu zǒujìn，wǒmen yǐ • jīng yùjì dòu • bù • guò chùsheng，kǒngpà nánmiǎn cǎidào tiándì níshuǐ • lǐ，nòng de xiéwà yòu ní yòu shì le. Zhèng chíchú de shíhou，dàitóu de yī tóu niú，zài lí wǒmen bùyuǎn de dìfang tíng xià • lái，táiqǐ tóu kànkan，shāo chíyí yīxià，jiù zìdòng zǒu • xià tián qù. Yī duì gēngniú，quán gēnzhe tā líkāi qiānmò，cóng wǒmen shēnbiān jīngguò.

Wǒmen dōu dāi le，huíguo tóu • lái，kànzhe shēnhèsè de niúduì，zài lù de jìntóu xiāoshī，hūrán jué • dé zìjǐ shòule hěn dà de ēnhuì.

Zhōngguó de niú，yǒngyuǎn chénmò de wèi rén zuòzhe chénzhòng de gōngzuò. Zài dàdì • shàng，zài chénguāng huò lièrì • xià，tā tuōzhe chénzhòng de lí，dītóu yī bù yòu yī bù，tuōchūle shēnhòu yī liè yòu yī liè sōngtǔ，hǎo ràng rénmen xià zhǒng. Děngdào mǎndì jīnhuáng huò nóngxián shíhou，tā kěnéng háiděi dāndāng bānyùn fùzhòng de gōngzuò；huò zhōngrì ràozhe shímò，cháo tóng yī fāngxiàng，zǒu bù jìchéng de lù.

Zài tā chénmò de láodòng zhōng，rén biàn dédào yīng dé de shōucheng.

Nà shíhou，yě xǔ，tā kěyǐ sōng yī jiān zhòngdàn，zhàn zài shù • xià，chī jǐ kǒu nèn cǎo. Ǒu'ěr yáoyao wěiba，bǎibai ěr duo，gǎnzǒu fēifù shēn • shàng de cāngying，yǐ • jīng suàn shì tā zuì xiánshì de shēnghuó le.

Zhōngguó de niú，méi • yǒu chéngqún bēnpǎo de xí//guàn，yǒngyuǎn chénchén-shíshí de，mòmò de gōng zuò，píngxīn-jìngqì. Zhè jiùshì Zhōngguó de niú!

——Jiéxuǎn zì Xiǎo Sī《Zhōngguó de Niú》

作品 58 号——《住的梦》

不管我的梦想能否成为事实，说出来总是好玩儿的：

春天，我将要住在杭州。二十年前，旧历的二月初，在西湖我看见了嫩柳与菜花，碧浪与翠竹。由我看到的那点儿春光，已经可以断定，杭州的春天必定会教人整天生活在诗与图画之中。所以，春天我的家应当是在杭州。

夏天，我想青城山应当算作最理想的地方。在那里，我虽然只住过十天，可是它的幽静已拴住了我的心灵。在我所看见过的山水中，只有这里没有使我失望。到处都是绿，目之所及，那片淡而光润的绿色都在轻轻地颤动，仿佛要流入空中与心中似的。这个绿色会像音乐，涤清了心中的万虑。

秋天一定要住北平。天堂是什么样子，我不知道，但是从我的生活经验去判断，北平之秋便是天堂。论天气，不冷不热。论吃的，苹果、梨、柿子、枣儿、葡萄，每样都有若干种。论花草，菊花种类之多，花式之奇，可以甲天下。西山有红叶可见，北海可以划船——虽然荷花已残，荷叶可还有一片清香。衣食住行，在北平的秋天，是没有一项不使人满意的。

冬天，我还没有打好主意，成都或者相当的合适，虽然并不怎样和暖，可是为了水仙，素心腊梅，各色的茶花，仿佛就受一点儿寒//冷，也颇值得去了。昆明的花也多，而且天气比成都好，可是旧书铺与精美而便宜的小吃远不及成都那么多。好吧，就暂这么规定：冬天不住成都便住昆明吧。

在抗战中，我没能发国难财。我想，抗战胜利以后，我必能阔起来。那时候，假若飞机减价，一二百元就能买一架的话，我就自备一架，择黄道吉日慢慢地飞行。

——节选自老舍《住的梦》

【提示与解析】

易错字词提示

事实　好玩儿　嫩柳　翠竹　教人　那里　拴住　似的　涤清　柿子　枣儿　主意

内容解析与朗读提示

这篇选段以春、夏、秋、冬四个季节，写出对四座城市的感受，表现作者对这几地的喜爱之情，表明各地有各地的地域特点，都有作者喜爱的地方。全文轻松愉快，节奏明朗，朗读时应以愉快的、自然的、深情的语气为主。如“在那里，我虽然只住过十天，可是它的幽静已拴住了我的心灵。在我所看见过的山水中，只有这里没有使我失望”一处，在朗读时应把持情绪的变化，深情地表达出对青城山的喜爱。因为本文作者老舍是北京人，因而在其作品中有较多儿化音，如“好玩儿的”“那点儿”“枣儿”“一点儿”等词的儿化音，在朗读时应注意读出来；另外，应多练习，注意朗读时句意的连贯性。

【拼音对照】

Bùguǎn wǒ de mèngxiǎng néngfǒu chéngwéi shìshí, shuō chū • lái zǒngshì hǎowánr de：

Chūntiān, wǒ jiāng yào zhù zài Hángzhōu. Èrshí nián qián, jiùlì de èryuè chū, zài Xīhú wǒ kàn • jiànle nènliǔ yǔ càihuā, bìlàng yǔ cuìzhú. Yóu wǒ kàndào de nà diǎnr chūnguāng, yǐ • jīng kěyǐ duàndìng, Hángzhōu de chūntiān bìdìng huì jiào rén zhěngtiān shēnghuó zài shī yǔ túhuà zhīzhōng. Suǒyǐ, chūntiān wǒ de jiā yīngdāng shì zài Hángzhōu.

Xiàtiān, wǒ xiǎng Qīngchéng Shān yīngdāng suànzuò zuì lǐxiǎng de dìfang. Zài nà · lǐ, wǒ suīrán zhǐ zhùguo shí tiān, kěshì tā de yōujìng yǐ shuānzhùle wǒ de xīnlíng. Zài wǒ suǒ kàn · jiànguo de shānshuǐ zhōng, zhǐyǒu zhè · lǐ méi · yǒu shǐ wǒ shīwàng. Dàochù dōu shì lǜ, mù zhī suǒ jí, nà piàn dàn ér guāngrùn de lǜsè dōu zài qīngqīng de chàndòng, fǎngfú yào liúrù kōngzhōng yǔ xīnzhōng shìde. Zhège lǜsè huì xiàng yīnyuè, díqīngle xīnzhōng de wànlǜ.

Qiūtiān yīdìng yào zhù Běipíng. Tiāntáng shì shénme yàngzi, wǒ bù zhī · dào, dànshì cóng wǒ de shēnghuó jīngyàn qù pànduàn, Běipíng zhī qiū biàn shì tiāntáng. Lùn tiānqì, bù lěng bù rè. Lùn chīde, píngguǒ, lí、shìzi、zǎor、pú · táo, měi yàng dōu yǒu ruògān zhǒng. Lùn huācǎo, júhuā zhǒnglèi zhī duō, huā shì zhī qí, kěyǐ jiǎ tiānxià. Xīshān yǒu hóngyè kě jiàn, Běihǎi kěyǐ huáchuán——suīrán héhuā yǐ cán, héyè kě háiyǒu yī piàn qīngxiāng. Yī-shí-zhù-xíng, zài Běipíng de qiūtiān, shì méi · yǒu yī xiàng bù shǐ rén mǎnyì de.

Dōngtiān, wǒ hái méi · yǒu dǎhǎo zhǔyi, Chéngdū huòzhě xiāngdāng de héshì, suīrán bìng bù zěnyàng hénuǎn, kěshì wèile shuǐxiān, sù xīn làméi, gè sè de cháhuā, fǎngfú jiù shòu yīdiǎnr hán//lěng, yě pō zhí · dé qù le. Kūnmíng de huā yěduō, érqiě tiānqì bǐ Chéngdū hǎo, kěshì jiù shūpù yǔ jīngměi ér piányi de xiǎochī yuǎn · bùjí Chéngdū nàme duō. Hǎo ba, jiù zàn zhème guīdìng: Dōngtiān bù zhù Chéngdū biàn zhù Kūnmíng ba.

Zài kàngzhàn zhōng, wǒ méi néng fā guónàn caí. Wǒ xiǎng, kàngzhàn shènglì yǐhòu, wǒ bì néng kuò qǐ · lái. Nà shíhou, jiǎruò fēijī jiǎnjià, yī-èrbǎi yuán jiù néng maǐ yī jià de huà, wǒ jiù zìbèi yī jià, zó huángdào-jírì mànmàn de fēixíng.

——Jiéxuǎn zì Lǎo Shě《Zhù de Mèng》

作品 59 号——《紫藤萝瀑布》

我不由得停住了脚步。

从未见过开得这样盛的藤萝，只见一片辉煌的淡紫色，像一条瀑布，从空中垂下，不见其发端，也不见其终极，只是深深浅浅的紫，仿佛在流动，在欢笑，在不停地生长。紫色的大条幅上，泛着点点银光，就像迸溅的水花。仔细看时，才知那是每一朵紫花中的最浅淡的部分，在和阳光互相挑逗。

这里除了光彩，还有淡淡的芳香。香气似乎也是浅紫色的，梦幻一般轻轻地笼罩着我。忽然记起十多年前，家门外也曾有过一大株紫藤萝，它依傍一株枯槐爬得很高，但花朵从来都稀落，东一穗西一串伶仃地挂在树梢，好像在察颜观色，试探什么。后来索性连那稀零的花串也没有了。园中别的紫藤花架也都拆掉，改种了果树。那时的说法是，花和生活腐化有什么必然关系。我曾遗憾地想：这里再看不见藤萝花了。

过了这么多年，藤萝又开花了，而且开得这样盛，这样密，紫色的瀑布遮住了粗壮的盘虬卧龙般的枝干，不断地流着，流着，流向人的心底。

花和人都会遇到各种各样的不幸，但是生命的长河是无止境的。我抚摸了一下那小小的紫色的花舱，那里满装了生命的酒酿，它张满了帆，在这//闪光的花的河流上航行。它是万花中的一朵，也正是由每一个一朵，组成了万花灿烂的流动的瀑布。

在这浅紫色的光辉和浅紫色的芳香中，我不觉加快了脚步。

——节选自宗璞《紫藤萝瀑布》

【提示与解析】

易错字词提示

辉煌　深深浅浅　迸溅　梦幻　伶仃　腐化　盘虬卧龙　花舱　酒酿

内容解析与朗读提示

作品写花，更写人，将花的不幸遭遇与人的际遇联系在一起。先是写花开繁盛，进而愈见凋零，甚至说后来连花架都拆掉了，更显人生的悲凉。但是后文继而藤萝花又开始绽放，进而抒发作者对生活不灭的期望。朗读这篇文章时，应注意情感的变化，如前部分写花开正盛，应采用轻松自然愉悦的基调朗读，如“从未见过开得这样盛的藤萝，只见一片辉煌的淡紫色，像一条瀑布，从空中垂下，不见其发端，也不见其终极，只是深深浅浅的紫，仿佛在流动，在欢笑，在不停地生长。”应该用一种激动的口吻朗读，表达作者再见藤萝花时的心动之情，如“从未”“这样”“不停地”等可重读，凸显作者当时的心境。朗读到后面藤萝花日渐稀疏，以至被拆除这部分时，应节奏缓慢，语气凝重，似有所控诉一般。后两段是从回忆回到现实，从失望回到希望，节奏逐渐加快。

【拼音对照】

Wǒ bùyóude tíngzhùle jiǎobù.

Cóngwèi jiànguo kāide zhèyàng shèng de téngluó，zhǐ jiàn yī piàn huīhuáng de dàn zǐsè，xiàng yī tiáo pùbù，cóng kōngzhōng chuíxià，bù jiàn qí fāduān，yě bù jiàn qí zhōngjí，zhǐshì shēnshēn-qiǎnqiǎn de zǐ，fǎngfú zài liúdòng，zài huānxiào，zài bùtíng de shēngzhǎng. Zǐsè de dà tiáofú • shàng，fànzhe diǎndiǎn yínguāng，jiù xiàng bèngjiàn de shuǐhuā. Zǐxì kàn shí，cái zhī nà shì měi yī duǒ zǐhuā zhōng de zuì qiǎntán de bùfen，zài hé yángguāng hùxiāng tiǎodòu.

Zhè • lǐ chúle guāngcǎi，háiyǒu dàndàn de fāngxiāng，xiāngqì sìhū yě shì qiǎn zǐsè de，mènghuàn yībān qīngqīng de lǒngzhàozhe wǒ. Hūrán jìqǐ shí duō nián qián，jiā mén wài yě céng yǒuguo yī dà zhū zǐténgluó，tā yībàng yī zhū kū huái pá de hěn gāo，dàn huāduǒ cónglái dōu xīluò，dōng yī suì xī yī chuàn língdīng de guà zài shùshāo，hǎoxiàng zài cháyán-guānsè，shìtàn shénme. Hòulái suǒxìng lián nà xīlíng de huāchuàn yě méi • yǒu le. Yuán zhōng biéde zǐténg huājià yě dōu chāidiào，gǎizhòngle guǒshù. Nàshí de shuōfǎ shì，huā hé shēnghuó fǔhuà yǒu shénme bìrán guānxi. Wǒ céng yíhàn de xiǎng：Zhè • lǐ zài kàn • bùjiàn téngluóhuā le.

guòle zhème duō nián，téngluó yòu kāihuā le，érqiě kāi de zhèyàng shèng，zhèyàng mì，zǐsè de pùbù zhēzhùle cūzhuàng de pánqiú wòlóng bān de zhīgàn， bùduàn de liúzhe，liúzhe，liúxiàng rén de xīndǐ.

Huā hé rén dū huì yùdào gèzhǒng-gèyàng de bùxìng，dànshì shēngmìng de chánghé shì wú zhǐjìng de. Wǒ fǔmōle yīxià nà xiǎoxiǎo de zǐsè de huācāng，nà • lǐ mǎn zhuāngle shēngmìng de jiǔniàng，tā zhāngmǎnle fān，zài zhè//shǎnguāng de huā de héliú • shàng hángxíng. Tā shì wàn huā zhōng de yī duǒ，yě zhèngshì yóu měi yī gè yī duǒ，zǔchéngle wàn huā cànlàn de liúdòng de pùbù.

Zài zhè qiǎn zǐsè de guānghuī hé qiǎn zǐsè de fāngxiāng zhōng，wǒ bùjué jiākuàile jiǎobù.

——Jiéxuǎn zì Zōng Pú《Zǐténgluó Pùbù》

作品 60 号——《最糟糕的发明》

在一次名人访问中，被问及上个世纪最重要的发明是什么时，有人说是电脑，有人说是汽车，等等。但新加坡的一位知名人士却说是冷气机。他解释，如果没有冷气，热带地区如东南亚国家，就不可能有很高的生产力，就不可能达到今天的生活水准。他的回答实事求是，有理有据。

看了上述报道，我突发奇想：为什么没有记者问："二十世纪最糟糕的发明是什么？"其实二〇〇二年十月中旬，英国的一家报纸就评出了"人类最糟糕的发明"。获此"殊荣"的，就是人们每天大量使用的塑料袋。

诞生于上个世纪三十年代的塑料袋，其家族包括用塑料制成的快餐饭盒、包装纸、餐用杯盘、饮料瓶、酸奶杯、雪糕杯等等。这些废弃物形成的垃圾，数量多、体积大、重量轻、不降解，给治理工作带来很多技术难题和社会问题。

比如，散落在田间、路边及草丛中的塑料餐盒，一旦被牲畜吞食，就会危及健康甚至导致死亡。填埋废弃塑料袋、塑料餐盒的土地，不能生长庄稼和树木，造成土地板结，而焚烧处理这些塑料垃圾，则会释放出多种化学有毒气体，其中一种称为二噁英的化合物，毒性极大。

此外，在生产塑料袋、塑料餐盒的//过程中使用的氟利昂，对人体免疫系统和生态环境造成的破坏也极为严重。

——节选自林光如《最糟糕的发明》

【提示与解析】

易错字词提示

实事求是　焚烧　殊荣　上述　塑料袋　二噁英

内容解析与朗读提示

作品正反相衬，欲抑先扬，先由一则故事引出了一个问题——二十世纪最重要的发明，进而反向思考，又引出了这个世纪最糟糕的发明是什么——塑料袋，其批判态度可见一斑。朗读这类说明文应采取客观平缓的基调，但应充分利用重音等语调音速强调出塑料袋是最糟糕的发明。如"我突发奇想：为什么没有记者问：'二十世纪最糟糕的发明是什么？’”就应当在“为什么”“糟糕”等处重读，以强调所要表达的思想。再如“一旦被牲畜吞食，就会危及健康甚至导致死亡。”应当在“甚至”处有所停顿，以表达更为严重的后果。所以朗读时应当充分利用语调的变化表明作者的批判态度。

【拼音对照】

Zài yī cì míngrén fǎngwèn zhōng，bèi wèn jí shàng gè shìjì zuì zhòngyào de fāmíng shì shénme shí，yǒu rén shuō shì diànnǎo，yǒu rén shuō shì qìchē，děngděng. Dàn Xīnjiāpō de yī wèi zhīmíng rénshì què shuō shì lěngqìjī. Tā jiěshì，rúguǒ méi • yǒu lěngqì，rèdài dìqū rú Dōngnányà guójiā，jiù bù kěnéng yǒu hěn gāo de shēngchǎnlì，jiù bù kěnéng dádào jīntiān de shēnghuó shuǐzhǔn. Tā de huídá shíshì-qiúshì，yǒulǐ-yǒujù.

Kànle shàngshù bàodào，wǒ tūfā qí xiǎng：Wèi shénme méi • yǒu jìzhě wèn：“Èrshí shìjì zuì zāogāo de fāmíng shì shénme?” Qíshí èr líng líng èr nián shíyuè zhōngxún，Yīngguó de yī jiā bàozhǐ jiù píngchūle “rénlèi zuì zāogāo de fāmíng” . Huò cǐ “shūróng” de，jiùshì rénmen měi tiān dàliàng shǐyòng de sùliàodài.

Dànshēng yú shàng gè shìjì sānshí niándài de sùliàodài，qí jiāzú bāokuò yòng sùliào zhìchéng de kuàicān fànhé、bāozhuāngzhǐ、cān yòng bēi pán、yǐnliàopíng、suānnǎibēi、xuěgāobēi děngděng. Zhèxiē fèiqìwù xíngchéng de lājī，shùliàng duō、tǐjī dà、zhòngliàng qīng、bù jiàngjiě，gěi zhìlǐ gōngzuò dàilái hěn duō jìshù nántí hé shèhuì wèntí.

Bǐrú，sànluò zài tiánjiān、lùbiān jí cǎocóng zhōng de sùliào cānhé，yīdàn bèi shēngchù tūnshí，jiù huì wēi jí jiànkāng shènzhì dǎozhì sǐwáng. Tiánmái fèiqì sùliàodài、sùliào cānhé de tǔdì，bùnéng shēngzhǎng zhuāngjia hé shùmù，zàochéng tǔdì bǎnjié，ér fénshāo chǔlǐ zhèxiē sùjiāo lājī，zé huì shìfàng chū duō zhǒng huàxué yǒudú qìtǐ，qízhōng yī zhǒng chēngwéi èr'èyīng de huàhéwù，dúxìng jí dà.

Cǐwài，zài shēngchǎn sùliàodài、sùliào cānhé de//guòchéng zhōng shǐyòng de fúlì'áng，duì réntǐ miǎnyì xìtǒng hé shēngtài huánjìng zàochéng de pòhuài yě jíwéi yánzhòng.

——Jiéxuǎn zì Lín Guāngrú《Zuì Zāogāo de Fāmíng》

第 5 章

命题说话训练

近年来，随着经济的发展和社会的进步，人们对口语表达能力愈来愈重视，信息网络时代和人机对话的来临更是对人们的口语水平提出了新的要求。因此说话的规范、得体和简洁明确，已经成为衡量一个人素质高低的重要尺度，普通话水平测试的“命题说话”一项就是根据这一需要而产生的。

5.1 命题说话的基本要求

普通话水平等级测试的最后一个题目是“命题说话”。命题说话要求应试者围绕着给出的题目用普通话表达出来，主要考查应试者在没有文字凭借的情况下，在给定的语境与限定的范围内，普通话口语的表达能力。命题说话题目是对应试者普通话真实水平的考查，因为，通常来说，大多数应试者在说话时，用字、用词不像朗读短文那样确定，语音的错误最容易在这部分暴露出来。和朗读相比，说话可以更有效地考查应试者在自然状态下运用普通话语音、词汇、语法的能力，因为朗读是有文字凭借的说话，应试人并不主动参与词语和句式的选择。所以应试者必须清醒地认识到命题说话训练的重要性。命题说话一项在普通话水平测试中共占 30 分（或 40 分），其中对语音面貌的测查占到了 25 分（或 30 分），这就要求应试者在语音准确方面多下工夫。此外，命题说话时间要保证足够 3 分钟，在测试员示意停止前，或机测时间提示条未提示满三分钟，不要中断说话。

5.1.1　如何说话

1. 说话需用词得体

现代汉语的口语和书面语基本一致，使用的句式大体也是相同的，但是，从句式使用的经常性来看，口语还是具备一些特点：口语句式松散，短句多；较少使用或干脆不用关联词语；经常使用非主谓句；较多地使用追加和插说的方法，句间关联不紧密；停顿和语气词多。在很多语句中，口语词和书面语词的界限不易分清。一般说来，日常说话用得多的词被称做口语词，书面上用得多的词被称做书面语词。另外，说话中特别要注意规范词语。必须克服方言的影响，不用方言词语。

1）说话时尽量多用口语词，少用书面语词

在说话时，应该尽可能多用口语词。例如，说话题目中有《我的大学生活》，如果考生开始就用“本校……”“本人曾经担任……”等书面用语，而不用“我们学校……”“我曾经做过……”这类的口语。在表达形式上就产生了失误。

有的考生因为专业的原因，会用“之乎者也”之类的古语词或“基本上”“一般说来”之类的书面语、公文用语。汉语书面语中保留了许多古汉语中的词语。这些词语很典雅，很精炼，使用这些古语词可以使语言有庄重的色彩，但同时也就会使语句减少了生动与亲切，因此尽量不要在说话中使用此类表达方式。例如“诸如”常用在公文里，口头上说，不妨改为“比方说”更好；“无须乎”也不如“不必”来得生动自然；“凌晨时分初醒”就是“早上醒来”的意思，但用在生活描述上，就不如“早上起床后”更为活泼。运用口语词可以使话语显得生动。

2）避免使用“网络语言”与“时髦语”

随着科技的发展，一种新的媒体影响了人们的生活方式、文化传播，这就是“互联网”。随着网络文化的发展，衍生出一种网络上流行的用语——“网络语言”。但是，这类网络用语属于非正式语言，并不适合运用于日常说话中。例如说话题目《一次购物（消费）的感受》，如果选你取了关于网购的内容，但是在说话过程中，采用网络用语，把卖家说成“亲”，把买来的东西说成“东东”，就会造成对网络不熟悉的听众产生歧义。诸如此类网络用语还有很多，说话时要避免用网络用语。其次，社会上常常流行一种“时髦语”。如：“必须的”是“一定做到”的时髦说法，“很 Q”指的是可爱。这些时髦语虽然可以风靡一时，但它们是不规范的，因而也是没有生命力的。时髦语在口语中出现过多，不但会削弱语言的表现力，而且影响传达效果，容易造成歧义。

3）避免使用同音词、近音词

现代汉语中同音词与近音词很多，其含义却大相径庭。而在口语说话中，由于没有文字材料做依托，使用同音或近音的词语，就容易造成误解。例如，“我给大家讲的是故事”容易理解为“我给大家讲的是股市”，此类可以表达为“我给大家讲一段故事”。又如：“剧变”“巨变”二者都有“变化”之意。剧变是指迅速变化；“巨变”是指巨大的变化。

因此人们在说话时，应尽可能避免使用有同音词的词语。

2. 说准字音

说准字音是影响说话表达效果的重要因素。如果字音说不准，就会说者滔滔不绝，听者却如坠云雾，或者干脆张冠李戴，闹出笑话。这样的说话绝对不能取得我们需要的效果。因此我们要多注重说话时发音的准确。另外，汉字中有很多容易说错或容易弄混的文字，我们应多注意这些容易错的地方，平时多做积累，做到出口无误。例如“正中下怀”的“中”在这里读“zhòng”，不读中国的“zhōng”。

3. 自然的表达

说话要做到自然，按照日常口语的语音、语调来说话，避免说话时如同朗读或有背诵的腔调。这个要求并不高，但实际做起来却不容易。在实际测试过程中，很多人通过背诵例文，内容大同小异，听起来如同汇报或朗诵。这也是由于方言区不少人在日常生活中是讲地方话的，只有在背书、读报时才用普通话。而许多人又都是用朗读作为学习普通话的主要手段。再加上方言区的人大多没有机会听到规范的日常口语。久而久之，就把戏剧、朗读的发音拿来仿效。这就造成了不少人在说话时的“朗读腔”。其实，仔细考究起来，说话是一种交流方式，人与人交往时贵在真诚，人们希望听到的是朴实无华、亲切、自然的语音。

4. 适当的语速与情绪

语速与情绪对说话的表达有着至关重要的影响。语速过慢或过快，既影响说话的流畅性，又影响情绪的表达。这要求考生要掌握说话的节奏，太快容易导致发音含混不清，太慢则显得不够流畅，两者都是会失分的。

有位心理学家作过一次测试：我们听话的过程中能够精确留在记忆中的大概不超过7～8秒钟。既然是短暂的，那么怎么去评价一个人的口才呢？应该从整体上把握，从语流上把握。语速给我们的启示之一，就是想好了再说，启示之二是说话速度不可太快。一般的发言每分钟 200 字，最快不能超过 280 字。如果根据内容、情景、语气的要求偶尔有 10 来个音节稍快、稍慢，也应视为正常。语速和语言流畅程度是成正比的，一般说来，语速越快，语言越流畅。语速过慢，容易导致语流凝滞，话语不连贯。但语速过快就容易导致发音时口腔打不开、复元音的韵母动程不够和归音不准。有人为了不在声、韵、调上出错，说话时一字一字地往外挤，听起来非常生硬且单调，不利于表达。因而，过快和过慢的语速都应该努力避免。

5. 用语流畅

口语表达中，语句流畅与否，对表达效果影响很大。语句流畅的，应如行云流水、滔滔不绝。让人听之，心情舒畅，也不易疲劳。而语句不流畅的，听上去断断续续，语意含混，不但不容易领会，而且容易疲劳或烦躁，效果相差千里。要使语句流畅，我们说话时应该注意以下几点。

1）多用短句，多用单句

在口语中，人们接收信息不如看书可以一目十行，句子长一点也可以一眼扫到。听话时语音信号是按线性次序一个挨一个鱼贯而进入耳朵的。如果句子长了，或者结构复杂了，当句末尾进入脑海中时，句子的开头或许已经印象不深了。在听话人的脑子里，句子便不完整。所以，口语中的句子千万不要太长。能够分拆为单句的，千万不要合成复句，任何复杂的句子在口语表达中都是不受欢迎的，就连长修饰语也要尽可能地避免。

2）冗余适度，避免口头禅

有些人在说话时会出现机械地无意义的重复现象。例如有的人老是重复一句话的末尾几个音节，甚至于不管这几个音节是否成为一个词。这种重复时间长了就会令人生厌，再加上“嗯”、“啊”，就成了官腔。特别是夹在句子中间的“这个”、“的话”、“就是说”、“等等”的口头禅，更是一种毫无积极作用的冗余成分，会使语句断断续续，使听众感到语句很不流畅。听这种讲话不但得不到美的享受，而且有一种受折磨的感觉。因此这种口头语是讲话时应该避免的。

另外，口语表达时，有时为了强调某个意思，加深听众的印象，可以采用有目的地重复这种方法。例如孙中山先生在一次演讲中为了强调国人必须觉醒而连续重复了四次“醒、醒、醒、醒!”这是有计划、有目的地重复。

6. 表达思路清晰

清晰的思路是保证语句的流畅的前提。说不清楚常常是因为说话者没有想好说什么、表达什么内容。当人们从思维（也有人称为“内部语言”）转换为语言（也有人称为“外部语言”）时，正确的程序应该是：

①确定说话的中心；

②确定最关键的词语；

③选定句式；

④选定第一句所使用的词语。

当然，②与③有时次序会互换。但根据心理学家的研究，确定中心和层次肯定在选定第一句所使用的词语之前。也就是说，人们在开口说第一句话之前，心中应该有了一个讲话大纲。因此，第一句话、第一个词就有了依据，以后的词和句也有了基调。这时，说话的人便可以“胸有成竹”“出口成章”了。如果说话的人没有按照这个程序行事而是边想边说，并且没有确定一个想要表达的中心思想，想到什么说什么，那就会出现各种各样的思维障碍。这些障碍如不能排除，就会造成说话的中断。即使最后能够排除，也会严重地影响听感，造成语句不流畅的感觉。这是我们应该尽量避免的。

5.1.2　关于“说话”的特性

说话具有以下 5 种特性：

①同步性。说话就是将当前所想同时进行思维外化，所以它具有同步性的特点。当人们把内心所思所想的通过语言形式进行同步表达，就形成了说话的过程。所以外部语言表达与内部语言思维是同步进行的。

②简散性。说话不像文学上对文理的要求那么严格，可以使用一些短句、散句来表

达、抒发情感。所以它具备了文理简单、结构松散的特性。

③不可变性。俗话说覆水难收，我们讲话通过声波传播出去，随着瞬间即逝的声波，说出去的话就具有了不可更改的结果，这就要求我们说话前组织好语言，避免说错话。

④临场性。说话的地点、场合、时间及受众都会对我们说话的内容有不同的影响。说话时必须符合时间和空间的特定要求，并受其制约。根据现场的氛围和表达的对象，调整不同的说话方式与内容。

⑤综合性。在说话时，语言、声调要综合考虑，在这个过程中，每个人所说的话，包含了这个人的生活体验、文化素质、道德水准，听其言可知其人。同样的话题各人说出来的效果不一样，就是因为各人的生活阅历不同，对生活的理解不同。这要求提高我们自身的综合素质，来提高我们的说话水平。

5.1.3 说话的构思

口头表达的效果，除了语音自然、用词恰当、语句流畅之外，说话构思也是非常重要的。因为既然是表达，就必然有审题、选材、结构方面的问题。审题不当、跑题偏题、无的放矢是不可能说好话的。剪裁不当，当详不详就会表达不清，当简不简又会显得烦琐。结构不完整不行，结构混乱也不符合要求。在说话构思方面，须注意以下三点。

1. 审题准确

我们可以把一段话题加以分类，找出它们的类型来。总体来说，可以把话题分为记叙和议论两大类。在各类中又可以按所记、所议的对象不同分为记人、记事、记生活、记所爱的四种。议论可分为论人、论事、论物的三种。由于题目的类型不同，它们的要求也不相同。例如记叙，它要求中心突出、交代清楚、信息丰富。记人的，要有外貌的描述，也要有精神的描述。记事的，时间，地点，事件的发生、发展和结局要交代。议论的讲话要求立论明确，发挥充分，结构完整，不能有头无尾或者虎头蛇尾，无论是立论或者驳论，都不能中途偷换话题。

上面的分类只是大致的划分，并不是绝对的。例如有的话题既可以作为记叙，又可以用来作为议论的中心，如“我的朋友”就是两可的话题。还有一些话题，可以从人的角度，也可以从物的角度去说，例如“我喜爱的动物”可以从自己为什么会喜欢动物说起，也可以从动物的外貌、习性来说，有一定的灵活性。

2. 剪裁合理

在讲话时，应该选取适量的材料，所选的材料应该紧扣中心。要避免离题万里，也要防止无话可说。我们常常听到有的人说话善于组织材料，从容不迫，有条不紊。但也有的人不善于选取材料，说起话来不得要领。例如有的人讲“我最崇拜的人”，结果说了一堆这个人的缺点或糗事，就成了对某个人的趣事点评了，到最后同学自己也说不明白崇拜他的地方在哪里，只能说“他还是有很多优点，是值得我们学习的”。这就是取材不准确造成的后果。

还有许多人则犯了另外一个错误，他们不善于发挥，说了两三句，就语言匮乏，不知道如何继续，觉得把该说的都说完了。例如：有位学生讲《我向往的地方》，翻来覆去就是“瑞典就是我向往的地方……”。教师启发他说“我”，他就说“瑞典就是我向往的地方，这就是我的看法呀”。其实联系到“我”可以讲我是通过什么途径了解瑞典的，我为什么会向往瑞典，也可以讲述瑞典的自然风光和风俗人情。这就是剪裁毛病中的“贫乏”。

3. 结构清晰、完整

无论是记叙或是议论，讲话还有个结构问题。一篇讲话若结构完整，可使人留下深刻的印象，否则就会感到残缺不全，影响效果。结构与话题有关，不同的话题有不同的结构。大体说来，议论性的讲话多少有点像即席演讲，它应该有一个小小的开场白，讲清自己所讲的话题，然后进入主体。主体部分应该摆出自己的观点。结论部分应该用简洁的语言总结，并把自己的观点强调一下以使听众留下深刻的印象。例如一位学生谈自然对生活的影响，他选择了森林，说话时在解题部分谈到自然界中最平常然而变化很大、对生命影响极大的森林树木，这就引入了正题。主体部分详述森林的变迁，森林与人类生命的密切关联，甚至人生的哲理。结论部分谈到自己对国内森林环境保护的看法，以及自己对自然事物的一些哲思。这是结构较为成功的例子。

记叙性的讲话也要解题，自然地引入主体后，要详细地交代人物、事件的来龙去脉。信息要丰富，条理要清楚，结语部分可以用总结方式，也可用感情交流的方法。

5.1.4　说话训练

1. 避免使用方言特征明显的词语

此类失误表现为在普通话语句中出现地域特征明显的，且也未广泛流行的方言词语，如：

①我拿走了他吃饭的盔子。

②爸爸总是气火。

③我家的吃饭间很小。

例①“盔子”是方言词，应改作“盆子”。

例②“气火”是海南方言区的人常说的词，实际上是指“生气”。

例③“吃饭间”是一个方言词语，其实它所要表示的正确含义是“厨房”。吴语中“厨房”的表示法除了“吃饭间”之外，还有“灶间”“灶披间”“灶跟间”等。

各方言区都有特色语气词，如在海南话中常见的是在句中或句末使用诸如“嘞”“的”“呢”等语气词。应试人如在话语中反复出现这样的语气词，也属使用方言词语的表现。

2. 避免词法、句法失误

1）词法失误

①小朋友买了一个甘蔗，刨去皮，一路走一路啃，渐渐走近鉴山寺的大门。

②大约 2 公里多之后，到了一架小桥边。
③我们买了一副羽毛球，天天打。
④我懂做练习。
例①“一个”的合适的量词是“根”或“条”。
例②“小桥”一般使用量词“座”。
例③“副”只能修饰“羽毛球拍”。
例④中的“懂”应当是“会”。

2）句法失误

①秋天是凋零的季节，却让我容易滋生伤感情绪。
②我这个幸运儿被读了师范。
③知道了我。
④每天早上让他叫我醒。
例①是“却”字句误用，这里不用“却”字，如：“秋天是凋零的季节，让我容易滋生伤感情绪.”。
例②“读了师范”并不是被动的行为，所以，这属于“被”字句误用。
例③是状语位置不当，应当是“我知道了”。
例④是宾语位置不当，应当是“叫醒我”。

3. 避免词语搭配不当

词语搭配不当，不仅可能是口语的欠斟酌导致的，更有可能是应试者对词义的错误理解所产生的。以下搭配不当的例句，从语句成分上看，有主谓不当、动宾不当、动补不当等。例如：
①因为这件事情，每天都让我异常的开心。
②陶冶了我的知识。
③一辆马车很快地开来。
例①这一句可以表述为“每天都让我非常开心”或“每天都让我异常的兴奋”。
例②两组词语搭配杂糅，可改为“丰富了我的知识”或“陶冶了我的情操”。
例③“马车”不能是“开”来的，因为有“马”，所以这一句可以表示为“一辆马车奔驰而来”。

4. 避免语句成分残缺

语句表达不完整，会造成句意不明确，有的还可能产生歧义。例如：
①这趟任务真的艰难。
②一般戏，一般都去看……
③我们喝酒吃后……
例①句义表述不完整，可改为：“这趟任务要完成真的很艰难?”
例②因主语和结构助词残缺而导致整个句子表义不明确，该句原意是“只要演戏，哪怕是一般化的戏，我也都去看”。

例③因缺宾语而使句子表述不清楚，正确的表达应是“我们喝了酒，吃完饭后”。

5. 避免重复冗赘明显

若句子成分过多地重复，就应判为失误。例如：

①这趟任务要完成真的十分很艰难。

②妈妈还很特别对我跟妹妹很关心。

③小王的信心倍增了许多。

④他答案回答得那么深奥。

例①程度副词没有必要地重复使用，用“这趟任务要完成真的很艰难”就可以表述得很明白了。

例②也是程度副词“特别”“很”重复累赘，可表述为“妈妈对我跟妹妹很关心”。

例③“倍增”“许多”重复，改成“小王的信心倍增”就十分简洁利落。

例④“答案”本身就是“回答”，可说：“他的答案那么深奥”。

6. 避免语序混乱

有的语序安排不合乎汉语的习惯，显得十分生硬、别扭，有的语序安排不符合原来的句意要求，这些就属于语序不当的错误。例如：

①我爱好文学非常

②她津津地有味儿……

③向前进步了一下

④不知道以后生活怎么出路

例①“非常”是用来修饰“爱好”的，故应置于“爱好”的前面，说成“我非常爱好文学”。

例②把成语“津津有味”拆开了，应该改成“她津津有味儿地……”。

例③“进步”后可附加补语，诸如“进步多了”“进步了些”，但一般不用数量短语作补语，所以说“进步了一下”似不妥；这里的确切语义可用“向前进了一步”来表示。

例④句的原意是表示为今后家庭的出路在哪里而焦虑；“出路”是无法“怎么”的，所以改为“不知道以后的生活出路在哪里”。

5.2　命题说话应试指导

许多学生对普通话测试中“说话”一项的考试非常紧张，有的怕现场发挥会露馅，有的怕紧张找不到合适的内容。于是，常有学生先写下来，再背下来，最后在考场中再背出来。这样的应试常常费力不讨好，最少也会因“有背稿嫌疑”扣分。其实，普通话测试中

"说话"并非考口才，而是纯粹地考普通话水平，只要能够自然流畅地说普通话即可，考官不会因为说话人精彩的语言加分，而只关注普通话语音、词汇、语法的规范程度。所以，应试准备时，应将关注点放在说的大体内容和语言的规范性上，如果确需通篇逐句地准备，也应多用生活语言，避免过浓的书面化色彩。

5.2.1 说话的应试技巧

1. 认真审题，了解题目要你阐述的是什么，避免出现跑题的现象

应试人在命题说话中出现"离题"主要原因有两个：①考前准备不足，没有能就考试题目作认真模拟，对自己 3 分钟到底能说多少话心中无数，结果原先准备的讲不到 3 分钟，只好东扯西拉凑时间；②审题不当。这里，我们主要帮助大家解决的是第二方面的问题。

审题就是对话题进行分析，理解其要求，确定其中心。不同的话题要求可能不同，有的要求记叙，如"一次难忘的旅行"；有的要求解说，如"家乡的风俗"；有的要求议论，如"广告评说"。如果不明确话题的要求，面对具体的话题时就可能不知所措。对"说话"的评判虽不注重中心是否突出，但任何说话都有一定的目的，要表达一定的思想，这个"思想"，就是话题的中心。说话若无中心，就不能够有效地组织材料，语句就会散乱无章，也就不可能是通畅的、流利的。其实，测试大纲所规定的话题，都是人们经历过或与日常生活关系密切的事物、现象，只要看清楚话题，明确了要求，它的中心是不难确定的。如"我最要好的朋友"，这个话题的中心当然是"朋友"，而且侧重在"要好"。

2. 考前列出命题说话稿的提纲

很多人在说话的时候无法说满 3 分钟，就是在做准备的时候，他们都在准备具体的细节，没有从总体着手，这样会使自己说话的时候思路混乱。所以，在审题完毕以后，应该迅速列出自己说话稿件的提纲，提纲的每一点都应该想好例子，一个不够可以多准备几个。

3. 正确把握说话的语速和时间

说话测试时间是有规定的。有的人是急性子，说话很快；有的人则慢慢吞吞，一字一顿。语速过快就容易导致发音不准、思维中断，同时在单位时间里语速越快，吐字越多，就越有可能暴露自己在语音、语法、语汇方面的错误和缺陷。语速过慢也容易导致语流凝滞，话语不够连贯。因此，过快和过慢的语速都应该努力避免。

5.2.2 普通话水平测试用说话题目思路点拨

1. 我的愿望（或理想）

①愿望是什么？可以从几方面入手：学习、工作、经济、感情、家庭等。

②如何达到愿望或者如何实现自己的理想，重点放在对愿望或理想的憧憬上，体现出心中的目标和价值。

2. 我的学习生活

①一般人的学习生活分为几个阶段，可以根据个人情况进行划分，如小学到初中、高中、大学和工作的学习生活。从具体时间来划分，可按从早到晚的学习计划来说明，或是以一周为时间段。

②根据自己的实际情况，切身体会自己所学专业的特点，或分叙各种学科的具体情况。

3. 我尊敬的人

①选取一位比较熟悉的人进行说明。

②说明尊敬这个人的理由，比如这个人的性格特征和魅力，与众不同的地方，哪些事情打动过你，哪些思想意识启迪过你。

③说说从你尊敬的人身上得到什么样的收获，比方说对你以后人生成长的道路有何帮助，从他的身上你学到了什么样的做人道理等。

4. 我喜爱的动物（或植物）

①选取自己熟悉的动物或植物，可以是几种。

②说明喜爱动物或植物的理由，从哪些方面表现出来，如性情、特征、用途等。

5. 童年的记忆

①说说童年时难忘的事情或者经历，情感基调：幸福或苦涩。

②选取的事例应该对你成长具有价值和启迪，如长辈的疼爱、同伴的友情等。

6. 我喜爱的职业

①“职业”指个人服务社会并作为主要生活来源的工作，说话时要抓住选取“职业”的主要特点，喜爱其什么。

②要选择自己喜爱的职业，并对喜爱的职业做现实的计划，与实际情况相结合和对未来的打算。

7. 难忘的旅行

①说明旅行的时间、地点、人物和事件四个要素。

②“难忘”就是难以忘记，无法忘却，永远印在脑海里，值得记忆的。所以，选取的旅行应是在记忆中印象最为深刻的，并从这次事件中认为有所收获和价值。

③选取在旅行中难忘的几个情节。

8. 我的朋友

①“朋友”一般指与自己志同道合的人，范围相对广泛，可以是自己的同学、同事、亲戚等。选取对象可以围绕着一个人或者几个来说。

②能成为朋友的人，都有着深厚的友谊，要围绕着友情说。

③通过几个实例突出朋友的特点。

9. 我喜爱的文学（或其他）艺术形式

①艺术形式可以是绘画、雕塑、工艺、建筑、音乐、舞蹈、文学、戏剧和电影等，可根据自己实际情况选取内容。

②重点放在喜欢这种艺术形式的理由，说明此艺术形式的一些特点，对自己的生活和修养起到什么样的作用。

10. 谈谈卫生与健康

①卫生一般指为增进人体健康，预防疾病，改善和创造合乎生理、心理需求的生产环境、生活条件所采取的个人的和社会的卫生措施。

②主要谈卫生与健康二者的关系。

③要养成哪些个人和公共卫生习惯，举例说明。

11. 我的业余生活

①业余生活是指工作时间以外、本业之外的生活活动，比方说看书、读报、锻炼、休闲娱乐等。

②可分别叙述业余生活的内容。业余生活是人们生活中必不可少的一部分，业余生活能够给我们带来快乐，丰富自己的生活。

12. 我喜欢的季节（或天气）

①可以单独叙述一种季节（或天气），或多种，以及喜爱此季节（或天气）的原因。

②抓住季节（或天气）的特点、具有代表性的景象。

13. 学习普通话的体会

①结合自己的实际情况，说明学习普通话的必要性。普通话在人们的学习、工作中具有的现实意义。

②学习普通话的方法，例如，听广播进行语音模仿等。

③谈谈自己学习普通话的感受，比如，要克服心理障碍、多与普通话好的人接触，制造普通话学习氛围等。

14. 谈谈服饰

①“服饰”是人体的物品总称。包括服装、鞋、帽、袜子、手套、围巾、领带、提包、阳伞、发饰等。可从中选取一个进行叙述，针对服饰样式谈谈人们的审美情趣。

②可以把现在的流行服饰与以前传统的服饰进行对比。也可以对此服饰在人们日常生活中起到的装饰作用进行描述。

15. 我的假日生活

①首先谈谈你的假日生活的安排。例如，体育锻炼、旅游等。总之，不论从哪个角度选取，都属于自己喜欢做的事情。

②介绍自己的假日生活的具体内容，说明假日生活的丰富多彩和给自己带来的快乐和作用，比方说，假日生活可以为我们紧张的学习工作起到缓解疲劳的作用等。

16. 我的成长之路

①“成长之路”是人进步成熟的过程，以自己的切身经历事例对从小到大的成长做一个回顾。

②成长的过程中自己认为最为关键的几个阶段。

③在成长的过程中得到人生的哲理、意义或者教训等。

17. 谈谈科技发展与社会生活

①现代科技发展已经达到什么程度。

②科技发展与社会生活二者的关系：相互促进、相互制约，包括正负两方面影响。

③举例说明。

18. 我知道的风俗

①“风俗”是特定社会文化区域内历代人们共同遵守的行为模式或规范。要选取自己比较熟悉的风俗进行描述。例如礼节、习惯等，各种节日中的风俗，如春节、清明节、端午节等。

②介绍风俗要结合文化背景、民族特色等来充实说话内容。

19. 我和体育

①“体育”一词的含义有两种：一种是以发展体力、增强体质为主要任务的教育活动，通过参加各种运动来实现，如各种赛事；第二种是指体育运动，如足球、游泳、网球、乒乓球等。选题时可以从自己关注的角度出发或者描述自己喜欢的体育项目。

②结合自己的经历，描述在锻炼中得到的益处和感受。

20. 我的家乡（或熟悉的地方）

①家乡是指自己家庭世代居住的地方，也就是故乡。

②分述家乡各种特色，如历史和地理状况、风俗、经济、文化、教育和特产。

21. 谈谈美食

①所谓“美”食，应该是具有一定形式上的美感的，具有健康、审美内涵的食物。

②提示：中餐中的几大菜系特点、做法，以及对美食的感受等。

22. 我喜欢的节日

①可以选取中国的传统节日，如春节、元宵节、清明节、端午节等，也可以选取西方节日，如情人节、愚人节、圣诞节等。结合自己的喜好选取描述对象。

②重点谈谈为什么喜爱这个节日，以及节日的特点和文化内涵。

23. 我所在的集体（学校、机关、公司等）

①介绍集体的人员组成和特点。

②身为集体中的一员，可以介绍一下自己。谈谈自己与集体的关系如何，分析集体对自己的影响。

24. 谈谈社会公德（或职业道德）

①社会公德简称“公德”，是指在人类长期社会实践中逐渐形成的、要求每个社会公民在履行社会义务或涉及社会公众利益的活动中应当遵循的道德准则。在本质上是一个国家、一个民族或者一个群体，在历史长河中、在社会实践活动中积淀下来的道德准则、文化观念和思想传统。职业道德包括服务群众、诚实守信、爱岗敬业等。

②举例说明个人行为与社会公德或职业道德之间的关系，应如何做得更好。

25. 谈谈个人修养

①个人修养是人在个体心灵深处进行的自我认识、自我解剖、自我教育和自我提高，是长期养成的符合社会要求的待人处事的态度和涵养。

②谈谈个人修养的内容是什么，可分几个方面来说明。也可以谈个人修养对自身的重要性。

26. 我喜欢的明星（或其他知名人士）

①说明自己喜欢哪一个明星（或其他知名人士），引入话题。

②说明自己喜欢他哪些方面，通过正面描述他的优点，以及自己最欣赏的地方来表达自己对他的喜爱。

③可以叙述几件与他相关的事例，或自己因为对他的喜爱所做的事情。

27. 我喜爱的书刊

①书刊包括：书籍、报纸、杂志、学刊等。可以选取对自己影响比较大的某本书刊或者某类书刊。

②喜欢的理由是什么，以及此类书刊的特点。

③从此类书刊中取得了什么收获。

28. 谈谈对环境保护的认识

①环境保护是指人类为解决现实的或潜在的环境问题，协调人类与环境的关系，保障经济社会的持续发展而采取的各种行动的总称。包括合理利用资源、防止环境污染和对污染后环境进行综合治理。说明环境保护对现实的意义。

②环境保护的方法和手段有工程技术的、行政管理的，也有法律的、经济的、宣传教育的等，可分述来说明对环境保护的建议。

29. 我向往的地方

“向往”就是因热爱、羡慕某种事物或境界而希望得到或到达的意思。向往的地方从某个地方的具体状况谈起，如旅游景点、城市等。

30. 购物（消费）的感受

①重点放在“感受”上，也就是购物的体会和感想。

②购物（消费）时会遇到的问题，如货比三家、商家促销等。结合实际情况，很多人已选择网络购物。

附录 A

汉语拼音方案

一、字母表

字母 名称						
Aa ㄚ	Bb ㄅㄝ	Cc ㄘㄝ	Dd ㄉㄝ	Ee ㄜ	Ff ㄝㄈ	Gg ㄍㄝ
Hh ㄏㄚ	Ii ㄧ	Jj ㄐㄧㄝ	Kk ㄎㄝ	Ll ㄝㄌ	Mm ㄝㄇ	Nn ㄋㄝ
Oo ㄛ	Pp ㄆㄝ	Qq ㄑㄧㄡ	Rr ㄚㄦ	Ss ㄝㄙ	Tt ㄊㄝ	
Uu ㄨ	Vv ㄪㄝ	Ww ㄨㄚ	Xx ㄒㄧ	Yy ㄧㄚ	Zz ㄗㄝ	

注：①V 用来拼写外来语、少数民族语言和方言。
②字母的手写体依照拉丁字母的一般书写习惯。

二、声母表

b ㄅ玻	p ㄆ坡	m ㄇ摸	f ㄈ佛	d ㄉ得	t ㄊ特	n ㄋ讷	l ㄌ勒
g ㄍ哥	k ㄎ科	h ㄏ喝		j ㄐ基	q ㄑ欺	x ㄒ希	
zh ㄓ知	ch ㄔ蚩	sh ㄕ诗	r ㄖ日	z ㄗ资	c ㄘ雌	s ㄙ思	

注：在给汉字注音的时候，为了使拼式简短，zh、ch、sh 可以省作 ẑ、ĉ、ŝ。

三、韵母表

	i ㄧ 衣	u ㄨ 乌	ü ㄩ 迂
a ㄚ 啊	ia ㄧㄚ 呀	ua ㄨㄚ 蛙	

续表

o ㄛ 喔		uo ㄨㄛ 窝	
e ㄜ 鹅	ie ㄧㄝ 耶		üe ㄩㄝ 约
ai ㄞ 哀		uai ㄨㄞ 歪	
ei ㄟ 欸		uei ㄨㄟ 威	
ao ㄠ 熬	iao ㄧㄠ 腰		
ou ㄡ 欧	iou ㄧㄡ 忧		
an ㄢ 安	ian ㄧㄢ 烟	uan ㄨㄢ 弯	üan ㄩㄢ 冤
en ㄣ 恩	in ㄧㄣ 因	uen ㄨㄣ 温	ün ㄩㄣ 晕
ang ㄤ 昂	iang ㄧㄤ 央	uang ㄨㄤ 汪	
eng ㄥ 亨的韵母	ing ㄧㄥ 英	ueng ㄨㄥ 翁	
ong （ㄨㄥ）轰的韵母	iong ㄩㄥ 雍		

注：

①"知、蚩、诗、日、资、雌、思"等七个音节的韵母用 i，即：知、蚩、诗、日、资、雌、思等字拼作 zhi，chi，shi，ri，zi，ci，si。

②韵母儿写 er，用作韵尾的时候写成 r。例如："儿童"拼作 ertong，"花儿"拼作 huar。

③韵母 ㄝ 单用的时候写成 ê。

④i 行的韵母，前面没有声母的时候，写成 yi（衣），ya（呀），ye（耶），yao（腰），you（忧），yan（烟），yin（因），yang（央），ying（英），yong（雍）。u 行的韵母，前面没有声母的时候，写成 wu（乌），wa（蛙），wo（窝），wai（歪），wei（威），wan（弯），wen（温），wang（汪），weng（翁）。ü 行的韵母，前面没有声母的时候，写成 yu（迂），yue（约），yuan（冤），yun（晕）；ü 上两点省略。ü 行的韵母跟声母 j，q，x 拼的时候，写成 ju（居），qu（区），xu（虚），ü 上两点也省略；但是跟声母 n，l 拼的时候，仍然写成 nü（女），lü（吕）。

⑤iou，uei，uen 前面加声母的时候，写成：iu，ui，un。例如 niu（牛），gui（归），lun（论）。

⑥在给汉字注音的时候，为了使拼式简短，ng 可以省作 ŋ。

四、声调符号

阴平	阳平	上声	去声
ˉ	ˊ	ˇ	ˋ

声调符号标在音节的主要母音上。轻声不标。例如：

妈 mā	麻 má	马 mǎ	骂 mà	吗 ma
（阴平）	（阳平）	（上声）	（去声）	（轻声）

五、隔音符号

a，o，e 开头的音节连接在其他音节后面的时候，如果音节的界限发生混淆，用隔音符号（'）隔开，例如 pi'ao（皮袄）。

附录 B

普通话水平测试用朗读作品目录

《普通话水平测试实施纲要》（2017 年版）中规定了 60 篇朗读作品，供朗读短文测试使用，具体如下：

（1）作品 1 号：节选自茅盾《白杨礼赞》；
（2）作品 2 号：节选自张健鹏、胡足青主编《故事时代》中《差别》；
（3）作品 3 号：节选自贾平凹《丑石》；
（4）作品 4 号：节选自［德］博多·舍费尔《达瑞的故事》，刘志明译；
（5）作品 5 号：节选自峻青《第一场雪》；
（6）作品 6 号：节选自谢冕《读书人是幸福人》；
（7）作品 7 号：节选自唐继柳编译《二十美金的价值》；
（8）作品 8 号：节选自巴金《繁星》；
（9）作品 9 号：节选自李恒瑞《风筝畅想曲》；
（10）作品 10 号：节选自［美］艾尔玛·邦贝克《父亲的爱》；
（11）作品 11 号：节选自冯骥才《国家荣誉感》；
（12）作品 12 号：节选自峻青《海滨仲夏夜》；
（13）作品 13 号：节选自童裳亮《海洋与生命》；
（14）作品 14 号：节选自（台湾）林清玄《和时间赛跑》；
（15）作品 15 号：节选自陈灼主编《实用汉语中级教程》（上）中《胡适的白话电报》；
（16）作品 16 号：节选自［俄］柯罗连科《火光》，张铁夫译；
（17）作品 17 号：节选自老舍《济南的冬天》；
（18）作品 18 号：节选自郑莹《家乡的桥》；
（19）作品 19 号：节选自游宇明《坚守你的高贵》；
（20）作品 20 号：节选自陶猛译《金子》；
（21）作品 21 号：节选自青白《捐诚》；
（22）作品 22 号：节选自王文杰《可爱的小鸟》；

(23) 作品 23 号：节选自（台湾）刘墉《课不能停》；
(24) 作品 24 号：节选自严文井《莲花和樱花》；
(25) 作品 25 号：节选自朱自清《绿》；
(26) 作品 26 号：节选自许地山《落花生》；
(27) 作品 27 号：节选自［俄］屠格涅夫《麻雀》，巴金译；
(28) 作品 28 号：节选自唐若水译《迷途笛音》；
(29) 作品 29 号：节选自小学《语文》第六册中《莫高窟》；
(30) 作品 30 号：节选自张抗抗《牡丹的拒绝》；
(31) 作品 31 号：节选自《中考语文课外阅读试题精选》中《“能吞能吐”的森林》；
(32) 作品 32 号：节选自（台湾）杏林子《朋友和其他》；
(33) 作品 33 号：节选自莫怀戚《散步》；
(34) 作品 34 号：节选自罗伯特·罗威尔《神秘的“无底洞”》；
(35) 作品 35 号：节选自［奥］茨威格《世间最美的坟墓》，张厚仁译；
(36) 作品 36 号：节选自叶圣陶《苏州园林》；
(37) 作品 37 号：节选自《态度创造快乐》；
(38) 作品 38 号：节选自杨朔《泰山极顶》；
(39) 作品 39 号：节选自《教师博览·百期精华》中《陶行知的“四块糖果”》；
(40) 作品 40 号：节选自毕淑敏《提醒幸福》；
(41) 作品 41 号：节选自刘燕敏《天才的造就》；
(42) 作品 42 号：节选自［法］罗曼·加里《我的母亲独一无二》；
(43) 作品 43 号：节选自［波兰］玛丽·居里《我的信念》，剑捷译；
(44) 作品 44 号：节选自［美］彼得·基·贝得勒《我为什么当教师》；
(45) 作品 45 号：节选自《中考语文课外阅读试题精选》中《西部文化和西部开发》；
(46) 作品 46 号：节选自王蒙《喜悦》；
(47) 作品 47 号：节选自舒乙《香港：最贵的一棵树》；
(48) 作品 48 号：节选自巴金《小鸟的天堂》；
(49) 作品 49 号：节选自夏衍《野草》；
(50) 作品 50 号：节选自朱自清《匆匆》；
(51) 作品 51 号：节选自张玉庭《一个美丽的故事》；
(52) 作品 52 号：节选自苦伶《永远的记忆》；
(53) 作品 53 号：节选自小学《语文》第六册中《语言的魅力》；
(54) 作品 54 号：节选自蒲昭和《赠你四味长寿药》；
(55) 作品 55 号：节选自［美］本杰明·拉什《站在历史的枝头微笑》；
(56) 作品 56 号：节选自《中国的宝岛——台湾》；
(57) 作品 57 号：节选自小思《中国的牛》；
(58) 作品 58 号：节选自老舍《住的梦》；
(59) 作品 59 号：节选自宗璞《紫藤萝瀑布》；
(60) 作品 60 号：节选自林光如《最糟糕的发明》。

附录 C

普通话水平测试用话题目录

《普通话水平测试实施纲要》（2017 年版）中规定了 30 则话题，供命题说话测试使用，具体如下：

（1）我的愿望（或理想）；
（2）我的学习生活；
（3）我尊敬的人；
（4）我喜爱的动物（或植物）；
（5）童年的记忆；
（6）我喜爱的职业；
（7）难忘的旅行；
（8）我的朋友；
（9）我喜爱的文学（或其他）艺术形式；
（10）谈谈卫生与健康；
（11）我的业余生活；
（12）我喜欢的季节（或天气）；
（13）学习普通话的体会；
（14）谈谈服饰；
（15）我的假日生活；
（16）我的成长之路；
（17）谈谈科技发展与社会生活；
（18）我知道的风俗；
（19）我和体育；
（20）我的家乡（或熟悉的地方）；
（21）谈谈美食；
（22）我喜爱的节日；

（23）我所在的集体（学校、机关、公司等）；
（24）谈谈社会公德（或职业道德）；
（25）谈谈个人修养；
（26）我喜欢的明星（或其他知名人士）；
（27）我喜爱的书刊；
（28）谈谈对环境保护的认识；
（29）我向往的地方；
（30）购物（消费）的感受。

参考文献

[1] 国家语委普通话培训测试中心．普通话水平测试实施纲要 [M]. 北京：商务印书馆，2017.
[2] 宋欣桥．普通话语音训练教程 [M].3 版．北京：商务印书馆，2017.
[3] 普通话水平测试研究组．普通话水平测试专用教材 [M].5 版．北京：中国和平出版社，2015.
[4] 罗常培，王均．普通语音学纲要 [M]. 修订本．北京：商务印书馆，2002.
[5] 王莉，党子奇．普通话培训与测试教程 [M]. 北京：科学出版社，2014.
[6] 黄伯荣，廖序东．现代汉语 [M]. 增订 4 版．北京：高等教育出版社，2007.
[7] 张永力，孟庆荣．新编普通话训练教程 [M].2 版．广州：暨南大学出版社，2015.
[8] 毛世祯．新编普通话教程 [M]. 上海：华东师范大学出版社，2008.